정신건강론

나남
nanam

나남신서 1910

정신건강론

2017년 2월 25일 발행
2017년 2월 25일 1쇄

지은이_ 이준우 · 최희철
발행자_ 趙相浩
발행처_ (주)나남
주소_ 10881 경기도 파주시 회동길 193
전화_ (031) 955-4601 (代)
FAX_ (031) 955-4555
등록_ 제 1-71호 (1979.5.12)
홈페이지_ http://www.nanam.net
전자우편_ post@nanam.net

ISBN 978-89-300-8910-4
ISBN 978-89-300-8001-9 (세트)

사회복지학총서 107

정신건강론

이준우 · 최희철 지음

나남
nanam

Mental Health

by

Lee, Jun Woo
Choi, Hee Chul

nanam

프롤로그

1.

모든 사람은 저마다의 행복을 꿈꾼다. 그런데 행복은 밖에서 오는 것이 아니라 안에서 온다. 행복한 사람만이 행복하다. 행복한 사람은 자기 속에 행복의 샘터를 마련하고 행복의 샘물을 길어 행복하게 살아간다. 물론 밖에서 오는 행복도 있다. 바라던 일이 이루어질 때 행복하다. 누군가로부터 사랑받을 때 행복을 누린다. 하지만 그것도 잠시 잠깐일 때가 참 많다. 욕망은 무한하고 그 욕망에 대한 채워짐은 유한하기 때문이다. 인간의 욕구와 욕망은 끝이 없다. '자기 것!' 채우기에 급급한 비루한 삶이 도처에 흔히 널려 있다. 그런 세상에 대한 경고였을까?

김지하 시인은 〈밥〉이라는 시에서 이렇게 말했다.

"밥은 하늘입니다. (…) 밥은 서로 나눠 먹는 것 (…) 밥은 여럿이 같이 먹는 것 (…) 아아 밥은, 모두 서로 나눠 먹는 것"

밥을 나누어 먹을 줄 아는 사람이라야 참 사람일 것이다. 배가 고프지만 다른 사람들을 위해 기다려 주며 배려해서 함께 밥을 나누어 먹을 수 있는 사람과 사회가 그립다.

문제는 욕망이다. 사람들은 '더 빨리', '더 많이' 가지려고 안간힘을 다한다. 어느덧 세상은 요즘 '말도 많고 탈도 많은 그녀'의 '말'들처럼 말들이 일으키는 소음과 먼지로 어지러운 탐욕의 경기 현장인 경마장과 같이 변질되고 말았다.

돈과 힘이 지배하는 세상으로 질주하는 험악한 이때, 이 세상 속에 적응하지 못하는 수많은 사람들은 불안과 상실감으로 깊은 고통과 두려움에 매몰된다.

2.

저자들은 교수가 되기 전에 오랜 시간 사회복지 현장에서 일했던 경험을 갖고 있다. 두 사람 모두 신체적·정신적·경제적으로 어려움을 겪고 있는 사람들을 도왔다. 서비스 대상자였던 그분들은 단지 눈에 보이는 서비스 개입의 표적이 되는 어려움만이 아니라 그 이면에도 삶의 무거운 멍에들을 어찌 그리 많이도 지고 사는지를 분명하게 알 수 있었다. 어떻게 하다가 보니 적지 않은 삶의 사례들 속에 어느새 들어가 있었다. 사례로 말해지는 그들 삶의 조각들을 꿰매려고 그 많은 서비스이용자들을 대상으로 사회복지 업무를 실천했었다. 그러면서 얼굴이 다르고 성품이 다르듯이 참 다양한 인생(人生)들을 접하고 경험할 수 있었다. 한 인간이 어머니의 태중에 있다가 이 세상에 나와 영·유아기를 거쳐 유년기, 아동·청소년기, 청·장년기, 노년에 이르렀다가 죽음으로 마무리되는 그 기나긴 생애 중 힘들고 어려운 때를 거쳐 가고 있는 서비스이용자들의 삶을 듣고, 지켜보며 함께하는 일을 다수 체험하였다.

그때마다 서비스이용자들의 상당수는 정신적인 고통을 겪게 되고, 극심한 고통은 불안이나 우울, 심하면 정신질환으로까지 진행되었다.

그러한 모습들을 접하면서 우리 두 사람은 그들을 도우려고 각자의 업무와 실천현장에서 최선을 다해 왔다. 무수한 좌절과 낙심을 경험하면서도 '황무지에 꽃이 피는 것' 같은 한두 개의 성공적 사례가 탄생되었을 때, 그 이전의 실패를 상쇄하고도 남을 큰 감격과 기쁨을 맛보면서 다시 힘을 내곤 하였다. 그런데 저자들을 통해 변화되고 행복한 삶을 살아가게 된 서비스이용자들이 고백하는 내용들을 가만히 음미해 보면 놀랍게도 저자들이 사용했던 사회복지실천 방법이나 기술이 아니었다. 그들을 돕겠다는 순수한 마음으로 정성껏 만나서 얘기를 들어 주고, 실제적인 문제해결을 위한 자원을 발굴해서 연결시켜 주었던 진정 어린 노력이 가장 큰 힘이 되었다는 것이다. 즉, '진정성'이었다.

사람은 어떤 힘으로 살아갈까? 어떻게 해서 자신이 처한 불행과 역경을 이길 힘을 발휘할까? 러시아의 대문호 톨스토이는 《사람은 무엇으로 사는가?》라는 책에서 한 천사의 이야기를 펼친다. 한 천사가 이 땅에 인간의 모습으로 내려온다. 그는 한 교회 옆에 벌거숭이가 되어 한참을 서서 추위와 배고픔에 떨고 있었다. 그때 마침 한 남자가 그 곁을 지나가게 되었다. 그는 자신과 아내가 입을 모피 외투와 가족들이 먹을 빵을 걱정하고 있었다. 그는 벌거벗은 천사를 보았지만 자신도 모르게 순간적으로 이마를 찡그리며 천사를 못 본 채 지나친다. 그러나 그는 곧 무엇에 찔린 듯 되돌아와 천사에게 자신이 갖고 있던 속옷을 나눠 주고, 자신의 집으로 초대해서 저녁식사를 함께한다. 후에 천사는 그 상황을 돌이켜 다음과 같이 말한다. "조금 전까지 나를 못 본 척하며 지나칠 때까지는 근심과 걱정으로 가득 찬 표정을 짓고 있었는데 갑자기 그에게 생기가 넘쳤습니다. 저는 그의 얼굴에서 하나님의 모습을 보았습니다." 인간의 마음속에는 사랑이 있다. 천사가 말한 것처럼 사랑을 베

풀고 나누는 삶을 사는 사람에게는 '생기'가 있다. 이것이 바로 사람을 살아가게 하는 힘이다.

3.

인간의 행복한 삶을 추구하는 사회복지사로서, 그와 같은 사회복지사들을 양성하는 선생으로서 지난 10여 년 동안 고민하는 주제가 있었다. "무엇으로, 어떻게 인간을 행복하게 할 수 있을까?"였다. 생각하고 또 고민하다가 "바로 이거다!"라고 깨닫게 했던 관점이 있었다. '강점시각'이었다. 특히 서비스이용자의 정신적인 문제를 병리적으로가 아닌 강점으로 보게 했던 '정신건강' 개념은 저자인 우리 두 사람의 사회복지 연구와 교육실천에 뜨거운 열정을 불태울 수 있게끔 해주었다.

　우울증을 앓고 있는 서비스이용자를 돕기 위해 서비스 개입실천을 해본 사회복지사라면 누구나 한 번쯤 중얼거렸을 에피소드가 있다. 우울증으로 힘들어 하는 서비스이용자와 소크라테스식 질문법을 하다 보면, 사회복지사는 간혹 "물컵에 물이 반이나 차 있다, 혹은 반밖에 없다"와 같이 서비스이용자가 한쪽에만 치우친 해석을 하는 것을 알아차릴 수 있다. 이 비유는 자동적으로 자기 자신, 세상, 미래에 대해 부정적인 구조를 가진 우울증 환자인 서비스이용자의 경향을 강조하기 위한 것이다. 우울증으로 고통받는 서비스이용자들에게 삶은 공허하게 느껴지기 마련이다. 개인의 상실, 결핍, 실패는 서비스이용자들에게 너무나 명백하게 받아들여진다. 반면 앞의 에피소드에서 "반이나 차 있다"라는 해석의 긍정적인 면은 우울증을 앓고 있는 서비스이용자에게는 전혀 없는 관점인 것이다.

　실제로 대다수 사회복지사들은 "컵에 물이 반밖에 없다"라는 부정적인 면에 주로 초점을 맞춰 온 것이 사실이다. 하지만 진정한 변화는 긍정적인 미래상을 꿈꿀 때 가능하게 될 것이다. 즉, '정신적인 문제'가 아니라 '정신건강'으로 인식의 전환이 일어날 때 변화는 실제로 이루어진다는 것이다.

4.

그래서 이 책은 일상생활 속에서 흔히 경험하게 되는 소소한 정신적인 문제나 보다 심각한 정신병, 만성화된 정신질환, 그리고 매우 심각한 정신장애 등과 같은 어려운 상황을 접하게 된 경우에 이 모든 것을 '정신병리'라는 꼬리표(label)를 붙이던 관행에서 벗어나 '정신건강'이라는 보다 긍정적인 상대로 서비스이용자를 인도하려는 하나의 시도이다. 이러한 이유로 이 책은 정신장애에 대한 편견을 최소화하고자 노력하였다. 즉, 이 책에서는 '환자' 혹은 '클라이언트'라는 용어를 사용하지 않았다. 대신 '서비스이용자' 혹은 '서비스대상자'라고 하였다. 그 외에도 가능한 한 병리적인 개념이 강한 용어보다는 긍정적인 개념이 강한 용어를 사용하고자 노력하였다. 물론 학문의 특성상 어려운 의학용어들과 내용이 많이 사용되었지만, 타 전문직과의 의사소통을 위해서 필수적인 최소한의 범위에 국한하려고 애썼다.

또한 이 책은 어느 곳에서도 드러내 놓고 강점시각이라 말하지 않으면서도 실은 철저하게 강점시각에 근거하여 집필되었다. 그러므로 이 책은 정신보건사회복지 현장이나 일반 사회복지실천에서 정신건강 문제를 가진 서비스이용자들을 긍정적으로 변화시키려고 애쓰는 사회복지사들에게 매우 유용한 정신건강 안내서로서 그 역할을 충실히 할 것으로 기대해 본다.

그동안 사회복지사들은 서비스이용자가 정신적인 고통을 극복하는 것에 주로 초점을 두고 있었다. 이것 또한 마땅한 목표이지만 정신적 고통에서 단지 벗어나는 것만으로는 충분하지 않다. 서비스이용자들은 보다 더 새로운 힘을 기르고 개인적인 자원을 활용하고 갖추어 나가야 한다. 그렇게 하려면 목표로 삼을 수 있는 표상이 있어야 한다. 그것이 '정신건강' 개념이며 그에 따른 구체적인 내용이다.

5.

끝으로 이 책이 나오기까지 꼼꼼하게 교정해 주며 집필을 위한 자료수집과 출판사와의 업무 조정 등을 헌신적으로 해준 제자 박종미 선생(강남대학교 사회복지전문대학원 박사과정 수료)에게 고마운 마음을 전한다. 그리고 이 책의 출간을 흔쾌히 허락해 주시고 멋지게 책을 만들어 주신 나남출판 조상호 회장님과 고승철 사장님 그리고 방순영 이사님과 직원 여러분께도 큰 감사를 드린다.

사실 이 책은 다른 출판사에서 이미 2011년 4월에 초판이 나왔었다. 초판이 거의 나가고, 다시 인쇄를 해야 할 즈음이었던 2013년에 《정신장애 진단 및 통계편람 제 5판》(DSM-5)이 출간되었다. 이 책의 많은 내용이 정신건강의 관점에서 정리해야 할 '정신질환 및 정신장애에 대한 개념'이었기에 과거 《DSM-IV》의 틀 속에서 작성된 내용을 전면적으로 교체할 필요가 생겼다. 더욱이 같은 해에 기존 정신보건법이 전면 개정될 것으로 예상되었다. 시간을 두고 지켜볼 수밖에 없었다.

우여곡절 끝에 꽤 시간이 지난 2016년 5월에야 겨우 기존 정신보건법의 전면 개정을 담은 '정신보건법전부개정법률안'이 국회 본회의를 통과했다. 개정된 정신보건법에도 여전히 문제가 많아서 일부는 또 개정해야 하겠지만 더는 기다릴 수가 없어서 서둘러 책을 내게 되었다. 때마침 이전 출판사와의 계약도 만료된 데다가 책의 내용도 거의 새롭게 쓰게 되어서 자연스레 새로운 출판사를 찾아 새로운 옷을 입고 새롭게 출간하게 되었다. 저자들의 마음을 배려해 준 이전 출판사와 이번에 이렇게 큰 수고를 마다하지 않고 좋은 책으로 만들어 주신 나남출판, 이 두 출판사 모두에게 큰 감사를 드린다.

이 모든 것을 진행하신 하나님께 영광과 찬송과 감사를 올린다.

2017년 2월

이준우 · 최희철

나남신서 1910

정신건강론

차 례

프롤로그 5

제 1 부 정신건강의 이해

제 1 장 정신건강의 개념 19
1. 정신건강의 정의와 조건 19
2. 정신건강의 기준: 정상과 비정상 26
3. 정신건강 서비스의 필요성 30

제 2 장 정신장애의 이해 43
1. 정신장애에 대한 관점 43
2. 정신장애의 특성과 현황 49
3. 정신장애의 분류 53

제 3 장 인간관계와 정신건강 77
1. 인간관계의 이해 77
2. 자신의 성격 이해와 정신건강 85
3. 인간관계와 의사소통 96

제 4 장 스트레스와 정신건강 109
1. 스트레스의 기초적 이해 109
2. 스트레스의 결과 122
3. 스트레스 관리전략 125

제 2 부 생애주기와 정신건강

제 5 장 영 · 유아기 정신건강 139
1. 영 · 유아기 이전의 정신건강 140
2. 영 · 유아기 정신건강 146

제 6 장 아동 · 청소년기 정신건강 167
1. 아동기 정신건강 168
2. 청소년기 정신건강 178

제 7 장 성인기 · 중년기 정신건강 195
1. 성인기 정신건강 195
2. 중년기 정신건강 203

제 8 장 노년기 정신건강 215
1. 노년기에 대한 새로운 관점 215
2. 노년기와 정신건강 220

제 3 부 정신건강과 사회복지실천 이슈

제 9 장 폭력과 정신건강 235
1. 가정폭력의 이해 236
2. 학교폭력의 이해 259
3. 성폭력의 이해 266

제 10 장 자살과 정신건강 281
1. 자살의 기초적 이해 281
2. 자살의 예방과 개입 300

제 11 장 중독과 정신건강 315
1. 중독의 기초적 이해 315
2. 중독의 종류 319

제 12 장 재난과 정신건강 355
1. 재난의 기초적 이해 355
2. PTSD의 이해 362
3. 구조대원들의 PTSD 366
4. 재난에 대한 정신보건 대책 370

제 4 부 정신건강 문제에 대한 전망 및 과제

제 13 장 정신보건서비스 영역에 대한 이해 383

  1. 지역사회정신보건의 이론적 접근 383
  2. 지역사회정신보건서비스 기관의 종류 390

제 14 장 정신건강 증진을 위한 정책과 과제 405

  1. 우리나라의 정신건강정책 405
  2. 정신건강 증진을 위한 정책과 과제 415

에필로그 423

참고문헌 429

찾아보기 443

정신건강의 이해

제1부의 제1장과 제2장은 정신건강에 대한 전반적인 개념과 중요성 그리고 정신장애에 대한 상세한 설명을 담고 있다. 무엇보다도 정신장애의 개념과 원인, 정신장애 분류 및 사회복지실천 개입의 개략적인 내용을 정리하는 데에 초점을 두었다. 또한 제3장 〈인간관계와 정신건강〉, 그리고 제4장 〈스트레스와 정신건강〉에서는 정신장애를 다양한 사회적 관계와의 상호 관련성 속에서 살펴보고자 하였다.

제1장
정신건강의 개념

1. 정신건강의 정의와 조건

1) 정신건강의 개념

복잡한 현대생활에서 많은 사람들이 자신과 가족의 정신건강 관리에 점차 관심을 갖게 되면서 우리는 일상생활에서 '정신건강'이라는 말을 자주 사용하고 듣게 되었다. 정신건강은 '정신'과 '건강'의 합성어이다. '정신'(精神)이란 낱말을 사전적으로 보면 '사고나 감정의 작용을 다스리는 인간의 마음'을 의미한다. 즉, 정신은 겉으로 드러나는 신체와는 달리 인간의 내면적인 것으로서 사고하는 작용과 정서적 작용일 뿐만 아니라 대인관계에서 나타나는 모든 자질을 통틀어 말한다. '건강'(健康)이란 낱말은 '정신적으로나 육체적으로 아무 탈이 없고 튼튼함'으로 사전적 풀이가 되어 있고, 세계보건기구(WHO)에서는 "건강이란 단지 질병에 걸리거나 허약하지 않은 상태만이 아니라 신체적, 정신적 및 사회적으로 완전한 안녕의 상태"라고 정의를 내리고 있다(Bracht, 1978, p. 21). 즉, 건강이란 한 인간이 생활하는 삶의 모든 측면에서 인간이 사회생활을 독립적으로 영위해 나갈 수 있는 능력과 밀접한 관계가 있으며, 신체적 건강과 함께 인간의 정신적 균형이 외부환경에 적합한 사회적 기능을 수행한다는 의미를 포함하고 있다.

이런 측면에서 이 두 용어를 합친 정신건강(mental health)이란 '한 인간이 정신적으로 병적인 증세가 없을 뿐 아니라 자기 능력을 최대한 발휘하고, 환경에 대한 적응력이 있으며, 자주적이고 건설적으로 자기의 생활을 처리할 수 있는 성숙한 인격을 갖추고 있는 상태'를 의미한다. 따라서 정신건강은 심리적인 안녕 또는 충분한 적응상태를 의미하며, 행복하고 만족하며 원하는 것을 성취하는 것 등이 안녕(well-being) 하거나 안정된 상태로서 정의할 수 있다.

한편 정신건강은 소극적인 정신건강과 적극적인 정신건강으로 구분하기도 한다(원호택, 1989). 소극적 의미의 정신건강이란 증상이 없는 상태 또는 심리적 장애가 없는 상태를 의미한다. 이는 의학적 성격이 강한 개념이다. 그러나 신체의 병은 없지만 반드시 건강하다고 말하기 어려운 경우가 있다. 어떤 사람이 장애나 증상은 없지만 그가 속한 직장이나 가족 내에서 적응하지 못하고 불건전하게 살아간다면 그를 정신건강 상태에 있다고 볼 수 없기 때문이다. 반면 적극적 의미의 정신건강이란 건전하게 생활하며 주어진 사회환경에 잘 적응하고 성숙한 인간으로 살아가는 것이다. 이럴 경우 정신건강과 적응(adjustment)을 같은 의미로 본다.

세계보건기구는 더 적극적으로 정의하였다. 사회경제적 요소와 환경적 요소에 의해 결정되는 정신건강은 정신질환이 없는 상태 이상의 상태라는 것이다. 즉, 정신건강은 "개인이 자신의 능력을 깨닫고, 삶에서 발생하는 정상적 범위의 스트레스에 대처할 수 있으며, 생산적으로 일을 하여 결실을 맺을 수 있고, 개인이 속한 사회에 기여할 수 있는 안녕의 상태(*a state of well-being in which he individual realizes his or her own abilities, can cope with the normal stresses of life, can work productively and fruitfully, and is able to make a contribution to his or her community*)이다".

번톤과 맥도널드(Bunton & McDonald, 1992)는 이러한 세계보건기구의 정의를 발전시켜 3가지 측면에서 정신건강을 설명하였다. 정신건강은 첫째, 개인이 자신의 가능성을 충분히 발휘하여 자아를 실현하는 것(*self-realization*), 둘째, 개인이 자신의 환경을 통제하는 숙달감(*sense of mastery*)을 갖는 것, 셋째, 개인의 문제를 인식 및 직면하고 해결할 수 있는 자율성(*autonomy*)을 갖는 것을 의미한다. 우종민(2010)은 이러한 정신건강의 의미를 "우리 자신과 다른 사람의 존엄과 가치에 대한 근본적인 믿음"이라고 정의하였다. 이처럼 정신건강의 개념이 긍정적이고 적극적인 의미를 포함하면서 포괄적으로 변해 가는 것은 대다수가 인정하는 흐름이라고 할 수 있다.

이상의 여러 정신건강에 대한 개념들을 살펴볼 때, 정신건강이란 '한 인간이 일상생활을 독립적이고 자주적으로 처리해 나갈 수 있고, 스트레스에 대한 통제력을 갖추고 있으며, 원만한 개인생활과 사회생활을 할 수 있는 상태'라고 정의할 수 있겠다.

2) 정신병, 정신질환, 정신장애의 개념

정신건강의 개념을 이해하기 위해서는 정신건강의 상대적 용어에 해당하는 정신병, 정신질환, 정신장애의 개념에 대한 이해가 필요하다. 정신건강은 긍정적인 심리적 기능을 제시하는 반면, 정신병이나 정신질환, 정신장애는 정신건강의 반대 상태, 즉 정신건강이 부재한 상태로 규정되기도 하고, 혹은 정신활동상의 역기능을 의미하기도 한다. 정신장애를 이해하기 위해서는 정신병, 정신질환 등의 유사 용어와 구분하여 이해하는 것이 필요하다.

(1) 정신병 (psychosis)

이 용어는 일반인들이 가장 많이 사용하는 용어로서 정신적으로 이상이 있다고 생각되는 거의 모든 것을 포괄적으로 지칭한다. 그러나 사실이 용어는 정신증적인 증상을 일컫는 제한적인 의미를 지니고 있다. 예를 들어 뇌손상이 있거나 뇌의 기능에 문제가 있어서 사고, 감정, 행동에 이상 현상을 나타내는 기질적(*organic*)인 증상이나, 기질적인 원인은 아니어도 사회적 역할이나 대인관계를 잘 하지 못할 정도로 기능 수행이 안 되는 기능적(*functional*)인 정신증상이 있다.

(2) 정신질환 (mental illness)

이 용어는 질병의 개념을 강조하고 있으며, 신경증적(*neurotic*)인 것과 정신병적(*psychotic*)인 것을 모두 포함하고 있다. 신경증(*neurosis*)은 불안이나 공포를 중심으로 한 심인성(*psychogenic*)이 원인이 되어 발생한다. 이때 정신질환은 정신기능의 여러 영역인 인지와 지각, 기억, 의

식, 감정, 성격 등에서 병리학적인 현상이 진행되는 것이다. 그러나 혈
압강하제에 의한 일과적 우울증과 같은 정신질환에 걸렸었더라도 질병
의 치료 후 병전의 일상생활이나 사회생활 기능을 모두 회복했으면 정
신장애로 발전하지 않는다(서동우, 1997, p. 46).

(3) 정신장애 (mental disorder)

이 용어는 가장 광의적인 개념으로서 정신병과 정신질환의 개념을 포
괄하고 있으며, 사고, 감정 및 행동이 병리학적으로 특징지어지는 장
애를 말한다. 정신장애는 질병 자체의 활발한 진행 외에도 질병으로 인
한 사회적 기능(개인적, 사회적, 직업적 기능 등)의 붕괴까지를 포함한
다. 즉, 질병의 증상이 없어진 후에도 그 후유증으로 인하여 질병 이전
의 상태로 복귀하지 못하는 비가역적인 경우에 해당되는데, 만성정신
장애(*chronic mental disorder*)가 여기에 속한다.

3) 정신건강의 조건

정신이 건강하다는 완전한 개념을 정립하기는 어렵다 하더라도 정신적
으로 건강한 사람이란 어떤 조건을 가지고 있을 것인지 정신건강의 조
건과 특징에 대해서는 학자들에 따라 다양하게 제시되고 있다. 마리 야
호다(Marie Jahoda, 1958)는 자신에 대한 긍정적인 태도, 성장·발달
그리고 자아실현, 통합력, 자율성, 현실지각능력, 환경적응능력 등을
들었다. 맥키니(McKinney)는 행복감, 활동성, 사회성, 통일성, 조화
성, 현실세계에의 지향 가능성, 자기 책임성 등 7가지를 들었고, 펜톤
(Fenton)은 통일성과 일관성, 자신에 대한 승인, 사회적 승인 그리고

사회적 승인의 유지 등을 꼽았다(장연집 외, 2001).

이를 통해 살펴본 정신건강의 특징은 적절한 수준의 독립, 자기의존(self-reliance), 자기지향(self-direction), 책임을 가지고 노력할 수 있는 능력, 협동, 여러 가지 어려움들이 있는 가운데에서도 일할 수 있는 능력, 친근감과 사랑을 표현할 수 있는 능력, 서로 의사소통을 할 수 있는 능력, 다른 사람과 자신의 불만을 관용할 수 있는 능력, 유머감각, 자신의 이기심을 넘어서는 헌신, 취미나 휴식을 찾을 수 있는 능력 등으로 요약할 수 있다.

한편 보건복지부와 대한신경정신의학회(2001)에서는 정신건강을 지키기 위한 조건으로 10가지 수칙(〈표 1-1〉)을 소개하였는데, 이는 보

〈표 1-1〉 정신건강을 위한 10가지 수칙

1. 긍정적으로 세상을 본다.
   ⇒ 동전에 양면이 있다는 사실을 믿게 된다.
2. 감사하는 마음으로 산다.
   ⇒ 생활에 활력이 된다.
3. 반가운 마음이 담긴 인사를 한다.
   ⇒ 내 마음이 따뜻해지고 성공의 바탕이 된다.
4. 하루 세끼를 맛있게 천천히 먹는다.
   ⇒ 건강의 기본이자, 즐거움의 샘이다.
5. 상대의 입장에서 생각한다.
   ⇒ 다툴 일이 없어진다.
6. 누구라도 칭찬한다.
   ⇒ 칭찬하는 만큼 내게 자신이 생기고 결국 그 칭찬은 내게 돌아온다.
7. 약속시간에 여유 있게 가서 기다린다.
   ⇒ 초조해지지 않아 좋고 신용이 쌓인다.
8. 일부러라도 웃는 표정을 짓는다.
   ⇒ 웃는 표정만으로도 기분이 밝아진다.
9. 원칙대로 정직하게 산다.
   ⇒ 거짓말을 하면 죄책감 때문에 불안해지기 쉽다.
10. 때로는 손해 볼 줄도 알아야 한다.
    ⇒ 내 마음이 편하고 언젠가는 큰 것으로 돌아온다.

건복지부에서 매년 발행하는 《정신보건사업안내》 지침서의 첫 서두에 지속적으로 소개될 정도로 그 중요성이 부각되고 있다.

이상의 다양한 조건들을 정리해 보면 정신건강의 조건이 자신과 타인 그리고 사회환경에 대한 바른 이해와 수용을 바탕으로 사회적 기능 또는 역할수행 여부와 자신의 감정이나 정서의 처리능력 등에 달려 있음을 볼 수 있다. 이를 토대로 건전한 정신건강의 조건에는 다음과 같은 4가지 사항들이 공통적으로 포함되어 있음을 알 수 있다(조대경 외, 1994).

(1) 자신과 타인을 존중할 줄 아는 인간에 대한 자세

정신적으로 건강한 사람은 자신이 사회집단에 수용된 구성원이라고 느낀다. 따라서 타인들을 좋아하며, 그들도 자신을 좋아한다고 생각한다. 따라서 정신건강은 대인관계에서의 관용과 칭찬 및 긍정적인 접근, 개인의 존엄성에 대한 인정 등과 깊은 연관이 있다.

(2) 자신과 타인이 지닌 장점과 한계에 대한 이해와 수용의 자세

정신적으로 건강한 사람은 현실을 분명하게 판단할 수 있고 그것을 수용할 수 있어야 한다. 모든 측면에서 완벽한 사람은 없다. 따라서 자신과 타인의 장점과 한계를 있는 그대로 수용할 수 있어야 한다.

(3) 모든 행동에는 원인과 그에 따른 결과가 있음을 이해할 줄 아는 자세

정신적으로 건강한 사람은 자신의 행동이 자기 자신의 선택에 의한 것이고, 그 선택에 따른 책임 또한 자신에게 있다는 것을 잘 알고 있기 때문에, 자신의 행동에 대한 원인과 결과를 남의 탓으로 돌리지 않는다.

(4) 자신과 타인을 존중할 줄 아는 인간에 대한 자세

인간은 누구나 저마다의 다양한 욕구를 지니고 있고 그 같은 목적을 향해 살아 나간다. 이처럼 모든 인간은 자신을 유지하고 자신의 한계 내에서 가능한 한 많은 것을 얻어 성장하려는 자아실현의 욕구를 가지고 있다. 정신적으로 건강한 사람은 이러한 자신의 욕구와 동기를 실현하기 위해서 끊임없이 노력한다.

2. 정신건강의 기준: 정상과 비정상

정신적으로 건강하다는 것과 건강하지 않다는 것을 명확한 한계를 설정하여 구분 짓는 것은 어려운 일이다. 일반적으로 정신건강은 정신질환(mental illness)의 반대 개념으로 이해하고 있는데, 이는 전반적인 정신병리가 없다면 정상 행동과 동일할 것이라는 가정을 가지고 있기 때문이다. 이처럼 정상(normal)이라는 말은 건강하지 않은 상태, 즉 비정상(이상, abnormal)과 반대되는 개념으로 사용되는 말이지만, 그 경계는 명확하지 않기 때문에 다양한 관점에서 보다 본질적이고 가치적이면서 기능적인 수준이 동시에 고려되어야 한다.

1) 정상

정신의학에서는 '정상'을 크게 4가지 관점에서 바라본 오퍼와 샙신(Offer & Sabshin, 1984)의 개념을 상호보완적으로 통합해 제시하였다.

(1) 건강으로서의 정상 (normality as health)

이 개념은 건강과 정상을 동일하게 바라보는 전통적인 의학적 접근법에서 나온 것이다. 이는 명백한 정신병리(*psychopathology*)가 나타나지 않는 행동은 정상범주 내에 있다고 보는 것이다. 정상의 이러한 정의는 특별히 관찰되는 증상이나 징후가 없으면 건강하다고 보는 관점을 가지고 있다. 이런 맥락에서 보면 건강이란 기능적으로 적절한 상태라기보다는 합리적인 기능 상태를 의미하는 것이다. 그러나 반사회적 인격 장애(*antisocial personality disorder*)의 경우에는 본인이 죄책감도 느끼지 않고 불편해 하지도 않기 때문에 이런 사람을 정상으로 봐야 하는가 하는 문제점이 있을 수 있다.

(2) 이상향으로서의 정상 (normality as utopia)

이 개념은 다양한 정신기제(*mental apparatus*) 요소가 최적의 조화를 이루어 최적의 기능을 발휘하는 상태를 정상으로 정의한다. 이 개념에서 말하는 정상이란 원초아(*id*), 자아(*ego*), 초자아(*superego*) 등 우리의 성격구조들이 잘 조화를 이루어 그 기능이 최고조에 다다를 때를 의미한다. 이는 정신과의사나 정신분석가가 이상적인 인간에 대해 논할 때 혹은 성공적 치료의 기준을 논할 때 사용하는 정신분석학적 관점이다. 그러나 프로이트(Freud)가 완벽한 증상은 존재하지 않으며 이상적인 허구에 불과하다고 이야기한 것을 보면 실제로 완벽한 사람이란 존재하지 않으므로 이 개념은 이론적인 것에 불과하다.

(3) 평균으로서의 정상 (normality as average)

이 개념은 주로 심리학과 생물학 분야에서 사용하고 있는데, 표준화된 심리검사와 같이 구체적인 행동이나 특정한 사안에 대해서 전체 점수를 구한 후 수학적인 정규분포곡선을 이용하여 해당되는 사람이 어느 위치에 있는지를 보는 통계학적인 원칙을 적용하는 개념이다. 이 개념에서는 절대다수의 사람들이 평균 주위에 위치하면 정상으로 판단하고, 양 극단에 위치하면 이상(*deviance*) 또는 비정상으로 보는 것이다. 이러한 개념에서 보면 통계적 기준에서 이탈된 행동, 즉 행동이 너무 지나치게 많아도 과다행동증후군으로, 우울증처럼 행동이 너무 적어도 비정상일 수 있다. 그러나 지능지수가 아주 낮은 사람은 물론 비정상이지만 지능지수가 지나치게 높아 머리가 좋은 사람도 비정상으로 치부되는 문제점이 있을 수 있다.

(4) 과정으로서의 정상 (normality as process)

이 개념은 주로 사회과학에서 견지하고 있는데, 정상을 일정한 시점에서 단면적으로 보기보다는 변화나 과정으로 바라보는 관점이다. 즉, 인간의 발달단계이론에서 보는 것으로, 어떤 발달단계에서 해결해야 할 발달과업을 성공적으로 수행함으로써 그다음 단계로 발전해 나갈 수 있고 이러한 과정이 정상적인 성숙을 가져오게 된다는 것이다. 그 대표적인 예가 에릭슨(Erikson)의 성격발달에 대한 점성원리(*epigenetic principle*)인데, 그는 인생의 발달주기 8단계를 통해 성숙한 성인기능에 도달한다고 했다. 이 개념은 과정에 보다 중점을 둔 것으로 이러한 과정에 문제가 없을 때를 정상이라고 보는 것이다.

2) 비정상

특정한 하나의 증상을 보인다고 해서 비정상이라고 단정 지을 수는 없다. 실제로는 그 증상의 정도와 지속기간 등과 같이 증상의 차이에 따라 정상과 비정상을 구분해야 할 것이다. 정상의 반대개념인 비정상은 이상행동으로 불리며, 다음과 같은 기준들로 이상행동을 고려할 수 있다(최정윤 외, 2006).

(1) 통계적 빈도상 기준에서 벗어나는 드문 행동을 할 때

이 개념은 통계적 빈도상 기준에서 벗어나는 드문 행동을 할 때 이상으로 간주한다. 예를 들어, 대부분의 사람들은 직업적인 문제와 관련되지 않는 한 밤에 자고 낮에 활동한다. 그러나 이상행동을 보이는 사람은 사람들과 부딪히는 것이 싫어 낮에는 집에 있다가 어두워지면 돌아다니는 모습을 보인다.

(2) 사회에서 용인하는 규범에서 크게 이탈한 행동을 할 때

이 개념은 사회에서 용인하는 규범에서 크게 이탈해 용인될 수 없는 행동을 할 때 이상으로 간주한다. 예를 들면, 어르신의 공경을 당연시하는 유교권의 동양 사회에서 연장자나 혹은 부모에게 욕설이나 폭력을 행하거나 하는 경우이다.

(3) 개인의 행동이 자신이나 사회에 나쁜 영향을 줄 때

이 개념은 개인의 행동이 자신이나 사회에 나쁜 영향을 줄 때로 타인의 판단에 따른 부적응행동, 즉 상식적 기준에 벗어난 행동을 할 때 이상으로 간주한다. 예를 들면, 화가 난다고 아무나 붙들고 시비를 건다거나 남의 기물을 부수는 등 현재 자신의 문제와 관계없는 불특정 다수의 타인들을 향해 분노감을 표현하는 경우다.

(4) 주관적인 감정 측면에서 지나치게 개인적인 고통을 느낄 때

이 개념은 주관적으로 경험하는 심리적, 정신적 갈등 등의 감정적 측면에서 지나치게 개인적인 고통을 느끼는 등의 자각증상을 가진 행동을 할 때 이상으로 간주한다. 이상행동을 보이는 사람들은 쉽게 불안해하고, 매사에 자신이 없으며 불면증, 우울증, 피로감을 호소한다.

3. 정신건강 서비스의 필요성

1) 정신건강의 중요성

최근 정신건강에 대한 사회적 수요와 관심이 증가하고 있다. 세계보건기구(WHO, 2001)에서는 지역사회의 1차 진료현장에서 정신건강 관리와 대중교육을 하고, 지역사회와 가족 그리고 소비자를 참여시키며, 국가적 정책과 프로그램 및 법안을 마련하고 지역사회 자원들을 연계시키는 등 지역사회정신건강에 대한 조사와 연구지원 등을 하도록 권고하고 있다. 또한 세계 정신건강을 위한 우선순위로 공중보건에 정신건강의 영역을 확장시키고, 정신건강에 소요되는 자원을 증가하며, 지역사회에 기반을 둔 서비스를 강화시키기 위해 보다 효과적인 자원을 배치하여 활용할 것을 제안하였다.

우리나라에서도 산업화, 세계화, 경제위기 등 급속한 사회경제적 변화에 따른 경쟁의 심화로 사회 각층에서 큰 스트레스를 겪고 있으며, 우울증, 자살과 이혼, 각종 중독 등 정신건강 문제가 심해지고 있다.

지난 2014년 기준 우리나라 자살사망자 수는 13,836명, 자살사망률은 인구 10만 명당 27.3명, 하루 평균 자살사망자 수 37.9명으로 자살은 우리나라 주요 사망원인 중 암, 심장질환, 뇌혈관질환 다음으로 4위를 차지했다. 연령별 자살률 추이를 살펴보면 20대와 30대에서 1위이고, 10대와 40대, 50대에서 2위를 나타내고 있다(통계청, 2015).

2013년 기준 OECD(경제협력개발기구) 국가들의 표준인구 10만 명당 평균 자살사망률이 12명인 것을 감안하면, 우리나라의 28.5명은 2배 이상의 높은 수치로서 자살이 우리가 생각하는 것보다 더 심각한 수준임을 알 수 있으며 더 이상 개인에게만 책임을 미룰 수 없는 사회적인 개입이 필요한 상태이다(통계청, 2015; OECD, 2016).

한편 휴가나 여가를 이용하여 템플 스테이, 삼림욕, 명상 등 마음의 평안과 행복을 추구하는 프로그램이 선호되고, 서적과 대중매체에서도 정신건강에 관한 내용이 비약적으로 늘어나고 있다. 웰빙 열풍이라는 문화트렌드에서 볼 수 있듯 대중적 차원에서도 적극적, 포괄적 의미에서 정신건강에 대한 중요성이 확산되고 있다.

이러한 현상들을 통해 우리는 주변에서 신체 관리와 건강 못지않게 스트레스 관리나 신체에 영향을 미치는 마음의 상태인 정신건강에 대해서도 점차적으로 관심이 높아지는 것을 쉽게 접하고 있다. 오늘날 인간이 갖게 된 다양한 질병들은 신체적인 측면의 결함에서 오기도 하지만 정신적 불균형 상태에서도 기인된다. 이에 따라 사람들은 보다 행복한 개인생활과 사회생활을 위해 건강한 심신상태를 유지하는 데 필사적인 관심을 보이고 있는 실정이다(이영호, 2006).

현대사회는 정보화 사회로서 서비스업이 전체 산업의 절반을 차지하고, 연구개발 등 지식노동의 비중이 갈수록 증가하는 이 시기에 현대인들은 날마다 새로운 물리적·심리적 변화에 적응하여야 하고, 또 그 변화를 진취적으로 발전시켜 나가야 하는 과제를 안고 있다. 이러한 현대사회에서의 사회적 적응은 건강한 삶에 대한 요구와 더불어 정신건강 문제에 더욱 관심을 기울이도록 하게 한다.

2) 사회복지서비스 실천과 정신건강

사회복지서비스 실천영역에서 정신건강은 단순히 정신적으로 불건강한 사람에게만 적용되는 개념은 아니다. 그것은 문제를 가진 개인의 치료뿐만 아니라 각자의 우수한 능력을 발견하고 향상시켜, 인간의 삶을 더욱 유용하고 가치 있게 만드는 것이라고 할 수 있다. 20세기 후반부터 시작된 건강 증진과 질환 예방에 대한 관심과 확장된 긍정적, 적극적인 정신건강의 개념에 따라, 유럽과 미국 등 선진국에서는 기존의 정신장애인의 관리와 재활 위주의 개념에서 탈피해 지역사회, 직장, 학교, 가족 등 다양한 지역사회 공간에서 정신건강의 위험요인에 대한 적극적인 개입이 시도되고 있다(Mental Health Foundation, 2000). 이같이 정신건강의 실천적 기능은 모든 사람의 복지에 관심을 두고 있다는 사실을 의미한다. 최근엔 예방적 차원까지도 강조되는 추세이다.

루터스와 네비드(Ruthus & Nevid, 1995)는 정신건강을 심리적 안녕과 정신질환을 포괄하는 개념으로 규정지었다. 브리스(Blythe, 1994) 등은 사회복지서비스 영역에서 정신건강의 중요한 기능을 다음과 같이 설명하고 있다.

첫째, 정신건강 교육을 통해 정신장애를 예방하고 내적인 갈등, 불안 및 정서적 혼란으로부터 사람들을 해방시키려는 목적의 공중 정신보건 운동의 일환이다.

둘째, 오늘날 정신건강 관련 서비스 기관 및 상담기관이나 아동·청소년 상담실이나 사회복지기관 등에서 제공되는 정신의학적 치료, 정신보건사회복지 서비스 개입, 심리치료 상담을 통해 사람들이 내적 갈등을 극복하고 정신건강을 유지하거나 회복하는 것을 돕는 데 활용되는 정신의학과 심리학에 기초를 두며 임상사회사업 실천을 통해 전개되는 응용 실천학문이다.

셋째, 만성정신장애인들을 돕기 위한 정신병원에서의 의학적이고 임상적인 치료의 이론과 통합적 시각의 근간이 된다.

넷째, 최근 정신의학과 사회과학의 상호보완적 기능을 통한 사회복지서비스 실천 기능에 기초를 둔 교육의 특수한 오리엔테이션이다.

다섯째, 현대산업사회에서의 건강한 생활이라는 목표를 추구하는 생활철학이며 동시에 윤리의 개념이다.

이상의 내용을 정리하면 사회복지서비스 영역에서 정신건강은 정신의료라는 의료적 시각에서 나아가 정신보건이라는 예방과 재활적 관점까지 포괄하는 정신보건실천의 궁극적 목적이다. 동시에 정신의학과 심리학에 기초를 둔 정신건강의 과학이자 임상사회복지실천의 근간이 되며, 신체적·심리적·사회적 차원에서의 전문적 원조활동이며, 나아가 현대산업사회의 기초인 건강한 생활을 위한 생활철학이라 할 수 있다.

3) 정신건강 문제의 현황

사실 정신건강 문제는 매우 흔하다. 2011년도 정신질환실태 역학조사에 의하면 모든 정신질환의 평생 유병률은 27.6%로 전 국민의 1/4 정도가 일생에 한 번은 정신질환에 이환될 수 있다는 연구결과가 나왔다(조맹제 외, 2011). 2010년 1년 동안 니코틴 사용 장애를 제외한 모든 정신질환에 이환된 사람은 남자 207만 1,597명(11.5%), 여자 280만 2,958명(15.5%)으로 총 487만 3,160명(성별·연령별 보정한 추정치)이다. 이는 전체 인구의 13.5%에 해당된다. 따라서 매년 100명당 13명이 정신질환에 이환된다고 말할 수 있다.

(1) 자살문제의 심각성

자살은 사회구성원이 얼마나 삶을 사랑하고 희망을 안고 살아가는가를 보여 주는 단적인 지표라 할 수 있다. 통계청 자료에 근거한 우리나라의 2015년 자살자 수는 13,513명, 하루 평균 자살사망자 수는 약 37명이다. 2015년 자살사망률은 인구 10만 명당 26.5명으로, 2005년(인구 10만 명당 24.7명)에 비해 약 7.3% 증가했다. 자살은 우리나라 주요 사망원인 중 암, 심장질환, 뇌혈관질환, 폐렴 다음으로 5위를 차지했다.

성별 자살률을 살펴보면, 2015년 남성(37.5명)이 여성(15.5명)보다 2배 많았다. 연령별로 자살률에 차이를 보이고 있으며, 특히 만 60세 이상 노인자살률은 우려할 만한 수준으로 급격하게 상승한 것으로 나타났다(〈표 1-2〉 참조). 2009년도를 기준으로, 80세 이상 노인자살은 인구 10만 명당 127.7명(남성 213.8명, 여성 92.7명)으로 2000년 51명(남성 88.3명, 여성 36.4명)에 비해 150.39%나 상승했다(〈그림 1-2〉 참조).

<h2 style="text-align:center">〈그림 1-1〉 자살 영향 요인 모델</h2>

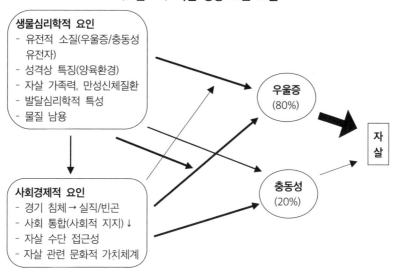

출처: 보건복지부(2005).

<h2 style="text-align:center">〈표 1-2〉 통계청 사망원인별 순위 추이, 2005~2015</h2>

단위: 인구 10만 명당 사망률

2005년		사망원인명	2015년	
사망률	순위		순위	사망률
133.8	1	암(악성신생물)	1	150.8
64.1	2	뇌혈관질환	3	48.0
39.2	3	심장질환	2	55.6
24.7	**4**	자살1)	**5**	**26.5**
24.2	5	당뇨병	6	20.7
16.3	7	운수사고	9	10.9
15.5	8	만성질환	7	14.8
17.2	6	간질환	8	13.4
8.5	10	폐렴	4	28.9
9.3	9	고혈압성질환	10	9.9

주 1) 통계청 발표 자살사망률(5세 이상 인구 10만 명당 자살사망률)을 전체 인구 10만 명당 사망률로 전환.
출처: 통계청 인구 및 사망원인통계.

〈표 1-3〉 성별 자살률

단위: 명/인구 10만 명당

	'06	'07	'08	'09	'10	'11	'12	'13	'14	'15
남성	29.5	31.5	33.4	39.9	41.4	43.3	38.2	39.8	38.4	37.5
여성	14.1	18.1	18.7	22.1	21.0	20.1	18.0	17.3	16.1	15.5
전체	21.8	24.8	26.0	31.0	31.2	31.7	28.1	28.5	27.3	26.5

출처: 통계청 인구 및 사망원인통계.

〈그림 1-2〉 만 60세 이상 연령대별 자살률 변화

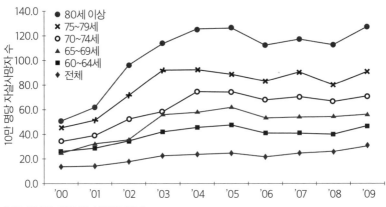

출처: 통계청 인구 및 사망원인통계.

OECD(경제협력개발기구)의 보고에 의하면, 2014년 현재 한국의 자살률은 30개 회원국 평균 자살사망률인 12.4명의 2.7배에 육박하여 단연 1위를 차지하고 있다. 특히 한창 열정적으로 일할 연령대인 20~40대 청장년 남성에서 자살률이 압도적으로 높다. 우리 사회를 이끌어 가야 할 역군들에게도 암울한 그림자가 드리워져 있음은 자살문제가 개인의 불행일 뿐 아니라 사회적으로 시급히 해결해야 할 가장 큰 문제임을 시사한다.

(2) 증가하는 우울증과 도박 중독

주요우울장애의 평생 유병률은 6.7%로 의학적 치료를 요하는 우울증을 한 번이라도 경험한 국민은 약 2백만 명에 이르는 것으로 추정된다(조맹제 외, 2011). 심사평가원의 자료에 의하면, 1년 유병률을 2.5%로 추정하면 주요우울장애 환자 100만 명 중 한 번이라도 치료를 받은 환자는 29만 명, 지속적인 치료는 15만 명이 받은 것으로 나타났다. 이러한 결과는 현재 우울증을 앓고 있는 사람 중 30%의 환자만이 병원에서 치료를 받고 있고 나머지는 치료를 받지 않은 것이라 할 수 있다(한국보건의료원, 2010).

한편 사행산업 이용객의 도박 중독 유병률은 2008년에 55%에서 2010년에는 61.4%로 급증했으나 2012년 41.0%, 2014년 36.0%, 2016년 35.4%로 대폭 낮아졌다. 2016년 일반 성인 도박 중독 유병률도 5.1%로 집계돼 우리나라 성인 남녀 3,904만 명 중 197만 명이 도박 중독에 빠져 있는 상황이다. 이는 호주 2.3%, 체코 2.3%, 뉴질랜드 1,3%, 스웨덴 1,4% 등과 비교하면 2~3배 정도 높은 수준이다(사행산업통합감독위원회, 2016).

(3) 직장인 직무스트레스와 외상 후 스트레스 장애의 증가

삼성경제연구소가 2010년 조사한 우리나라 직장인의 스트레스 보유율은 87%로, 미국(79%)이나 일본(72%)보다 월등히 높은 수준이다. 우울증과 적응장애 등 정신질환으로 인한 산재 승인 건수는 2011년 12건에서 2015년 41건으로 약 3배 가까이 급격히 늘어났다. 과로와 스트레스가 원인인 뇌졸중, 심장병 등 뇌심혈관계 질환의 산재 승인 건수도 2011년 225건에서 2015년 314건으로 증가했다.

또한 2014년 전국 소방공무원 37,093명을 대상으로 한 전국소방공무원 심리평가 전수조사 결과, 소방공무원은 평균 1년에 7.8회 참혹한 현장에 노출되고 있으며, PTSD (Post Traumatic Stress Disorder, 외상후 스트레스 장애) 증상 경험률은 22.4%로 나타났다. 이는 일반인 0.6%를 비롯해 미국 18%, 캐나다 17%, 일본 17.7%보다 훨씬 높은 수준이다. 업무별로는 구급업무요원의 PTSD 수준이 가장 높았고, 고위험군의 비율 역시 30.6%로 가장 높았으며, 화재진압요원은 21.2%로 다음 순위를 보였다. 이러한 결과는 위험요인이라고 판단될 때, 회사, 가족 등과 협의하여 정신건강의 위험신호를 미리 살필 수 있도록 근로자 지원프로그램 (Employee Assistance Program, EAP) 등의 정책적 대안 마련이 필요함을 시사한다.

(4) 각종 폭력의 증가

사회문화적 환경변화 속에서 폭력 문제는 발생 건수가 계속 증가하는 추세에 있다. 2013년 정부 조사결과에 의하면 1년 동안 부부간 폭력을 경험한 부부가 전체의 45.5%에 달하는 것으로 나타났다. 이는 2명당 1명꼴로 부부폭력을 경험한다는 것으로 문제의 심각성이 매우 크다. 한편, 2016년 교육부의 2016년 1차 학교폭력 실태조사에 따르면 학교폭력 피해를 경험한 학생의 응답률은 0.9% (3만 9천 명) 이며 학교급별 피해응답률은 초등학교 2.1%, 중학교 0.5%, 고등학교 0.3%로, 전년 동차 대비 중학교의 감소 폭(0.2%p)이 컸으며, 고등학교는 소폭 감소 (0.1%p), 초등학교는 소폭 증가(0.1%p) 하였다.

성폭력으로 인한 범죄도 계속 증가하고 있다. 대검찰청의 자료에 의하면, 2015년의 성폭력으로 인한 범죄 건수는 31,063건으로 10년 전에 비해 2배가량 증가하였다. 성폭력으로 인한 범죄는 재범률이 매우 높은 것으로 알려져 예방은 물론 재범을 억제하는 노력이 매우 필요하다. 이와 같은 폭력은 가정과 학교, 사회에서 상호 영향을 주고받으면서 상승작용을 하고 있어 한 유형의 폭력 증가는 다른 유형의 폭력 증가에도 영향을 줄 수 있다. 이는 또 폭력으로 인한 범죄 건수의 증가에도 영향을 주기 때문에 그 심각성이 크다고 할 수 있다.

생각해 보기
1. 정상과 비정상을 구분하는 기준에 어떤 것들이 있는지 생각해 보자.
2. 정신건강의 중요성에 대해 생각해 보자.

Tip. 질병의 여러 가지 의미

질병에는 여러 가지 의미가 있는데, 그 범주에는 화학적 변수로 측정할 수 있는 범위에서 벗어난 상태로서 생리적인 증상의 개념인 'disease', 불안이나 고통을 경험하는 주관적 상태로 간주하는 심리사회적 개념으로서의 'illness', 그리고 알코올 중독, 사회적 낙인과 같은 사회적 개념인 'sickness' 등이 있다. 의료사회복지 및 정신보건사회복지실천에서는 이들 모두를 포괄하는 의미로서 '질병' 개념을 이해한다.

1. 질병의 생리적 개념: disease

의학적으로 규정된 생리적 · 생물학적 건강의 이상을 의미한다. 이는 정상적인 수명의 단축이나 능력의 감소를 초래하는 신체기능의 변화라고 말할 수 있는 의학적인 용어로서, 예컨대 급성적, 만성적, 전염성, 선천적, 퇴행성, 기능적, 악성, 정신적, 신체적 및 속발성 등으로 설명될 수 있는 것이다. 치료는 질병과정을 제거하거나 더 좋아지게 하는 목적을 가지고 있다.

2. 질병의 심리사회적 개념: illness

환자가 주관적으로 느끼는 병의 경험, 전문직을 포함한 주변 집단의 평가와 반응을 지칭하는 개념으로서, 이는 사람이 병들거나 건강하지 못하다고 느끼는 아주 개인적인 상태를 의미한다.

'illness'는 보통 'disease'와 관련되지만, 그렇지 않을 수도 있다. 예를 들면 한 개인이 위종양(*disease*) 이 있는데 개인 자신은 병(*illness*) 든 것으로 느끼지 않는 경우이다.

파슨스(Parsons, 1972) 는 'illness'에 대해 생물학적 체계로서의 유기체의 상태와 개인적 · 사회적 조정의 상태를 포함한 총체적 인간인 개인의 정상적

기능이 방해받은 상태라고 정의하였다. 예컨대 실직, 공해, 생활양식 및 스트레스 사건들은 모두 'disease'는 아니지만 'illness'의 원인이 될 수 있다.

이와 같이 'illness' 개념은 'disease'의 원인이 되는 생물학적·유전적 요인들뿐만이 아니라 총체적인 인간의 모든 측면들을 포함하는 것이다.

3. 질병의 사회적 개념: sickness

보통 'disease'나 'illness'와 관련되나, 이와 무관하게 발생할 수도 있는 신분이나 사회적 실존(social entity)을 말한다.

한 개인이 아픈 것으로 드러나면 그렇지 않을 때는 받아들여질 수 없다고 생각되는 여러 가지 의존적인 행위들이 받아들여진다.

바우만(Bauman, 1965)은 사람들이 자신이 병들었는지를 결정하는 3가지의 분명한 기준을 제시하였다.

① 체온 상승이나 동통(疼痛)과 같은 증상들의 존재
② 그들이 어떻게 느끼고 있는지에 대한 그들의 인식
③ 일이나 학업과 같은 일상 활동을 수행하는 그들의 능력

* 출처: 이광재(2005). 《의료사회사업원론》. pp. 41~42 재구성.

제 2 장

정신장애의 이해

1. 정신장애에 대한 관점

정신장애에 대한 원인은 아직까지 뚜렷하게 밝혀지지 않았으나, 현재까지 많은 학자들에 의해 주장되고 인식되어 온 생물학적·심리학적·사회학적·통합적 관점이라는 4가지 관점을 제시하고자 한다. 이러한 관점들은 상호배타적이지는 않지만 각각 서로 다른 인간의 경험적 요소를 강조한다. 그러므로 각 관점에 따라서 정신장애에 대한 사회복지 실천의 방법도 다르다. 정신장애를 이해하기 위한 이론적 관점을 설명하면 다음과 같다.

1) 생물학적 관점

정신장애에 대한 생물학적 관점은 그 사람의 생물학적 특성으로 인해 발생하는 것으로 이해하는 것이다(Turner, 1997). 생물학적인 관점에서는 인간의 정신장애의 원인을 신경학적 이상, 신경전달물질의 이상, 뇌파나 호르몬의 이상, 유전적 요인 등에서 찾는다. 인간의 정신기능이란 생물학적으로 보았을 때 뇌가 그 중심이라는 것은 고대 히포크라테스 시대부터 널리 알려져 왔다. 정신기능과 뇌 사이의 분명한 관계를 아직 확실하게 밝히지 못하고 있으나, 뇌의 장애는 정신기능의 변화를 초래한다고 본다. 뇌의 영역별 기능과 아울러 이에 따르는 각 신경세포들, 신경세포의 활동에서 일어나는 물질의 대사 등도 정신기능과 밀접하게 관련되어 있다. 즉, 이것은 뇌의 기능상 취약성이 정신장애의 직접적 원인이 된다는 것이다(김동연·임호찬, 2000).

또한 신경전달물질에 이상이 있어 정상보다 높거나 낮을 때, 정신장애를 가질 확률이 높다고 본다. 예를 들어 뇌의 신경전달물질인 세로토닌(serotonin) 활성이 정상보다 높을 경우 불안장애를 보일 확률이 높고, 정상보다 낮을 경우 공격적 행동이나 적대적 행동, 자살 등의 행동을 나타낼 가능성이 높은 것으로 보고되고 있다(이용표 외, 2006). 조현병과 도파민(dopamine)의 관련성이나 남성 호르몬과 품행장애와의 관련성도 생물학적 관점으로 보는 한 예이다. 생물학적 관점에서는 유전적 유인을 포함하는데, 쌍생아 중 한 명이 정신질환이 있을 경우 나머지 한 명도 정신질환을 경험할 확률이 높다는 연구결과는 유전학적 관점을 뒷받침한다(Hoeffer & Pollin, 1970; 이용표 외, 2006 재인용). 그러나 뇌의 생물학적 결함과 유전적 요인 등이 정신질환이나 정신장애의 직접적 원인이 된다고 무조건 주장하기에는 아직까지는 미흡하며 생물학적 관점만으로는 정신질환이나 정신장애의 원인을 설명할 수가 없다.

2) 심리학적 관점

심리학적 관점은 정신장애가 한 개인의 비정상적인 생각, 느낌, 또는 행동으로 인한 부적응의 결과라고 정의한다(Petersen, 1999). 즉, 심리학적 관점은 개인의 문제를 이해하고자 할 때, 개인의 마음에 영향을 미치는 심리적 힘에 관심을 가진다. 이는 정신장애를 적응의 측면에서 생각해 보는 것이라 할 수 있다. 적응(adjustment)이란 인간 내부의 욕구와 외부로부터의 요구에 순응하여 조화와 안정을 이룰 때 가능하다. 목표가 달성되면 만족과 자신감을 느끼지만 좌절되었을 때는 상당한 불안과 스트레스를 경험하게 된다. 이러한 상황에 어떻게 대처해 나가느냐 하는 것은 적응에서 매우 중요한 문제이다.

그러므로 정신적으로 건강한 사람은 심리적인 만족감, 능률적인 활동, 그리고 사회에 대한 경험을 통하여 자신의 목표를 달성하고 이로 인하여 만족감과 자신감을 얻는다. 이는 정신기능이 균형 있게 발전해 있을 때 가능하다. 반면에 한 개인에게 비정상적인 생각이나 감정, 그리고 부적절한 행동이 있을 때 부적응적이 되고, 이는 정신질환이나 정신장애라는 결과를 낳는다. 그러므로 심리학적 관점에서는 불안이나 갈등을 중요하게 다룬다. 인간의 정신기능에 영향을 미치는 불안의 생성에 대하여 심리학적 관점은 행동주의이론과 정신역동이론, 대인관계이론에 근거해 있다.

행동주의이론은 정신장애에 대한 특정한 개념은 없지만 건강한 정신(정상적인 불안)이나 건강하지 못한 정신(병적인 불안)은 많은 조건화된 학습에 의해 생애 동안 영향을 받을 수 있고, 따라서 정신건강을 위해 학습이나 조건화 또는 행동발생 후의 수정 차원에서 행동이론을 적용시킬 수 있음을 시사한다.

정신역동 이론은 프로이트의 의식과 무의식의 수준 그리고 본능, 자아, 초자아에 대한 구조적 이론과 심리성적 발달단계를 통합하여 개인의 성격에 대하여 설명한다. 즉, 심리성적 발달단계를 만족스럽게 밟아 나갔는지의 여부에 따라 정신장애에 영향을 미치는 불안 수준과 내용이 결정된다고 하였다.

대인관계 이론은 호나이(Horney), 설리반(Sulivan), 프롬(Fromm)으로 대표되는 신프로이트 학파의 이론으로, 불안이나 신경증적 행동의 원인과 지속 상태는 개인과 사회와의 상호작용과 대인관계의 상호작용 결과로 보았다. 이들은 인간 자신이 지각하는 여러 가지 욕구는 타인으로부터 배척이나 소외당하는 것이 아니라 다른 사람들과 적당한 관계를 통해 욕구를 충족하며, 이 과정에서 오는 여러 가지 경험을 즐기며 이에 대한 정확한 지각과 자기 자신 및 타인에 대한 확실한 신념을 가질 때에 정신건강이 성취되는 것으로 보았다.

3) 사회학적 관점

사회학적 관점은 정신장애에 대해 사회적 요소나 환경적 요소를 중시하며, 사회환경을 인간의 건강과 행동을 결정짓는 중요한 변수로 이해한다. 이는 열악한 사회적 계급이나 사회경제적 지위가 정신장애의 원인이 된다는 접근이다. 흔히 '사회 스트레스 이론'(social stress theory)이라 불리는 연구들에 의하면, 사회경제적 스트레스를 많이 받을 수 있는 빈곤계층에서 정신장애 발생률이 높음을 시사한다(Johnson et al., 1999; 이준우 · 손덕순, 2007 재인용). 사회학자들은 정신질환이 다양한 생활스트레스로 인해 발생한다고 본다. 특히 빈곤, 성차별, 인종차별로 인한 생활 스트레스가 부적응과 정신질환을 발생시킨다고 본다.

그러나 사회경제적 상태와 정신장애 간의 관계가 항상 명확하지는 않다. 즉, 열악한 사회경제적 상황이 정신장애를 초래할 수도 있지만 정신장애의 발생으로 인해 사회경제적 지위가 하향 이동하는 경향 또한 고려될 필요가 있다. 즉, 정신적으로 건강한 개인이 정신장애를 가지게 되면 우울, 불안, 정신증 등의 정신과적인 증상으로 인해서 기존에 수행하던 사회경제적 역할수행에 한계를 갖게 되고 정신과적 증상으로 인한 기능상의 장애, 특히 교육적·직업적 기회에 대한 제약은 사회경제적 지위의 변동으로 연결될 수 있다(이용표 외, 2006).

인간은 사회와 제도 및 문화에 대한 사회적 결합의 과정을 통해 외부세계에 반응하면서 행위능력을 증대한다. 그래서 사회제도, 경제, 법과 문화는 개인에게 그 유형에 따라 행동하게 하고 일정한 행동양식을 강제한다. 이것을 낙인이론에서는 정신질환이 사람들에 의해 창출된 사회적 개념 또는 낙인 붙은 사람들이 수행해야 하는 사회적 역할이라고 보았다. 즉, 사회가 사회적 반응과정을 통해 정신적으로 문제가 있는 개인을 창출한다고 보는 것이다(이윤로, 2005). 사회적 규범에 맞지 않게 행동하는 사람들은 정신적 문제가 있는 사람들이라고 낙인찍힌다. 다시 말해 개인이 어떤 지역사회나 집단의 규범을 어기는 행동을 하면 그에게는 정신적으로 문제가 있다는 낙인이 붙게 되고, 그렇게 인식된 채 살아가야 된다는 것이다. 결국 사회학적 관점에 의하면 정신장애란 한 개인이 대처할 수 있는 한계를 넘는 사회적 환경이나 상황에 직면함으로써 발생하는 것이다.

4) 통합적 관점

통합적 관점에 의하면 정신장애는 다양한 원인들의 통합에 의해서 발생한다고 간주되는데, 이는 생물학적·심리학적·사회학적 관점을 모두 포괄한다(Davision & Neale, 1997; 양옥경, 2006 재인용). 사실 이 3가지 관점 가운데 하나의 시각만 가지고 정신장애를 이해하는 데는 한계가 있다(APA, 1994; 이용표 외, 2006 재인용). 즉, 각각의 요소들이 정신장애의 유병률과 상관관계가 있다는 정도는 선행연구나 기존의 문헌들에서 나타나지만, 비슷한 생물학적·심리학적·사회학적 요소를 지닌 사람들 가운데 어떤 사람은 정신장애를 보이고 또 어떤 사람은 보이지 않는가에 대한 예외적인 경우는 설명하지 못한다. 이러한 한계를 극복하기 위해서는 정신장애에 대한 통합적 관점이 필요하다(Ghaemi, 2003).

따라서 정신장애에 대한 접근방법은 개인의 생물학적 요소와 심리학적 요소, 그리고 사회학적 요소 모두를 포괄해야 한다. 이는 개인의 정신장애를 이해하는 방법으로 개인을 중심으로 한 미시적 차원에 그치지 않고, 개인을 둘러싼 환경적 요소, 즉 사회제도, 문화와의 관계에서 이해하는 거시적 차원의 접근을 모색하게 된다. 전자는 정신장애를 심리학적 차원에서 이해하는 입장이고, 후자는 사회학적 입장에서 이해하는 것으로, 이 2가지 견해는 오래전부터 각각 서로 다른 입장에서 많은 학자들에 의해 연구되어 왔으나 근래에 인간서비스 분야에서 통합적 접근이 모색되고 있다.

이처럼 통합적 관점은 인간을 정신적으로 통합 구성된 생물학적 단위로 이해하는 전체론적 관점을 바탕으로 한다는 점에서 체계론적 관점과 유사하다. 통합적 관점에서는 인간을 생물·심리·사회적 존재로 간주하고 정신장애를 이해하기 위해서는 생물학적·심리학적·사회학적 지식들을 복합적으로 이용해야 한다고 강조한다(Wakefield, 1992). 즉, 정신장애가 유기적이며 유전적인 요소들과 더불어 생물·심리·사회적 요소들 간의 상호작용에 의한 복합적 요인으로 인해 나타난다고 본다. 이러한 통합적 관점에서 정신장애는 생물학적·심리학적·사회학적 요소에 의해서 나타나는 임상적으로 중요한 개인의 행동 혹은 심리적 증후군, 이로 인한 기능상의 저하로 정의될 수 있다(이준우·손덕순, 2007 재인용).

2. 정신장애의 특성과 현황

1) 정신장애의 특성

정신장애와 신체장애의 동질적 성격은 일반적으로 만성적 특성, 재활 서비스의 방향, 그리고 세계보건기구의 장애분류안이라는 3가지 근거로 제시된다(김통원, 1994).

첫째, 정신장애는 만성적 특성을 가진다. 이것은 한정된 시간이 아니라 어쩌면 평생 동안 문제가 지속된다는 것을 의미한다. 둘째, 재활 서비스 체계의 방향이 동일하다. 사회통합과 정상화라는 지역사회 중심의 재활 관점에서 볼 때 정신장애와 다른 장애 사이에 차이가 있을 수 없다는 것이다. 셋째, 세계보건기구에서 제시한 장애분류안에서는 장애를 손상(impairment), 불능(disability), 불리(handicap)의 세 단계로 설명한다. 손상은 심신의 구조적·기능적 손상 자체를 의미하며, 불능은 손상에 의한 개인적 차원에서 일상생활의 활동에 나타나는 2차적 장애를, 그리고 불리는 손상과 불능으로 인한 사회적 차원에서 경험하는 불이익으로 편견과 차별을 의미한다(서동우, 1997).

따라서 손상단계에서는 병리를 중단시키기 위한 약물치료와 정신치료, 위기개입 등의 서비스가 제공되어야 한다. 불능단계에서는 대인관계와 사회기술훈련, 직업훈련 등의 개입이, 그리고 불리단계에서는 고용 및 사회적 서비스 등 제도적 사회환경의 변화를 필요로 한다. 즉, 재활이 손상보다는 불능을 개선시키며, 불리를 보상하는 데 중점을 둔다는 점(Anthony & Liberman, 1992)은 정신장애와 다른 장애 사이의 개입과정에도 큰 차이가 없다는 사실을 시사해 준다(김용득·유동철, 1999).

정신장애는 병의 진행 과정과 치료, 회복이라는 차원에서 질병의 특성상 만성정신장애로 불릴 수 있으며 여러 다양한 정신장애의 정의나 속성을 통해 발견된 만성정신장애의 심리사회적 특성은 다음과 같다(김기태 외, 2001).

만성정신장애는 첫째, 유병기간이 최소한 2년을 경과하며, 둘째, 입원기간이 90일 이상이 되고 재입원의 악순환이 반복되며, 셋째, 병이 장기화됨에 따라 정신장애인 자신의 능력 상실로 인한 개인생활 및 가정생활에서의 기능이 약화되며, 넷째, 단기간의 치료보다는 장기보호의 성격이 강하므로 가족의 보호부담이 커지고 그에 따른 욕구들이 강하게 나타난다. 다섯째, 정신장애의 장기화 현상으로 인하여 경제적 파탄이 초래되며, 여섯째, 사회로부터의 편견과 낙인으로 인한 사회적 응기회가 상실되고, 일곱째, 만성과 정신장애의 복합적 요소로 인해 사회복지 대책이 요구된다(양옥경, 1996, pp. 50~51).

2) 정신장애의 현황

보건복지부에서 2011년도에 실시한 정신질환실태 역학조사에 의하면, 정신질환의 1년 유병률은 18세 이상 64세 이하 인구의 13.5%이며, 매년 약 487만 명이 정신질환에 이환된다. 〈표 2-1〉에 의하면, 불안장애, 기분장애, 정신병적 장애의 1년 유병률은 10.8%로 약 390만 명이고, 알코올 사용 장애의 1년 유병률은 4.4%로 약 159만 명 정도이다.

〈표 2-2〉에서 보는 바와 같이, 모든 정신장애의 평생 유병률을 외국과 비교하면 한국은 유럽 평균인 25.0%와 유사하다. 한국은 미국이나 뉴질랜드보다는 낮으나 중국이나 나이지리아보다는 높다. 각 질환별로 보면 알코올 의존의 평생 유병률은 전 세계적으로 가장 높고, 기분장애와 불안장애의 평생 유병률은 서구보다는 낮으나 중국이나 나이지리아보다는 높다.

〈표 2-1〉 정신장애 1년 유병률 및 추정환자 수 (성과 연령별 보정)

	남자		여자		전체	
	유병률 (%)	추정 환자 수(명)	유병률 (%)	추정 환자 수(명)	유병률 (%)	추정 환자 수(명)
알코올 사용 장애	6.6	1,188,916	2.1	379,756	4.4	1,588,289
정신병적 장애	0.2	36,028	0.5	90,418	0.4	144,390
기분장애	2.3	414,319	4.9	886,096	3.6	1,299,509
불안장애	3.7	666,514	9.8	1,772,193	6.8	2,454,629
모든 정신장애* 니코틴 사용 장애 제외	11.5	2,071,597	15.5	2,802,958	13.5	4,873,160

* 지난 1년 사이에 한 번이라도 정신장애를 앓은 적이 있는 대상자.
출처: 조맹제 외(2011).

〈표 2-2〉 세계정신건강 역학연구 평생 유병률 비교(%)

	한국*	미국	유럽**	이탈리아	프랑스	벨기에	뉴질랜드	나이지리아	우크라이나	중국
모든 정신장애*** (니코틴 사용장애 제외)	25.2	46.4	25.0	18.3	-	27.6	39.5	12.1	31.6	13.2
알코올 의존/남용	14.0	18.6	5.2	1.1	5.7	9.4	15.4	3.0	13.5	5.7
알코올 의존	5.6	5.4	1.1	0.3	1.6	1.7	4.0	0.2	3.5	1.0
알코올 남용	8.5	13.2	4.1	0.8	4.1	7.7	11.4	2.8	10.0	4.7
기분장애	7.5	20.8	14.0	11.2	-	14.9	20.2	4.1	15.8	3.6
주요 우울장애	6.7	16.6	12.8	10.1	21.4	13.6	16	3.3	14.6	3.5
기분부전장애	0.7	2.5	4.1	3.4	7.9	4.6	2.1	0.2	3.0	0.1
양극성장애	0.2	3.9	-	-	-	-	3.8	0.0	-	0.1
불안장애	8.7	28.8	13.6	11.1	-	13.2	24.9	5.7	6.1	4.8
강박장애	0.8	1.6	-	-	-	-	1.2	0.1	-	-
외상 후 스트레스 장애	1.6	6.8	1.9	2.3	3.9	2.3	6.0	0.0	-	0.3
공황장애	0.2	4.7	2.1	1.6	3.0	2.0	2.7	0.2	1.9	0.4
사회공포증	0.5	12.1	2.4	2.1	4.7	2.0	9.4	0.3	0.3	0.5
범불안장애	1.9	5.7	2.8	1.9	6.0	2.7	6.0	0.1	2.0	0.8
특정공포증	5.4	12.5	7.7	5.7	11.6	6.8	10.8	5.4	-	2.6

* 2011년 정신질환실태 역학조사 결과.
** 2001~2003년에 세계정신건강역학연구의 일환으로 벨기에, 프랑스, 독일, 이탈리아, 네덜란드, 스페인에서 21,425명을 대상으로 실시된 유럽정신장애역학조사 결과.
*** 평생 한 번이라도 정신장애를 앓은 적이 있는 대상자.
출처: 조맹제 외(2011).

3. 정신장애의 분류

오늘날 보편적으로 사용되는 정신장애의 진단체계는 2가지가 있다. 하나는 세계보건기구에서 제정하여 국제적으로 통용되는 '국제질병분류' (ICD-10: International Classification of Diseases-10)에 포함된 정신장애 진단분류 방식이고, 다른 한 가지는 미국정신의학회에서 제정한 《정신장애 진단 및 통계편람 제 5판》(DSM-5)이다. 이 2가지 진단분류체계를 좀더 구체적으로 설명하고자 한다.

1) 《ICD-10》에 따른 정신장애 분류

《ICD-10》은 세계보건기구가 1992년에 제정한 국제질병분류 제 10개 정판이다. 1853년에 최초로 인간의 사망원인을 보고하는 국제협의 모임이 열린 것을 계기로 1893년에 국제질병분류모델의 채택이 건의되었고, 1900년에 《ICD-1》이 출간되었다. 그 후 개정을 거듭하다가 1938년에 인간의 정신적 질병을 포함시킨 《ICD-5》가 출간되었다. 1992년에 나온 《ICD-10》은 정신질환을 크게 기질적 정신병, 기타 정신병, 신경증적 장애와 인격장애 및 기타 비정신병적 장애, 지적장애로 구분하고 있다. 《ICD-10》에 의한 정신장애 분류는 큰 범주별로 〈표 2-3〉과 같다. 《ICD-10》과 《DSM》과의 관련성을 고려할 때 가장 큰 문제점은 분류 및 진단체계의 방식이다. 즉, 정신장애의 분류 및 진단체계가 서로 일치하지 않아 여러 가지 혼선이 발생하고 있다.

이러한 혼선을 극복하고 분류 및 진단체계의 신뢰도와 타당도를 높이기 위하여 1992년에 《ICD-10》, 1994년에 《DSM-IV》가 출간되면

<표 2-3> 국제질병분류(ICD-10)에 따른 정신장애 분류

코드	분류
F00~F09	증상을 포함한 기질성 정신장애
F10~F19	정신활성 물질 사용으로 인한 정신 및 행동장애
F20~F29	조현병, 정신분열형 및 망상장애
F30~F39	기분장애
F40~F49	신경증적 스트레스 관련 및 신체형 장애
F50~F59	생리적 장애 및 신체적 요인과 관련된 행동증후군
F60~F69	성인 인격장애 및 행동장애
F70~F79	지적장애
F80~F89	정신발달 장애
F90~F98	소아기 및 청소년기에 흔히 발병하는 행동 및 정서장애
F99	비특정 장애

출처: WHO(2007).

서 어느 정도 보완이 이루어졌다. 그럼에도 불구하고 《DSM-IV》의 진단부호와 용어들이 《ICD-10》과 많은 부분에서 양립되거나 다른 용어로 표기되어 있기 때문에 많은 혼란을 초래할 수 있다는 점이 거론된다. 그러나 앞으로 연구가 더욱 진행되면 이러한 차이점들이 많이 개선되고 2가지 기준의 장점들이 통합되어 하나의 뚜렷한 진단기준이 탄생될 것으로 전망된다.

2) 《DSM-5》에 따른 정신장애 분류

《DSM-5》는 세계적으로 가장 많은 임상가와 연구자들이 사용하는 정신장애 분류체계라고 할 수 있다. 1952년에 《DSM-I》이 처음 발행된 이후 몇 차례의 개정을 거쳐 1994년에 미국정신의학회에서 세 번째 개정판인 《DSM-IV》가 발표되었고, 다시 2013년에 《DSM-5》가 나왔다. 《DSM-5》에서는 《DSM-IV》에서 사용했던 다축 진단체계를 임상적 유용성과 타당성이 부족하다는 이유로 폐기했으며, 범주적 진단체계의 한계를 보완하기 위해서 차원적 평가를 도입한 혼합모델(*hybrid model*)을 적용하여 모든 환자의 주된 증상과 다양한 공병증상을 심각도 차원에서 평가하도록 하였다. 또한 성별 차이를 고려하고, 아동에게 발달 및 생애주기에 대한 고려를 통하여 새로운 진단을 부여하는 등의 변화를 보였다.

《DSM-5》에 따른 정신장애 진단분류는 20개의 영역으로 범주화되어 있다. 각 정신장애와 하위유형들에 대해 설명하고자 한다.

(1) 신경발달장애

신경발달장애(*neurodevelopmental disorders*)는 중추신경계, 즉 뇌의 발달 지연 또는 뇌 손상과 관련된 것으로 알려진 정신장애를 포함한다. 심리사회적 문제보다는 뇌의 발달장애로 인해 흔히 생의 초기부터 나타나는 아동기 및 청소년기의 정신장애를 포함한다. 신경발달장애는 다음과 같은 6가지 하위 장애로 분류된다: ① 지적장애, ② 의사소통 장애, ③ 자폐 스펙트럼 장애, ④ 주의력 결핍/과잉행동 장애, ⑤ 특정 학습장애, ⑥ 운동장애.

지적장애(*intellectual disability*)는 지능이 비정상적으로 낮아서 학습 및 사회적 적응에 어려움을 나타내는 경우를 뜻한다. 좀더 구체적으로, 표준화된 지능검사로 측정된 지능지수(IQ)가 70 미만으로 현저하게 낮은 지능을 보이는 경우로서 지적 발달 장애(*intellectual development disorder*)라고 불리기도 한다.

의사소통 장애(*communication disorder*)는 의사소통에 필요한 말이나 언어의 사용에 결함이 있는 경우이다. 지능수준은 정상적이지만 언어 사용에 문제가 나타나게 되는데, 하위 장애로는 언어장애, 발음장애, 아동기-발생 유창성 장애(말더듬), 사회적 소통장애가 있다.

자폐 스펙트럼 장애(*autism spectrum disorders*)는 사회적 상호작용과 의 사소통에서 장애를 나타낼 뿐만 아니라 제한된 관심과 흥미를 지니며 상동적인 행동을 반복적으로 나타내는 장애를 뜻한다. 이러한 장애는 증상의 심각도가 다양한 수준으로 나타날 수 있으며《DSM-5》에서는 장애의 심각도를 세 수준으로 평가한다.

주의력 결핍/과잉행동 장애(*attention-deficit/hyperactivity disorder*)는 주 의집중의 어려움과 더불어 매우 산만하고 부주의한 행동을 나타낼 뿐만 아니라 자신의 행동을 적절히 통제하지 못하고 충동적인 과잉행동을 나 타내는 경우에 진단된다. 이러한 장애를 지닌 아동은 주의력 결핍형, 과잉행동형, 2가지 혼합형의 세 하위유형으로 구분될 수 있다.

특정 학습장애(*specific learning disorder*)는 정상적인 지능을 갖추고 있 고 정서적인 문제가 없음에도 불구하고 지능수준에 비하여 현저한 학 습 부진을 보이는 경우를 말한다. 이러한 장애를 지닌 아동들은 흔히 읽기, 쓰기, 산술적 또는 수리적 계산과 관련된 기술을 학습하는 데 어 려움을 나타낸다.

운동장애(*motor disorder*)는 나이나 지능수준에 비해서 움직임 및 운동 능력이 현저하게 미숙하거나 부적응적인 움직임을 반복적으로 나타내 는 경우로서 여러 하위유형으로 구분된다. 발달성 운동조정 장애(*de-velopmental coordination disorder*)는 앉기, 기어 다니기, 걷기, 뛰기 등의 운동발달이 늦고 동작이 서툴러서 물건을 자주 떨어뜨리고 깨뜨리거나 운동을 잘 하지 못하는 경우를 뜻한다. 정형적 동작 장애(*stereotypic* movement disorder)는 특정한 패턴의 행동을 아무런 목적 없이 반복적으로 지속하여 정상적인 적응에 문제를 야기하는 경우를 말한다. 틱 장애 (tic disorder)는 얼굴 근육이나 신체 일부를 갑작스럽게 불수의적으로 움직이는 행동을 반복하거나 소리를 내는 부적응적 행동을 의미한다. 이러한 틱 장애에는 다양한 운동 틱과 음성 틱이 1년 이상 지속적으로 나타나는 투렛 장애(Tourette's disorder), 운동 틱이나 음성 틱이 1년 이상 나타나는 만성 운동 또는 음성 틱 장애(chronic motor or vocal tic disorder), 운동 틱이나 음성 틱이 1개월 이상 1년 이내 지속되는 일시적 틱 장애(provisional tic disorder)가 있다.

(2) 정신분열 스펙트럼 및 기타 정신증적 장애

정신분열 스펙트럼 및 기타 정신증적 장애(schizophrenia spectrum and other psychotic disorders)는 정신분열증을 비롯해 그와 유사한 증상을 나타내는 심각한 정신장애를 포함한다. 정신분열 스펙트럼 장애는 망상, 환각, 혼란스러운 언어, 부적절한 행동, 둔마한 감정이나 사회적 고립을 특징적으로 나타내는 일련의 정신장애를 의미한다. 증상의 심각도나 지속기간에 따라서 다양한 하위유형으로 구분된다. 경미한 정신분열 증상이 성격의 일부처럼 지속적으로 나타나는 **분열형 성격장애**(schizotypal personality disorder), 다른 적응 기능은 비교적 온전하지만 망상이 특징적으로 나타나는 **망상장애**(delusional disorder), 정신분열 증상이 1개월 이내로 짧게 나타나는 **단기 정신증적 장애**(brief psychotic disorder), 정신분열 증상이 1개월 이상 6개월 이내로 나타나는 **정신분열형 장애**(schizo-phreniform disorder), 정신분열 증상이 6개월 이상 지속되는 **정신분열증**(schizophrenia), 정신분열 증상과 양극성 증상이 함께 나타나는 **분열정동**

장애(*schizoaffective disorder*)로 구분된다. 이 밖에도 약물이나 신체적 질병으로 인해 나타나는 정신증적 장애를 포함한다.

(3) 양극성 및 관련 장애

양극성 및 관련 장애(*bipolar and related disorders*)는 기분의 변화가 매우 심각하여 기분이 고양된 상태와 침체된 상태가 주기적으로 나타나는 일련의 장애를 의미한다. 양극성 장애(*bipolar disorder*)는 조증 증상과 더불어 우울증 증상이 주기적으로 교차되면서 나타나는 장애로서 조울증(*manic-depressive illness*)이라고 불리기도 한다. 조증 증상이 나타나는 경우는 그 심각도에 따라서 조증 삽화와 경조증 삽화로 구분된다. 조증 삽화(*manic episode*)는 과도하게 들뜬 고양된 기분을 나타내며 자존감이 팽창되어 말과 활동이 많아지고 주의가 산만해져서 일상적인 생활이 불가능한 경우를 뜻하는 반면, 경조증 삽화(*hypomanic episode*)는 조증 증상이 경미하게 나타나는 경우를 의미한다. 양극성 장애는 조증 삽화가 특징적으로 나타나는 **제 1형 양극성 장애**(*bipolar I disorder*)와 우울증과 더불어 경조증 삽화만 나타나는 **제 2형 양극성 장애**(*bipolar II disorder*)로 구분된다. 이 밖에도 조증 상태와 우울증 상태가 경미한 형태로 2년 이상 지속적으로 나타나는 **순환감정 장애**(*cyclothymic disorder*)가 있다.

(4) 우울장애

우울장애(*depressive disorders*)는 우울하고 슬픈 기분을 주된 증상으로 하는 다양한 장애를 의미한다. 우울상태에서는 일상생활에 대한 의욕과 즐거움이 감퇴하고, 주의집중력과 판단력이 저하되며, 체중과 수면패턴이 변화할 뿐 아니라 무가치함과 죄책감, 그리고 죽음이나 자살에 대한 사고가 증가한다. 이러한 우울장애의 하위유형에는 심각한 우울증상이 나타나는 **주요우울장애**(*major depressive disorder*), 경미한 우울증상이 장기적으로 나타나는 **지속성 우울장애**(*persistent depressive disorder*), 월경 전에 우울증상이 나타나는 **월경 전기 불쾌장애**(*premenstrual dysphoric disorder*), 불쾌한 기분을 조절하지 못하는 **파괴적 기분 조절 곤란장애**(*disruptive mood dysregulation disorder*)가 있다.

(5) 불안장애

불안장애(*anxiety disorders*)는 불안과 공포를 주된 증상으로 하는 장애로서 불안이 나타나는 다양한 양상에 따라 여러 가지 하위유형으로 구분된다. 불안장애의 하위유형으로는 미래에 경험하게 될 다양한 상황에 대해서 과도한 불안과 걱정을 나타내는 **범불안장애**(*generalized anxiety disorder*), 특정한 대상(예: 뱀, 개, 거미)이나 상황(예: 높은 곳, 폭풍)에 대한 공포를 지니는 **특정공포증**(*specific phobia*), 특정한 장소(예: 쇼핑센터, 극장, 운동장, 엘리베이터, 지하철)에 대한 공포를 지니는 **광장공포증**(*agoraphobia*), 다른 사람 앞에서 어떤 일을 해야 할 때 심한 불안과 공포를 느끼는 **사회불안장애**(*social anxiety disorder*), 갑작스럽게 엄습하는 강렬한 불안과 공포를 주된 증상으로 하는 **공황장애**(*panic disorder*)가 있다. 이 밖에도 《DSM-5》에서는 중요한 애착대상과 떨어지는 것에 대한 심한 불안을 나타내는 **분리불안장애**(*separation anxiety disorder*)와 특수한 사회적 상황에서 지속적으로 말을 하지 않는 **선택적 무언증**(*selective mutism*)이 불안장애의 하위유형으로 포함되었다.

(6) 강박 및 관련 장애

강박 및 관련 장애(*obsessive-compulsive and related disorders*)는 강박적인 집착과 반복적인 행동을 특징적으로 나타내는 일련의 장애를 포함하며 《DSM-5》에서 처음으로 독립된 장애범주로 제시되었다. **강박장애**(*obsessive-compulsive disorder*)는 불안을 유발하는 부적절한 강박사고(예: 성적이거나 불경스러운 생각, 더러운 것에 오염될 것에 대한 생각)에 집착하면서 불안을 완화시키기 위한 강박행동(예: 손 씻기, 확인하기, 정돈하기, 숫자 세기)을 반복적으로 나타내는 장애이다. 이 밖에도 강박 관련 장애로는 신체 일부가 기형적으로 이상하게 생겼다는 생각(예: 코가 비뚤어짐, 턱이 너무 짧)에 집착하는 **신체변형 장애**(*body dysmorphic disorder*), 불필요한 물건을 과도하게 수집하여 보관하는 **저장장애**(*hoarding disorder*), 자신의 머리털을 반복적으로 뽑는 **모발 뽑기 장애**(*trichotillomania* 또는 *hair-pulling disorder*), 자신의 피부를 반복적으로 벗기는 **피부 벗기기 장애**(*excoriation disorder* 또는 *skin-picking disorder*) 등이 있다.

(7) 외상 및 스트레스 사건 관련 장애

외상 및 스트레스 사건 관련 장애(*trauma and stressor related disorders*)는 충격적인 외상 사건(예: 교통사고, 전쟁, 건물 붕괴, 지진, 강간, 납치)이나 스트레스 사건을 경험한 이후에 부적응 증상을 나타내는 다양한 경우를 포함하며 《DSM-5》에서 처음으로 독립된 장애범주로 제시되었다. 외상사건을 경험하고 나서 그러한 사건에 대한 기억의 침투 증상과 더불어 회피적 행동이 1개월 이상 나타나는 경우를 **외상 후 스트레스 장애**(*post traumatic stress disorder*)라고 하며, 유사한 증상이 1개월 이내로 나타나는 경우에는 **급성스트레스 장애**(*acute stress disorder*)라고 진단한다.

《DSM-5》에서는 아동이 부적절한 양육환경(애착 형성을 어렵게 하는 양육자의 잦은 변경, 정서적 욕구를 좌절시키는 사회적 방치와 결핍)에서 성장한 경우에 나타나는 부적응 문제의 2가지 유형, 즉 반응성 애착장애와 탈억제 사회 관여 장애를 이 장애범주에 포함시켰다. **반응성 애착장애**(*reactive attachment disorder*)는 5세 이전 아동이 정서적으로 위축된 상태에서 다른 사람과 접촉하는 것을 두려워하고 회피하는 경우를 지칭하는 반면, **탈억제 사회 관여 장애**(*disinhibited social engagement disorder*)는 아동이 처음 본 어른에게 부적절하게 과도한 친밀함을 나타내거나 낯선 사람을 아무런 주저 없이 따라가려 하는 경우를 뜻한다. 이 밖에도 분명하게 확인될 수 있는 심리사회적 스트레스 사건(실연, 사업의 위기, 가족 갈등, 새로운 학교로의 진학, 결혼, 직장에서의 좌절, 은퇴 등)에 대한 반응으로 부적응적인 감정과 행동을 나타내는 **적응장애**(*adjustment disorder*)도 이 장애범주에 포함되었다.

(8) 해리장애

해리장애(*dissociative disorders*)는 의식, 기억, 자기정체성 및 환경지각 등이 평소와 달리 급격하게 변화하는 장애를 의미한다. 이 장애범주에는 3가지 하위유형, 즉 자기의 과거를 전부 잊어버리거나 특정 기간 동안의 기억을 망각하는 **해리성 기억상실증**(*dissociative amnesia*), 한 사람의 내부에 두 개 이상의 독립적 정체성과 성격을 지니고 있는 **해리성 정체성 장애**(*dissociative identity disorder*), 평소와 달리 자신과 주변 현실에 대해서 매우 낯설거나 이상한 느낌을 받게 되는 **이인증/비현실감 장애**(*depersonalization/derealization disorder*)가 있다. 이러한 해리장애는 충격적인 사건을 경험한 후에 갑자기 나타나는 경우가 많다.

(9) 신체증상 및 관련 장애

신체증상 및 관련 장애(*somatic symptom and related disorders*)는 원인이 불분명한 신체증상을 호소하거나 그에 대한 과도한 염려를 나타내는 부적응 문제를 의미한다. 이러한 장애는 생물학적, 심리적, 사회적 요인의 복합적 영향에 의해서 시작되고 악화될 수 있다. 신체증상장애(*somatic symptom disorder*)는 한 개 이상의 신체적 증상에 과도하게 집착함으로써 심각한 고통과 일상생활의 부적응을 초래하는 경우를 의미하며 증상의 심각도에 따라 세 수준으로 구분된다. 질병불안장애(*illness anxiety disorder*)는 실제로 건강에 큰 문제가 없음에도 자신의 몸에 심각한 질병이 있다는 생각에 집착하며 과도한 불안을 나타내는 경우로 건강염려증이라 불리기도 한다. 전환장애(*conversion disorder*)는 신경학적 손상을 암시하는 운동기능과 감각기능의 이상을 나타내는 경우를 의미한다. 허위성장애(*factitious disorder*)는 신체적 또는 심리적 증상을 의도적으로 만들어 내거나 위장하여 병원에서 환자로 치료받기를 원하는 경우로서, 이러한 증상으로 인하여 아무런 현실적 이득(예: 경제적 보상, 법적 책임의 회피 등)이 없음이 분명함에도 다만 혼자 환자 역할을 하려는 심리적 욕구에 기인한 것으로 추정될 때 이러한 진단이 내려진다. 이 밖에도 신체적 질병에 부정적인 영향을 미칠 수 있는 다양한 심리적 요인들(예: 치료 불순응, 심각한 신체장애의 무시)도 이 장애범주에 포함되고 있다.

(10) 급식 및 섭식장애

급식 및 섭식장애(*feeding and eating disorders*)는 개인의 건강과 심리사회적 기능을 현저하게 방해하는 부적응적인 섭식행동과 섭식 관련 행동을 의미하며 다양한 하위 장애를 포함한다. 신경성 식욕부진증(*anorexia nervosa*)은 체중 증가와 비만에 대한 극심한 두려움을 지니고 있어서 음식 섭취를 현저하게 감소시키거나 거부함으로써 체중이 비정상적으로 저하되는 경우를 뜻한다. 이 장애는 여자 청소년에게서 흔히 나타나며 체중이 현저하게 감소하여 건강에 심각한 문제가 발생해도 이를 인정하지 않고 음식 섭취를 거부하여 결국 사망하는 경우도 있다. **신경성 폭식증**(*bulimia nervosa*)은 짧은 시간 내에 많은 양을 먹는 폭식행동과 이로 인한 체중 증가를 막기 위한 구토 등의 보상행동이 반복되는 경우를 말한다. 이러한 장애를 지닌 사람들은 보통 사람들이 먹는 것보다 훨씬 많은 양의 음식을 단기간(예: 2시간 이내)에 먹어 치우는 폭식행동을 나타내며 이럴 때는 음식 섭취를 스스로 조절할 수 없게 된다. 이렇게 폭식을 하고 나면 체중 증가에 대한 두려움으로 인해 심한 자책을 하게 되고 스스로 구토를 하거나 이뇨제, 설사제, 관장약 등을 사용하는 등 부적절한 보상행동을 하게 된다. **폭식장애**(*binge eating disorder*)는 신경성 폭식증과 마찬가지로 폭식행동을 나타내지만 보상행동은 하지 않으며 흔히 과체중이나 비만을 나타낸다.

급식 및 섭식장애는 아동기에 흔히 나타나는 부적응적인 급식장애들도 포함한다. **이식증**(*pica*)은 먹으면 안 되는 것(예: 종이, 천, 머리카락, 흙, 벌레)을 습관적으로 먹는 경우를 뜻하며, **반추장애**(*rumination disorder*)는 음식물을 반복적으로 되씹거나 토해 내는 행동을 나타내는 경우를 말한다. **회피적/제한적 음식 섭취장애**(*avoidant/restrictive food intake disorder*)는 지속적으로 먹지 않아 심각한 체중 감소가 나타나는 경우에 진단된다.

(11) 배설장애

배설장애(*elimination disorders*)는 아동기나 청소년기에 흔히 진단되는 장애로서 대소변을 가릴 충분한 연령이 되었음에도 불구하고 이를 가리지 못하고 옷이나 적절치 않은 장소에서 배설하는 것을 말한다. 배설장애의 하위유형으로는 5세 이상의 아동이 신체적인 이상이 없음에도 옷이나 침구에 반복적으로 소변을 보는 **유뇨증**(*enuresis*)과 4세 이상의 아동이 대변을 적절치 않은 곳(옷이나 마루)에 반복적으로 배설하는 **유분증**(*encopresis*)이 있다.

(12) 수면-각성 장애

수면-각성 장애(*sleep-wake disorders*)는 수면의 양이나 질의 문제로 인해서 수면-각성에 대한 불만과 불평을 나타내는 다양한 경우로서 10가지의 하위 장애로 구분된다. 자고자 하는 시간에 잠을 이루지 못하거나 밤중에 자주 깨어 1개월 이상 수면 부족 상태가 지속되는 **불면장애**(*insomnia disorder*), 충분히 수면을 취했음에도 졸린 상태가 지속되거나 지나치게 많은 잠을 자게 되는 **과다수면 장애**(*hypersomnolence disorder*), 주간에 갑자기 근육이 풀리고 힘이 빠지면서 참을 수 없는 졸음으로 인해 부적절한 상황에서 수면 상태에 빠지게 되는 **수면발작증**(*narcolepsy*), 수면 중 자주 호흡곤란이 나타나 수면에 방해를 받게 되는 **호흡 관련 수면장애**(*breathing-related sleep disorder*), 야간근무로 인해 낮에 수면을 취해야 하는 경우처럼 평소의 수면주기와 맞지 않는 수면상황에서 수면에 곤란을 경험하게 되는 **일주기 리듬 수면-각성 장애**(*circadian rhythm sleep- wake disorder*)가 있다.

수면 중에 잠자리에서 일어나 걸어 다니거나 자율신경계의 흥분과 더불어 강렬한 공포를 느껴 자주 잠에서 깨어나는 비REM 수면-각성 장애(non-REM sleep arousal disorder), 수면 중 무서운 악몽을 꿔 자주 깨어나는 **악몽장애**(nightmare disorder), REM 수면 기간에 소리를 내거나 옆사람을 다치게 할 수 있는 움직임을 반복적으로 나타내는 **REM 수면 행동장애**(REM sleep behavior disorder), 다리에 불쾌한 감각을 느껴 다리를 움직이고자 하는 충동을 반복적으로 느끼는 **초조성 다리 증후군**(restless legs syndrome), 약물의 중독이나 금단 증상으로 인해 심각한 수면장애가 나타나는 물질/약물 유도성 수면장애(substance/medication- induced sleep disorder)가 있다.

(13) 성기능 장애

성기능 장애(sexual dysfunctions)는 원활한 성행위를 방해하는 다양한 기능장애를 포함한다. 남성에게 나타나는 성기능 장애로는 최소한 6개월 이상 성적인 욕구를 지속적으로 느끼지 못하는 **남성 성욕 감퇴 장애**(male hypoactive sexual desire disorder), 성적 활동을 하는 동안에 발기에 어려움을 겪게 되는 **발기 장애**(erectile disorder), 성행위 시에 너무 일찍 또는 자신이 원하기 전에 사정을 하게 되는 **조루증**(premature ejaculation), 성행위 시 사정이 되지 않거나 현저하게 지연되는 **지루증**(delayed ejaculation)이 있다. 여성에게 나타나는 성기능 장애로는 성적 활동에 대한 관심이 현저하게 저하될 뿐만 아니라 성행위 시 성적인 흥분이 적절하게 일어나지 않는 **여성 성적 관심/흥분 장애**(female sexual interest/arousal disorder), 성행위 시 절정감을 경험하지 못하는 **여성 절정감 장애**(female orgasmic disorder), 성행위 시에 생식기나 골반에 현저한 통증을 경험하는 **생식기-골반 통증/삽입 장애**(genito- pelvic pain/penetration disorder)가 있다.

(14) 성 불편증

성 불편증(*gender dysphoria*)은 자신에게 주어진 생물학적 성과 자신이 경험하고 표현하는 성 행동 간의 현저한 괴리로 인해서 심한 고통과 사회적 적응곤란을 나타내는 경우를 의미한다. 성 불편증을 지닌 사람은 다른 성이 되고자 하는 강렬한 열망을 지니거나 반대 성의 의복을 선호하거나 반대 성의 역할을 하고자 하는 등의 다양한 행동을 나타낼 수 있다. 예를 들어, 신체적으로는 남성임에도 남자라는 사실과 남자의 역할을 싫어하여 여성의 옷을 입고 여성적인 놀이나 오락을 좋아하는 등 여자가 되기를 소망하는 사람들이 있는데 이들 대부분은 성전환수술을 원한다. 이러한 장애는 아동에서부터 성인에 이르기까지 다양한 연령대에서 나타날 수 있다. 성 불편증은 아동의 경우와 청소년 및 성인의 경우로 나누어 각기 다른 진단기준에 의해 평가된다.

(15) 파괴적, 충동통제 및 품행장애

파괴적, 충동통제 및 품행장애(*disruptive, impulse control, and conduct disorders*)는 정서와 행동에 대한 자기통제의 문제를 나타내는 다양한 장애를 포함한다. 특히 다른 사람의 권리를 침해하거나 사회적 규범을 위반하는 부적응적 행동들이 이에 해당된다. **적대적 반항장애**(*oppositional defiant disorder*)는 타인과의 상호작용에서 화를 잘 내고 논쟁적이거나 도전적이며 앙심을 품고 악의에 찬 행동을 나타내는 경우에 진단되며, **품행장애**(*conduct disorder*)는 난폭하고 잔인한 행동, 기물 파괴, 도둑질, 거짓말, 가출 등 타인의 권리를 침해하거나 사회적 규범을 위반하는 행동을 지속적으로 나타내는 경우로 청소년들이 흔히 나타내는 비행행동이 이러한 품행장애에 해당한다. 성인의 경우 사회적 규범이나 타인의 권리를 무시하는 행동양상을 반복적으로 나타내는 **반사회적 성격장애** (*antisocial personality disorder*) 도 이 장애범주의 한 하위유형으로 간주된다. 이 밖에도 공격적 충동이 조절되지 않아 심각한 파괴적 행동으로 나타나게 되는 **간헐적 폭발성 장애** (*intermittent explosive disorder*), 남의 물건을 훔치고 싶은 충동을 참지 못해 반복적으로 도둑질을 하게 되는 **도벽증** (*kleptomania*), 불을 지르고 싶은 충동을 조절하지 못해 반복적으로 방화를 하게 되는 **방화증** (*pyromania*) 이 여기에 속한다.

(16) 물질 관련 및 중독 장애

물질 관련 및 중독 장애 (*substance-related and addictive disorders*) 는 술, 담배, 마약 등과 같은 중독성 물질을 사용하거나 중독성 행위에 몰두함으로써 생겨나는 다양한 부적응적 증상을 포함한다. 이 장애범주는 크게 **물질 관련 장애** (*substance-related disorder*) 와 **비물질 관련 장애** (*non-substance-related disorder*) 로 구분된다. 물질 관련 장애는 **물질 사용 장애** (*substance use disorder*) 와 **물질 유도성 장애** (*substance-induced disorder*) 로 구분되며, 물질 유도성 장애는 다시 특정한 물질의 과도한 복용으로 인해 일시적으로 나타나는 부적응적 증상군을 뜻하는 **물질 중독** (*substance intoxication*), 물질 복용 중단으로 인해 일시적으로 나타나는 부적응적 증상군을 뜻하는 **물질 금단** (*substance withdrawal*), 그리고 물질 남용으로 인해 일시적인 심각한 중추 신경장애를 나타내는 **물질/약물 유도성 정신장애** (*substance/medication-induced mental disorders*) 로 구분된다.

　이러한 물질 관련 장애는 어떤 물질에 의해서 장애가 생겨나느냐에 따라 10가지 유목으로 구분된다. 물질 관련 장애를 유발할 수 있는 물질로는 알코올, 카페인, 대마계의 칸나비스, 환각제, 흡입제, 아편류,

진정제·수면제 또는 항불안제, 흥분제, 타바코, 기타 물질(예: 스테로이드, 코르티솔, 카바 등)이 있다. 따라서 물질별로 구체적 진단이 가능하며, 예컨대 알코올 관련 장애는 알코올 사용 장애, 알코올 중독, 알코올 금단, 알코올 유도성 정신장애 등으로 구분해 진단할 수 있다.

비물질 관련 장애로는 **도박 장애**(*gambling disorder*)가 있다. 도박 장애는 12개월 이상의 지속적인 도박 행동으로 인해 심각한 적응문제와 고통을 경험하는 경우에 진단된다. 도박 장애의 주된 증상으로는 쾌락을 얻기 위해 점점 더 많은 돈을 거는 도박의 욕구, 도박에 집착하며 몰두함, 도박을 하지 못하면 안절부절못함, 도박을 숨기기 위한 반복적인 거짓말 등이 있다.

(17) 신경인지장애

신경인지장애(*neurocognitive disorders*)는 뇌의 손상으로 인해 의식, 기억, 언어, 판단 등의 인지적 기능에 심각한 결손이 나타나는 경우에 진단되며 주요 신경인지장애, 경도 신경인지장애, 섬망으로 구분된다. 주요 신경인지장애(*major neurocognitive disorders*)는 주의, 실행기능, 학습 및 기억, 언어, 지각-운동, 사회적 인지를 포함하여 인지기능이 과거에 비해 현저하게 저하된 경우를 의미하는 반면, **경도 신경인지장애**(*minor neurocognitive disorders*)는 유사한 인지기능 저하가 경미하게 나타나는 경우를 뜻한다. 이러한 신경인지장애는 알츠하이머질환, 뇌혈관질환, 충격에 의한 뇌 손상, HIV 감염, 파킨슨질환 등에 의해 유발될 수 있다. **섬망**(*delirium*)은 의식이 혼미해지고 주의집중 및 전환능력이 현저하게 감소하게 될 뿐만 아니라 기억, 언어, 현실 판단 등의 인지기능에 일시적인 장애가 나타나는 경우를 말한다. 이러한 섬망은 물질 사용이나 신체적 질병과 같은 다양한 원인에 의해서 나타날 수 있다.

(18) 성격장애

성격장애(*personality disorders*)는 성격 자체가 부적응적이어서 사회적 기대에 어긋난 이상 행동을 지속적으로 나타내는 경우를 말한다. 특정한 계기로 인해 발생하는 임상적 증후군과 달리 성격장애는 어린 시절부터 점진적으로 형성되며 이러한 성격특성이 굳어지는 성인기(보통 18세 이후)에 진단된다. 《DSM-5》는 A, B, C의 세 군집으로 분류되는 10가지 유형의 성격장애를 제시하였다.

A군 성격장애(*cluster A personality disorders*)는 기이하고 괴상한 행동특성을 나타내는 성격장애로서 3가지 성격장애, 즉 편집성 성격장애, 분열성 성격장애, 분열형 성격장애가 이에 속한다. 편집성 성격장애(*paranoid personality disorder*)는 타인의 의도를 적대적인 것으로 해석하는 불신과 의심을 주된 특징으로 한다. 다른 사람이 자신을 부당하게 이용하고 피해를 주고 있다고 왜곡하여 생각하고 친구의 우정이나 배우자의 정숙성을 자주 의심하며 자신에 대한 비난이나 모욕을 잊지 않고 가슴에 담아 두어 상대방에게 보복하는 경향이 있다. 분열성 성격장애(*schizoid personality disorder*)는 감정 표현이 없고 대인관계를 기피하여 고립된 생활을 하는 경우를 뜻한다. 이런 성격의 소유자는 사람을 사귀려는 욕구가 없으며 생활 속에서 거의 즐거움을 느끼지 못하고 타인의 칭찬이나 비난에 무관심하며 주로 혼자 하는 활동에 종사하는 경우가 많다. 분열형 성격장애(*schizotypal personality disorder*)는 친밀한 인간관계를 불편해하고 인지적 또는 지각적 왜곡과 더불어 기괴한 행동을 나타내는 경우를 뜻한다. 심한 사회적 불안을 느끼며 마술적 사고나

기이한 신념에 집착하고 언어적 표현이 상당히 비논리적이고 비현실적일 뿐만 아니라 기괴한 외모나 행동을 나타내는 경향이 있다.

B군 성격장애(*cluster B personality disorder*)는 극적이고 감정적이며 변화가 많은 행동이 주된 특징으로서 다음과 같은 4가지 성격장애가 이에 속한다. **반사회성 성격장애**(*antisocial personality disorder*)는 사회적 규범이나 타인의 권리를 무시하는 행동양상을 뜻하며 거짓말, 사기, 무책임한 행동, 폭력적 행동, 범법행위를 나타내고 이러한 행동에 대해서 후회나 죄책감을 느끼지 않는 경향이 있다. **연극성 성격장애**(*histrionic personality disorder*)는 과도하고 극적인 감정표현을 하고 지나치게 타인의 관심과 주의를 끄는 행동이 주된 특징이다. 이런 성격을 지닌 사람들은 항상 사람들 사이에서 주목받는 위치에 서고자 노력하고 외모에 신경을 많이 쓰며 자기 자신을 과장된 언어로 나타내는 경향이 강하다. **경계선 성격장애**(*borderline personality disorder*)는 대인관계, 자기상(*self-image*), 감정 등이 매우 불안정한 것이 특징이다. 이들은 남들로부터 버림받지 않으려는 처절한 노력을 하며, 대인관계가 강렬하지만 불안정한 양상을 보인다. 이런 성격의 소유자는 자기 자신이 어떤 사람인지에 대한 분명한 개념이 없으며 만성적으로 공허함과 분노감을 경험하고 매우 충동적인 행동을 나타내며 자살이나 자해적 행동을 하기도 한다. **자기애성 성격장애**(*narcissistic personality disorder*)는 자신이 대단히 중요한 사람이라는 웅대한 자기상을 지니고 있어서 다른 사람으로부터 찬탄을 받고자 하는 욕구가 강한 반면, 자신을 위해 타인을 이용하며 타인의 감정을 이해하는 공감능력이 결여되어 있는 특성이 있다.

C군 성격장애(*cluster C personality disorder*)는 불안과 두려움을 지속적으로 경험하는 특징이 있으며, 회피성 성격장애, 의존성 성격장애, 강

박성 성격장애가 이에 속한다. **회피성 성격장애**(*avoidant personality disorder*)는 타인으로부터 부정적 평가를 받는 것에 과도하게 예민하며 사회적 상황에서 지나치게 감정을 억제하고 부적절감을 많이 느껴 대인관계를 회피하는 성격특성을 보인다. **의존성 성격장애**(*dependent personality disorder*)는 타인으로부터 보살핌을 받고자 하는 과도한 욕구가 있어서 이를 위해 타인에게 지나치게 순종적이고 굴종적인 행동을 통해 의존하는 성격특성을 보인다. **강박성 성격장애**(*obsessive-compulsive personality disorder*)는 질서정연함, 완벽함, 자기통제, 절약에 과도하게 집착하며 지나치게 꼼꼼하고 완고하며 사소한 것에 집착하는 성격특성을 보인다.

이상의 성격특성이 지나치게 경직되고 다양한 삶의 장면에 광범위하게 나타나서 사회적 또는 직업적 적응에 현저한 문제를 야기하는 경우에 성격장애로 평가될 수 있다. 또한 이러한 성격특성은 흔히 사춘기 이전부터 나타나기 시작하여 오랜 기간 지속된다.

(19) 성도착 장애

성도착 장애(*paraphilic disorders*)는 성행위 대상이나 방식에서 비정상성을 나타내는 장애로서 변태성욕증이라고 하기도 한다. 인간이 아닌 대상(예: 동물, 물건)을 성행위 대상으로 삼거나, 아동을 비롯하여 동의하지 않은 사람을 대상으로 성행위를 하거나, 자신이나 상대방이 고통이나 굴욕감을 느끼게 하는 성행위 방식이 이에 포함된다. 이러한 성도착증의 하위유형으로는 다른 사람이 옷을 벗고 있거나 성행위를 하는 모습을 몰래 훔쳐봄으로써 성적 흥분을 느끼는 **관음장애**(*voyeuristic disorder*), 자신의 성기를 낯선 사람에게 노출시킴으로써 성적 흥분을 느끼는 **노출장애**(*exhibitionistic disorder*), 원하지 않는 상대방에게 몸을 접촉하여 문지름으로써 성적 흥분을 느끼는 **접촉마찰장애**(*frotteuristic disorder*), 상대방으로부터 고통이나 굴욕감을 받음으로써 성적 흥분을 느끼는 **성적 피학장애**(*sexual masochism disorder*), 상대방에게 고통이나 굴욕감을 느끼게 함으로써 성적 흥분을 느끼는 **성적 가학장애**(*sexual sadism disorder*), 사춘기 이전의 아동(보통 13세 이하)을 상대로 한 성행위를 통해 성적 흥분을 느끼는 **아동성애장애**(*pedophilic disorder*), 무생물인 대상(예: 여성의 속옷)에 대해서 성적 흥분을 느끼는 **성애물장애**(*fetishistic disorder*), 이성의 옷으로 바꿔 입음으로써 성적 흥분을 느끼는 **의상전환장애**(*transvestic disorder*) 등이 있다.

(20) 기타 정신장애

기타 정신장애(*other mental disorders*)는 개인에게 현저한 고통과 함께 사회적, 직업적 기능의 저하를 초래하는 심리적 문제지만 앞에서 제시한 정신장애의 진단기준을 충족시키지 못하는 다양한 경우를 포함한다.

생각해 보기

프랑스의 구조주의 철학자 미셸 푸코(Michel Foucault)는 1972년에 출간한 자신의 저서 《광기의 역사》에서 역사를 통해 정신질환에 대한 유럽 사회의 인식과 정신질환자에 대한 사회적 대우가 어떻게 변화해 왔는지 기록하였다.

　이를 요약하면 다음과 같다.

　"고전시대의 유럽에서는 이성을 상실해 정상인 사람과 다른 행동을 보이는 정신질환자는 사회에 위협적인 존재였기 때문에 배에 태워 다른 세계로 추방하는 조처를 취했으며, 르네상스시대에 접어들면서는 구빈원을 설치해 정신질환자를 수용해 돌보도록 하였다. 특히 정신질환자의 정신에 악마가 깃들어 일반인과는 다른 행동을 보이는 것으로 이해했기 때문에 '퇴마술' 혹은 전통 약물을 사용해서 치료하거나, 수용시설에 감금해서 공격적인 행동 등으로 다른 사람이 피해를 입지 않도록 하였다. 당연히 정신질환은 치료가 어렵다는 인식이 오랫동안 지속되었다. 정신이상자들이 치료를 받는다는 것은 의사의 진료를 받는다는 의미가 아니라 구빈원의 실천사항을 준수하면서 교정체계와 교육규정에 복종한다는 의미였다. 그렇기 때문에 환자들은 속박을 당하거나 가족들과 면담을 할 수 없는 등, 인권을 존중받지 못하였을 뿐 아니라 경우에 따라서는 폭력의 피해자가 되기도 하였다. 18세기에 들어서면서 광기는 인간 자신에게서 기인하는 것이 아니라 사회로 인한 질병이라는 인식이 싹트기 시작하였다. 그리고 야외에서의 운동, 규칙적 산책, 정원과 농가에서의 노동이 정신질환자의 치료에 긍정적 효과가 있다는 주장이 제기되었다. 프랑스의 정신과 의사 피넬은 구빈원에 수용되어 온 정신질환자들을 질병의 경과에 따라 구속으로부터 해방시키는 결단을 내리게 된다. 즉, 사회로 복귀시켜 질병치료를 앞당길 수 있도록 하는 적극적인 치료행위를 도입한 것이다."

이상의 내용을 읽고, 다음 질문에 대한 대답을 생각해 보기를 바란다.

정신장애에 대한 개념은 사회적 인식의 산물인가?

Tip. 잭 니콜슨의 〈뻐꾸기 둥지 위로 날아간 새〉 감상하기

범죄자인 맥머피(잭 니콜슨 분)는 교도소에서 정신병원으로 후송된다. 정신병원이 감옥보다는 자유로울 것으로 생각했던 맥머피는 실상은 전혀 그렇지 않다는 것을 깨닫는다. 정신병원에 수감되어 있는 하딩, 마티니, 체스윅, 빌리, 테버, 스켈론, 추장, 프레드릭슨 등과 생활하면서 맥머피는 그들이 겉으로는 전혀 문제가 없어 보이지만 보이지 않는 병원 내의 압력에 의해 짓눌려 사는 죽은 인간들임을 간파한다. 그리고 그러한 압력의 주범이 랫체드(루이즈 플레처 분) 간호사임을 알게 된다. 맥머피는 환자들을 이끌고 병원을 빠져나가 낚시를 다녀오거나 파티를 여는 등 의도적인 반항을 시도하지만 랫체드 간호사로 대표되는 병원 내의 시스템이 너무나 막강하다는 것을 깨닫고 탈출을 결심하게 된다. 언어장애인인 줄 알았던 추장이 말문을 열

〈그림 2-1〉 영화 〈뻐꾸기 둥지 위로 날아간 새〉(1975)

자 그와 함께 캐나다로 도망가려던 맥머피는 이를 저지하는 랫체드 간호사에 의해 전기치료실로 끌려간다. 다시 돌아온 맥머피를 본 추장은 그가 완전히 무력한 인간이 되었음을 알게 된다.

소설가 켄 케이시(Ken Kesey)의 동명소설을 영화화한 작품으로, 1975년 아카데미에서 작품상을 비롯해 남우주연상(잭 니콜슨), 여우주연상(루이즈 플레처), 감독상(밀로스 포먼), 각색상(로렌스 허번과 보 골드먼) 등 5개 주요 부문을 석권하였다.

제 3 장

인간관계와 정신건강

1. 인간관계의 이해

인간의 삶은 주로 대인관계 속에서 이루어지는 것으로, 인간은 어느 곳에서나 우연이든 의도적이든 서로의 만남을 통한 관계를 맺으면서 살아간다. 우리 모두는 인격적인 만남을 통해서 '나'라고 하는 인격 형성이 가능하며 보다 성숙할 수 있게 된다. 인간에게는 대인관계가 생활의 중심이며, 사회란 곧 인간관계를 의미한다. 사람은 인간관계를 통하여 일을 수행할 뿐만 아니라 정을 나누고 행복감을 가질 수 있다. 이렇게 인간은 관계적 존재이기 때문에 인간은 좋은 만남을 통해 생명력을 느끼고 세상을 직면할 힘과 용기를 갖는다(이준우, 2009).

반면 관계의 상실은 무기력감을 주기도 한다. 《어린 왕자》로 우리에게 잘 알려진 생텍쥐페리는 《전쟁터에서 친구에게 보낸 편지》라는 책에서 관계를 상실한, 즉 사랑을 주고받을 대상이 없는 삶을 "난 사랑이 없으면 도저히 살 수 없을 것 같아. 지금까지 애정 없이는 그 어떤 말

도, 그 어떤 행동도 하지 않았고, 글조차 쓰지 않았다"라고 표현하였다
(이준우·임원선, 2011 재인용). 그러므로 인간관계가 원만하지 못하거
나 건전하지 않으면 정신적인 건강에 큰 문제가 생길 수도 있다.

정신적인 건강을 위해서는 서로의 성장과 발전에 도움이 되는 건설
적이고 생산적인 인간관계가 필요한 것이다. 다른 사람과 원만한 인간
관계를 맺지 못하는 사람들은 정신건강의 문제, 즉 불안, 우울, 좌절,
소외, 갈등, 긴장 등을 경험하게 될 뿐만 아니라 다른 사람들을 두려워
하고 자기비하, 열등감, 무력감, 고독감 등을 느끼게 된다. 나아가서
다른 사람들과 인간관계를 전혀 맺지 못하게 되며 생산적인 인간관계
를 할 수 있는 능력을 갖지 못함으로써 신체적, 정신적인 증상 등을 보
일 수도 있다(이영실·이윤로, 2008).

특히 인간관계에서의 실패는 고독과 사회적 격리를 가져오는데, 이
는 신체적, 정신적 질병을 초래하여 정신건강에 나쁜 영향을 주기 때문
에 가족이나 친구 등 주변의 의미 있는 사람들과 친밀하고 생산적인 인
간관계를 맺는 일은 무엇보다 중요한 것이라 할 수 있다.

1) 인간관계의 개념

인간관계란 사람들 간의 역동적이고 계속적인 상호작용의 패턴을 말한
다. 인간관계에는 여러 가지 패턴이 있는데, 크게 둘로 나누면 진실한
인간관계와 가식적인 인간관계가 있다(유수현 외, 2009 재인용).

첫째, 진실한 인간관계는 만남(contact)의 관계이며(이형득, 1984),
있는 그대로의 '나'와 '너'가 만나서 상호작용을 하는 것이다. 이러한 만
남의 관계는 서로 믿고 진실한 모습을 보여 주며, 사랑을 가지고 상호

작용을 하기 때문에 생산적이고, 상호보완적이며, 두 사람의 관계가 성장과 통합, 사랑을 경험하게 되는 것이다.

둘째, 가식적인 인간관계는 조작(manipulation)의 관계이며(이형득, 1984), 나 자신의 가면과 상대방의 가면이 만나는 무의미하고 피상적인 관계를 말한다. 에릭 번(Eric Berne)은 정해진 프로그램과 규칙대로 움직이고 행동하는 인간관계를 게임(game)의 관계라고 불렀고, 주라드(Jourard)는 주어진 역할에 따라 행동하고 관계를 맺는 것을 역할(role)의 관계라고 했는데, 이들 두 관계도 조작의 관계에 속한다. 이러한 조작의 관계는 자기노출을 기피하고 자기이해가 부족하기 때문에 자신의 진정한 모습을 숨기고 상대방을 대하며, 결국에 가서는 자신의 모습조차 잊어버리게 하는 자기소외 현상을 가져온다.

이를 통해 살펴본 진정한 인간관계의 의미는 효과적이고도 생산적이며 상호보완적이고 성장, 통합과 사랑을 경험하는 만남의 관계라고 할 수 있겠다.

2) 바람직한 인간관계의 조건

바람직한 인간관계는 꼭 필요한 것이지만 그 관계를 맺고 유지하는 능력은 쉽게 얻어지는 것이 아니다. 인간관계에 있어 상징적 상호작용이론을 주장한 미드(Mead, 1964)는 "타인에게 자신을 비추어 보고 나서야 나를 인식하며, 나를 인식할 때만이 타인이 의미가 있게 되며, 또 나와 관계를 맺고 있을 때만이 주위 환경이 특수한 의미를 갖는다"고 말하였다. 바람직한 인간관계는 이처럼 자신에 대한 올바른 지식과 타인에 대한 올바른 이해, 환경에 대한 올바른 인식이 있을 때 가능하다. 다시 말해서 자신의 느낌이나 동기, 행동 및 능력의 한계 등을 자신이 알고 있어야 하며, 타인의 동기, 욕구, 능력의 한계, 감정 등을 이해할 수 있어야 하고, 또한 자신이 속한 지금 현재의 상황(here and now)을 잘 파악하고 있어야 하는 것이다.

3) 인간관계의 발달단계

인간관계는 어떠한 순서를 거치면서 발달하는 것으로 많은 학자들이 말한다. 리빙어와 스뇌크(Leavinger & Snoek, 1972)에 의하면 일상적인 사회생활 속에서 맺게 되는 인간관계는 첫 인상의 형성으로부터 시작되는 '초기단계'에서 다음 관계로 발전하는데, 당사자 상호 간의 기대행동이 대인 상호작용의 중심이 되는 피상적인 '역할단계'를 거친다. 이 단계를 극복하면 마지막으로 사적인 대화도 가능한 '친밀단계'의 수준으로 발전한다고 한다. 그러나 많은 경우 '초기단계'에서 끝나 버리기도 하고, 혹은 '역할단계'까지 가서 제자리에 머물거나 아니면 완전히 관계가 와해되는 경우가 흔하다고 말한다(유수현 외, 2009, p. 51 재인용).

로저스(Rogers, 1967)는 집단연구를 통해 인간관계의 발달과정을 다음의 6단계로 보았다(유수현, 2000).

① 1단계: 초기단계로 처음 낯선 사람을 만나면 서로 머뭇거리다가 대화를 조심스럽게 시작한다. 이때는 주로 외면적인 정보를 교환하게 되는데, 대부분 상대방이 어떤 사람인지를 알려고 하고 또 자신이 어떤 사람인지를 알리려고 하면서 두 사람 사이의 공통점과 차이점을 파악한다. 그러고는 공통적인 관심사를 갖고 대화를

풀어 나가면서 서로 간의 상이한 점을 찾아서 당사자들 간의 어떤 형태의 체제를 형성하기 위한 노력을 한다.

② 2단계: 정보공유단계로 두 사람 사이에 어느 정도 안정감이 생기면 관계를 계속 유지하면서 공동생활을 시작한다. 이때에는 각자가 좀더 내면적인 정보를 교환하려고 한다. 내면적인 정보란 각자의 주관적인 흥미나 주장 등 자신의 특성을 보이려는 것으로 이때부터 다른 사람과 자신의 입장이나 견해에 차이가 있음을 발견하게 되고 때로는 이로 인해 갈등이 일어나기도 한다.

③ 3단계: 갈등단계로 대인관계 과정 중에 갈등이 생기는 것은 지극히 당연한 것으로서 쌍방은 이 갈등을 해소하려는 노력을 하게 된다. 즉, 갈등상황을 회피하거나 제거하려 한다. 갈등 해소의 방법에 따라 다음 단계에 있을 발전에 커다란 영향을 준다.

④ 4단계: 상호신뢰단계로 갈등을 건전한 방법으로 풀어 나가 두 사람의 의견이 존중되면서 갈등이 해결되면 두 사람 사이에 신뢰감이 생기게 된다. 만약 갈등이 바람직하게 해소되지 못하면 두 사람 사이에는 불신감이 생겨서 인간관계는 더 이상 발전하기가 어려워진다.

⑤ 5단계: 감정공유단계로 서로 신뢰감이 있으면 행동이 자유로워지고 마음속 깊이 간직했던 슬픔과 기쁨 등의 감정들을 꺼내어 솔직하게 표현할 수 있게 된다. 즉, 자기 견해의 자유로운 표현이 가능해진다.

⑥ 6단계: 우리의식(we-feeling) 단계로 신뢰하며 솔직한 표현이 가능한 인간관계에서는 너와 나의 일치감을 경험하게 되고 인간으로서의 '우리의식'이 생긴다. 이러한 결과로 자아실현이 가능해지

고, 한 단계 높은 수준에서 다른 관계를 진행시킬 수 있게 된다. 이러한 차원에서의 만족은 새로운 차원의 관계에서도 만족하게 할 가능성을 높여 준다.

4) 인간관계의 유형

(1) 조해리의 인간관계 유형: 자아의식 모델(Johari의 window)
바람직한 인간관계를 맺기 위해서는 자기 자신에 대한 올바른 지식과 타인에 대한 올바른 이해가 필요하다고 했는데, 이러한 이해를 위하여 조해리의 마음의 창으로 불리는 자아의식 모델을 소개한다.

조셉 루프트(Joseph Luft)와 해리 잉햄(Harry Ingham)에 의해 1955년 개발된 자아의식 모델은 다른 사람과 관계를 맺는 개인을 4등분하여 그 구분을 행동, 느낌, 동기를 의식함에 기초를 두었다(Luft, 1969). 조해리(Johari)란 이 두 사람의 이름을 합성한 것으로, 자아의식 모델에서는 인간관계에서 관찰되는 4가지 관계 유형을 제시하였다.

사람은 성장하면서 자신과 타인에 대해 갖는 태도가 달라진다. 바람직한 인간관계는 상호작용하는 두 사람 사이에 자기개방이 가능하며, 상대방의 피드백(feedback)을 받아들이며, 통찰(insight)을 통해 자기성장을 할 수 있다.

사람마다 마음의 창(window) 모양이 다르다. 개인이 인간관계에서 나타내는 자기 개방과 피드백의 정도에 따라 마음의 창을 구성하는 네 영역의 넓이가 달라진다. 즉, 자신과 타인에 대한 긍정적, 부정적 태도의 조합에 의해 4가지 인간관계 유형으로 나뉘는데, 4가지 인간관계 유형은 〈그림 3-1〉과 같다.

〈그림 3-1〉 조해리의 인간관계 유형

개방된 영역 Open area 1 I know/you know	가려진(맹목적) 영역 Blind area 2 I don't know/you know	알려진 영역 (타인은 안다)
숨겨진(비밀) 영역 Hidden area 3 I know/you don't know	모르는(미지) 영역 Unknown area 4 I don't know/you don't know	알려지지 않은 영역 (타인은 모른다)

① 개방형

이러한 사람은 개방된 영역이 가장 넓은 사람이다. 대인관계 형성에 있어 진정한 관계를 맺는 데 시간을 투자하며, 문제를 건설적으로 해결할 능력이 있다. 대체로 인간관계가 원만하고, 적절하게 자기표현을 하고 다른 사람의 말도 잘 경청할 줄 아는 사람으로서 다른 사람에게 호감과 친밀감을 줘 인기가 있다. 이 영역을 넓게 가진 인간관계는 의사소통에 장애가 없고 효과적이고도 생산적인 관계를 맺게 된다. 그러나 지나치게 개방영역이 넓은 사람은 말이 많고 주책맞은 경박한 사람으로 비칠 수 있기 때문에 주의를 요한다.

② 자기주장형

이러한 사람은 가려진(맹목적) 영역이 가장 넓은 사람이다. 가려진 영역이란 자신의 행동이나 느낌 그리고 생각 또는 동기가 타인에게는 알려졌으나 자신은 알지 못하는 영역이다. 이 영역이 넓은 사람은 눈치가 없고 둔한 사람으로, 타인이 보기에는 개선할 점이 많으나 자신은 그와 같은 것을 깨닫지 못하고 스스로 잘난 체하거나 문제가 없는 체하는 등 자기 도취적인 사람이다. 이들은 자신의 기분이나 의견은 잘 표현하며 나름대로 자신감을 지닌 솔직하고 시원시원한 성격이라고 평가받을 수 있다. 그러나 이들은 다른 사람의 반응에 무관심하거나 둔감하여 때로는 독단적이며 독선적인 모습으로 비칠 수 있어 주의를 요한다.

③ 신중형

이러한 사람은 숨겨진 영역이 가장 넓은 사람이다. 숨겨진 영역이란 자신의 느낌이나 생각과 행동을 본인은 알고 있으나 타인은 알지 못하는 영역으로서 완전히 사적인 영역이다. 이 영역이 넓은 사람은 자기표현이 부족하여 타인이 그가 어떤 생각, 느낌을 갖고 있는지 알 수 없어 쉽사리 접근하기가 힘든 사람이다.

   이들은 다른 사람에 대해 수용적이며 속이 깊고 신중한 사람이라는 평가를 받는다. 다른 사람의 이야기는 잘 경청하지만 자신의 이야기는 잘 하지 않는 사람이다. 이들은 자신의 속마음을 잘 드러내지 않으며 계산적이고 실리적인 경향이 있다. 신중형의 경우, 적응력이 뛰어나나 내면적으로 고독감을 느끼는 경우가 많으며, 현대인에 가장 많은 유형으로 알려져 있다. 신중형은 자기개방을 통해 다른 사람과 좀더 넓고 깊이 있는 교류가 필요하다.

④ 고립형

이러한 사람은 모르는(미지) 영역이 가장 넓은 사람이다. 모르는 영역은 행동이나 느낌, 동기가 본인이나 타인에게 알려져 있지 않은 영역을 말한다. 이 영역이 넓은 사람은 예기치 않았던 행동을 보이거나 느낌을 나타내어 그것이 바람직하든 그렇지 않든 간에 이해가 곤란해지고 다른 사람들이 그런 사람을 피하려 하게 된다. 이 유형의 사람은 인간관계에 소극적이며 혼자 있는 것을 좋아한다. 다른 사람과의 접촉을 불편해하거나 무관심하여 고립된 생활을 한다. 이런 유형 중에는 고집이나 주관이 지나치게 강하거나, 심리적인 고민이 많고, 부적응적인 삶을 살아가는 사람들이 있다. 고립형은 인간관계에 좀더 적극적이고 긍정적인 태도를 가질 필요가 있다. 인간관계의 개선을 위해 일반적으로 미지의 영역을 줄이고 개방된 영역을 확장하는 것이 필요하다.

2. 자신의 성격 이해와 정신건강

1) 성격의 개념

(1) 성격의 정의

성격이란 용어의 의미는 매우 다양하지만 대체로 개인이 가진 안정적이고 일관성 있는 고유하고 독특한 성질을 말한다. 일을 처리할 때나 대인관계에서 드러나는 개인의 독특한 행동이나 사고방식은 사람마다 다르며, 이러한 차이는 개인의 환경에 대한 적응방식이기도 하다. 앨포트(Alport)는 성격을 세상에 나름대로 적응하게 된 개개인의 신체적·정신적 체계들의 역동적 조직이라고 보았다. 즉, 성격은 개인의 행동양식의 종합체로 하나의 환경 적응방식이라고 볼 수 있다.

성격(*personality*)이란 말의 어원은 페르소나(*persona*)로 그리스의 배우들이 쓰던 가면을 뜻한다. 어떠한 역할의 가면, 곧 사회적 역할을 수행할 때 한 개인이 취하게 되는 피상적인 사회적 이미지를 나타낸다. 사회적 이미지는 다른 사람들이 한 개인을 인식하는 성적 매력, 인상 등으로 '개인의 행동을 규정하는 일반적 경향' 혹은 '다른 사람에게 주는 한 개인의 전체적 인상'이라고 말할 수 있다.

(2) 성격의 유형화

① 체질적 분류

성격을 유형화하려는 노력은 히포크라테스(Hippocrates)의 체액기질설로 시작됐다. 이것은 고대 철학의 물, 불, 흙, 공기의 '4원소'설을 인체 형성에 적용시켜 혈액, 점액, 담즙, 흑담즙의 4가지 액체로 구성되었다고 본 것이다. 갈레누스(Galenus)는 이를 기초로 인간의 성격기질을 체액의 종류에 따라 다혈질, 담즙질, 우울질, 점액질로 분류했다.

다혈질은 풍부한 감정과 생동감이 넘치고 낙천적이나 그만큼 감정이 불안정하고 무절제한 측면이 있다. 담즙질은 강한 의지와 독립심, 자신감, 결단력이 특징이나 이에 따른 공격성, 냉정함, 분노 등의 측면을 갖고 있다. 우울질은 민감한 감수성과 내향성, 완벽주의 성향과 분석적인 측면이 강한 반면에 비관적이고 부정적인 측면을 갖고 있다. 점액질은 평온하고 무난하지만 게으르고 동기 부여가 부족한 측면을 갖고 있다. 이를 정리해 보면 〈표 3-1〉과 같다.

셸든(Sheldon)의 체형기질설은 체격과 소질과의 관계를 중심으로 성격을 유형화한 것이다. 체형은 크게 내배엽형, 중배엽형, 외배엽형 등의 3가지로 구분된다. 즉, 소화기관이 발달한 사교적 성격의 내배엽형, 근육과 혈관조직이 발달한 투쟁적, 모험적인 성격의 중배엽형, 피부와 신경조직이 발달한 고독하고 신경질적인 성격의 외배엽형으로 분류하였다.

<표 3-1> 히포크라테스의 4기질설

4체액	4기질형	특성	인간형
혈액	다혈질	온정적, 사교적, 정서적 흥분이 빠르고 쾌활함. 반응은 빠르나 비지속적임. 가슴이 넓음.	생활인
흑담즙	우울질	쉽게 우울해짐. 음울함. 정서가 느림. 불쾌하고 조용함. 보수적임. 신경적 반응이 강함. 몸이 약함.	학자, 의사
황담즙	담즙질	쉽게 흥분함. 정서적 흥분이 빠르고 강함. 용감함. 반응이 빠르고 강하며 지속적임. 성급함. 몸이 가늘고 상지(上肢)가 긺.	영웅호걸, 충신
점액	점액질	냉담함. 정서가 느리고 약함. 둔감하고 인내가 강함. 반응이 느리고 강함. 비만형이며 둔함.	덕망가, 인격자

② 구조적 분류

아이젠크(Eysenck)는 성격구조의 핵심을 유형(type)이라고 보았다. 유형은 소수의 사람들에게만 맞는 범주가 아니라 평균 점수 주위에 있는 대부분의 사람이 가진 개념을 특징짓는 차원이다. 차원은 하위 유형으로 구성되어 있고, 유형은 다시 하위 특질로, 하위 특질은 몇 개의 습관적 반응으로, 습관적 반응은 가장 기초적인 몇 개의 특정한 반응들로 구성되어 있다. 그는 요인분석을 통하여 3가지 성격차원(외향성-내향성, 안정성-불안정성, 신경증적 경향성 차원)을 발견하였고, 그 후에 정신증적 경향성 차원을 첨가하였다.

신경증적 경향성은 정서적인 안정성을 나타내는 차원으로 신경증적 경향성이 많은 사람은 쉽게 흥분하고 불안해하는 특성을 보인다. 정신증적 경향성은 정신병이 될 성향과 정신질환자가 될 정도를 반영하는 차원이다. 이 차원의 경향이 높은 사람은 공격적이고 냉정하며 타인에 대한 배려를 하지 못하고, 사회적 관습을 받아들이지 않고 충동적인 행동특성을 보인다.

한편, 독일의 슈프랑거(Spranger)는 개인이 추구하는 가치체계에 따라서 인간을 다음의 6가지 유형으로 분류하였다.

① 이론형: 진리 추구에 흥미, 보람을 느끼는 사람(학자, 연구원, 교사 등)
② 경제형: 이익 추구에 중점을 두는 사람(사업가, 경제인)
③ 권력형: 정치형이라고도 하며 권력에 의한 지배에 흥미를 갖는 사람(정치가, 정당인, 국회의원, 장관 등)
④ 사회형: 타인을 사랑하고 타인을 위해서 사회에 봉사하는 데 중점을 두는 사람(사회복지사)
⑤ 심미형: 미적 가치 추구에 흥미를 갖는 사람(예술가, 음악가, 미술인)
⑥ 종교형: 종교적 가치관, 성스러운 것에 흥미를 갖는 사람(개신교, 천주교, 불교인)

2) 자신의 성격에 대한 이해

(1) MBTI

① MBTI 성격유형

가장 보편적으로 사용되는 성격유형 검사 중 하나인 MBTI(Myers-Briggs Type Indicator)는 마이어스-브릭스(Myers-Briggs, 1976)에 의해 개발된 것으로 융의 이론에 기초한다. MBTI는 인간은 왜 다르게 행동하고 갈등을 갖게 되는가에 대한 질문으로 시작한다. 곧 자신과 타인의 성격적 특성과 다양성을 이해하고 수용하기 위해 4가지 선호 지표를 기초로 성격을 유형화한다. 즉, 에너지의 방향이 어느 쪽인가에 따라 외향성과 내향성으로 구분하며, 무엇을 인식하는가에 따라 감각형과 직관형으로, 어떻게 결정하는가에 따라 사고형과 감정형으로, 채택하는 생활양식이 무엇인가에 따라 판단형과 인식형으로, 그리고 마지막으로 인식 활동에 따라 감각형과 직관형으로 구분한다.

첫째, 에너지의 방향의 2가지 분류에 따라, 외향적 태도(E)를 가진 사람은 관심을 외부 세계의 사람이나 사물에 두며 외부 환경의 자극을 찾아나서고 행동 지향적인 반면에, 내향적 태도(I)를 가진 사람은 외부 세계에서 벗어나 자기 자신 안으로 몰입하며, 사려 깊고 주위와 떨어져 명상에 잠기기를 좋아하고, 고독과 사생활을 즐기는 성격적 특성을 갖는다.

둘째, 무엇을 인식하는가에 따르면 감각과 직관은 인식의 차이에 의한 것이다. 즉, 감각형(S)이 주로 우리의 감각기관을 통해 인식된다면, 직관형(N)은 통찰을 통해 가능성과 의미 혹은 관계를 인식하는 것이다. 감각적 인식을 선호하는 사람은 직접적인 경험을 통해 구체적이고 실제적이다. 그러므로 관찰능력이 뛰어나고 상세한 것까지 기억을 잘한다. 이에 비해 직관형은 무의식적인 인식, 즉 육감이나 예감과 같이 관련 없어 보이는 일들을 갑작스럽게 인식한다. 대체로 창의적인 발견과 관련된다.

셋째, 어떻게 결정하는가에 따르면 사고와 감정은 합리적 기능으로 판단과 관련된다. 어떤 일을 결정할 때에 사고형(T)은 대체로 공과 사를 명확히 구분하며, 분석적이고 객관적이며, 정의와 공정성을 중시한다. 이에 비해 감정형(F)은 상대적인 가치와 문제의 장점 등을 고려하여 의사를 결정하기 때문에 어떤 문제에 있어서도 인간적인 측면을 중시하고, 친화와 온정과 조화를 바란다.

〈표 3-2〉 MBTI의 구성

지표	선호경향	주요활동
외향(E) - 내향(I)	에너지의 방향은 어느 쪽인가?	주의초점
감각(S) - 직관(N)	무엇을 인식하는가?	인식기능
사고(T) - 감정(F)	어떻게 결정하는가?	판단기능
판단(J) - 인식(P)	채택하는 생활양식은 무엇인가?	생활양식

마지막으로 채택하는 생활양식에 따라, 인식적 태도(P)를 선호하는 사람은 자기에게 들어오는 정보, 즉 그 자체를 즐기며 자발적이고 호기심이 많고 적응력이 높아 새로운 사건이나 변화에 개방적이다. 반면 판단적 태도(J)를 선호하는 사람은 계획적이고 체계적으로 빨리빨리 결정을 내리는 편이다. 상당한 업무 추진력을 갖고 있으며 일을 미루는 적이 없다. 그리고 처음 계획과 다른 변화가 생기는 것을 원하지 않는다.

각 성격유형에는 적응적 태도가 있는 반면에 부적응적 태도가 있다. 즉, 외향형(E)의 경우 사교적이고 정열적이며 매력적이나 큰 목소리의 허풍과 전투적인 성격을 가졌다. 내향성(I)의 경우 사려 깊고 평온한 반면에 회피적이고 처음엔 매우 서먹서먹한 측면을 볼 수 있다. 또한 감각형(S)은 실용적이고 정확하나 단조롭고 까다로우며 강박적인 특성을 갖고 있다. 직관형(N)의 경우는 통찰력과 재간이 뛰어나지만 가끔 엉뚱하고 비현실적인 부분을 볼 수 있다. 사고형(T)은 객관적이고 명료하지만 논쟁적이고 완고하다. 감정형(F)은 이해심과 기지가 있지만 모호한 측면을 볼 수 있다. 판단형(J)은 계획적이고 효율적이지만 경직되어 있고 강압적이다. 인식형(P)은 유연하고 느긋한 반면에 일관성이 부족한 점을 볼 수 있다.

〈그림 3-2〉 MBTI의 성격유형

ISTJ 소금형 한번 시작한 일은 끝까지 해내는 성격	**ISFJ 권력형** 성실하고 온화하며 협조를 잘 하는 사람	**ESTP 활동가형** 친구, 운동, 음식 등 다양함을 선호	**ESFP 사교형** 분위기를 고조시키는 우호적인 성격
INFJ 예언자형 사람에 관한 뛰어난 통찰력을 가진 사람	**INTJ 과학자형** 전체를 조합해 비전 을 제시하는 사람	**ENFP 스파크형** 열정적으로 새 관계 를 만드는 사람	**ENTP 발명가형** 풍부한 상상력으로 새로운 것에 도전
ISTP 백과사전형 논리적이고 뛰어난 상황 적응력	**ISFP 성인군자형** 따뜻한 감성을 가진 겸손한 사람	**ESTJ 사업가형** 사무적, 실용적, 현실적인 스타일	**ESFJ 친선도모형** 친절, 현실감을 바탕 으로 타인에게 봉사
INFP 잔다르크형 이상적인 세상을 만들어 가는 사람	**INTP 아이디어형** 비평적인 관점을 가진 뛰어난 전략가	**ENFJ 언변능숙형** 타인의 성장을 도모 하고 협동하는 사람	**ENTJ 지도자형** 비전을 갖고 타인을 활력적으로 인도

② MBTI와 인간관계

서로 반대되는 성격을 가진 상대방과 대화할 때 이러한 성격의 차이를 고려하는 것이 도움이 될 것이다.

첫째, 내향성(I)과 외향성(E)이 대화할 경우에는 외향성 사람의 성격을 고려하여 되도록 뜸들이지 말고 힘차고 열정적으로 말하는 것이 중요하다. 외향성 사람은 말하는 것을 좋아하기 때문에 상대방이 자기 생각을 표현할 수 있도록 기회를 주는 것이 좋다. 반면에 내향성 사람에게는 외향적 성격을 가진 사람의 많은 표현과 활력 자체가 부담스러울 수 있음을 알아야 한다. 그러므로 다급하게 질문하기보다는 생각할 시간을 주고 관계를 맺을 때도 시간이 필요함을 알아야 한다.

둘째, 직관형(N)과 감각형(S)이 대화할 경우에는 직관형의 성격을 가진 사람이 감각형의 사람에게 말할 때 명료하고 구체적이며 현실성을 갖고 이야기하는 것이 좋다. 때로 변화가 필요하다면 갑작스러운 것보다는 점진적인 변화임을 설명해야 한다. 반대로 직관형의 사람에게는 상대방의 창조적 상상력을 존중해 주고 세부적인 일이 전체적으로 어떤 영향을 미치는지 보여 주는 것이 좋다. 또한 직관형의 참여를 유도할 때는 미래의 가능성을 생각하도록 한다.

셋째, 감정형(F)과 사고형(T)이 대화할 경우에는 사고형에게 말할 때 침착하고 객관적인 자세를 취하며 실제적인 방법을 이야기하는 것이 감정적으로 이야기하는 것보다 낫다. 반면에 감정형에게는 일 중심보다는 인간관계 수립이 우선되어야 하며, 비판은 부드럽게 하고 칭찬은 아끼지 않으며 공감을 해주는 것이 좋다. 감정형과의 대화는 단순히 정보를 나누는 것이 아니라 곧 마음을 나누는 것이라는 점이 중요하다.

마지막으로 인식형(P)과 판단형(J)이 대화할 경우 판단형에게 말할 때는 대화하기 전에 의사결정을 할 준비를 하는 것이 좋다. 또한 함께 일할 때 어떤 변동사항이 있을 때는 반드시 먼저 알려 주어야 한다. 판단형은 미래 상황에 대해 사전에 알기를 원하기 때문이다. 반면에 인식형에게 말할 때는 판단형의 시간표보다 여유 있게 배정하고 상황에 따라 유연하게 대처할 수 있음을 명심해야 한다. 또한 마지막 순간에 변동사항이 있을 수 있음을 예상하고 이것을 허용하는 분위기로 임하는 것이 좋다.

이와 같은 인간관계에서 무엇보다 중요한 것은 타인의 성격을 있는 그대로 받아들이고 존중하여야 한다는 점이다. 사람은 서로 다르게 성장하고 사회화되어 각각의 생존방식을 갖고 있다. 이를 인정하고 상대방이 나와 다름을 수용해야 한다.

(2) 에니어그램

① 에니어그램의 성격유형

에릭슨이 성격발달이 전 생애를 통하여 이루어진다고 본 것처럼 에니어 그램에서 인간은 삶의 여정을 통해 자신의 성격유형을 찾아간다고 보았 다. 에니어 (*ennea*) 란 말은 아홉을 뜻하고 그래머 (*grammar*) 는 문자, 점, 무게를 뜻한다. 에니어그램에서 인간은 똑같은 환경에서도 생존을 위 한 에너지를 어떻게 쓰느냐에 따라 9가지 성격유형으로 나뉜다. 그러므 로 성격이란 사람이 살아가면서 무의식적으로 만들어진 각자의 생존방 식에 의해 형성된 것이다.

에니어그램은 이러한 9가지 성격유형을 체계적으로 설명한 것이며, 도형은 성격 간의 상호관계를 나타낸다. 9가지 성격유형은 각기 다음 과 같은 기본적인 두려움과 욕망에 의해 형성되고 움직인다.

8번. 통제당하는 것에 대한 두려움 ← 자신을 보호하고자 하는 욕망

9번. 떨어져 나가는 것에 대한 두려움 ← 평화에 대한 욕망

1번. 결함에 대한 두려움 ← 완전하고자 하는 욕망

2번. 가치가 없는 것에 대한 두려움 ← 사랑받고자 하는 욕망

3번. 재능이 없는 것에 대한 두려움 ← 성공하고자 하는 욕망

4번. 중요한 존재가 아닌 것에 대한 두려움 ← 자기 자신이고자 하는 욕망

5번. 알지 못하는 것에 대한 두려움 ← 현명해지고자 하는 욕망

6번. 도움 받지 못하는 것에 대한 두려움 ← 안전해지고자 하는 욕망

7번. 고통에 대한 두려움 ← 행복해지고자 하는 욕망

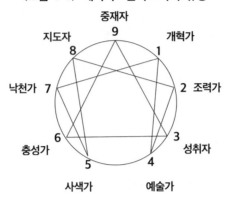

〈그림 3-3〉 에니어그램의 9가지 유형

인간의 성격은 이와 같은 기본적인 두려움으로부터의 도피와 기본적인 욕망의 끊임없는 추구로 이루어져 있다. 두려움과 욕망의 끊임없는 순환구조가 바로 성격 메커니즘이다. 이러한 성격유형은 삶의 여정 속에서 가면(페르소나)에 의해 가려진 순수한 본래의 얼굴인 참 나를 발견하도록 한다.

② 에니어그램의 의식 성찰

에니어그램에서는 이제껏 살면서 생존수단으로 스스로의 본성을 감추고 써 왔던 가면이 하나의 속임수였음을 깨닫고, 거짓 자아에서 벗어나기 위한 의식 성찰을 강조한다. 의식 성찰이란 자신이 하는 모든 행위, 감정, 사고를 깨어 있으면서 깊게 살피는 것이다. 아무런 판단과 분별없이 있는 그대로 지켜보는 것이다. 의식 성찰의 3단계는 다음과 같다.

첫째, 자기 몸을 관찰하는 것이다. 몸의 상태, 움직임을 본다.
둘째, 마음의 작용을 관찰하는 것이다.

셋째, 자신의 모든 행위를 움직이는 자아(ego)를 관찰하는 것이다.

이러한 주의 깊은 관찰을 통해서 지금 나 자신의 내적 상태가 어떠한가를 자각하게 된다. 각 유형에서의 의식 성찰은 아래와 같다.

8번. 모든 것을 내가 통제하고 누구도 내 의지를 거스르지 않을 때
9번. 내가 완전히 평화롭고 갈등이나 문제가 없을 때
1번. 내가 실수하지 않고 모든 것이 정돈된 상태일 때
2번. 나의 모든 감정적 욕구가 충족될 때
3번. 내가 충분한 성취를 이루었을 때
4번. 모든 사람에게 내 감정을 자유롭게 완전히 표현할 때
5번. 내가 모든 것을 완전히 이해할 때
6번. 내가 안전하고 안정적이라고 느낄 만큼 충분한 지원을 받고 있을 때
7번. 내가 완전한 행복을 느끼고 충족되었다고 느낄 때

의식 성찰을 하면 이제까지 동일시했던 모습에서 탈출하여 있는 그대로의 자신의 모습을 인정하고 자비로운 마음으로 스스로를 수용할 수 있다. 즉, 내가 모든 것을 통제하지 못하더라도(8번), 내게 문제가 많더라도(9번), 내가 실수를 하더라도(1번), 내 모든 욕구가 충족되지 않더라도(2번), 내가 실패하더라도(3번), 모든 사람이 내 감정을 알아주지 않더라도(4번), 내가 이해할 수 없더라도(5번), 안전하지 못하더라도(6번), 내가 불행하다고 느껴지더라도(7번) 있는 그대로의 자신을 사랑할 수 있게 되고 나아가 더 많은 인간관계에서 이웃을 사랑할 수 있게 된다.

3. 인간관계와 의사소통

1) 의사소통의 정의

의사소통이란 용어는 영어의 커뮤니케이션(*communication*)을 의미하는데, 본질적으로 의사의 전달만이 아니라 소통을 통하여 정보나 감정도 동시에 전달하는 것이다. 즉, 의사소통은 둘 또는 그 이상의 사람들 사이에 사실, 생각, 의견 또는 감정의 교환을 통하여 공통적인 이해를 추구하고 상대방의 의식이나 태도 또는 행동에 변화를 일으키는 행동이다. 따라서 이러한 의사소통상의 문제를 최소화하고 원만한 의사소통을 유지하기 위해서는 효과적인 의사소통 기술이 필요하다.

2) 의사소통의 방해요소

인간관계에서 상대방이 문제가 있을 때 우리는 무언가 도움의 말을 주고 싶어 한다. 그러나 그 말을 듣는 상대방은 감정이 오히려 고조되는 경우를 가끔 본다. 바로 이런 경우 의사소통의 걸림돌을 크게 12가지 유형으로 나누어 살펴볼 수 있다. 토마스 고든(Thomas Gordon, 1975)이 제시하는 의사소통에 방해가 되는 12가지 유형의 걸림돌은 다음과 같다(유수현 외, 2009 재인용).

　① 명령 · 강요: "너는 꼭 ～ 해야 한다."
　② 경고 · 위협: "만약 ～ 하지 않으면 그때는 …"
　③ 훈계 · 설교: "～ 하는 것이 너의 책임이야."

④ 충고·해결방법 제시: " ~ 너를 위해서 하는 말인데, 내가 말하려는 것은 ~ "

⑤ 논리적인 설득·논쟁: "네게 문제가 되는 것은 ~ "

⑥ 비난·비평·비판: "너는 왜 그렇게 게으르니 ~ "

⑦ 칭찬·찬성: "야, 너 참 잘했다. 너는 참 착하구나."

⑧ 욕설·조롱: "그래 너 참 잘했다." "멍청이 같으니라구 ~ "

⑨ 분석·진단: "무엇이 잘못인가 하면 말이야 ~ "

⑩ 동정·위로: "앞으로 잘 되겠지."

⑪ 캐묻기·심문: "왜 그랬어."

⑫ 빈정거림·화제 바꾸기: "네가 그러면 그렇지 ~ "

따라서 이러한 문제를 최소화하고 원만한 의사소통 관계를 유지하기 위해서는 몇 가지 기본적인 기술이 필요하다.

3) 의사소통의 기술

모든 인간관계는 언어를 통한 관계라고 할 수 있다. 여기서 언어는 비언어적인 행동, 몸짓을 포함하므로 의사소통 역시 언어적(*verbal*)·비언어적(*non-verbal*) 의사소통을 모두 포함한다. 언어적 의사소통은 사실적인 지식을 정확하게 효율적으로 전달할 수는 있으나 감정이나 의미의 뉘앙스를 전달하기에는 효과적인 수단이 되지 못하므로, 비언어적 의사소통의 요소를 포함함으로써 이러한 문제점을 극복하려고 노력해야 한다.

(1) 언어적 의사소통 기술

언어적 의사소통 기술은 한마디로 효과적인 '나-전달법'(I-Message) 과 상대방에게 적절히 반응하는 방법을 훈련하는 것을 의미한다. 그러나 이 훈련은 단순히 말하고 듣는 기법이 아니라 인간을 어떻게 보고 어떻게 대하는 것인가에 대한 관점과 철학을 세우는 일이다. 인간관계에서 의사소통의 핵심은 분별력과 민감성을 갖고 상대방의 세계에 몰입한다는 것이다. 즉, 감정이입(empathy)을 통해 상대방의 인식과 감정의 세계에 함께 거하면서 서로에 대한 신뢰를 창출해 내는 것을 의미한다. 도움의 기술인 소극적 경청, 반영적 경청과 나-전달법을 설명하면 다음과 같다.

① 소극적 경청

소극적 경청은 주로 의사소통의 시작단계에서 사용할 수 있는 방법으로 의사소통의 걸림돌을 사용하지 않는다. 그 예는 다음과 같다. 첫째, 상대방의 이야기를 침묵으로 들어주는 것인데 강력한 비언어적 메시지라고 할 수 있다. 둘째, 상대방과 이야기 도중 대화가 잠시 끊어질 때에는 잘 경청하고 있다는 것을 알리는 언어적, 비언어적 신호를 보내는 것으로 나의 의견이 포함되지 않은 "아!", "그렇군요", "그래요", "정말이세요?" 등의 인정하는 반응을 보이는 것이다. 마지막으로 상대방의 마음의 문을 여는 데 도움을 주는 언어로 "그것에 관해 이야기하고 싶으세요?", "당신의 생각을 알고 싶은데요", "당신이 어떻게 느끼시는지 궁금한데요" 등이 있다.

② 반영적 경청 (적극적 경청)

반영적 경청은 상대방이 말을 했을 때, 그 말을 하게 된 '밑 마음'을 읽어 우리 자신을 공명판으로 이용하여 그 '밑 마음' 자체를 되돌려 보내주는 것을 의미한다. 즉, 비판이나 판단을 포함하지 않고, 상대가 한 말을 그대로 반영해 주거나 확인하는 종류의 언어적 반응을 보여 주는 것이다. 이 과정을 통해 상대방은 스스로가 표현한 자신의 감정이 내포하고 있었던 '밑 마음'의 뜻을 새로이 깨닫게 됨으로써 자신의 상태를 정확히 객관적으로 파악하고 문제를 스스로 정리할 수 있게 된다. 이것은 메시지가 지닌 의미를 새로운 표현으로 되돌려 보냄으로써 잘 듣고 있음을 보여 주는 것이다.

③ 나-전달법 (I-Message)

나-전달법은 개인의 감정을 밝히고, 피드백을 주고받으며, 행동의 변화를 유도하는 효과적인 의사소통의 기술로서 '나'의 입장에서 정리한 메시지를 전달하는 방법이다. 일반적으로 사람들은 다른 사람이 나 자신에 대해 어떻게 느끼고 있는지를 안다고 생각한다. 그러나 다른 사람들이 당사자의 마음을 읽을 수 있는 것은 아니다. 당사자의 감정과 상대방의 행동에 대한 느낌, 상대방의 행동을 변화시키려는 당사자의 욕구를 상대방에게 정확하게 전달해야 한다. 특히 나-전달법은 부정적인 감정을 효과적으로 표현하는 데에 매우 효과적이다. '나'의 메시지는 ① 감정을 밝힘 ② 감정의 원인에 대한 설명 ③ 다른 사람에게 미치는 영향에 대한 설명 순으로 이루어진다.

(2) 비언어적 의사소통 기술

비언어적 의사소통은 언어를 사용하지 않고, 언어가 아닌 다른 방법으로 메시지를 전달하는 방법이다. 비언어적 행동 표현은 다음과 같다.

① 신체 각 부위를 통한 비언어적 의사소통

몸짓, 눈 마주침, 피부, 자세, 표정, 반복적인 행동, 접촉 등을 통해서 이해할 수 있다. 시선의 방향, 응시하는 시간, 빈도, 피곤해 보이는 표정, 팔짱을 끼거나 손가락 만지작거림 등이 해당된다.

상대방이 내게 관심을 기울일 때 사용할 수 있는 기술은 SOLER이라는 말로 다음과 같이 요약할 수 있다(Egan, 2005).

- S: 상대방을 바로(*squarely*) 바라본다. 상대방에게 관여하고 있다는 자세를 취하는 것으로 '나는 당신과 함께 있다. 당신과 함께 나누고 싶다'라는 뜻을 전달한다. '바로'라는 말은 상대방에게 관심이 있다는 사실을 전해 준다.
- O: 개방적인(*open*) 자세를 취한다. 상대방과 상대방의 말에 마음을 열고 있다는 증거로서 '내가 개방적이고 만나고 싶은 태도를 갖추고 있다는 사실을 상대방에게 얼마나 잘 전달하고 있는가?' 하고 자문해 볼 필요가 있다.
- L: 이따금 상대방 쪽으로 몸을 기울인다(*lean*). 상대방 쪽으로 몸을 기울이는 것은 의사소통을 촉진시키는 일종의 신체적 유연성 또는 반응성을 가리킨다.
- E: 좋은 시선의 접촉(*eye contact*)을 유지한다. 상대방과의 좋은 시선의 접촉은 '당신과 함께 있다. 당신에게 관심을 느끼고 있다.

당신이 하는 말을 듣고 싶다'는 뜻을 전달한다.

- R: 편안하고(*relaxed*) 자연스러운 자세를 취한다. 편안한 자세는 조바심 내거나 주의를 흩뜨리는 표정을 짓지 않는 것이며, 개인적인 접촉과 표현의 도구인 몸짓을 편안하고 자연스럽게 하는 것이다.

② 음성을 통한 비언어적 의사소통

음성효과, 말의 속도, 음성의 강도, 말씨 등을 통해서 이해할 수 있다. 소리의 대부분은 무의식적으로 나오기 때문에 다른 사람이 지적해 주거나 어떤 방법으로 알지 못한다면 이를 깨닫지 못할 것이다.

③ 환경을 통한 비언어적 의사소통

상대방과의 거리, 물리적 환경, 실내에서의 위치 등을 들 수 있다. 거리를 두는 것, 자신의 영역을 확보하는 것으로 알려진 공간 유지는 신체 접촉과 밀접한 관계가 있다. 홀(Hall, 1966)은 우리의 생활에 있어 다음과 같은 4가지 기본 구역을 시사하였다.

- 친밀한 거리(0~45cm): 자신과 타인 사이에 있을 수 있는 가장 근접한 거리이다.
- 사적인 거리(45cm~1.2m): 친구, 가족, 동료와 같은 사람들과 서로 친밀하게 대화를 나눌 수 있는 거리이다.
- 사회적인 거리(1.2~2.1m): 공식적인 사업상 만날 때의 거리에 해당하며, 상거래, 취직면접, 복도에서 지나갈 때 하는 인사 등 사무적인 형태의 상호작용에 적절한 거리이다.

• 공적인 거리(2.1~2.8m) : 청중 앞에서 큰 목소리로 강의할 경우 혹은 공적인 모임 등이 대표적으로 해당한다.

생각해 보기

1. 다음의 팁(Tip)에 수록된 '나는 얼마나 고독한가?'와 '조해리의 창' 자가진단을 통해 자신에 대해 먼저 이해해 보자. 나의 고독감 정도와 나의 인간관계 유형에 대해 조원들에게 설명하고, 바람직한 인간관계를 위해서는 어떤 점을 유의해야 하는지 토의해 보자.

2. MBTI, 에니어그램을 통한 성격특성 알아보기

• MBTI 성격검사를 실시해 자신의 유형을 찾아본다.
• 에니어그램의 각 유형별 성격의 특징을 알아보고, 자신의 유형을 찾아본다.
• 같은 유형의 성격을 가진 사람들끼리 조를 형성하여 성격의 특징을 적어 본다. 각 유형별로 성격의 특징을 발표해 본다.
• 서로 다른 성격을 가진 사람들이 어떻게 좋은 인간관계를 형성할 수 있을지 토의해 본다.

3. 반영적 경청과 나-전달법 연습

1) 반영적 경청
이것은 메시지가 지닌 의미를 새로운 표현으로 되돌려 보냄으로써 잘 듣고 있음을 보여 주는 것이다. 다음의 적절한 반영적 경청 반응을 써 보라.

A: 친구랑 심하게 다투었어요. 다시 저를 보지 않겠대요.

— 반영적 경청 반응: _____

B: 오늘 수업시간에 선생님께서 저에게 다짜고짜 화를 내시면서 다그 치셨어요. 친구들 앞에서 너무 창피했어요.

— 반영적 경청 반응: _____

2) 나-전달법

개인의 감정을 밝히고, 피드백을 주고받으며, 행동의 변화를 유도하는 효과적인 의사소통기법으로 '나-전달법'이 있다. 절친한 친구가 당신에게 계속해서 언짢게 말한다고 가정하고, 당신이 친구에게 사용할 수 있는 나-전달법을 구성해 보자.

- 네가 _____ 해서(또는 ~이) 나에게 문제가 된다.
- 그래서 나는 _____ 하게 느낀다.
- 왜냐하면 _____ 했기 때문이야.
- 나는 네가 _____ 하면 좋겠어(~ 해주겠니?).

Tip. 자가진단

자가진단 1: 나는 얼마나 고독한가?

다음은 여러분이 요즘 어떻게 느끼고 있는지를 알아보려는 질문이다. 문항 하나하나를 잘 읽은 다음, 자신이 얼마나 자주 그와 같이 느끼는지를 아래와 같이 점수 매겨 보자.

　(거의 그렇지 않다 = 0,　가끔 그렇다 = 1,　종종 그렇다 = 2,　자주 그렇다 = 3)

문항	점수
1. 나에게 친한 친구가 없다고 느낀다.	
2. 다른 사람을 믿는 것이 두렵다.	
3. 나에겐 이성친구가 없다고 느낀다.	
4. 내 고민을 얘기하면 가까운 사람들이 부담스럽게 느낀다.	
5. 나는 다른 사람에게 필요하지도 중요하지도 않은 사람이라고 느낀다.	
6. 나는 누구와도 개인적인 생각을 나누기 어렵다고 느낀다.	
7. 나는 다른 사람들로부터 이해받지 못하고 있다고 느낀다.	
8. 나는 다른 사람에게 다가가는 것이 편안하지 않다.	
9. 나는 외로움을 느낀다.	
10. 나는 어떤 친목집단이나 조직에도 소속감을 느낄 수 없다.	
11. 나는 오늘 다른 사람과 교류를 가졌다는 느낌이 들지 않는다.	
12. 나는 다른 사람에게 할 말이 별로 없다고 느낀다.	
13. 나는 다른 사람과 함께 있으면 평소의 내 모습과 달라지는 것 같다.	
14. 나는 다른 사람 앞에서 당황할까 봐 두려워한다.	
15. 나는 재미있는 사람이 아니라고 생각한다.	

• 채점 및 해석

1번부터 15번 문항까지의 점수를 모두 합하여 총점을 구한다. 총점에 따라서 다음과 같은 해석이 가능하다.

> 0~10점인 경우: 거의 고독을 느끼지 않는 것 같다.
> 11~20점인 경우: 보통 사람들이 느끼는 평균적인 수준의 고독감을 느끼고 있다.
> 21~28점인 경우: 보통 사람들보다 높은 수준의 고독감을 느끼고 있다.
> 29점 이상인 경우: 상당히 심한 고독감을 느끼고 있다.

자가진단 2: 조해리의 창

다음은 여러분이 요즘 어떻게 느끼고 있는지를 알아보려는 질문이다. 문항 하나하나를 잘 읽은 다음, 자신이 얼마나 자주 그와 같이 느끼는지를 아래와 같이 점수 매겨 보자.

(전혀 아니다 = 1 ~ 매우 그렇다 = 10)

문항	점수
1. 나는 잘 몰랐을 경우에는 이를 바로 인정한다.	
2. 나는 납득하기 어려운 지시를 받을 경우 지시한 이유를 물어본다.	
3. 나는 다른 사람의 잘못을 지적할 필요가 있을 때에는 직접 말한다.	
4. 나의 의견에 대해 남들이 어떻게 생각하는지 물어본다.	
5 나의 느낌을 솔직하게 표현한다.	
6. 다른 사람의 감정을 존중한다.	
7. 나는 걱정거리가 생길 경우, 터놓고 의논한다.	
8. 나 혼자 이야기를 계속하여 남을 짜증나게 하지 않는다.	
9. 남의 의견이 나와 다를 경우, 나의 생각을 말하고 함께 검토해 본다.	
10. 나는 아이디어를 권장하고 대화를 독단적으로 끌고 가지 않는다.	
11. 내 잘못을 숨기거나 남의 탓으로 돌리지 않는다.	
12. 다른 사람의 충고를 잘 받아들인다.	
13. 달가운 일이 아닐지라도 남들이 알아야 할 사항이라면 알려 준다.	
14. 진심으로 남의 이야기를 들어 준다.	
15. 말하기 거북한 내용을 거리낌 없이 말한다.	
16. 나는 변명을 하지 않고 비판에 귀를 기울인다.	
17. 나는 있는 그대로를 나타내며 가식이 없는 편이다.	

18. 나에게 찬성하지 않는다고 남의 마음을 상하게 하지 않는다.	
19. 나는 확신하는 것을 굽히지 않고 말한다.	
20. 나는 다른 사람에게 그들의 생각을 발표하도록 권장한다.	

• 채점 및 해석

1. 자기공개: 나는 다른 사람에게 나에 관한 이야기를 잘 하며, 다른 사람에게 나의 모습을 잘 나타내고, 다른 사람에게 나의 속마음을 잘 내보인다.
2. 피드백: 나는 다른 사람이 나에 대해 어떤 생각을 가지고 있는지 알려고 노력하며, 다른 사람이 나에 관해서 하는 말에 귀를 기울이고, 다른 사람이 나를 어떻게 평가하는지 잘 안다.

번호	1	3	5	7	9	11	13	15	17	19	총점 평균	(자기 공개)
값												세로축
번호	2	4	6	8	10	12	14	16	18	20	총점 평균	(피드백)
값												가로축

• 나의 마음의 창은 어디로 향하고 있을까?

가로축 평균에 해당하는 숫자를 찾아 가로로 선을 그리고, 세로축 평균에 해당하는 숫자를 찾아 세로로 선을 그려 가장 넓은 면적을 차지하는 면이 나의 마음의 창이 된다.

★	1	2	3	4	5	6	7	8	9	10
1										
2										
3										
4										
5										
6										
7										
8										
9										
10										

제 4 장

스트레스와 정신건강

1. 스트레스의 기초적 이해

1) 스트레스의 개념

스트레스(*stress*)라는 말은 서기 1400년경부터 사용되기 시작했으나 질병의 원인으로 생각하게 된 것은 20세기 들어서부터이다. 질병의 발생에 있어서 감정반응의 역할을 처음 인식한 학자는 월터 캐논(Walter B. Cannon)이다. 캐논은 안정상태(*homeostasis*)의 개념을 도입하여 이 안정상태를 위협하는 사건이 스트레스이며 그 결과 질병이 발생한다고 생각하였다.

스트레스란 말은 라틴어 'strictus'와 프랑스어 'etrace'에서 나왔다. 스트레스의 개념이 형성된 과정을 보면, 17세기에는 스트레스를 곤란(*hardship*), 역경(*adversity*), 고뇌(*affliction*) 등의 의미로 사용하였고, 18~19세기에는 강압(*force*), 압박(*pressure*), 긴장(*strain*) 또는 어떤

109

대상에 대한 분투(strong effort)를 나타냈다. 우리나라에서는 '열 받는 다', '시험에 빠졌다', '미치겠다', '고민이다', '죽고 싶다' 등의 표현을 사용하는데 이 모두는 과도한 스트레스를 나타내는 말이다. 학술적으로는 '환경의 자극과 이 자극에 대한 유기체적 또는 체계적 반응'으로 부른다.

스트레스의 초기연구는 추위, 질병, 외상, 흥분 등으로 인한 생리적 스트레스를 주로 다루었는데, 이는 캐나다의 한스 셀리에(Hans Selye, 1939)가 생물학적인 실험을 통해서 일반적응증후군(GAS, General Adaptation Syndrome)을 발표한 것을 그 기원으로 한다. 일반적응증후군이란 스트레스의 결과가 신체 부위에 영향을 준다는 뜻에서 일반적(general)이라 했고, 스트레스의 원인으로부터 신체를 적응 또는 대처시키기 위해 세련된 방어수단을 동원한다는 의미에서 적응(adaptation)이라 했으며, 일종의 반응이 일어난다는 의미에서 증후(syndrome)라고 했다. 즉, 외부로부터 가해지는 유해작용에 대한 생체의 방어기능으로 스트레스를 설명함으로써 스트레스의 생물학적인 정의가 규정되었다. 요구에 응하는 신체의 특유한 반응이 스트레스라는 것이다.

한편, 초기 연구와는 달리 현대 스트레스의 개념은 심리학적 측면에 관심을 둔다. 스트레스를 욕구 좌절이나 갈등 혹은 압박감으로 인한 것뿐만 아니라 심리적인 것으로 이해하는 것이다. 심리학적 측면에서의 스트레스는 인간의 신체적·정신적 적응과정을 보다 강조하는데, 라자루스(Lazarus, 1977)는 스트레스를 3가지 모델, 즉 자극으로서의 스트레스, 반응으로서의 스트레스 그리고 자극과 반응의 역동적 상호작용으로서의 스트레스로 구분하였다.

첫째, 자극으로서의 스트레스는 스트레스 반응을 일으키는 상황을 의미한다. 즉, 소음, 공기오염 등의 물리적 환경 혹은 주요한 시험의 실패, 이론, 범죄로 인한 구속 등과 같은 심리사회적 사건 등도 스트레스 자극이 될 수 있다. 이와 같은 자극으로서의 스트레스는 우리의 삶을 위협하거나 압력이 될 수 있는 사건 자체를 말한다. 개인의 특성과는 무관하게 발생하며 객관적으로 기술될 수 있는 성질을 가진 자극으로 볼 수 있다. 또한 우리가 목표한 것이나 기대한 것을 이루지 못했을 때는 좌절을 경험하거나 갈등상태에 빠지게도 된다.

둘째, 반응으로서의 스트레스는 스트레스를 경험할 때 일어나는 신체적·심리적 반응을 의미한다. 이러한 스트레스 반응으로는 일시적인 분노, 노여움, 공포감 등 부정적인 정서 경험을 할 수 있고, 장기적으로는 개인에게 스트레스성 신체 질병이나 우울증, 불안 등 심리장애를 일으킬 수도 있다. 이러한 정의는 생물학적 모형에 뿌리를 둔 것으로 셀리에(Selye, 1976)의 일반적응증후군으로 대표된다.

셋째, 자극과 반응의 역동적 상호작용으로서의 스트레스는 사회과학에 기초를 둔 것으로 개인과 주위 생활환경의 특성과 관련지어 스트레스를 정의한다. 즉, 환경 내의 자극특성과 이에 관한 반응의 매개체로서 개인의 특성을 강조하는데, 이는 환경의 자극요소와 스트레스에 대한 대처능력 등도 환경의 중요한 일부분이 되며 환경에 영향을 준다는 견해이다. 이러한 상호역동적 개념에서는 스트레스가 되는 상황, 사건에 대한 평가와 이에 대한 대처자원(coping resources)의 평가 간에 불균형이 이루어져 어떤 위협, 상해 또는 도전이 된다고 평가될 때 스트레스를 경험하게 된다는 것이다(최혜림, 1987, pp. 91~92).

이러한 3가지 개념들 중에서 상호작용 모델이 자극이나 반응으로서의 스트레스 개념을 포함함으로써 더 포괄적인 개념의 틀을 제공한다.

즉, 스트레스란 개인과 환경 간의 특별한 관계에 의해 매개되는데, 자신의 능력에 부담이 되고 결국 안녕(*well-being*)에 심각한 위험을 예상할 때 경험하게 되는 주관적인 상태라고 정의할 수 있다. 모든 사람은 신체적, 정서적, 사회적 적응자원을 가지고 있으며, 그 수준은 개인에 따라 차이가 있는데 스트레스는 우리의 적응기제가 과중할 때 발생하는 것이라 할 수 있다.

2) 스트레스의 종류

스트레스란 용어를 구분하면, 갑자기 닥쳐오는 한시적인 사건을 의미하는 급성스트레스(*acute stress*), 질질 끌거나 간헐적으로 일어나는 긴장 상황을 표현하는 만성스트레스(*chronic stress*), 그리고 많은 사람에게 영향을 줄 수 있는 불안의 근원으로 보는 풍토성스트레스(*endemic stress*) 등 다양하다. 또한 스트레스는 그 효과에 따라 긍정적 결과를 가져오는 순기능적 스트레스인 유스트레스(*eustress*)와 부정적 결과를 가져오는 역기능적 스트레스인 디스트레스(*distress*)로 구분된다(Bernard, 1968; 이영실·이윤로, 2008 재인용).

유스트레스란 인간이 도전을 추구할 때 긍정적인 결과를 기대하면서 느끼는 스트레스를 일컬으며, 순기능 스트레스 또는 적정수준의 스트레스라고도 한다. 디스트레스는 인간이 참을 수 있는 한계 이상의 긴장 상황을 말하며, 부정적 혹은 역기능 스트레스라고도 한다. 여기서 디스트레스란 환경적, 내적 요구(*demands*)나 압박감(*pressures*)이 대처능력이나 대처자원보다 과중하여 균형을 잃을 때 발생한다.

이렇듯 스트레스는 부정과 긍정 양 측면을 함께 가지고 있다. 따라서 양면성을 지닌 스트레스를 잘 극복하거나 유리하게 활용하기 위해서는 스트레스에 대한 보다 정확한 이해가 필요하다.

3) 스트레스의 원인

스트레스의 원인을 스트레스원(stressor) 또는 유발인자(trigger)라고 하는데, 인간의 스트레스원에는 여러 가지가 있을 것이다. 어제는 없던 스트레스원이 오늘 생길 수도 있고, 오늘 있던 스트레스원이 내일이면 사라질 수도 있다. 분명한 것은 스트레스원의 종류가 시간이 지날수록 많아지면 많아졌지 줄어들지는 않는다는 사실이다. 여기에서는 스트레스원을 외적 원인과 내적 원인 2가지로 구분하여 살펴보기로 한다.

(1) 외적 원인

① 생활환경의 변화

라자루스와 폴크먼(Lazarus & Falkman, 1984)은 스트레스를 인간과 환경의 상호작용으로 개인이 가진 자원의 한계를 초과하여 개인의 안녕을 위협하는 현상이라고 하였다. 21세기 현대사회의 다양한 변화와 요구는 각 개인에게 엄청난 스트레스로 다가오고 있다고 해도 과언이 아니다.

최근 많은 연구는 생활환경의 변화가 스트레스를 유발하는가에 초점을 맞추고 있다. 홈즈와 라헤(Holmes & Rahe, 1967)는 일반인들을 대상으로 다양한 생활사건에 직면한 사람들의 생활적응을 위해 변화를 경험하는 동안 받는 스트레스를 수치화하여 '사회재적응 척도'(SRRS,

Social Readjustment Rating Scale)를 표준화하였다. 이 검사는 지난 한 해 동안 어떤 생활사건이 자신에게 일어났는지를 살펴보고 그에 대한 평정척도 점수를 합산하여 스트레스의 양을 측정하는 것이다. 〈표 4-1〉에서 지난 1년간의 스트레스 생활사건 총점이 150점 이하이면 생활환경변화에 근거한 개인의 스트레스 수준은 낮은 편이고, 150～199점인 사람은 경미한 생활위기에 처해 있으며, 200～299점은 견딜 만한 위기라고 할 수 있다. 그러나 300점이 넘는다면 심각한 위기에 놓여 있

〈표 4-1〉 사회재적응 척도

생활사건	점수	생활사건	점수
배우자 사망	100	업무상 책임 변화	29
이혼	73	자녀의 출가	29
별거	65	시집 식구와의 문제	29
감옥살이	63	우수한 개인적 성취	28
친척 혹은 가족의 사망	63	아내의 취업 또는 퇴직	26
본인의 부상 또는 질병	53	학교 입학 또는 졸업	26
결혼	50	생활조건의 변화	25
직장에서의 해고	47	개인적 습관의 교정	24
별거 후 재결합	45	상사와의 갈등	23
은퇴	45	근무시간 및 근무조건의 변화	20
가족의 건강변화	44	거주지의 변화	20
임신	40	학교 변화(전학)	19
성적 장애/문제	39	여가활동의 변화	19
새로운 가족이 생김	39	사회활동의 변화	18
사업의 재적응	39	1천만 원 이하 빚	17
재정적인 변화	38	수면습관의 변화	16
친한 친구의 사망	37	동거가족 수의 변화	15
다른 분야의 직업으로 전환	36	식습관의 변화	15
배우자와의 말다툼 횟수 변화	35	휴가	13
1천만 원 이상의 저당	31	성탄절	12
저당물의 압수	30	가벼운 법규 위반	11

다고 할 수 있는데 스트레스에 관련된 개인의 생활환경변화 수준이 높기 때문에 다른 변화들을 없애야 할 것이다.

이 도구에서 또 하나 주목할 것은 매우 긍정적인 사건도 스트레스가 될 수 있다는 사실이다. 즉, 결혼, 임신, 승진, 휴가 등과 같은 긍정적인 생활사건들조차도 어느 정도 재적응과 조정을 요구한다는 것을 알 수 있다.

② 물리적 환경

요즘은 물리적 환경도 중요한 스트레스원이 된다. 기후, 물, 공기, 음식, 주거환경 등이 오늘날 우리에게 많은 스트레스를 준다. 지구 온난화로 인한 각종 자연재해가 증가하고, 자연 파괴로 인한 물과 토양, 공기 오염 등은 심각한 지경에 이르러 우리의 기본적인 생명 유지를 위협하여 스트레스 반응을 일으킨다.

대도시의 소음과 과밀현상도 오늘날 스트레스를 일으키는 환경적 요소이다. 장시간 시끄러운 소음에 노출되면 청력에 손상을 가져오고 자율신경 장애를 일으킬 수 있다. 그뿐 아니라 소음은 짜증과 불쾌감 및 분노를 일으키고 인지능력 저하, 수면 장애 그리고 식욕과 성욕의 감퇴를 초래한다. 인구증가와 생활공간의 변화, 분주함과 경쟁 심화로 인한 도시생활의 복잡함은 군중 속의 고독과 피로를 가져오고, 주거와 직장 등 일차적인 물리적 환경의 과밀화는 현대인에게 정신적 피로와 스트레스를 주는 원인이다.

③ 그 밖의 상황적 원인

기타 다양한 상황에서 발생하는 스트레스의 원인들은 다음과 같다.

- 사회적인 관계: 타인의 무례함, 명령, 타인과의 다툼 등
- 조직사회의 압박감: 규칙, 규정, 형식적인 절차, 마감시간 등
- 일상의 복잡한 일: 통근, 열쇠를 잃어버림, 기계적인 고장, 가족 간의 갈등, 고부간의 갈등, 배우자와의 불화, 가족 간의 대화단절 등
- 경제적인 압박: 돈을 빌림, 과태료 통지를 받음, 빌린 돈 갚을 날이 다가옴, 할부로 물품을 구매함 등

(2) 내적 원인

① 비합리적 신념: 인지적 오류, 인지적 왜곡

우리가 경험하는 스트레스 반응의 상당 부분은 우리의 비논리적이거나 현실적이지 않은 인지에 바탕을 두고 있다. 이러한 인지를 일반적으로 비합리적 신념(*irrational belief*)이라고 한다. 예를 들면, '나는 항상 1등을 하고 싶다'는 사고는 '항상 1등을 해야만 부모로부터 사랑과 인정을 받을 수 있다'는 믿음이 그 내면적 원인일 수 있다. 또 '나는 모든 이들로부터 인정을 받아야 한다'는 사고는 '나를 아는 모든 이들로부터 인정을 받아야만 가치 있는 사람이다'라는 믿음이 원인일 수 있다. 이러한 신념은 때로 바람직한 소망이라고 할 수 있으나 현실 속에서 실현되기 어렵다. 이러한 비합리적인 신념은 비현실적인 사고의 원인이 되기도 하지만 욕구 좌절의 결과로 생기기도 한다. 이 경우 형성되는 비합리적이고 부정적인 믿음은 크게 자기에 대한 믿음과 세상에 대한 믿음으로 나뉜다.

자기에 대한 비합리적이고 부정적인 신념으로는 '나는 무능하다', '나는 무가치한 사람이다', '나는 사랑을 받을 수 없다' 등을 들 수 있다. 세

상에 대한 예로는 '인간관계는 무의미하다', '세상은 썩었다', '세상은 공정하지 못하다' 등을 들 수 있다.

이러한 신념의 문제는 그것이 현상을 정확하게 나타내 주지 못하며 지나친 과잉일반화에서 형성된 것이라는 점이다. 비합리적이고 부정적인 신념은 자신과 세상에 부정적인 결과를 가져올 가능성이 많은데 부정적인 정서의 스트레스 반응을 수반하게 되어 자신에게 부정적인 결과를 줄 확률이 높아지게 된다.

아론 벡 등(Beck et al., 1979)에 의하면, 비합리적인 신념은 인지적 오류 혹은 왜곡에서 발생한다. 이러한 인지적 오류의 몇 가지 유형을 살펴보면 다음과 같다.

가. 흑백논리적 사고

우리는 흔히 목표를 100% 달성해야만 의미가 있고 50~60% 정도 만족한 경우에는 아무런 의미가 없거나 실패했다고 생각하는 경우가 있다. 즉, 중간은 없고 이것 아니면 저것이라는 이분법적인 사고를 흑백논리라고 한다. 흑백논리는 선과 악, 성공과 실패, 존경과 경멸, 좋아함과 미워함, 아름다움과 추함 등 현상을 양극단의 범주 중 하나로 평가한다. '완벽한 보고서가 아니면 보고서가 아니다' 혹은 '완벽하게 할 수 없다면 아예 하지 않는 게 낫다'라는 생각도 흑백논리에 속한다. 이런 사고를 하는 사람은 완벽한 보고서를 쓰는 데 필요한 시간이 10시간인 경우, 3시간밖에 없을 때는 이러지도 저러지도 못하면서 스트레스를 경험하게 된다.

그러나 현상은 다양한 측면을 가지고 있어 양극단의 범주로 분명하게 나누기 어렵다. 따라서 이러한 구분은 실재를 왜곡하게 된다. 자신과 세계를 지나치게 단순 이분화함으로써 욕구가 쉽게 좌절되고, 스트레스를 받을 확률이 높아지는 것이다.

나. 의미 확대 · 의미 축소

우리는 긍정적인 행동이나 경험은 그 의미를 축소, 평가절하, 무시하고 부정적인 측면의 의미는 크게 확대함으로써 스트레스를 불러오는 경우가 있다. 즉, 의미 확대와 의미 축소는 어떤 현상의 중요성 정도를 심하게 왜곡하여 평가하는 것으로서 한 측면은 과장하고 다른 측면은 축소하는 사고방식을 말한다. 예를 들면, 친구가 자신에게 한 칭찬에 대해서는 듣기 좋으라고 생각 없이 한 얘기로 그 중요성을 축소하는 반면, 친구의 비판에 대해서는 평소 친구의 속마음을 드러낸 것으로 중요성을 확대하여 받아들이는 경우가 있다.

이처럼 의미 확대 · 의미 축소를 자신에게 부정적으로 적용하면 우울을 경험하기 쉽다. 실제로 이러한 개념은 특히 우울증 환자들의 주요한 인지적 오류로 보고되었다(Beck, 1976; Beck et al., 1979).

다. 독심술적 사고

우리는 흔히 자신이 남의 마음을 아는 것처럼 행동한다. 즉, 현실적이고 객관적인 증거를 별로 고려하지 않고, 다른 사람의 생각을 자신이 아는 것처럼 생각하고 판단하는 것을 말하는데, 이를 독심술적 사고라고 한다. 예를 들면, 머리 스타일을 바꿨는데 친구들이 그다지 관심을 보이지 않았을 때 '이 머리 스타일이 나한테 어울리지 않나 보다, 정말 이상한가 보다'라고 생각하며 기분이 우울해지기도 하고 '선생님은 내가 아무것도 모른다고 생각하고 있어' 등 상대방의 마음을 부정적으로 추론하는 경우가 많다. 이처럼 독심술적 사고가 스트레스가 되는 것은 주로 남의 마음을 부정적으로 지레짐작하기 때문이다.

라. 과잉일반화

과잉일반화는 일부의 경험 혹은 거기서 얻은 결론을 가지고 무리하게 전체에 적용하는 것이다. 예를 들면 상습적으로 지각한 학생을 시간관념이 부족하고 성실하지 못한 학생으로 평가하는 것은 자연스러운 과정이지만, 한 번의 지각으로 시간관념이 부족한 불성실한 학생이라고 결론짓는 것은 무리한 과잉일반화에 해당한다고 볼 수 있다.

② 성격요인

개인의 행동특성 또는 성격에 따라 스트레스에 취약한 경우가 있다. 심장병 연구가인 프리드먼(Friedman)과 로젠먼(Rosenman)은 자기 자신에게 과도한 목표와 요구를 부가하며, 어떤 일이 생기기 전에 미리 걱정하는 특성으로 말미암아 스트레스를 유발하게 되는 성격 특성을 'A유형 성격'이라고 하였다. 이런 사람들은 말이 빠르고, 격정적이며 쉽게 흥분하고, 늘 움직이고, 음식을 빨리 먹고, 참을성이 부족하며, 언제나 쫓기듯 일을 만들어 가고, 2~3가지 일을 동시에 하려고 하며, 대인관계에서 경쟁적이고 적대적인 경향을 나타낸다. 이런 A유형 행동특성은 관상동맥 심장질환의 발병과 높은 상관이 있는 것으로 드러났다. 이 연구에서 3,500명의 남성을 8년 동안 추적 조사한 결과, A유형 성격인 사람들은 느긋하고 이완된 행동패턴(B유형)을 보이는 사람들보다 심장 관련 문제를 더 많이 일으키는 것으로 나타났다(Rosenman et al., 1975).

적대적인 A유형처럼 너무 화를 많이 내는 것도 건강에 해롭지만, 화

〈표 4-2〉 A유형 행동특성

1. 재빨리 움직이고, 급하게 먹고, 급하게 걷는다.
2. 황급하게 문장을 종결지으려고 한다.
3. 모든 일이 순조롭게 진행되어 가는 데도 조급해 한다.
4. 2~3가지 이상을 동시에 행하고 생각한다. 예컨대, 운전을 하면서 면도를 하거나 빵을 먹는 것과 같은 행동을 한다.
5. 아무 일도 하지 않고 쉬고 있으면 게으름 아닌가 하여 죄의식을 갖는다.
6. 휴가기간에도 즐기지 못하고 사업이나 일을 생각한다.
7. 짧은 시간에 많은 일을 하려고 계획한다.
8. 자기 자신에 대한 생각에만 골몰하여 다른 사람의 이야기를 들을 수 없다.
9. 무엇을 성취하기 위해 너무 많은 시간을 보내다 보니 놀 시간이 없다.
10. 성공이란 일을 재빨리 하는 능력이라고 믿어 모든 일을 빨리 해치우지 못할까 봐 두려워한다.

출처: Friedman, M. & Rosenman, R. H.(1974).

를 너무 참는 것도 건강에 해롭다. 과도한 인내, 지나친 유화와 협력, 억압에 의한 극복 등 정서를 통제하는 억제적 양식이 특징인 C유형 성격은 A유형 성격과는 다른 방식으로 스트레스에 취약하다. 이들은 자기주장이 약하며, 자신의 욕구보다는 타인의 기대를 만족시키기 위해 더 노력하는 경향이 있다. 정서적 충격으로 당황하게 될 때 감정을 드러내기보다는 체념적·절망적 반응을 보이며, 그 결과 우울, 불안, 무기력에 빠지기 쉽다. 이러한 억제적 성향은 만성스트레스에 의한 내분비 및 면역반응 손상과 관련되고 질병의 발병과 진전에 영향을 미칠 수 있다(Winter, 1983).

한편 완벽주의는 자기 자신에 대해 과도하게 높은 기준을 설정함으로써 비판적 자기평가를 수반하는 인지적 요인이자 성격 특성이다(Frost et al., 1990). 완벽주의는 생활스트레스와 우울의 관계에서 매개변인으로 작용해, 생활스트레스가 높으면서 완벽주의 수준도 높은 사람은 보다 심각한 우울을 경험한다.

③ 신체요인

신체적 건강은 스트레스에 대한 취약성과 관계가 깊다. 일반적으로 몸이 건강하지 않은 사람은 생리적 반응성이 높은 것으로 나타났다 (Sothmann et al., 1987). 생리적 반응이란 스트레스원에 대한 반응으로서 심박률, 혈압, 스트레스 호르몬의 증가 등을 말한다. 또한 몸이 건강하지 않으면 여러 가지 다른 욕구를 추구하기가 어려워지기 때문에 욕구 좌절을 겪기가 쉽다.

또한 비만이 스트레스원으로 작용하는 경우도 있다. 여성의 경우 비만은 커다란 스트레스원이 된다. 비만은 특히 여성에게 있어서 자기존중감의 욕구를 좌절시키는 경향이 높다고 해야 할 것이다. 비만은 그 자체가 스트레스원이 되기도 하지만, 반대로 스트레스가 비만의 원인이 되기도 한다. 스트레스를 받으면 음식 섭취가 증가하는 경향이 있기 때문이다. 물론 모든 사람이 그런 것은 아니다. 하지만 문제는 정상체중인 사람보다 비만인 사람이 스트레스를 받으면 더 먹는다는 점이다. 그중에서도 특히 평소 체중조절을 위해 섭취량에 신경을 많이 쓰는 사람일수록 스트레스를 받았을 때 더 많이 먹는 경향이 있다(Greeno & Wing, 1994). 또 평소 스트레스 호르몬인 코르티솔 수준이 높은 사람이 스트레스를 받으면 음식 섭취가 증가하였다(Epel et al., 2000).

많은 사람들은 자신이 스트레스를 심하게 받고 있다고 생각될 때 외부요인들(예: 날씨, 직장, 배우자, 돈)이 자기를 가만두지 않는다고 생각한다. 그러나 잘 들여다보면 스트레스의 대부분은 사실 자기 스스로 만들어 낸 것임을 알 수 있다. 이 점을 정확히 인식하는 것이 스트레스에서 자신을 해방시키는 중요한 첫걸음이라고 할 수 있다.

2. 스트레스의 결과

1) 신체적(생리적) 반응

몸이 스트레스 반응을 일으키는 것은 우리가 외부에서 위험을 느꼈을 때 몸을 보호하기 위해 싸울 태세를 갖추는 반응과 비슷하다.

- 맥박과 혈압이 증가한다(근육, 뇌, 심장에 더 많은 피를 보낼 수 있 도록).
- 호흡이 빨라진다(더 많은 산소를 얻기 위하여).
- 근육이 긴장한다(행동할 준비를 갖추기 위하여).
- 정신이 더 명료해지고 감각기관이 더 예민해진다(상황판단과 빠른 행동을 위하여).
- 뇌, 심장, 근육으로 가는 혈류가 감소한다(위험에 대비한 중요한 장 기들이므로).
- 피부, 소화기관, 신장, 간으로 가는 혈류가 감소한다(위험시기에 혈액이 가장 적게 요구되므로).
- 혈액 중에 당, 지방, 콜레스테롤 등의 양이 늘어난다(추가로 필요 하게 될 에너지를 생산해 내기 위하여).

스트레스가 지속적으로 반복되면 면역체계가 파괴되므로 당뇨병, 고혈압 등을 일으키게 된다. 지속적인 스트레스가 심혈관 계통만 자극 하는 것은 아니다. 호르몬을 통해서 내분비 계통도 긴장한다. 스트레 스가 지속적으로 가해지면 부신피질에서 호르몬이 분비되는데, 이 호르몬은 혈압을 높이고 임파구 수를 줄이는 등의 일을 하여 혈압은 점점 올라가고 면역력은 떨어지는 반응이 지속된다.

그래서 심장병의 75%는 스트레스와 관련이 있으며 당뇨병, 고혈압, 천식, 소화기궤양, 과민성 대장 증후군, 비만, 우울증, 수면장애, 공포증, 신경성 피부염, 암 등의 질병들도 스트레스로 인해 생기는 대표적인 질환으로 꼽힌다.

2) 심리적 반응

(1) 불안

불안은 스트레스로 인한 가장 흔한 반응이다. 스트레스로 인해 안절부절못함, 쉽게 피로해짐, 집중 곤란, 쉽게 화를 냄, 과민한 기분상태, 근육긴장, 수면장애는 불안과 걱정으로 야기되는 부수적인 증상들이다. 불안에 대한 개인적인 반응이 적절한지에 따라 정상과 신경증으로 구분 지을 수 있다.

스트레스로 인한 신경증으로는 노이로제(*neurosis*)가 있다. 노이로제란 불안, 과로, 갈등, 억압, 억울 등의 감정적인 체험과 스트레스가 원인이 되어 발생하는 신체적인 병적 증상을 말한다(오강섭, 1995). 노이로제는 필요 이상으로 자기의 증상과 질병을 의식하여 어떻게 하지 않으면 안 될 것 같은 초조감이 있는 것이 특징이다.

(2) 분노와 공격

많은 실험 결과를 보면, 어떤 동물들은 기대한 보상을 제공받지 못했을 때 스트레스에 대한 반응으로 공격적인 행동을 보인다고 한다. 사람들도 종종 좌절을 경험하면 분노와 공격적인 행동을 보인다. 곧 자신이 어떤 목표에 도달하려는 노력이 방해를 받게 되면 좌절을 일으키게 한 대상이나 사람을 해하려는 공격충동이 생긴다. 그러나 좌절감을 경험하게 한 원천에 대한 직접적 공격이 항상 가능한 것은 아니다. 종종 그 원천이 애매하거나 알 수 없을 때가 있다. 좌절의 원천에 대한 직접적 공격이 차단된 상황에서는 실제 좌절감을 준 대상 대신에 아무런 책임이 없는 제3의 대상에게 공격행동이 전위(*displacement*) 될 수 있다.

(3) 우울

동일한 상황에서도 사람들은 각기 다르게 반응할 수 있다. 좌절에 대한 적극적인 반응이 공격이라면, 정반대인 반응은 위축이다. 스트레스 상황이 지속되면 사람들은 대처하지 못하고 우울 및 무기력 상태에 빠져들 수 있다.

셀리그만(Seligman, 1975)은 동물실험에서 개에게 전기충격을 줘서 회피반응을 관찰하고, 환경을 통제하지 못하면 스트레스 반응을 보이게 되고, 결국 회피하고자 하는 노력조차 포기하는 것을 발견하였다. 이러한 심리적 반응을 그는 '학습된 무기력'(*learned helplessness*)이라고 하였다. 우울증에 걸린 사람들은 마치 개 실험에서처럼 적극적으로 문제해결을 하려는 동기가 없고, 만사 의욕과 흥미를 잃고 무기력해지기 쉽다는 것이다. 이러한 증상이 지속되거나 심각해지는 경우 자살에까지 이르게 된다.

앞에서 살펴본 것처럼 스트레스로 인한 증상들은 스트레스와 이를 이겨 내고자 하는 신체적, 정신적 기능 사이의 항상성이 깨어짐으로써 발생하게 되는 것으로 일반적인 증상은 매우 다양하나 〈표 4-3〉과 같

<표 4-3> 스트레스의 증상

범주	증상
신체적	피로, 두통, 불면증, 근육통/경직(특히 목, 어깨, 허리), 심계항진(맥박이 빠름), 흉부통증, 복부통증, 구역질, 전율, 사지냉감, 안면홍조, 땀, 자주 감기에 걸림
정신적	집중력이나 기억력 감소, 우유부단, 마음이 텅 빈 느낌, 혼동, 유머감각 소실
감정적	불안, 신경과민, 우울증, 분노, 좌절감, 근심, 걱정, 불안, 성급함, 인내 부족
행동적	왔다 갔다 함, 안절부절, 신경질적인 습관(손톱 깨물기, 발 떨기), 먹는 것, 마시는 것, 흡입, 울거나 욕설, 물건을 던지거나 때리는 행동이 증가

이 4가지 범주로 나누어 볼 수 있다.

3. 스트레스 관리전략

우리가 사는 이 사회는 지속적으로 변화하고 있으므로 스트레스가 완전히 없는 사회를 생각할 수 없다. 또 정작 스트레스가 없는 사회가 있다면 그 사회에서의 삶이란 무료할 수도 있을 것이다. 그러므로 우리의 목표는 스트레스를 제거하는 것이 아니라 과도한 스트레스를 줄이고 다스리는 것이다. 스트레스 관리(management) 란 스트레스를 관할하며 처리하는 노력을 말한다. 여기에서 스트레스의 '처리'란 스트레스에 적절히 대응할 수 있도록 일련의 조치를 취하는 것을 의미하므로 '대처'란 용어를 사용하기도 한다.

결국 스트레스 관리의 목표는 단기적으로 스트레스의 본질과 원인과 결과를 학습시키고, 보다 효과적으로 스트레스를 다루는 지침과 기술을 가르치는 데 있다. 그런 다음에 디스트레스의 원인을 통제하고 조기경고 신호를 깨닫게 하며, 정서적 및 신체적 스트레스반응을 통제하고 조절하게 하는 것이다. 이렇게 함으로써 장기적으로는 건강상태, 생활 만족을 극대화하고, 최대의 생산성과 미래의 능력을 증대시켜 높은 수준의 평안(wellness)을 누리게 하는 것이다.

스트레스에 직면한 사람들의 반응유형은 여러 가지이다. 어떤 사람은 스트레스를 주는 상황을 인지하려 하지 않거나 그 충격을 연기시키려 하는 행동반응(예: 부정, 투사)을 하며, 스트레스 상황을 피한다. 이런 사람들은 스트레스에 방어적으로 반응을 하는 것이다. 또 다른 사람들은 약물이나 음주 등의 행동으로 스트레스를 잊으려 하는데, 이는 부적응적 행동에 해당된다. 그런데 위의 두 반응유형과 같은 대응노력은 스트레스를 풀기보다는 더 만들어 내는 결과를 가져오기 때문에 바람직하지 못하다. 스트레스에 대한 성공적 대처란 의도적으로 스트레스를 푸는 일련의 행위를 함으로써 스트레스 상황을 정확히 보고 대처하는 것이다. 아니면 이를 대수롭지 않게 대하는 등의 태도를 취함으로써 자신의 대처능력을 향상시키는 것이다.

지금까지 밝혀진 스트레스의 대처전략은 첫째, 신체 유지를 위한 행동전략, 둘째, 인지전략, 셋째, 관계 유지전략, 그리고 넷째, 예방전략 정도로 구분할 수 있다(유수현, 2006 재인용).

1) 신체 유지를 위한 행동전략

신체 유지를 위한 행동전략은 스트레스 상황에 처한 당사자에게 상황에 대한 신체반응을 감지하고 통제할 수 있게 해주는 것이다. 이 신체 유지기술에서 중요한 능력은 신체자극을 깨닫는 능력과 스스로 관찰하고 이완시키는 능력이다.

(1) 호흡조절기법

사람들은 긴장감을 느낄 때는 호흡이 빨라지고 불규칙해지며, 가슴 부위가 중심이 되는 얕은 호흡을 하게 된다. 호흡조절이란 이렇게 조급한 호흡을 천천히 규칙적으로 심호흡하는 방식으로 바꾸는 것이다. 호흡조절을 시작하려면 다음의 요령으로 한다.

- 편안한 자세로 누워 전신에 힘을 빼고 조용히 눈을 감는다. 이러한 상태에서 자신의 호흡에 주의를 기울여 본다.
- 자신의 오른손은 배꼽 위에 얹고 왼손은 가슴 위에 놓은 후 두 무릎을 반만 구부린다.
- 횡격막을 이용하여 복식호흡을 시작하되 호흡을 가능한 한 천천히 길게 하면서 들이마시는 호흡(들숨) 보다 내쉬는 호흡(날숨) 을 더 길게 한다. 이렇게 하는 것이 충분한 이완을 가져온다.
- 호흡을 할 때는 어린 아기가 호흡할 때처럼 배가 오르락내리락해야 하며 가슴이 오르락내리락한다면 복식호흡이 안 되고 있는 것이다. 호흡할 때 단순히 숨을 크게 들이마시고 서서히 길게 토해낼 수 있게 되면 모든 근육은 자동적으로 이완된다. 그러나 이완을 목적으로 하는 호흡법은 들숨과 날숨을 단순하게 시간적으로 반씩 나누어 호흡하지 말고 개개의 호흡주기를 몇 단계로 나누어 실시할 때 더욱 효과적이다.
- 호흡하는 동안 긴장감과 이완감을 느껴 보도록 한다. 즉, 들숨에서는 긴장감을 느끼고 날숨에서는 이완감을 느껴 본다.
- 내쉬는 숨을 통하여 자신의 모든 긴장이 날아가 버린다는 생각으로 호흡을 하면 더욱 효과가 있다. 이와 같은 호흡을 하루에도 몇

차례씩 실시하여 긴장의 이완에 도움을 받는다.

(2) 점진적 근육이완기법

긴장된 근육을 이완하는 데는 점진적 이완기법이 널리 사용되는데 이 기법은 특히 불면증, 본태성 고혈압(원인 질환을 알 수 없는 고혈압을 말하며, 흔히 1차성 고혈압이라고도 함), 긴장성 두통, 그리고 주관적 불안 등의 치료에 효과가 있다.

이 기법은 먼저 조용하고 편안한 장소에서 실시하는 것이 좋다. 마루나 방바닥에 다리를 뻗고 앉아서 실시하는 것이 좋으나 때로는 의자나 소파에 기대어 앉아서 해도 괜찮다. 또 이 훈련에 들어가기에 앞서 호흡조절을 하고 점진적 이완훈련을 한 번에 약 15~20분만 실시하면 된다. 점진적 이완훈련은 누가 지시문을 읽어 주든지 아니면 자신의 육성으로 순차별 이완동작 지시문을 녹음해 둔 후 이 테이프를 들으면서 지시에 따라 해도 되는데 다음과 같은 요령으로 한다.

- 편안한 자세로 조용히 앉거나 눕는다.
- 먼저 3번 천천히 심호흡을 하여 편안하다고 느껴질 때 눈을 감는다.
- 자신의 신체에 주목하면서 숨을 내쉴 때 모든 긴장이 사라진다고 생각하며, 다음과 같은 순서에 따라 차례로 근육의 긴장과 이완운동을 실시한다. 즉, ① 오른손과 오른팔, ② 왼손과 팔, ③ 얼굴 윗부분(이마), ④ 얼굴의 중간부분(눈), ⑤ 얼굴의 아랫부분(입), ⑥ 목, ⑦ 가슴 윗부분, 어깨와 등, ⑧ 복부, ⑨ 오른쪽 다리, ⑩ 왼쪽 다리의 순으로 힘을 주어 근육을 긴장시켰다가 서서히 힘을 빼면서 이완감을 느껴 보는 것이다. 이렇게 하여 모든 근육을 이완

시켜 나간다.

- 이완운동은 코로 숨을 깊이 들이마셨다가 내뿜으면서 실시하되 천천히 규칙적으로 호흡하면서 그 느낌을 느껴 본다.
- 10~20분 정도 계속 이완운동과 호흡을 한 후 몇 분 정도 조용히 앉아 있다가 천천히 눈을 뜨고 몇 분 정도는 그대로 의자에 앉는다.
- 깊은 이완휴식 중에 '성공'에 대한 생각을 하지 않는다. 축 늘어진 듯한 수동적인 자세를 계속 유지한다. 각자의 보조에 맞춰 이완상태를 유지한다. 만약 어떤 생각이 끊어지지 않는다면 그 생각에 머무르지 말고 하나의 단어를 반복하여 말하면서 그 생각을 잊으려고 노력한다. 이렇게 실천함으로써 큰 무리 없이 이완반응에 도달할 수 있으며 하루에 한두 번 매일 연습을 한다. 그러나 식후 2시간이 지나고 실시해야 한다.

(3) 심상훈련 (상상기법)

어떤 상황에 대한 융통성 있는 사고방식이 스트레스를 효과적으로 조절하는 데 필요하다. 스트레스 관리에 효과적인 개입은 스트레스에 대처할 수 있도록 사고와 감정, 행동을 안내하도록 우리 자신에게 이야기하는 것이다. 심상훈련은 일종의 백일몽을 스스로 만들어 가면서 이완을 시도하는 훈련이다. 보통 다음과 같은 순서에 따라 스트레스의 이완경험을 생각하므로 자율적 학습을 통한 스트레스의 조절이라 할 수 있다.

- 편안한 자세로 눕는다. 또는 안락의자에 앉아서 할 수도 있다.
- 약 3~5분간 호흡기법과 점진적 이완기법을 실천한다.
- 녹음테이프를 틀고 훈련에 들어간다. 자신이 상상할 수 있는 온갖

즐거운 생각을 한다. 즉, 자신이 부드러운 초원 위에 누워 따뜻한 태양을 받으면서 산들바람이 온몸에 와 닿을 때를 상상한다든지, 숲 속을 걸으며 새소리와 바람소리를 듣는 생각을 한다. 또 호숫가에 누워 있다거나 보트에 누워 잔잔한 수면 위를 떠다니는 등의 상상을 한다.

• 녹음테이프 대신 지도자가 편안하고 행복한 상황을 천천히 말해 줄 수도 있다.

• 훈련이 끝나면 천천히 호흡하면서 자신의 실제 세계를 2~3분간 그려 보고 깨어난다.

2) 인지전략

(1) 인지재구조화: 논박기법

최근 각광받는 인지행동치료의 대표적인 접근방법으로 엘리스(Ellis)의 합리적 정서행동치료(RET, Rational Emotive Therapy)와 벡의 인지치료(*cognitive therapy*)를 들 수 있다. 합리적 정서행동치료란 스트레스로 인한 부정적인 정서반응은 개인의 비합리적이거나 부정적인 사고에 의해 야기된다고 보고, 이러한 문제를 해결하기 위하여 프로그램 참여자의 비합리적인 사고를 찾아내고 철저히 논박함으로써 합리적인 사고로 전환시키거나, 부정적인 사고를 긍정적인 사고로 변화시키도록 하는 것이다. 따라서 잘못된 사고나 신념체계로 인한 부당한 죄책감이나 불안, 적개심과 같은 부정적인 정서와 자기 파괴적인 행동을 감소하거나 제거하는 데 목적을 두고 인지를 재구성하는 것이다(추정인, 1998).

① 합리적 정서행동치료

엘리스의 RET가 인지치료에 영향을 가장 많이 주었다. RET는 스트레스 반응과 같은 부정적 정서는 인지과정에 의해 조정된다는 견해와 일치한다. 개인의 실제 경험보다는 경험에 대한 지각이 손상된 정서를 원인으로 본다. 엘리스는 부정적 정서반응의 근원에 있는 12가지 비합리적 신념들을 나열했다. 이 기법에서는 서비스이용자들에게 비합리적인 신념들을 찾아 건설적인 사고를 할 수 있도록 도와주는 것이 치료의 초점인 것이다.

② 인지치료

벡이 독립적으로 인지치료기법을 개발했지만 이 기법은 치료목적이 RET와 비슷하다. 벡의 인지치료에서는 개인의 비현실적이고 부적응적인 사고유형을 찾아내어 합리적이고 적응적인 사고유형으로 바꾸어주려 하는 것이다. 벡은 개인으로 하여금 자신의 부적응적인 사고유형을 발견하게 하며, 적응적 인지기술과 행동들을 가르치기 위해 모델링(modeling), 행동연습(behavioral rehearsal) 및 단계적인 과제 부여의 기법을 사용한다. 이 치료기법은 대부분 우울증 환자의 치료에 적용하다 최근 들어 불안환자에 적용하기 시작했다. 인지왜곡의 파악이라는 방법이 불안 치료에 큰 기대를 갖게 했다.

(2) 부정적 사고 중단하기: 사고 중지 기법

사고 중지는 행동주의 기법으로서 개인의 부정적이고 비합리적이며 자동적인 생각이 떠오를 때 "그만!"이라고 외쳐서 그러한 생각을 떨쳐 버리게 만드는 기법을 의미한다. 이렇게 함으로써 부정적이고 비합리적인 사고 대신 긍정적이고 생산적인 사고를 유도하기 위한 적극적 방법이다. 자신이 의도하지 않아도 자동적으로 떠오르는 생각으로 인해 괴로워하는 경우가 많다. 그러한 생각을 멈추게 하기 위한 기법으로서 사고 중지는 흔히 사용되며 큰 효과를 얻을 수 있는 방법이다.

대체로 개인의 강박사고, 불쾌감을 유발하는 인지과정을 중지시키기위해 이 방법이 사용된다. 큰 소리로 또는 마음속으로 자신에게 "그만!"이라고 외치면서 스스로 내면의 사고를 정지시키고 다른 장면을 상상할수 있게 하는 것이다. 이 과정을 통해 개인은 자신의 사고기능을 스스로통제할 수 있다는 자신감이 생기고 사고에 수반되는 불쾌감을 감소시켜내면의 비합리적이고 패배적인 사고를 감소, 제거할 수 있다. 그러나 스트레스가 지나치게 심한 상황에서는 효과가 떨어진다는 한계가 있다.

3) 관계 유지전략

관계 유지전략은 사회적 지지를 위한 대인관계의 상호작용능력을 증진시키는 방법이다. 상호작용은 물질적인 도움과 정서적인 반응을 서로교환하는 것이다. 위기상황에 처한 타인에게 도움을 주고 반응하는 것은 곧 자신이 비슷한 상황에 처했을 때 같은 치료효과를 발생시키는 것이다. 상호작용능력의 결핍은 의사소통기술, 감수성 및 잠재능력의 결핍에서 기인하는 것으로 고립과 사회지원의 상실을 가져온다. 그러므로 치료자와 함께 통찰력을 개발하고 상호관계를 이해시키며 역할상호작용에 대한 연습을 통해 이 기술을 습득하도록 촉진해야 한다.

(1) 사회적 지지체계의 확보

사회적인 스트레스 대처자원에는 대인관계능력, 가족이나 친구 또는 문제발생 시 정서적·재정적·물리적 지원을 해줄 사람과의 관계 형성 능력, 이웃과 좋은 관계를 맺는 능력, 다른 사람을 사려 깊게 존중하는 능력, 타인에게 그들의 한계와 장점을 알게 하는 능력 등이 있다. 곧 사회적 지지를 위한 관계 유지전략은 결국 자신에 대한 자아존중과 인적 지지체계를 먼저 파악하는 것을 필요로 한다.

(2) 사회생활기술훈련 (social life skill training)

사람들은 서로 다른 환경에 있는 타인과의 관계에서 어떻게 반응해야 할지 모르기 때문에 스트레스를 받기도 한다. 난처하거나 스트레스를 받은 사람들에게는 사회생활을 영위하는 기술훈련의 일환으로 스트레스 관리프로그램이 유용하다. 즉, 자기주장기술, 데이트기술, 부부의 상호작용 증진기술, 의사소통기술, 시간관리방법, 직무스트레스의 관리방법 등을 가르치는 총체적 접근법이 필요한 것이다.

4) 예방전략

예방전략이란 한마디로 자신의 생활을 조직화하여 스트레스가 될 만한 사건을 미리 대비하는 것이다. 가령, 원만한 가정, 직장 및 학교생활을 유지하도록 노력하기, 사교모임, 종교생활, 취미활동에 적극적으로 참여하여 자신을 위한 사회적 지지체계를 강화하기, 자신이 환경을 다스린다는 신념과 배짱 가지기, 규칙적으로 운동하기, 시간 관리에 힘쓰고 현실적 목표를 설정하여 행동하기, 일의 우선순위를 설정하기 등이다. 구체적인 방안을 살펴보면, 스트레스에 직면한 개인은 첫째, 일상생활을 하는 동안 신경질보다는 평안함을 갖고, 둘째, 언쟁은 자제한다. 셋째, 노여움보다는 평화로움을 생각하고, 넷째, 피곤한 느낌보다는 신선한 느낌을 갖도록 한다. 다섯째, 녹초감보다는 활기찬 감정을 갖는 태도를 유지하도록 지도한다. 여섯째, 자신의 일에 대해 시간계획을 짜고, 규칙적으로 운동하며, 이완운동을 하고, 다른 사람들과 자주 대화하며, 과욕을 부리지 않고, 현실적 생각을 하며, 과도한 스트레스로 소진상태가 느껴지면 하던 일을 잠시 중단하고 쉬며, 스트레스가 심할 경우는 의사의 조언을 구하는 등 일반적 예방방법을 배우고 실천한다.

생각해 보기

1. 최근 6개월간 경험한 스트레스를 나열하고, 홈즈와 라헤(Holmes & Rahe, 1967)의 사회 재적응 척도에 따라 점수화해 보자.
2. Tip에 있는 스트레스 자가진단을 통해 나의 스트레스 정도를 파악해 보라. 또한 최근 경험하고 있는 스트레스 상황을 떠올려 보고, 이와 관련하여 스트레스 대처에 도움이 될 수 있는 방안의 실질적인 예를 들어 보자.
3. 자신의 부정적 사고 패턴을 점검해 보고, 효과적인 스트레스 대처를 위한 '생각 바꾸기' 대안을 구상해 보자.
4. 스트레스가 자신에게 긍정적으로 작용했을 때를 떠올려 보고 어떻게 도움이 되었는지를 얘기해 보자.

Tip. 스트레스 평가 척도

이 검사는 당신이 스트레스에 얼마나 취약한지를 알아보기 위한 것이다. 해당 점수에 √표 하라. (항상 그렇다 = 1 ~ 전혀 그렇지 않다 = 5)

문항	1점	2점	3점	4점	5점
1. 하루에 최소한 한 끼는 따뜻하고 균형 잡힌 음식을 먹는다.	□	□	□	□	□
2. 최소한 1주일에 4일은 7~8시간 잔다.	□	□	□	□	□
3. 누군가와 일정하게 사랑을 주고받는다.	□	□	□	□	□
4. 기댈 수 있는 친척이 최소한 1명은 80km 이내의 거리 (또는 1시간 정도 소요거리)에 살고 있다.	□	□	□	□	□
5. 1주일에 최소한 2번은 땀이 날 정도로 운동을 한다.	□	□	□	□	□
6. 하루에 담배를 반 갑 이상은 피우지 않는다.	□	□	□	□	□
7. 1주일에 술을 5잔 이상은 안 마신다.	□	□	□	□	□
8. 키에 비해 체중이 적당한 편이다.	□	□	□	□	□
9. 기본적인 지출을 충당할 정도의 수입이 있다.	□	□	□	□	□
10. 종교적 신앙으로부터 힘을 얻는다.	□	□	□	□	□
11. 클럽/모임의 사회활동에 정기적으로 참여한다.	□	□	□	□	□
12. 친구, 친지들과 연락을 잘 하고 있다.	□	□	□	□	□
13. 개인적인 일을 고백할 수 있는 친구가 1명 이상 있다.	□	□	□	□	□
14. 시력, 청력, 치아 등 건강상태가 좋다.	□	□	□	□	□
15. 화가 났을 때나 근심거리가 있을 때 내 감정을 솔직히 얘기할 수 있다.	□	□	□	□	□
16. 함께 사는 사람들과 집안일이나 금전, 일상생활 등 가정 내 문제들에 관해 정기적으로 얘기를 나눈다.	□	□	□	□	□
17. 1주일에 적어도 한 번은 재미있는 일을 한다.	□	□	□	□	□
18. 나의 시간을 효과적으로 나누어 쓸 수 있다.	□	□	□	□	□
19. 하루에 커피나 홍차, 청량음료를 3잔 이상 마시지 않는다.	□	□	□	□	□
20. 하루 중 나만의 조용한 시간을 갖는다.	□	□	□	□	□
체크한 항목 수 합계	( )	( )	( )	( )	( )
소점	( )	( )	( )	( )	( )

* 평점 = 소점 합계 - 20   평점: _____ 점

• 자가진단 스트레스 평가척도에 대한 해석

평점	30 이상 49 이하	50 이상 74 이하	75 이상
취약상태	취약하다	심각하다	극심하다

* 이 척도는 보스턴대학 의료센터(Boston University Medical Center)의 심리학자인 라일 밀러와 앨마 델 스미스(Lyle H. Miller & Alma Dell Smith)가 개발한 것(Time, 1983)을 유수현(2000)이 일부 수정하여 재작성했다.

** 응답자의 인적사항: 성별, 연령, 직업, 학력, 종교, 거주지, 주거환경 등을 고려할 것.

제 2 부

생애주기와 정신건강

인간이 정신적으로 건강한 삶을 살기 위해서는 전 생애에 걸친 연령별 인간 발달의 변화 과정에서 성숙한 적응을 해 나가는 것이 필요하다. 인간의 발달은 생명이 시작되는 수정의 순간에서부터 죽음에 이르기까지 전 생애를 통해 이루어지는 모든 변화의 양상과 과정을 의미한다. 그리고 발달적 변화의 과정에는 신체 및 운동기능, 지능, 사고, 언어, 성격, 정서, 사회성 등 인간의 모든 특성들이 포함된다. 이러한 특성들 가운데서 어느 한 가지라도 문제가 생기게 되면 정신건강에 심대한 영향을 미치게 된다. 제 2부에서는 인간의 생애주기에 따른 정신건강의 모습을 구체적으로 정리하였다.

제5장
영·유아기 정신건강

현대사회는 과거에 비해 육체적으로 훨씬 편리한 삶을 우리에게 제공한다. 하지만 정신적인 면에서는 빠르고 복잡해진 사회적 구조로 인해 더욱 혼란을 주고 있다. 이러한 사회적·심리적 환경 속에서 끊임없는 적응을 요구하는 현대사회에서는 성인의 정신건강뿐만 아니라 영·유아의 정신건강 역시 심각한 위협을 받고 있다. 특히 발달특성상 성격형성에 있어 가장 중요한 시기인 영·유아의 경우, 외부의 압력과 스트레스에 무방비 상태로 노출된다는 문제를 가지고 있다.

더욱이 인간의 발달은 매우 복잡한 현상이며 이와 같은 복잡한 현상의 가장 주목할 만한 변화는 태아 때부터 학령 초기에 이르는 생애 첫 수년 동안 일어난다. 그러므로 영·유아기 이전부터 아동기에 이르는 정신건강 상태 및 인간발달의 과정과 내용을 이해하는 일은 사람을 대하는 휴먼서비스(*human service*) 전문가들(예: 사회복지사, 조기교육전문가, 심리치료사 등)에게는 반드시 필요한 지식이라고 할 수 있다.

1. 영·유아기 이전의 정신건강

인간의 정신건강을 생애주기별로 살펴볼 때, 인간의 성장발달을 태어난 이후의 영아기로부터로 보는 것이 아니라 세상에 태어나기 이전의 태아기까지로 확대시켜서 인식해야 한다는 주장이 최근 폭넓게 받아들여지고 있다. 왜냐하면 여성이 아기를 갖게 되는 순간부터 이미 태중에 있는 인간의 정신건강은 엄마와 엄마 주위의 다양한 체계들로부터 영향을 받기 때문이다.

　이러한 관점은 태교의 중요성을 강조하고, 동시에 영·유아기 이전의 정신건강에도 관심을 가져야 함을 나타낸다. 태교란 태아에게 좋은 영향을 주기 위해 임신부가 지켜야 할 규제로서, 임신 후 출산까지 모든 일에 조심성을 가지고 나쁜 생각이나 거친 행동을 삼가며 편안한 마음으로 말이나 행동을 할 때 태아에게 정서적·심리적·신체적으로 좋은 영향을 준다고 생각하는 태중교육을 말한다.

1) 영·유아기 이전의 세부 시기별 발달 과정

수정된 난세포가 나팔관을 통과해 자궁벽에 착상되는 순간부터 인간이란 존재가 탄생하게 된다. 인간은 끊임없이 발달해 나가는 존재이다. 인간은 세상에 태어나기 이전에 이미 38주라는 긴 시간 동안 태내에서의 성장과 발달을 경험하게 된다. 그러므로 인간의 생애주기를 다룰 때, 그 시작이 영·유아기 이전부터 이루어져야 하는 것은 당연한 것이다(이소현, 2003).

　영·유아기 이전은 다음과 같이 보다 세부적으로 구분하여 설명할 수 있다(장연집 외, 2008).

(1) 태내기

태내기(*prenatal period*)는 인간발달의 최초단계이다. 실제로 남성의 정자와 여성의 난자가 결합하여 수정되는 순간부터 한 개체의 생명이 시작된다. 따라서 이 시기에 형성되는 신체적 구조의 기능은 한 개인의 신체 및 행동발달의 기초가 된다. 또한 출생 전 태아의 발달상태는 출생 후 성장과정에 큰 영향을 주기 때문에 태내에서부터 올바르게 성장하는 것이 중요하다. 태아는 수정 후부터 대략 280일 동안 엄마의 체내에서 자라면서 여러 신체기관이 형성되고 기능이 시작되며, 기관의 크기와 무게가 급속히 증가한다.

(2) 배포기

배포기(*germinal period*)는 수정이 된 후 수정체가 나팔관을 거쳐 자궁벽에 착상할 때까지의 2주간의 시기이다. 수정 후 36시간 내에 수정란은 급속하게 세포가 분열되기 시작해 1주일이 지나면 약 1~150개의 세포가 된다. 수정란은 세포분열을 거듭하면서 난관 내부의 섬모운동과 난관의 수축작용으로 자궁 속으로 내려온다. 수정체가 자궁벽에 착상되면 엄마 몸과의 밀착된 의존관계가 시작된다.

(3) 배아기

배아기(*embryonic period*)는 수정 후 약 2~8주로, 이 기간에 중요한 신체기관과 신경계가 형성된다. 즉, 수정 후 28일이면 뇌가 만들어지고 대뇌에서 신경세포의 분화가 시작된다. 이와 더불어 심장, 간, 척추가

〈그림 5-1〉 영·유아기 이전의 태아 성장과정

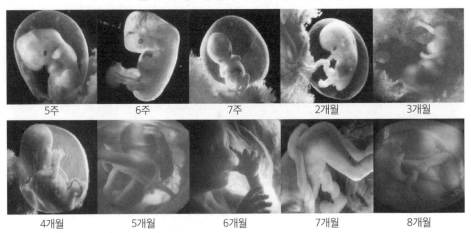

| 5주 | 6주 | 7주 | 2개월 | 3개월 |
| 4개월 | 5개월 | 6개월 | 7개월 | 8개월 |

출처: http://blog.naver.com/ohpearl

분화되며 신경계, 비뇨기계, 피부와 뼈의 기반과 폐가 형성되기 시작하고, 상하지가 형성되며 눈과 귀의 흔적이 나타난다. 심장박동이 생기고, 성인에게서 발견할 수 있는 모든 신체부위가 형성된다. 좀더 구체적으로 설명하면, 초기 3~4주경의 배아는 크기가 약 0.7센티미터 정도 되다가 이 시기의 끝 무렵이면 사람의 형태를 대체로 갖추게 되며, 무게는 약 0.9킬로그램, 키는 약 2.5센티미터가 된다. 또한 심장과 뇌 등 순환계와 신경계가 기능을 시작하며, 신체기관 외에도 태내발달에 중요한 역할을 할 양수 주머니, 태반, 탯줄 등도 발달한다. 배아기 동안에 각 기관이 급속하게 형성되는 만큼 바람직하지 못한 환경의 영향에 가장 민감하게 반응한다. 따라서 엄마의 질병, 영양결핍, 약물 등은 배아기 발달에 치명적인 영향을 주어 자연유산이나 발달장애로 나타날 수 있다.

(4) 태아기

태아기(*fetus period*)는 수정 후 약 3개월부터 출산까지의 시기이다. 이 기간 동안 배아기에 형성된 각 기관의 구조가 더욱 정교화되며, 기능이 보다 원활해지는 등 빠른 발달을 보이게 된다. 근육발달도 급격히 이루어지며, 출생 후 몇 년이 지나서야 완성되지만 중추신경계도 이 시간 동안에 빨리 발달한다. 태아기가 시작되는 13~24주 사이의 태아의 크기는 30센티미터 정도이고, 무게는 0.8킬로그램이다가 끝날 무렵인 25~38주에는 약 50센티미터와 3.4킬로그램으로 증가한다. 4개월 말경이면 장기의 기능이 좋아지고 외관이 발달하며, 모체는 태동을 느낀다. 5개월에는 빨기, 삼키기, 딸꾹질 등의 반응이 나타나며, 5개월 말경이면 손톱과 발톱이 생기며 솜털이 나기 시작한다. 6개월 된 태아는 태지의 분비가 이루어지고, 태아의 심장박동을 들을 수 있으며, 눈의 기능이 발달하여 깜박일 수 있게 된다. 7개월 된 태아는 뇌의 사고력이 발달하기 시작한다. 수정 후 28주를 흔히 생존가능연령이라 부르는데, 7개월경부터 태아는 스스로 호흡할 수 있는 조건과 기능을 갖추기 때문이다. 8개월 된 태아는 머리를 아래로 내리는 자세가 되고, 청각이 완성된다. 9개월 된 태아는 신생아다운 모습을 갖추기 시작하고 폐, 신장기능이 성숙된다. 10개월이 되어서 몸의 균형이 잡히고 4등신이 되며, 병에 대한 면역력을 갖게 된다.

2) 영·유아기 이전의 발달과 정신건강

태아는 엄마의 자궁 안에서 끊임없이 성장, 발육해 나가기 때문에 태아기에 임신부가 나쁜 경험을 하면 직접적으로 태아의 발육에 문제가 일어나게 된다. 특히 임신 3~4개월에 임신부가 강한 스트레스를 받으면 태아의 신경발달이 손상을 입을 가능성이 높은 것으로 알려졌다. 또한 임신부도 감정의 변화가 많아 작은 일에도 울고 웃는 일이 많아진다. 우울증이 생기지 않도록 주변 사람들과 어울려 기분 전환을 할 필요가 있다. 즉, 엄마가 항상 마음을 즐겁게 가지려고 노력해야 한다(Howard et al., 1997).

임신 5~6개월에는 산책할 때, 눈에 보이는 사물에 대해 설명해 주거나 음악태교를 여러 가지 방법으로 응용해 보는 것도 좋다. 이때부터 태아와 대화하면서 감정을 교류하면 태아는 매일 매일이 즐거울 것이다. 특히 이 시기의 태담[1]은 모든 태교의 바탕을 이룬다. 더욱이 이 시기 태아의 뇌는 급속히 발달한다. 엄마의 감정이 혈액 성분에 영향을 미치면 이것이 태반을 통해 태아의 혈액에 전해지고, 뇌까지 전달되어 태아의 행동에 변화를 일으킨다. 그러므로 이때에는 부부싸움을 해서는 절대로 안 된다. 왜냐하면 부모의 불협화음은 태아를 불안하게 하여 출생후 불안정한 성격의 아기로 자랄 수도 있기 때문이다(이소현, 2003).

임신 6개월 후부터는 엄마의 정서적 메시지에 의해 인격이 형성되어 가며, 7~8개월에는 의식이 나타나기 시작한다. 특히 임신 7개월부터는 태아의 몸에 점점 살이 붙고, 양수 안에서 활발하게 헤엄을 치며 즐겁게 논다. 겉귀가 완성되어 외부의 소리에 민감하게 반응을 나타낸다. 이때에는 바깥의 소리에 대한 선호도까지 생기게 된다. 가장 좋아하는 소리는 역시 엄마의 부드러운 목소리이고, 싫어하는 소리는 오토바이와 같은 시끄러운 엔진 소리, 자동차의 급제동 소리, 시계의 '따르

---

1) 태담은 뱃속의 아기에게 이야기를 걸며 교감을 나누는 태교방법이다.

릉' 소리, 전화벨 소리, 부모가 싸우며 고함지르는 소리 등 주로 소음이다(Howard et al., 1997).

임신 8개월이 되면 태아는 소리의 높낮이를 머릿속에 기억하게 된다. 특히 소리의 강약을 확실하게 구분할 수 있는 능력을 갖춰 목소리의 강약으로 엄마의 기분을 알아차릴 수 있다. 따라서 엄마가 행복하면 태아도 부드럽게 노닐게 된다. 더욱이 이 시기의 태아는 뇌를 통해 밤과 낮을 구별할 수 있게 된다. 밤낮이 바뀐 아기로 태어나면 백일 무렵까지 엄마가 많이 고생스러울 수 있다. 그러므로 임신 중에 규칙적인 생활리듬으로 태아의 뇌 발달을 도울 필요가 있다. 임신 9개월이 되면 출생을 위한 모든 신체조건이 완료된다. 태아는 태동을 줄이고 온몸을 둥글게 오므려 머리를 아래쪽 골반에 두어 세상으로 나올 준비를 단단히 하게 된다(Howard et al., 1997).

그런데 임신부가 강한 스트레스를 받으면 신경 호르몬이 과잉 분비되어 태아의 뇌와 신경계에 영향을 미치는 것으로 알려졌다. 실제로 태아는 부모의 유전자에 의해 영향을 받기도 하지만 태중 10개월 동안의 자궁 내 환경에 따라 성품의 많은 부분이 형성된다(이소현, 2003).

따라서 태아가 건강하게 자라기 위해서는 엄마의 역할이 매우 중요하다. 태교의 형태는 여러 가지가 있는데, 음악태교, 시각태교, 태담, 식생활태교, 태교운동 등이 있다. 엄마가 태교를 위해 갖추어야 할 몇 가지 기본적인 정서상태와 생활태도를 살펴보면, 태아의 뇌를 '미지의 우주'라고 믿고, 규칙적인 생활습관을 가지며, 뱃속의 아기에게 해줄 이야기를 생각해 보거나 매사에 탐구적이고 긍정적인 자세를 유지하는 것이 필요하다. 또한 남편이나 주변 사람들과 좋은 관계를 갖고 도움을 받을 수 있는 것도 중요하다. 무엇보다도 태아의 정신건강을 위해서는 부부가 진심으로 서로 사랑하며 아기를 안정된 상태에서 환영하는 마음으로 태내에서 길러야 할 것이다(김영숙 외, 1998).

2. 영·유아기 정신건강

영·유아들은 감기, 설사, 폐렴, 백혈병 등 신체적인 질병에 걸려 고통을 당하듯이 정서 혹은 행동상의 정신건강에도 문제를 가질 수 있다. 이와 같은 정신건강상의 문제들은 감기, 설사와 같이 비교적 가볍고 일과성일 수도 있지만, 선천 기형이나 백혈병과 같이 매우 심각하고 치명적일 수도 있다. 부모를 포함한 영·유아의 양육에 관련한 성인들은 이들의 신체적인 건강은 물론 정신건강에 대해서도 잘 이해하고 이들의 증진에 신경 써야 할 것이다. 따라서 영·유아들의 정신건강에 적신호를 보이는 문제행동을 조기 발견·진단하는 것은 매우 중요한 일이다. 두말할 것도 없이 이들의 문제행동은 가능한 한 생애 초기에 발견함으로써, 더 이상의 악화를 방지하고, 개선 가능한 것을 수행할 수 있으며, 발달을 저해하는 여러 요소들에 보다 효율적으로 대처할 수 있다.

1) 영·유아기 정신건강의 중요성

영·유아기 정신건강의 중요성은 다음과 같은 여러 가지 이유로 인해 최근에 더욱 강조되고 있다(이소현, 2003; 임창재, 2006).

첫째, 영·유아기 장애가 비교적 흔하다는 점이다. 영·유아기를 비롯한 아동기 장애(문제행동 혹은 정신병리)를 추정해 보면 일반 아동인구에서 적게는 14%, 많게는 22%에 이르며, 진단을 내릴 정도로 심한 형태의 문제는 전체 일반아동의 약 8~10%를 차지한다.

둘째, 많은 유형의 영·유아기 장애가 단지 영·유아기에 그치는 것이 아니라 일생 동안 지속된다는 사실이다. 상당히 많은 영·유아기의 문제가 그대로 지속되지는 않더라도, 시간이 지나면서 형태나 강도를 달리하여 변화된 형태로 나타날 수 있다. 혹은 나중에 진단이 내려질 정도의 심한 정신병리가 아니더라도, 영·유아기의 문제가 가정생활·직업·사회적응에 지속적으로 부정적인 영향을 미치는 수가 있다. 실제로 생후 1년 동안의 영아는 부모 혹은 양육자, 보육자와의 관계를 통해 자신을 인식하고 자신과 주변 환경, 사회에 대한 의존을 통해 안정감을 형성한다. 영아는 자신의 신체적·정서적인 욕구가 발생했을 때 부모나 보육자로부터 적절한 보살핌을 받지 못하게 되면 신뢰감을 잃고, 안정감을 갖지 못하여 자신의 자아정체성을 확립함에 있어서도 문제를 갖게 된다. 자신의 의지가 성인에 의해 손상되거나 방임될 때 유아는 수치감을 갖거나 자신에 대해 회의를 갖고, 그 결과 자기존중감을 상실하게 된다.

셋째, 최근의 여러 가지 사회 변동과 상황들이 영·유아를 포함한 아동들을 위험에 빠뜨릴 수 있고, 어린 연령일수록 더 심각한 발달상의 문제를 일으킬 수 있다는 점이다. 가령 영·유아기에 건강이나 가정에 문제가 있어 불안한 환경에서 성장한 사람은 성격이 난폭하거나 대인관계 능력이 좋지 못하는 등 사회에 대한 적응력도 떨어지는 것이 사실이다. 환경을 스스로 통제할 능력이 없는 어린 영아일수록 주변 환경의 영향을 많이 받게 된다.

2) 영 · 유아기 정신건강에 대한 상세한 설명

영 · 유아기를 신생아기, 영아기, 유아기로 구분하여 좀더 상세하게 살펴보고자 한다(장연집 외, 2008; 김연진 외, 2010).

(1) 신생아기 발달과 정신건강

출생 직후부터 1개월까지를 신생아기라고 한다. 태아가 모체의 자궁 내에서 의존생활을 하다가 출생 후 새로운 환경에 적응하는 시기이다. 인간의 전체발달에서 아주 짧은 기간이지만 출생과 함께 완전히 새로운 환경을 경험한다는 의미에서 매우 중요한 단계라고 할 수 있다.

신생아기에서 요구되는 가장 급격한 생리적 변화는 태생기 순환에서 독립적인 호흡으로 전환하면서, 자궁 외의 생활로 적응하는 과정이다. 따라서 이 기간은 일생 중 어느 시기보다도 취약한 시기이기 때문에 신생아가 주변 환경 변화에 잘 적응할 수 있도록 양육자의 세심한 관찰과 함께 특별한 보호와 처치가 필요하다.

출생 시 뇌의 무게는 350그램으로 성인의 1/4이다. 신생아기에는 뇌와 신경계의 피하층[2]이 발달하여 초기의 반사행동을 조절하며, 또한

---

2) 피부의 가장 깊은 곳에 있는 층을 피하층이라 한다. 피하층은 피하층 위와 아래에 있는 것들을 보호하는 일종의 완충장치를 제공하면서 혈관, 근육과 신경 섬유들을 보호한다. 그래서 피하층의 주된 목적은 신체를 감싸 보호하는 것이다. 피하층은 결체조직 내에 저장된 지방세포로 구성되어 있으며 주요 기능은 다음과 같다. 첫째, 혈액, 림프와 신경계를 보호한다. 둘째, 외부의 충격을 완화시켜 신체를 보호한다. 셋째, 신체를 따뜻하게 유지시켜 준다. 여성들의 지방분포는 남성들과 다른데 이것은 미래의 태아를 보호하기 위한 자연의 섭리인 것이다. 이러한 지방분포의 차이로 남자가 여자보다 훨씬 더 추위를 잘 타고, 마른 사람들이 뚱뚱한 사람들보다 더 추위를 탄다.

신생아의 기본정서와 원시적인 운동 및 감각조절은 척수와 뇌간의 발달 및 대뇌반구의 분화에 의해 이루어진다. 아직 사고와 문제해결 같은 고차원적 기능을 수행하는 피질세포들은 잘 발달되지 않았기 때문에 신생아기의 신경기능 대부분은 원시적인 반사작용이다. 그러나 신생아기의 반사운동기능은 신경기능의 이상 유무를 확인하는 데 중요한 단서가 된다. 반사운동은 특수한 자극에 의해 불수의적으로 일어나는 운동반응을 의미한다. 대부분 생득적이다. 유형에 따라 수개월 동안 유지되다가 소실되며, 평생 유지되는 것도 있다. 반사는 크게 생존에 필요한 생존반사와 이후에 의식적인 운동으로 발전하게 되는 특수반사로 구분된다.

생존반사에는 입에 닿는 것은 무엇이든지 무의식적으로 빠는 흡입반사, 이물질이 기도나 코에 들어가 자극하면 재채기나 기침을 하는 기침반사, 손에 잡힌 것을 꽉 쥐고 놓지 않는 파악반사3) 등이 있다. 특수반사에는 손으로 아기의 어깨를 받치고 몸을 지탱하면서 갑자기 머리를

지방조직 또는 지방층은 신체의 부위에 따라 두께가 일정치 않은데 코, 흉골과 척추 부분보다는 엉덩이 부위가 훨씬 더 두껍다. 넷째, 피하층은 신체가 에너지를 필요로 할 때까지 에너지를 저장한다. 때때로 심한 병이나 굶주림 또는 심한 다이어트를 할 때에 신체는 피하층에 있는 에너지를 필요로 하게 된다. 혹독한 훈련을 하는 운동선수들은 지방층을 잃는 경향이 있고 여자 운동선수들은 '여성 지방'을 잃기도 한다. 다섯째, 피하층은 피부가 우리 신체의 움직임에 따라 자연스럽게 움직일 수 있게 한다. 가령 위험 요소가 피부에 침투하면 진피는 침입자에 대항하는 백혈구를 가진 건강한 혈액을 공급한다. 추울 때는 피부에 있는 혈관과 근육이 수축해 털이 서게 되고 그 주변에 따뜻한 공기층이 형성되면서 추위를 막는다. 더울 때는 혈관이 확장되고 땀샘이 땀방울을 생산해 증발하면서 몸이 시원해진다.

3) 일명 '잡는 반사'라고 하며 손가락이나 발가락을 자극했을 때 일어나는 파악운동을 의미한다.

떨어뜨리거나 급격한 자극을 가하면 등을 펼치고 손바닥과 손가락을 활짝 편 채로 무엇을 포옹하듯이 팔을 벌리는 모로반사, 발바닥의 외면을 가볍게 긁거나 자극하면 엄지발가락은 굽히고 나머지 발가락은 부채처럼 펴는 바빈스키반사, 갑작스러운 큰 소리에 팔꿈치를 굽힌 채 손은 주먹을 쥔 상태로 팔을 벌려서 무엇을 끌어안으려는 놀람반사 등이 있다.

　신생아는 주로 감각을 통해 대상의 성질을 인지하고 환경의 자극에 반응한다. 따라서 감각기관의 발달은 신생아 지각발달의 초기단계로 인지발달과 운동능력 발달에 큰 영향을 준다. 감각기능에 비하면 운동기능은 아주 원시적이고 미숙한 상태이며, 생후 첫해 동안에 서서히 발달한다. 또한 자극과 행동이 직접 결부되어 의식적인 조정이 불가능하기 때문에 전신운동을 보이지만, 점차적으로 부분운동을 한다. 전신운동은 출생 후 10일 동안 가장 활발하며 이때 신체 전체가 산발적으로 움직인다. 생후 2~3주가 되면서 빠르게 발달하는데, 생후 1개월이 되면 턱을 바닥에서 들 수 있다. 운동 횟수는 아침에 가장 많고, 정오에 가장 적다. 또한 어두운 곳에서는 운동량이 많은 반면 밝은 곳에서는 감소한다. 깨어 있을 때는 수면 시보다 9배 정도 운동량이 많다. 남아가 여아보다 더 활동적이다.

　신생아의 정서는 생후 2주부터 나타난다. 그러나 생후 1~2주까지의 정서는 미분화된 초기의 상태로 막연한 흥분상태에 불과하며, 대체적으로 불안정하고 격렬하며 변화가 많은 편이다. 공포정서는 큰 소리가 나거나 자기를 돌보아 주는 사람이 없을 때 주로 일어나며, 공포반응은 갑자기 놀라고 호흡이 빨라지면서 눈을 감거나 손을 꽉 움켜쥐고 입술이 파래진다. 분노는 배가 고프거나 욕구충족이 안 될 때 또는 신체운동이 억제 당했을 때 주로 많이 나타난다. 공복이나 신체적인 불편함 때문에 울 때는 울음소리가 크지 않지만, 급격한 환경의 변화에 의해 불쾌감을 느끼면 너무 격분하여 제대로 울지 못한다.

이러한 신생아의 정신건강을 위해 가장 먼저 할 수 있는 일은 분만실 환경의 재구성이다. 태어나자마자 지금까지 머물렀던 조용한 자궁에서 벗어나 온몸으로 외부 자극들을 고스란히 겪어야 하기 때문에 분만실의 온도나 빛이 자극적이지 않도록 할 필요가 있다. 가령 아기를 양육하게 될 방은 가능하면 아이보리 색을 주조로 하고 밝은 주황색을 악센트로 넣어 따뜻하고 밝은 느낌을 주면 좋을 것이다. 신생아에게는 원색보다 따뜻하고 차분한 자연색으로 방을 꾸며 주는 것이 좋을 듯하다.

가장 기본적으로 아기를 돌보는 사람이 애정을 갖고 수유나 목욕, 기저귀 갈기 등을 한다면 신생아의 정신건강에 좋은 영향을 줄 수 있다. 그뿐 아니라 신생아는 질병 외에 질식과 약물, 낙상과 화상, 그리고 익사로 인해 죽을 수도 있으므로 안전사고에 특히 주의해야 한다. 또한 신생아에게 되도록 불쾌한 경험을 주지 않도록 하고, 온 가족이 태어난 아기를 환영하고 축복해 주는 것이 중요하다.

(2) 영아기 발달과 정신건강

영아기는 생후 1개월부터 약 2세까지로, 이때의 발달은 유전적 특성과 생활환경 요인에 의해 전체적으로 빠르게 진행된다. 영아기 전반부에는 감각기관이 발달하고, 후반기에는 지능과 운동능력이 발달하면서 자신의 신체를 조절할 수 있다. 또한 언어가 발달하기 시작하고, 사람들과 의사소통도 가능하게 된다. 영아기 말기에는 인지가 현저하게 발달해서 공간과 시간으로부터 대상을 분리할 수 있으며, 자아와 타인과의 관계도 인식할 수 있다.

① 신체발달

영아기는 일생 중에서 신체발달이 가장 급속하게 이루어지는 시기이며, 성장속도는 초기 6개월 동안이 가장 빠르다. 특히 출생 후 첫 1년은 신체와 뇌의 발달이 빠르게 진행되면서 키는 약 20센티미터 증가하고, 몸무게는 약 7킬로그램이 늘어나며, 뇌의 크기도 출생 시의 2배로 성장하게 된다. 이 시기의 모든 성장과 발달은 일정한 순서에 따라 진행되지만 성장속도는 영아에 따라 차이가 있다. 신체는 머리에서 발끝으로 발달하는 두미의 원리(*cephalo-caudal principle*)[4]와 몸의 중심부에서 말초부로 발달하는 근원의 원리(*proximodistal principle*)[5]에 따라 성장한다. 따라서 두뇌와 몸통이 먼저 성장하고 다음에는 팔과 다리, 그리고 손과 발의 순서로 발달이 진행된다. 즉, 팔과 몸통의 통제가 일어나기 전에 머리가 먼저 통제되지만 팔과 몸통의 통제는 다리보다 먼저 일어난다.

② 운동발달

신체발달과 마찬가지로 운동발달은 일정한 순서와 기본원리에 의해 진행된다. 영아기 운동발달은 크게 팔과 손으로 물체를 쥐거나 만지는 조작기능과 자신의 몸을 움직여서 장소를 이동하는 이행운동의 2가지가 있다. 또한 출생 직후부터 시각과 청각, 미각 등 기본적인 지각능력이 거의 발달되어 있으며, 대부분의 지각능력은 생후 1년 동안에 거의 완

---

4) 두미의 원리란 일명 '꼬리 방향'의 원리라 하는데, 다리보다 머리와 몸통의 통제에 관여하는 운동기능이 먼저 발달하는 것을 말한다. 특히 미(*caudal*)에는 손과 손가락의 협응 등에 사용되는 작은 근육들이 관여한다.
5) 근원이라는 용어는 운동기술이 손과 손가락에서 발달하기 전에 머리, 몸통과 팔에서 먼저 발달하는 것을 말한다.

성된다. 이는 이후 인지발달의 근거가 되는데, 출생 직후의 반사행동과 선천적 지각능력으로 환경을 탐색하여 개념을 형성해 나가다가 출생 후 1년 정도가 되면 감각적 경험과 대상개념을 통해 세상을 인식하고 사물을 이해할 수 있다.

③ 언어발달

영아기 언어의 발달은 크게 두 단계로 구분한다. 첫 단계는 언어 이전의 발달기간으로, 분화되지 않은 울음소리에서부터 의미 있는 첫 단어를 말할 때까지의 1년 동안을 의미한다. 두 번째 단계는 언어 획득기간으로 단일 언어의 사용에서부터 완전한 단어를 말할 수 있게 되는 생후 1년에서 영아기 말기까지의 기간을 말한다. 영아는 출생 후 9개월경이 되면 성인의 목소리를 모방한 언어를 사용할 수 있고, 1세 말경에 이르면 대부분의 영아들은 하나의 단어로 의사소통할 수 있다. 2세경이 되면 두 마디 문장을 말하면서 차츰 성인의 말을 따라하게 된다.

이때 나타나는 영아의 전반적인 언어특징은 첫째, 이해 언어가 표현 언어보다 많고 사용하는 언어의 대부분이 모방을 통해 획득된 것이다. 둘째, 자기중심적 언어의 특징이 있다. 셋째, 사물에 호기심을 갖고 계속된 질문을 통해 자신의 어휘와 문장구조를 발전시킨다.

④ 정서발달

영아의 정서는 내적 감정이나 욕구, 생리적 충동의 표현으로 언어능력이 부족한 영아에게 매우 중요한 역할을 한다. 영아기의 정서에는 2가지 기능 또는 목적이 있다. 첫째, 영아의 정서표현은 자신의 상태를 양육자에게 알림으로써 영아를 돌보게 하기 위한 기능이다. 둘째, 영아기의 정서는 특정한 자극에 대해 특정한 행동을 하도록 하는 동기를 부여하는 기능이다. 즉, 분노는 공격행동에 동기를 부여하고 공포는 회피행동의 동기를 부여한다.

기쁨과 슬픔 같은 단순한 정서는 출생 시부터 존재하지만, 복잡한 정서는 연령이 증가함에 따라 점차 분화된다. 따라서 출생 시 자극에 대한 막연한 흥분만 나타나던 정서는 출생 3주부터 분화되기 시작하여 먼저 불쾌정서가 나타나고, 영아기가 되면서는 정서가 급속하게 발달해서 3개월이 되면 불쾌와 만족으로 분화되고, 6개월부터는 불쾌정서가 분노, 혐오, 공포로 분화된다. 그리고 12개월이 되면 쾌정서인 만족에서 분화된 애정과 의기양양이 나타난다. 또한 2세경이 되면 자의식이 발달하면서 비교적 복잡한 정서가 표출되는데, 부끄러움이나 당황스러움, 수치심이나 자부심 등이 그것이다. 이 같은 영아의 바람직한 정서발달을 위해서는 적당한 자극과 함께 안정된 환경을 조성해서 신체적인 불편을 덜어 주고, 영아의 욕구가 만족될 수 있도록 사랑과 관심으로 보살펴야 할 것이다.

⑤ 성격발달

영아기는 성격발달의 기초가 되는 전 단계이다. 따라서 '성격'이라는 용어 대신 '기질'이라는 용어를 사용한다. 기질은 인성의 핵심요소로서 영아기에 특이하게 나타나는 반응양식이다. 기질은 한 인간의 행동을 특징짓는 기본적인 정서나 각성의 표현으로 유전에 기초한 상태를 의미한다. 따라서 기질은 타고난 생물학적 요인을 기초로 환경과의 상호작용을 통해 독특한 행동 양식으로 나타난다. 영아의 기질적 특성은 생의 초기 환경적 경험이나 부모의 양육방식에 따라 변화될 수 있으며,

영아들은 각자의 특성에 따라 독자적인 양육을 요구한다.

❻ 사회성 발달과 애착 그리고 배변훈련

영아기 사회성 발달의 초기형태는 울음과 미소, 안구운동으로 생후 2~
3개월이 되면 자기를 돌보아 주는 사람에게 시선을 고정하거나 미소를
짓는 등의 사회적 반응으로 나타난다. 이러한 관계 형성은 영아가 경험
하는 최초의 인간관계이다. 이때부터 영아는 사람에 대한 흥미를 나타
내며, 특히 엄마와의 관계에서 깊은 애정과 의존의 관계를 형성한다.

가. 사회성 발달의 기초

사회성 발달의 기초는 영아기에 형성되는 자아인식의 발달과 영아와
엄마의 애착관계 발달, 그리고 영아가 애착대상과 분리될 때 나타나는
낯가림이나 분리불안에 대한 반응이다. 엄마와 잘 형성된 애착관계는
영아가 앞으로 사회의 일원으로서 살아가는 데 중요한 사회성 발달과
대인관계 발달의 기본요인이 된다.

나. 애착

애착(*attachment*)은 '특정한 사람 간에 형성되는 애정적인 유대관계'로
정의되며, 주로 양육자인 엄마나 아버지가 애착의 대상이 되고 점차 다
른 가족이나 친구에게로 확대된다. 일반적으로 애착형성은 4단계에 걸
쳐 이루어지는 것으로 인식된다(장연집 외, 2008).

첫째, 전 애착단계(출생~3개월)에서 영아는 아직 애착이 형성되지
않았기 때문에 낯선 사람과 혼자 남아도 별로 개의치 않는다.

둘째, 애착형성단계(4~6개월)에서 영아의 애착반응은 몇 사람의 친

숙한 성인에게 한정된다. 따라서 친숙한 사람이 나타나면 미소를 짓고 좋아하며 그가 떠나면 슬퍼한다. 영아는 자신이 필요할 때 양육자가 언제든지 반응할 것이라는 신뢰감을 발달시킨다. 영아는 친숙한 양육자와 다른 사람을 구별할 수 있다. 하지만 양육자가 자신을 혼자 남겨두고 떠나도 분리불안을 보이지는 않는다.

셋째, 애착단계(7개월~2세)에서 영아는 양육자에게 분명한 애착을 형성하며, 애착대상에게 능동적으로 접근하거나 접촉을 시도한다. 따라서 이 단계에서는 애착대상이 떠나면 분리불안을 보인다.

넷째, 상호관계 형성단계(2세 이후)에서 영아는 사회적 관계에 대한 기본이해를 획득함으로써 양육자와 협력관계를 형성할 수 있으며, 인지능력의 증대로 양육자가 다시 돌아올 것을 알기 때문에 분리불안을 보이지 않고 기다릴 수 있다.

불안정한 애착은 영아의 기질적 문제도 영향을 주긴 하지만, 기본적으로는 엄마 자신이 정신적으로 불안하고 양육에 일관성이 없을 때 형성되기 쉽다. 불안정한 애착을 갖게 되면 영아들은 그렇지 않은 영아들에 비해 정신적·행동적 문제를 가질 가능성이 높아진다. 나아가 성인이 되어서도 어떤 문제상황에서 쉽게 좌절하고 포기할 가능성이 높다. 이렇듯 건강하고 안정된 애착관계를 형성하기 위해서는 부모의 애정이 필요한데, 특히 영아가 울거나 주의 및 관심을 요구하는 신호를 보낼 때 민감하게 반응해 주는 것이 중요하다. 애착이 반드시 영아와 엄마의 관계에서만 이루어져야 하는 것은 아니다. 중요한 것은 자극을 주고 반응하는 애정의 질이다.

다. 배변훈련

영아기 후반부가 되면 영아는 부모로부터 배변훈련을 통해 외적 통제를 처음으로 경험하게 된다. 배변훈련은 개인차로 인해 그 훈련시기가 다르지만 생후 18개월경에 시작하는 것이 좋다. 심리학자들은 배변훈련이 인간의 성격에 많은 영향을 미친다고 봤는데, 특히 프로이트는 배변훈련을 지나치게 엄격히 시킬 경우 항문기적 성향, 즉 지나치게 인색하거나 결벽성을 가진 성격으로 발달하기 쉽다고 하였다. 또한 에릭슨은 엄격한 배변훈련으로 자율감 대신 수치심을 갖게 되거나 외부의 통제에 대한 무력감으로 발전할 수 있다고 보았다. 따라서 배변훈련은 영아가 신체적으로 괄약근이 충분히 발달하고 준비가 되었을 때 시작하는 것이 바람직하며, 영아에게 긴장감이나 불안을 주지 않고 여유 있게 기다려 주면서 하는 것이 정신건강 유지에 도움이 된다.

(3) 유아기 발달과 정신건강

유아기는 2세부터 6세까지를 말한다. 발달이 가속화되고 가변성이 높은 결정적 시기로, 초기경험과 환경이 이후의 지적발달과 성격발달 등 인간발달에 지대한 영향을 미친다. 대인관계, 문제해결능력, 창조성 등을 비롯한 인간성의 기초가 다져지는 시기가 이때이다.

① 운동능력 및 공감각의 발달과 정신건강

유아기는 운동능력이 발달하여 자신의 신체를 조정하는 능력을 기르는 때이다(김연진 외, 2010). 특히 3세에서 6세에 이르는 시기의 유아들은 달리고 뛰고 기어오르는 등의 기본적인 운동기능에 있어서 거의 완전한 발달을 성취하게 된다. 그러므로 유아들이 안전하고 자유롭게 움직이고 활동할 수 있도록 배려할 때, 정신적 · 정서적으로 안정된 상태에서 계속 성장해 갈 수 있다.

또한 유아의 공감각은 감각기관의 구조나 기능이 미분화되어 생기는 것으로, 소리를 듣고 색을 느끼거나 색을 보고 차가움과 따뜻함을 느낀다. 공감각이란 한 감각을 자극했을 때 그 영향이 다른 감각에 미쳐 그것이 자극된 것같이 느끼는 것을 말한다(임성현, 2009). 따라서 최대한 부드러우면서도 자애로운 신체적 접촉과 따뜻한 말로 양육하는 것이 유아의 정신건강에 도움이 된다.

② 인지발달과 정신건강

유아기에는 연필이나 크레파스 등의 사물이나 도구를 조작하는 기술도 날마다 발전하며, 창의력과 상상력 등도 역할놀이나 이야기하기 등의 활동을 통해서 풍성해지고, 어휘와 개념 발달도 급속하게 확장된다. 결과적으로 이 시기의 유아들은 생각을 표현하고 판단을 내리고 문제를 해결하고 계획을 세우는 등의 능력에 있어서 급속한 성장을 보이게 되며, 이를 통해서 사고가 확장되고 점점 더 독립적인 개체가 되어 간다(이소현, 2003).

무엇보다도 사고는 문제를 해결하기 위하여 작용하는 정신활동의 전체라고 할 수 있다. 정신활동에는 많은 대상에서 일반적인 유사성을 가려내어 종합하는 개념(concept), 두 개 이상의 개념의 관계를 결정짓는 판단(judgement), 판단에서 새로운 결론을 이끌어 내는 추리(reasoning) 등이 포함되어 있다(임성현, 2009). 이와 같은 사고능력을 포함한 이 시기 유아의 인지발달은 피아제(Jean Piaget)의 인지발달의 4단계 중 두 번째에 해당한다. 이 단계에서는 논리적인 조작이 불가능하기 때문에 전조작기라고 부른다. 전조작기의 사고는 경직되어 있고, 한 번에 한 가지 측면만을 고려하며, 사물을 외관만으로 판단하는 특성이 있다(장연집 외, 2008). 전조작기는 다시 전개념적 사고기(2~4세)와 직관적 사고기(4~6세)로 구분된다(이소현, 2003).

가. 전개념적 사고기

전개념적 사고기의 유아는 대상을 상징화하고 내면화하는 과정에서 성숙한 개념을 발달시키지 못한다. 이 시기의 사고는 정신적 표상능력이 생기면서 상상놀이나 지연모방이 가능해지는 상징적 사고, 타인의 관점을 고려하지 못하는 자기중심적 사고, 생명이 없는 대상에게 생명과 감정을 부여하는 물활론적 사고, 모든 사물이나 자연현상이 사람의 필요에 의해서 만들어졌다고 생각하는 인공론적 사고, 한 특정한 사건으로부터 다른 특정 사건을 추론하는 전환적 추론의 특성을 보인다.

나. 직관적 사고기

직관적 사고란 어떤 사물을 볼 때 그 두드러진 속성을 토대로 사고하는 것으로 전체와 부분의 관계를 정확히 파악하지 못하고, 과제에 대한 이해나 처리방식이 직관에 의해 좌우된다. 따라서 외양이 바뀌어도 그 속성이 변하지 않는다는 보존개념, 전체와 부분이나 상위유목과 하위유목 간의 관계를 이해하는 유목포함, 사물을 순서대로 나열하는 서열화 개념이 아직 발달하지 않은 상태이다.

이렇게 논리적이며 이성적인 판단능력이 매우 미흡한 유아기에 자신의 표현을 발산하는 능력을 키워 주지 못하면 향후 자라면서 자신감이 결여되거나 열등감이 커질 가능성이 높다. 그러므로 이 시기 유아들에게는 자신의 생각을 자유롭게 표현하도록 배려하는 일이 정신건강상 매우 중요하다.

③ 언어발달과 정신건강

언어발달은 사고발달과 맥을 같이한다. 영아기보다는 더 효율적으로 의사소통할 수 있지만, 사고의 자기중심성 때문에 사회화된 언어를 능숙하게 구사하지는 못한다(이소현, 2003). 이 시기 언어적 특징을 보면 (장연집 외, 2008), 주격조사를 주격의 명사 형태와 상관없이 사용하는 등의 과잉일반화가 나타난다(예: "양말이가 없어"). 또한 부정적 개념을 말할 때 단어나 구절 앞에 '안' 자를 붙이는 경향이 있다(예: "나는 안 학교 가").

이러한 유아기 언어발달의 특징을 이해하고 유아들을 대하려면 적극적으로 유아들의 말에 반응을 해줄 뿐만 아니라 격려와 칭찬을 많이 해야 한다. 아이들은 자신들의 말을 상대방이 들어 주고 긍정적인 반응을 받고 있다고 느낄 때, 언어능력을 더욱 더 신장시킬 수 있다. 그리고 이는 자신감과 당당함을 기초로 하는 긍정적인 자아정체성을 형성해 나가는 토대가 된다.

④ 정서발달과 정신건강

정서와 정신은 인간의 그 어떤 다른 측면보다도 밀접하게 연관되어 있다. 가령 정서적으로 불안하게 되면 이는 고스란히 정신영역에 영향을 미친다. 그래서 정서발달의 내용은 정신건강과 직결된다 할 수 있다.

정서발달을 살펴보면, 유아의 정서적 특징은 다음의 5가지로 요약해 볼 수 있다(장연집 외, 2008; 김연진 외, 2010).

첫째, 유아의 정서는 경과시간이 짧다. 유아의 정서는 보통 2~3분 계속 나타났다가 갑자기 멈추는데, 이러한 현상은 유아가 성인과는 달리 그들의 정서를 외적 행동으로 남김없이 표현하기 때문이다.

둘째, 유아의 정서는 강렬하다. 따라서 유아의 정서는 폭발하듯 표현된다.

셋째, 유아의 정서는 변하기 쉽다. 따라서 유아의 정서는 돌발적이고 극단적으로 변하는 경향이 있다.

넷째, 유아의 정서는 자주 나타난다. 유아는 성장하면서 여러 상황이나 경우에 적응하는 능력이 발달하므로 성인보다 정서를 표현하는 횟수가 많다.

다섯째, 유아의 정서적 반응의 유형은 대체로 비슷하거나 학습과 환경에 의해 점차 개별화된다.

⑤ 정체성과 정신건강

유아기 발달 특성 중 하나는 자신의 독립된 정체성을 이해하게 된다는 것이다. 자기 자신이 독립적인 개체임을 이해하고 인식하는 것은 자율성의 발달에 필수적인 요소이다(이소현, 2003). 즉, 유아기에는 유아가 자신을 한 개인으로 점차 인식하게 되면서 자신에 대해 긍정적 혹은 부정적 개념을 형성하기 시작하는데, 자신을 하나의 독립체로서 인식하고 자신의 몸을 스스로 조절한다는 것을 깨닫게 됨으로써 자기의 일을 스스로 잘할 수 있다는 생각을 갖게 된다.

그리고 자신의 신체적 변화를 다른 사람과 비교함으로써 몸에 대한 관심과 신체적 자의식을 갖게 된다(장연집 외, 2008). 또한 유아는 자신이 타인보다 열등하거나 남들에 비해 불공평한 대우를 받는다는 생각이 들면 열등의식을 보완하기 위한 행동을 하게 되는데, 이것이 유아에게서 나타나는 경쟁의 심리과정이다(임성현, 2009). 이와 같은 과정을 통해 이 시기에는 스스로에게 부여하는 가치와 자존감이 발달하게 된다.

⑥ 사회성과 정신건강

유아기 정신건강에 있어 중요한 또 하나의 요인은 또래 간의 사회적 행동이다(장연집 외, 2008). 유아기 아동은 성장하면서 가족과는 다른 형태의 또래라는 집단과 접촉하게 된다. 또래집단은 유아기 아동의 사회화 과정에서 매우 중요한 역할을 하며, 특히 현대에는 맞벌이가정과 외둥이가족, 조기교육의 증가로 인해 가족과 지내는 시간이 적어짐으로써 가족이나 형제의 영향보다는 외부환경에 의해 사회적 성장이 이루어지는 경향이 높기 때문에 더욱 중요하다(김명선 역, 2007).

유아기 후반에 이르면 대부분의 유아들은 다른 사람과 상호작용하고 차례를 지키는 등의 행동을 보이게 되는데, 특히 조기에 유치원이나 어린이집 등의 집단 활동을 경험하는 유아들은 더 빨리 이러한 사회적 기술들을 보이곤 한다(장연집 외, 2008).

또한 이 시기에는 또래집단에 대한 사회적 지식을 형성하게 된다. 또래집단에 대한 사회적 지식이란 집단 구성원을 인식하고, 집단 내 개인들의 행동특성을 알고, 또래들에 대한 개인적인 판단을 하는 것을 의미한다. 예를 들어서, 이 시기의 아동들은 또래집단 내의 아동들에 대한 특성과 행동에 대해서 서로 잡담을 주고받게 되며, 다른 사람이 어떻게 생각하고 느끼는지에 대한 감정이입을 발달시키고, '제일 친한 친구'의 개념을 이해하고 적용하게 된다(이소현, 2003).

특히 대체로 3~5세가 되면 또래들과 서로 가까이 지내면서 놀이를 하는데, 사회적 교류로서 이러한 경험을 통해 유아는 만족과 욕구불만을 겪는다. 이는 다시 유아의 사교적 행동이나 이타적 행동, 공격적 행동에 영향을 주는 역할을 한다. 또한 또래관계는 부모의 격려와 훈련, 조언 등이나 기타 가족환경에 의해 영향을 받을 수 있다. 학대나 부모의 불화나 이혼, 비일관적 훈육 등과 같은 부정적인 환경은 아동으로 하여금 공격적으로 행동하게끔 하거나 낮은 사회적 지위를 갖도록 영향을 줄 수 있다(장연집 외, 2008).

부연하면 유아기 아동의 사회성은 부모의 양육태도에 따라 차이를 보인다. 유아는 부모나 주위 사람들에 대한 동일시 과정을 통해 가치태도 및 행동기준을 내면화하는데, 이것은 유아가 속한 사회나 문화집단의 규칙과 기준을 학습하는 사회화 과정이다(김명선 역, 2007). 이때 중요한 것이 부모와의 긍정적인 인간관계이다. 부모의 양육태도와 부모와 유아의 관계 등 가정적 환경은 유아가 자신과 세계를 긍정적으로 받아들이고 세상을 안전하고 살아갈 만한 곳으로 지각하며 희망을 갖고 살아갈 수 있는 힘을 길러주는 데 결정적인 역할을 한다. 따라서 부모가 민주적인 양육태도를 갖고 따뜻한 애정과 더불어 부드러운 통제를 제공하는 것이 중요하다(임창재, 2006).

특히 가정은 인간의 삶이 시작되고 인간형성의 가장 중요한 사회화가 이루어지는 기초 생활공동체로서 기본적인 생활양식, 행동양식, 가치관 등이 형성되고 부모 형제와의 상호관계를 통해 성격과 행동발달에 직접적인 영향을 준다. 오늘날의 가정은 핵가족화, 취업여성의 증가, 가족구성원의 해체 및 변형 등과 같은 형태적 변화에서부터 상부상조 기능 저하, 양육기능 저하, 가족관리의 변화와 같은 기능적 변화까지 겪고 있다. 그럼에도 여전히 유아의 건강한 발달을 위해서 가정은 매우 중요하며 오히려 그 어느 때보다도 아동의 정신건강을 위한 기본 단위로서 가정의 중요성은 더 커졌다고 볼 수 있다(임성현, 2009). 따라서 사회복지기관이나 교육기관 등에서 유아의 또래관계가 원만하게 형성될 수 있도록 유아의 입장에서 이해하고 수용하는 환경이 마련되어야 할 것이다.

생각해 보기

1. 영·유아기 아동의 정신건강을 위한 부모의 역할에 대해 생각해 보자.
2. 영·유아기 아동의 정신건강에 영향을 미치는 사회환경적 요인들에 대해 생각해 보자.

Tip. 자녀를 위한 기도문

자녀를 위한 기도문 (*A Father Prayer*)

-더글러스 맥아더 (Douglas MacArthur)

오, 주여!
나의 자녀를 이렇게 키워 주소서.

약할 때 자기를 분별할 수 있는 강한 힘과
무서울 때 자신을 잃지 않을 수 있는 담대한 마음을 주시고
정직한 패배에 부끄러워하지 않고 태연하며
승리할 때 온유하고 겸손할 수 있는 자녀로 키워 주소서.

자신의 생각만을 고집하지 않게 하시고
주님을 알고 자신을 아는 것이
지식의 근본임을 아는 자녀로 키워 주소서.

바라옵나니, 그를 평탄하고 안이한 길로 인도하지 마시고
고난에 직면하여 항거할 수 있는 힘을 주옵소서.
그리하여 거센 폭풍우 속에서도 용감히 일어설 줄 알고
패자를 불쌍히 여길 줄 아는 사랑을 배우게 하소서.

마음이 깨끗하고 목표가 고상하며
남을 다스리려고 하기 전에 먼저 자신을 다스리게 하시며
미래를 바라보는 동시에 과거를 잊지 않는 자녀로 키워 주소서.

그리고 또한 유머를 알게 하시어
인생을 엄숙하고 진지하게 살면서도 삶을 즐길 줄 알게 하시며
자기 자신을 너무 크게 평가하지 않는 겸손한 자녀로 키워 주소서.

또한 참으로 위대한 것은 소박한 것이며
참된 지혜는 열린 마음에 있으며
진정한 힘은 온유함에 있음을
항상 명심하게 하소서.

그리하여 먼 훗날, 제가 아버지로서 내 생애는 결코 헛되지 않았노라
겸손히 고백할 수 있게 하소서.

제 6 장

아동 · 청소년기 정신건강

아동과 청소년은 우리 사회의 미래이다. 그래서 아동과 청소년이 건강하고 건전하게 자랄 수 있도록 하는 것은 기성세대가 당연히 감당해야 할 사회적 책무이다. 하지만 이 땅의 아이들은 가정과 주변 환경으로부터 엄청난 스트레스에 시달려야 하고, 심지어 학교생활 속에서도 수많은 정신적 변화를 일으킬 수밖에 없는 상황에 처해 있다. 이러한 현실 속에 있는 아동들과 청소년들을 위해 건강한 정신을 함양하도록 노력하는 것은 국가적 차원에서 사회적 서비스로 구체화되어야 한다.

이를 위해 가장 먼저 해야 할 작업은 바로 아동과 청소년 시기의 정신건강에 대한 올바른 이해를 도모하는 것이다. 즉, 아동 · 청소년기의 아이들이 연령과 특성에 맞는 사회적 서비스와 교육 등을 통해서 자신의 인생을 위해 올바른 선택을 하며 자아를 올바르게 정립할 수 있도록, 이 시기 아이들에 대한 정보와 지식을 정리하는 일이 필요하다는 것이다.

1. 아동기 정신건강

아동기는 만 6세부터 12세까지 초등학교 생활을 하는 시기를 말한다. 이 시기에 들어서면 신체와 신경계의 급속한 성장과 더불어 현저한 정신적 발달이 동시에 이루어진다. 이 시기에 있는 많은 아이들이 바르고 씩씩하게 성장해 간다. 하지만 그렇지 못한 아이들도 있다. 여기에서 아동기 정신건강에 대한 이해가 필요하게 된다.

정신적 · 정서적으로 장애 판정을 받은 아이들뿐만 아니라 이른바 일반아동으로 불리는 아이들 가운데에도 다양한 모습으로 정신건강의 문제를 드러내는 경우가 의외로 많다. 예를 들면 신경질적인 아이, 사소한 일로도 마음에 상처를 크게 받는 아이, 불안해서 안절부절못하는 아이, 또래친구를 괴롭히거나 때리는 아이들이 있다. 이 아이들을 돕기 위해 아이들에 대해 구체적으로 살펴보고자 한다.

1) 아동기 정신건강 문제의 원인

아동기 정신건강 문제의 원인은 복합적이다. 그래서 아동기 정신건강 문제의 원인을 찾을 때는 아동 개인의 본성과 아동이 경험한 환경을 함께 생각해야 한다(이윤로, 2000). 유전, 뇌손상, 질병이나 아동기의 기질과 같은 요인뿐 아니라 불안정한 가족구조, 가정폭력, 만성적인 가정불화, 아동 성학대를 비롯한 아동학대 및 잘못된 양육은 아동의 정신건강에 심각한 영향을 끼친다. 또한 부모의 정신장애는 아동의 정신건강과 높은 관련성이 있다. 예를 들어, 어머니의 우울증은 부적절한 양육행동과 관련 있으며 아동의 삶에도 우울증적 영향을 끼친다. 또한 빈곤이나 부적절한 주거환경, 영양결핍, 만성적인 스트레스 상황은 아동에게 더 많은 정서적 문제를 유발하는 요인이 된다(김혜련 외, 2001).

2) 아동기 발달과 정신건강 문제

발달은 아동이 생존에 필요한 기능을 습득하고 환경에 맞춰 나가는 적응과정이라 할 수 있다. 발달은 단계적으로 일어나고 각 단계에는 이루어야 할 발달과제가 있다. 그러나 발달정도는 개인별 차이가 있으며 그 아동의 성, 기질, 신체상태, 유전성에 따라 차이를 보이게 된다.

이러한 아동기 발달의 특징을 정리하면 다음과 같이 말할 수 있다(김재은, 1996; 최성윤, 1992).

첫째, 학교라는 조직에 적응해야 하는 새로운 과제를 시작한다. 둘째, 지식과 기술을 연마하는 과정에서 스스로 일을 성공적으로 해냈다는 자신감, 효능감과 만족감을 얻는 것이 중요하다. 셋째, 친구와의 사귐을 통해 사회성을 높일 뿐만 아니라 단체의식을 기르고 규율과 법을 준수함으로써 장차 사회생활을 해 나가는 중요한 기초를 닦는다. 넷째, 직접적으로 관찰할 수 있는 사물의 속성, 인과관계 등 구체적 현상에 관심을 가짐으로써 인지발달을 이룬다.

그러면 이제 아동기 발달과 정신건강 문제에 대하여 구체적으로 살펴보자.

(1) 아동기 발달과 정신건강

이 시기 아동은 외적 성장과 더불어 정서를 내면화시킨다. 또한 초등학교에 입학하기 때문에 '학령기' 혹은 '학동기'라고 부른다. 아동기는 성장 잠재기로서 유아기나 청소년기에 비해 성장속도는 느리지만 결국에는 상당한 성숙을 이루고 운동기술도 발달된다. 또한 정서적으로도 보다 분화되어 정서표현 방식이 유아기에 비해 다양해지고 또래집단과의 애착이 형성되어 사회적 관계도 확대된다(장연집 외, 2008).

그래서 정신적으로 건강한 아동은 학습, 학교생활 등을 자신의 능력 안에서 해낼 수 있고, 적절하게 놀이를 즐기며, 가족 및 친구와의 관계를 원만하게 맺을 수 있다. 반면 정신적으로 건강하지 않은 아동은 이 시기 아동의 성과 연령에 맞지 않는 생각과 행동, 감정을 보이고 정신적 발달이 정지 또는 지연, 퇴행, 왜곡되는 현상이 일어난다.

① 인지

이 시기 아동의 인지는 기존의 문화를 받아들여 학습함으로써 현저한 발달을 나타낸다. 생활공간도 가정에서 학교, 사회로 확대되며, 가족 이외의 친구들을 사귀고, 집단생활을 하게 되면서 세상에 대해 흥미를 갖고 지적 생활이 복잡다양해진다. 점차 자기중심성에서 벗어나 다른 사람의 관점을 고려하는 능력이 커진다.

특히 이 시기가 되면 아동은 사건과 사물 사이의 원칙이나 관계를 이해하고 이용할 수 있다. 또한 유아기에서 아직 획득되지 못했던 보존개념이나 서열화, 유목화(유목포함 과제)[1] 등에 대한 이해가 발달한다.

---

1) 유목화란 개념을 형성한다는 뜻이다. 흔히 개념화라고 말하기도 한다. 폴더(folder)의 개념이 없었더라면 우리는 수많은 파일을 뒤죽박죽 보관하고 있었을 것이다. 다행히 사람들은 정보를 조직화하고 있다. 서로 비슷한 정보를 그루핑한다. 이렇게 조직적으로 그루핑하는 것이 유목화 과정이다. 사람들은 평생에 걸쳐 수천 개의 개념들을 형성하게 되며 이것들은 정보를 기억시키고 기억된 정보를 효과적으로 사용하도록

따라서 아동기에는 외부자극을 인지하여 의미 있는 지식으로 전환시키는 심리적 과정인 지각조직을 분화시킬 수 있게 되면서 논리적 방식으로 지각정보를 구성해 나갈 수 있다. 이러한 능력은 아동이 읽기를 하거나 셈을 이해하거나 창의적인 예술작업을 하는 능력이 점차 증가하는 데서 찾아볼 수 있다.

② 언어

아동기에서는 언어를 지적인 의사소통도구 및 학습도구로 인식할 정도로 언어능력이 현저하게 발달한다. 때때로 문법적 오류를 범하기도 하지만 유아기 때의 특이한 어법을 사용하지 않는다. 말의 길이도 길어지고 문장은 복잡해져서 비교적 의미 있는 생각을 할 수 있게 된다. 언어능력은 이해(읽기·듣기)와 표현(쓰기·말하기)으로 구분할 수 있으며, 문자언어와 구두언어로 나누어 표현한다. 아동기 초기에는 이해와 구두언어가, 후기에는 표현과 문자언어가 발달한다. 무엇보다도 아동기에는 대상 참조적 의사소통기능(referential communication skills)[2]이 발달한다. 즉, 아동이 대화하는 상대방의 연령, 성별, 이해 정도, 사고방

돕는 역할을 한다. 사람들은 성장하면서 환경을 이해하는 능력을 키워 나가며 이와 함께 유목화하는 능력도 커진다.

[2] 참조적 의사소통이란 어떤 대상이나 사건에 대해 서로의 정보교환으로 행위를 수정하게 하는 화자와 청자 사이의 상호작용으로서 언어의 화용론적 기술로 사물이나 장소 또는 생각과 같은 특정한 참조물에 대해 다른 사람과 정보를 주고받는 것을 말한다. 즉, 여러 대상 중에서 참조물을 정확하게 파악할 수 있도록 화자가 참조물의 특징이나 속성을 선택하여 언어적으로 기술하는 능력으로 특정한 정보를 제공하고 이해하는 능력이라 할 수 있다. 여기에서 '참조'란 대화, 쓰기 또는 제스처에 의해 의사소통이 될 수 있는 대상, 사건, 아이디어 등을 의미한다.

식 등과 같은 것을 알고 이런 여건에 맞게 자기언어를 선택조절해서 구사하는 것이다. 이 같은 기능은 아동의 사회성 발달과도 영향을 주고받게 되면서 계속 발달된다.

③ 정서

유아기의 정서가 미분화된 직접표현이라고 한다면, 아동기의 정서는 불쾌감정을 스스로 억제하고 분화된 간접표현이라고 할 수 있다. 즉, 내면화된 정서로 발달되어 가는 것이다. 아동기에는 공포보다 분노가 더 자주 나타나는데, 욕망이 좌절되거나 실수했을 때나 놀림을 받거나 야단을 맞았을 때 나타나기 쉽다. 아동기의 공포는 처음에는 시각적이고 청각적인 대상이나 구체적이고 직접적인 자극에 의해 일어나지만, 점차 상상적이고 가상적인 공포, 즉 걱정과 근심의 형태로 나타나는 경향이 있다.

애정의 정서는 주변 사람들로부터 사랑을 받음으로써 발달된다. 즉, 부모 자녀 간의 애정관계가 원만하지 못하면 문제행동이나 부적응행동을 하여 애정을 추구하는 한편, 부모의 애정이 지나치게 이기적이면 사회성 발달을 지연시키고 자율성을 저해하는 결과를 일으키기도 한다. 또한 질투는 사랑하는 사람, 또는 사랑받고 싶은 사람을 타인에게 빼앗길 때 혹은 자기의 능력으로는 도저히 불가능하여 타인에게 압도당할 때 일어난다. 따라서 아동의 정서적 성숙을 촉진하기 위해서는 아동이 처한 외부 상태만 살피는 것보다는 욕구수준이나 자아구조와 같은 내부 상태를 파악하는 것이 필요하다.

이 시기 아동은 정서적으로 자신을 통제하고 자기의 사회적 역할을 인식하며 또래들과 잘 어울리는 방법을 배워야 한다. 부모의 강력한 영향에서 벗어나 친구들과의 놀이나 친구들로부터 인정받는 것에 민감해지며, 학교 수업과정에서 지적 성취도는 아동의 자아성장에 막대한 영향을 준다. 이때 아동은 자신의 한계를 인식하고 성인의 요구에 적절히 반응하고 자신의 행동을 통제함으로써 일상생활에서 부딪치는 다양한 사회적 상황에 나름대로 적절하고도 효율적인 적응방법을 익힐 수 있다. 그러나 실패를 거듭하거나 가정이나 사회에서 부정적인 피드백을 받게 되면 아동은 부적절감이나 열등감을 갖게 된다. 따라서 부모와 사회복지사, 교사 등 주변의 성인들은 아동을 격려하고 지지하고 인정해 줌으로써 자존감을 고취시켜 주는 것이 바람직하다(김영숙 외, 1998).

(2) 아동기 정신건강의 문제

이 시기에 발생하는 가장 흔한 정신건강의 문제로는 분리불안과 학교공포증, 우울증과 강박증, 틱 장애, 품행장애, 주의력 결핍 과잉행동장애, 학습장애 등이 있다. 이러한 정신건강의 문제가 발생한 아동의 경우 학교 성적이 뚜렷하게 저하되며, 열심히 하는데도 불구하고 성적이 오르지 않게 된다. 또한 학교 가는 것, 잠자러 가는 것, 연령에 맞는 활동 참여에도 지장을 주는 정도의 극심한 불안을 경험하기도 한다. 때로는 무표정해지고, 다른 사람과 어울리기를 싫어하기도 한다. 그리고 행동 조절에도 어려움을 겪게 되어서 과다활동, 꼼지락거리기, 보통 놀이시간을 넘어선 지속적 움직임 등이 나타나게 된다. 그뿐 아니라 지나친 공격성향을 가지기도 한다. 즉, 지속적 반항 또는 공격성향(6개월이 넘는)을 드러내고, 부모나 교사, 사회복지사 등 권위자에 대한 도발적 반항이나 설명할 수 없는 잦은 생떼를 부리기도 한다. 더욱이 식욕 상실 내지 식욕 증가, 체중 저하 내지 증가, 이물질을 먹는 행동이나 지나친 자위행위, 과다 노출, 과다 수면, 불면증, 지속적 악몽, 야뇨증 등의 현상이 나타나기도 한다.

특히 지적장애와 유아 자폐증과 같은 장애는 주로 영·유아기에서부터 나타나며 정신분열증이나 기분장애 및 물질 관련 장애 등은 아동기와 성인기 모두에서 시작될 수 있다. 아동기에 나타나는 정신건강의 문제를 구체적으로 설명하면 다음과 같다(김혜련 외, 2001; 이준우·손덕순, 2010).

① 학습장애
지능은 정상이지만 듣기, 말하기, 읽기, 쓰기, 추리 또는 계산 능력에 심각한 문제가 나타나는 여러 장애들을 일컫는다. 즉, '학습장애'는 아동의 나이·교육수준 및 지능에 비해 기대되는 수준보다 학습에 장애가 있는 경우이다. 학습의 기회나 교육적인 자극이 부족할 경우, 집중력 부족과 우울증 및 불안 등의 정서적 문제를 일으켜 신경학적 이상에 의해 나타날 수도 있다. 학습과 관련이 있는 뇌기능 영역의 결함이나 결핍이 원인이 되기도 한다.

② 운동기술장애
운동기술장애는 아동의 발달단계에서 기대되는 근육운동 조절과 발달에 장애가 있고, 이러한 장애가 학업성취와 일상생활의 활동을 방해하는 것을 말한다. 학습장애, 주의력 결핍, 과잉 운동장애 등과 동반될 수 있다. 미숙아, 저산소증, 영양실조, 출생 시 저체중 등의 원인이나 신경화학적 요인, 발달성 언어장애, 충동적 행동이 있는 아동이나 학습장애가 있는 아동들에게 흔히 나타난다는 보고가 있다.

③ 의사소통장애

말과 언어 중 한 영역에 장애가 있어서 의사소통이 곤란한 상태를 말한다. 말소리의 발음, 흐름, 음성의 손상은 말장애로 정의하며, 문자, 구어, 기타 상징체계의 이해 및 활용의 손상은 언어장애로 본다. 말더듬이나 조음장애, 발성장애와 같은 증상 등이 의사소통장애로 정의된다.

④ 전반적 발달장애

전반적 발달장애는 심각하고 광범위한 장애가 있다. 대표적으로 자폐성 장애가 있다. 전반적 발달장애에 속하는 다른 장애는 다음과 같다. 레트 장애는 생후 6개월까지는 정상적으로 발달하다가 그 후 퇴행현상이 심하게 나타나는 것이며 여아에게서 주로 나타난다. 아동기 붕괴성장애는 출생 후 2년 동안 명백히 정상적인 성장발달이 이루어진 후, 1세 이전에 지적, 사회적 기능의 상실 등 여러 가지 기능 영역에서 현저한 퇴행이 나타난다. 주로 남아에게 나타나며 언어기능, 사회적 상호작용, 적응행동기능, 대변이나 소변 조절기능, 놀이기능, 운동성기능 영역 등이 손상된다. 경련, 결핵척추와 같은 대사질환도 동반된다. 아스퍼거 장애는 사회적 상호작용의 장애를 심하게 나타내지만 정상적인 지능과 언어발달을 보인다. 주의력 결핍 및 과잉행동장애는 주의산만, 충동성, 흥분성 및 지나친 활동을 보이는 장애이다. 이러한 특징 때문에 이들은 또래 및 학업의 곤란을 경험하고 어른의 요구에 따르지 못한다.

⑤ 아동기 행동장애

아동기 행동장애에는 반항성 장애와 품행장애가 있다. 반항성 장애는 부정적이거나 무례한 행동과 거짓말 등을 하며, 이로 인하여 사회기능 및 학업수행기능 등에 손상을 가져오는 경우이다. 품행장애는 더욱 심각한 행동을 보이며 타인의 권리를 침해하거나 공격적이다.

⑥ 아동기 우울

아동기 우울은 종종 '신체화'되어 나타난다. 아동기에 많이 나타나는 공포와 수면장애는 불안으로 인한 것이다. 학교 공포증은 초등학교 저학년에서 나타난다. 틱 장애는 반복적이고 비율동적이며 상동증적인 운동이나 음성이 갑작스럽게 나타나는 것이며 불안이나 스트레스에 의해 더 심해질 수 있다. 유뇨증은 5세 이후에도 옷이나 침대에 반복적으로 소변을 싸는 경우이고 대변을 보는 유분증의 경우도 있다. 말을 이해하고 구사할 줄 알아도 어떤 상황이 닥쳐서는 말을 하지 않는 선택적 함구증과 부모가 제대로 돌보지 못할 때 나타나는 반응성 애착장애, 그리고 반복적이고 쉽게 억제할 수 없는 상동증적 운동장애가 있다.

(3) 아동기 정신건강 증진전략

아동기의 정신건강을 증진하기 위해서는 조기발견, 정신건강에 대한 관심이나 이해, 적절한 진단과 치료 등에 전략이 있어야 한다. 특히 분노나 공격성 등 정서를 조절하고 통제하는 적절한 기술이나 방법을 학습하도록 하는 것이 중요하다. 아동의 정신건강 상태는 신체적 건강에도 영향을 주기 때문에 정신건강을 도모하기 위해서는 충분한 영양과 수면, 청결하고 위생적인 환경, 규칙적인 생활습관과 긍정적 자아개념을 형성하고 자신의 정서를 올바로 인식, 조절, 표현할 수 있게끔 해야 한다(김재은, 1996; 조남진, 1998; 최성윤, 1992).

① 긍정적 자아개념 형성

긍정적 자아개념이란 자기 자신을 유능하고 중요하며 가치 있다고 생각하는 것이다. 자신에 대한 긍정적 인식은 정신건강 유지에 매우 중요한 요소이다. 정신건강을 증진시키고자 하는 목적은 아동으로 하여금 긍정적인 자아개념을 갖고, 자신의 감정을 바르게 인식하고 표현하며, 자신감이나 존중감을 형성하게끔 하기 위해서이다.

긍정적 자아개념이 형성된 아동은 다른 사람의 약점에 대해서도 비교적 관대하다. 하지만 자신에 대한 자신감과 신뢰감이 없는 아동은 다른 사람에 대해 방어적이거나 무례한 행동을 한다. 만약 자신이 무력하고 가치가 없으며 다른 사람의 사랑이나 관심을 받지 못한다고 느낀다면 자기 존중감이 결여된 행동을 하게 된다.

따라서 부모와 교사, 사회복지사 등은 아동이 자신의 능력에 대해 긍정적으로 인식하고 노력할 수 있게 격려, 칭찬을 많이 하여 주고, 다른 사람의 사랑을 받고 있다고 느끼도록 도와야 한다.

② 정서인식과 조절, 표현능력 증진

아동이 자신의 정서를 조절할 수 있으려면 자신의 감정인식을 표현할 수 있어야 한다. 아동은 자신의 욕구에 비해 실제 의사소통의 능력이 부족할 경우 그것을 수용하거나 오랫동안 기다리는 것을 견디지 못한다. 따라서 효과적인 정서인식과 조절, 표현능력 등을 증진시킬 필요가 있다.

③ 합리적인 행동 증진

아동이 자신의 요구와 다른 사람의 권리를 존중하면서 합리적인 행동을 하기 위해 할 수 있는 일이 무엇인지를 생각해 보도록 한다. 예를 들어 교실에서 함부로 뛰어다니거나 다른 아이들의 활동을 방해하는 아동의 경우, 무조건적인 행동 제제보다는 왜 그 행동이 문제가 되는지 설명하고 분명한 규칙을 제시해야 한다. 또 이 규칙을 모든 사람이 지켜야 한다는 사실과 규칙을 어겼을 때의 벌칙도 분명히 해야 한다. 규칙이 정해진 이유 역시 설명해야 한다.

2. 청소년기 정신건강

청소년기의 정신건강 문제는 아동기나 그 이전의 영·유아기에 시작되어 지속되는 경우가 빈번하다. 가령 지적장애, 자폐증, 발달장애 등은 일생을 통하여 영향을 미치므로 청소년기에 새로운 문제점을 나타낼 수가 있다. 또한 아동기에 시작된 불안이나 우울이 해소되지 못했을 때 청소년기의 성장에 따른 스트레스에 의해 더 복잡한 형태로 나타날 수 있다. 아동기의 가벼운 행동문제가 청소년기에도 그대로 지속될 수 있다. 예를 들면 버릇없는 아동이 청소년기에 더 반항적이고 막무가내일 수 있다는 것이다.

하지만 모든 청소년이 다 문제를 갖지는 않으며, 오히려 대다수(60~80% 이상)의 청소년은 정신건강에 있어서 비교적 원만하고 건전한 성장을 한다. 20~30% 정도의 청소년이 비교적 심각한 부적응을 가지며 15~20%가 정신건강의 문제를 보이게 된다(이영호 외, 2006).

어쨌든 청소년기는 아동에서 성인으로 성장해 가는 시기이며 급격한 신체적 발달과 더불어 스트레스와 정서적 변화가 많은 시기이다. 에릭슨은 청소년기를 정체성 대 정체성 혼동(*identify vs. identity diffusion*)의 발달단계라고 하였다. 자율성과 정체성의 형성은 부모의 양육방식과 관련된다. 설리번(Sulivan)은 청소년기를 청소년 이전 시기, 청소년 초기와 청소년 후기로 구분하였다. 청소년 이전 시기에는 친숙한 또래관계가 형성되고 이러한 또래관계는 미래의 모든 애정적 관계의 원형이 된다. 우정관계의 단절에 대한 불안감이 있을 수 있다. 청소년 초기에는 동성친구에서 이성친구로 인간관계가 옮겨 가고, 쾌락에 대한 갈망이 나타난다. 인간관계에서의 책임감이 문제가 될 수 있다. 청소년 후기에는 상징적 추리와 교육 및 장래의 직업에 대한 도전이 생겨난다(김혜련 외, 2001).

1) 청소년기 정신건강 문제의 원인

청소년 정신건강 문제의 원인에는 유전적 원인과 선천적인 체질, 그리고 스트레스 경험이 상호작용한다. 가족의 불안정성과 의사소통의 장애는 청소년 정신건강 문제를 지속하는 요인으로 작용한다. 가령 가출은 역기능적이고 학대적인 가족으로부터 탈피하려는 시도로 나타나는 경우가 많다. 이에 더하여 충동성, 학교생활 요인과 사회환경적인 유발 요인도 청소년 가출의 중요한 요인이다. 가출 후 청소년은 물질 의존, 신체적 및 성적 폭력, 범법 행위나 자살의 문제에 더 자주 노출된다. 또한 우리나라의 경우 학벌주의로 인하여 대학입시 관련 스트레스가 높으며 고교 3학년의 시기에 많은 문제가 발생할 수 있다. 학업성취와 관련된 평가 상황에 대한 불안, 학교 등교와 관련된 불안 등이 있다(김혜련 외, 2001).

2) 청소년기 발달과 정신건강 문제

(1) 청소년기 발달과 정신건강

청소년기는 12~13세에서 22~23세까지에 해당하는 시기로, 학자에 따라 성적 변화의 징후에 따라 시작하기도 하고, 자신의 존재 의미에 대한 의문에서 시작하기도 한다. 또는 관념과 이상의 형성과 더불어 시작하기도 하고, 집단의 규범 준수를 통해 또래집단으로부터 수용 받고자 하는 사회적 욕구에서 시작하기도 한다(장연집 외, 2008).

① 신체

사춘기에 접어들면서 급격한 신체 성장이 이루어지는데, 개인차는 있지만 성장 급등기 동안 성인이 된 후의 키의 98%가 자라는 것으로 보고되었다. 사춘기의 신체발육과 성적 발달의 성장률은 해가 갈수록 가속화되는 경향이 있다. 이는 생활수준이 높아지면서 건강, 영양, 심리적 보살핌 등에서 보다 좋은 환경적 요인이 작용하기 때문인 것으로 보인다.

사춘기에는 성 호르몬의 분비와 더불어 성적 발육이 시작되는데, 역시 개인차는 있지만 발달 순서는 비교적 고정적이다. 여아의 경우 유방의 발육이 가장 먼저 시작되고, 이어 음모가 자라기 시작하며, 신장과 체중의 급증이 나타나고, 마지막으로 초경이 있게 된다. 남아의 경우에는 고환의 발육이 먼저 시작되고, 음모가 자라며, 고환의 발육이 계속되다가 음경이 커지고, 몽정이 있고, 신체발육의 급증이 있은 후 변성이 나타나고, 마지막으로 체모가 자란다. 사춘기 성장은 대체로 2년 동안 계속되며, 난자와 정자를 배출할 수 있게 되면 성장이 완성된다.

② 심리

사춘기의 신체적 변화는 여러 가지 심리적 변화를 수반한다. 특히 성숙 속도가 지나치게 빠르거나 늦은 경우에는 심리적 부적응을 경험할 수 있다. 그러나 신체적 성숙이 심리적 적응에 미치는 영향에 관한 최근까지의 연구들을 살펴보면, 그 결과들이 일치하지는 않는다. 조기성숙의 긍정적·부정적 영향에 대해 결론을 내리는 것에 주의해야 할 것으로 보인다.

③ 인지

피아제에 의하면 청소년기의 인지발달단계는 형식적 조작기에 해당한다. 이는 인지발달의 마지막 단계로 성인기까지 지속된다. 형식적 조작사고의 일반적 특징은 주어진 문제를 해결하는 방안에 대해 체계적으로 가설을 설정하고, 그 검증을 통해 결론을 도출하는 가설 연역적 사고의 발달양상을 보인다. 이를 통해 청소년기 사고의 특징을 살펴보면 다음과 같다(장연집 외, 2008).

첫째, 청소년들은 여러 현상에 대해 가설을 설정할 수 있으므로 구체적이고 실재론적인 아동기 사고의 한계에서 벗어나 다양한 가능성에 대해 생각할 수 있다. 가능성에 대한 가설설정 능력은 물리적 사태에 대한 과학적 사고에 국한되는 것이 아니라 사회, 정치, 종교, 철학 등 전 영역에 걸쳐 이상주의 형태로 확장된다. 이러한 청소년기 이상주의는 자신의 관념에 대한 집착과 이를 달성하기 위한 추구, 자신의 관념과 일치하지 않는 것들에 대한 비판으로 나타나게 된다. 보다 나은 사회를 만들기 위해 기존의 사회를 파괴하고 개혁하고자 하는 성향은 형식적 조작 사고에서 기인하는 것이다.

둘째, 청소년기 사고의 특징은 여러 명제 간의 논리적 추론을 다루는 명제적 사고를 가능하게 한다. 명제적 사고란 'A이면서 동시에 B', 'A이지만 B는 아님', 'A도 아니고 B도 아님'과 같은 3개의 명제를 바탕으로 가설을 설정하고 논리적으로 추론해 나가는 능력을 의미한다.

셋째, 청소년기 가설 연역적 사고의 발달은 추상적이며 융통성 있는 사고를 가능하게 한다. 청소년기에는 가시적인 외적 준거에 의해 쉽게 자신을 평가하고 수용하던 아동기의 구체적이고 조작적인 자아에서 벗어나 보다 추상적이고 내재적인 자아를 탐색한다. 많은 변인들을 체계적으로 탐색할 수 있는 형식적 조작 사고의 발달로 인해 청소년기에는 자신을 탐색하고 기술하며 평가하는 영역이 아동기에 비해 훨씬 세분화된다.

따라서 학업능력에 대한 자아인지뿐만 아니라 직업적 유능성, 운동능력, 외모, 사회적 수요도, 교육관계, 낭만적 호소력, 행동 등 많은 영역에서 자아를 인지할 수 있게 된다. 이렇게 영역별로 다양하게 분화되어 때로는 서로 모순되는 하위 자아들에 내적 일관성을 부여하여 하나의 자아로 통합해 나가는 중요한 과정이 청소년기에 이루어진다.

이러한 통합과정은 일반적으로 일시적인 혼돈과 부정적인 자아평가를 거치게 된다. 가장 혼돈으로 느끼는 시기는 15~16세를 전후하는 시기로, 이 시기가 지나 후기로 가면서 자아통합이 이루어지기 시작한다.

④ 자아양식
다양한 가능성에 대한 가설설정 능력의 발달로 인해 청소년기에는 자아에 대해서도 일종의 가설을 설정하게 되는데, 이상적 자아는 청소년기 특유의 자아양식이다. 이상적 자아는 때로는 아동기까지 지녀온 실

제적 자아와 괴리를 낳게 되기도 하는데, 이 두 자아 간의 적절한 괴리
는 실제적 자아수준을 높이는 동기로 작용하는 기능을 갖기도 하지만,
지나친 불일치는 부적응의 한 지표로 볼 수도 있다.

자아가 여러 하위영역에서 여러 형태의 혼돈을 겪으면서 점차 안정
되고 통합된 자기평가에 도달하게 되는 것을 자아존중감이라고 하는
데, 이러한 자기평가는 중요한 주변 사람들의 평가의 영향을 많이 받는
다. 즉, 여러 하위영역에서 자신이 중요한 역할을 수행하고 있다고 타
인이 믿어 준다고 인지할 때는 자아존중감이 높지만, 그렇지 못할 때는
자아존중감이 낮아진다. 그리고 이러한 자아존중감은 자아정체성이라
는 개념과도 연관이 있다.

긍정적인 자기평가와 부정적인 자기평가 간의 갈등을 극복하는 과정
과 상반되는 자아들을 통합해 한 사람의 성인으로서 보여 줄 일반적인
자아를 형성하는 과정이 정체성 위기이다. 이 과정에서 자신의 다양한
가능성을 발견하는 동시에 자신의 한계를 수용함으로써 객관적인 자아
정체성을 확립하게 되는 것이다.

⑤ 부모-자녀 관계
이전 심리학자들에 의하면 청소년기는 아동기까지 지속되던 부모에 대
한 의존과 동일시로부터 벗어나 자율성과 책임감을 획득해야 하는 시
기이다. 또한 청소년기의 부모-자녀 관계는 부모로부터 독립하려는 청
소년들의 욕구와 이러한 자율성을 인정하지 않으려는 부모의 상반된
욕구 사이에서 일어나는 필연적인 갈등을 수반한다.

그러나 최근 학자들은 청소년기가 반드시 부모로부터 자율성과 독립
을 획득해야 한다기보다는 부모와 안정된 애착관계를 유지하며, 의사

결정 능력이 부족한 분야에서는 부모로부터 계속적인 조언을 받는 것이 도움이 되는 시기라고 본다.

특히 청소년기의 부모에 대한 애착은 사회적 유능성, 정서적 적응, 자아존중감, 신체적 건강 등 여러 측면에서 건강한 삶을 촉진하는 요인이 된다. 따라서 부모-자녀 관계에 있어 안정된 애착과 신뢰의 유지는 청소년기의 긍정적인 심리발달에 중요하다. 또한 부모자녀 간에 일어나는 가벼운 갈등은 오히려 심리발달에 긍정적인 영향을 미칠 수도 있다. 이러한 갈등을 해결하는 과정에서 들이는 능력은 진정으로 부모로부터 독립하여 성인으로 이행하는 과정을 촉진하는 힘이 된다.

따라서 아동기 발달에서 언급되었던 부모의 양육방식은 청소년기 발달에서도 밀접한 영향을 미치는데, 부모가 명확한 행동기준을 제시하면서 동시에 적절한 정도의 자율성을 부여하는 것은 청소년으로 하여금 적극적이고 책임감 있으며 독립적으로 행동하도록 이끌어 주며, 자아존중감과 학업성취에도 긍정적인 영향을 준다.

⑥ 친구관계

청소년기의 친구관계는 단순히 놀이친구를 필요로 하는 아동기와는 달리 서로 내면을 깊이 이해하고자 하는 욕구가 있으므로 아동기보다 훨씬 큰 의미를 갖는다. 연령이 증가함에 따라 청소년들의 사회적 네트워크도 확대되고, 따라서 친구관계의 범위와 크기도 확장된다. 이 시기의 친구집단은 상호응집성이 높은 단짝집단과 몇 개의 단짝집단이 모여 형성되는 교류집단으로 구분될 수 있다. 청소년기에 우정을 형성하는 데에는 흥미, 성격, 신체적 특성, 태도, 가치, 행동의 유사성이 가장 큰 요인이 되며, 이러한 유사성이 빈번한 상호작용을 통해 더욱 강화되면 우정이 형성되고 지속될 수 있다.

청소년기 친구관계의 특징은 다른 연령집단에 비해 강한 소속감을 갖는다는 것이므로, 이 시기에 집단 동조 압력에 의해 집단의 바람직한 가치규범에 동조하는 것은 성인기 집단에서의 사회생활을 준비하는 데 도움이 되지만, 그렇지 못할 경우에는 비행과 같은 문제행동을 유발할 수 있다. 또한 친구집단 안에서 차지하는 역할과 지위는 청소년기 자아 존중감 형성에 중요한 요인이 된다. 각종 운동이나 사회적 활동에 있어 친구집단 내에서 지도자가 되는 청소년들은 높은 자아존중감을 획득하는 반면, 사회적 기술과 지도성이 낮은 청소년들은 낮은 자아존중감을 형성하게 된다.

(2) 청소년기 정신건강의 문제

청소년기에 주로 발생하는 정신건강의 문제에 대해 구체적으로 설명하면 다음과 같다(김혜련 외, 2001; 이준우·손덕순, 2010).

① 불안과 우울

청소년기의 가장 흔한 정신건강 문제는 불안과 우울로, 이는 진로선택의 갈등이나 시험불안, 폭력적 행동, 가출, 여러 가지 약물 중독이라는 어려움을 야기할 수 있다. 특히 청소년기 우울은 발달과정에서 나타날 수 있는 자존감의 상실과 관련되며 무기력감으로도 나타난다. 때때로 행동화되기도 하며 극단적인 경우 자살로도 나타난다. 자살을 생각하는 청소년은 예전과 다른 행동을 보이며 언어적 및 비언어적 단서를 보인다. 상실경험이나 충동성은 청소년의 자살위험을 높인다.

이러한 청소년기의 정신건강을 위해서는 국가적 차원에서의 예방사업이 필요하며, 비행이나 약물 중독에 대한 치료프로그램이 개발 및 보급되어야 하고, 더불어 원만한 가정교육이 이루어질 필요가 있다. 나아가 청소년들에게 관심과 애정을 갖는 사회분위기가 조성되는 것이 중요하다.

② 적응 반응의 문제

적응 반응의 문제는 이사, 성적 부진, 이성친구와의 이별 등 특정 스트레스에 대한 적절한 문제해결 능력을 상실해 일시적으로 발달상의 지체를 보이는 경우이다. 스트레스 유발 요인이 3개월 이내에 생긴 반응으로 정서적, 행동상의 증상으로 발현되며 일단 스트레스가 제거되면 그 증상이 6개월 이상 지속되지 않는다.

③ 청소년기 행동장애

청소년기 행동장애는 아동기에 발생하여 지속된 경우가 많다. 예를 들어 아동기에 진단받은 주의력 결핍 및 과잉행동장애가 청소년기나 성인기에 이르기까지 계속될 수 있다. 이들은 학교생활에 어려움을 지니고, 공격성이 나타나는 경우 다른 행동장애 또는 약물 복용의 문제를 수반할 수 있다.

④ 청소년기 품행장애

청소년기 품행장애는 사람이나 동물에 대한 공격성이 아동기보다 더 강해지고, 재산 파괴, 사기 또는 도둑질과 같은 행동이 반복적이고 지속적으로 나타날 수 있다. 이 장애를 가진 사람은 폭발적인 분노를 보이고 갈등에 대하여 인내심이 낮다. 불안정하고 거친 행동도 보인다. 물질 남용과 같이 나타나기도 하며 청소년기 일탈행위의 주요 요인이다. 행동요법과 공격성 조절, 가족적 개입, 약물치료를 같이 해야 한다.

⑤ 청소년기 물질 남용

청소년기 물질 남용은 친구의 권유로 시작되는 경우가 많다. 즉, 전통적인 사회규범을 따르기보다는 약물을 사용하는 또래와의 관계를 더 중요시할 때 그 위험은 높아진다. 우리나라 청소년의 알코올 남용 실태는 매우 심각하다. 또한 강박적으로 약물을 사용하는 사람은 알코올도 같이 사용하는 것으로 보고됐다. 약물 중독 청소년은 약물 중독 외에 우울증, 불안장애, 행동장애 등과 중복 진단되는 경우가 많고, 조울증 발병 정도도 높다.

⑥ 섭식장애

섭식장애로 신경성 식욕부진증(anorexia nervosa)을 들 수 있는데, 13~20세의 여성에게 많다(Halmi, 1985). 이들은 심한 체중 감소에도 불구하고 자신이 비만이라고 생각하여 계속 식사를 거부한다. 심하면 사망에까지 이른다. 이들 대상자는 신체적 변화와 성장에 대한 두려움이 있고 부모와 공생적 관계를 맺고 있다(Dally, 1969). 문화적인 요인으로 인한 날씬한 여성에 대한 선망도 주요 원인이다. 섭식장애는 과식 후 토해 내는 신경성 폭식증(bulimia)과 같이 나타나기도 한다.

⑦ 정신병

정신병은 청소년기에 시작되는 경우가 많다. 조현병이나 양극성 장애는 청소년기에 시작하여 초기에는 우울과 반사회적 장애가 섞여 있기도 한다. 주요 양상은 성인과 같다. 청소년기 강박장애는 확인하고 행동을 지연하고 되풀이 생각하는 증상을 보인다. 이들은 대체로 보통 이상의 지능을 가진 것으로 보인다.

(3) 청소년기 정신건강 증진 전략

청소년기 정신건강 증진 전략을 간략하게 정리해 보면 다음과 같다(이영호 외, 2006; 이윤로, 2000).

① 예방

청소년기의 정신건강 문제에 대해 가장 효과적인 개입방법은 예방이다. 위험성이 있는 청소년을 조기 발견하여 도움을 주고, 청소년들이 주어진 환경에 잘 적응할 수 있도록 적응능력을 키워 주는 것이야말로 의미 있는 일이다. 특히 청소년들의 삶에서 많은 시간을 차지하며 대인관계가 주로 이루어지는 학교생활에 잘 적응할 수 있도록 도와주는 것은 여러 가지 청소년 문제의 예방에 필수적이다.

② 스트레스 제거 및 완화

가능한 한 스트레스 원인을 줄여 주고, 제거하거나 줄일 수 없는 스트레스는 더 잘 극복할 수 있도록 해주는 전략이 필요하다. 구체적인 전략을 정리하면 다음과 같다.

가. 사정

포괄적인 평가를 통해 스트레스 상황과 그로 인한 문제를 사정(査定)한다.

나. 개인상담

청소년의 걱정이나 염려를 들어 주며 두려움, 분노, 좌절을 말로 표현하도록 격려한다. 스트레스의 의미를 다시 생각하도록 하고, 왜곡되고 부정적인 생각을 고쳐 준다. 긴장이나 불안을 덜어 주기 위해 노력해야 한다. 스트레스가 개인에게 어떤 의미가 있으며 어릴 때의 심리적인 경험 또는 상처들과 어떤 연관이 있는지를 알도록 돕는다. 자신이 한 행동의 결과에 대한 책임감을 느끼게 해주고, 스트레스를 자신이 감정적으로 성숙할 수 있는 기회로 삼도록 해준다. 상담은 가능한 한 제한된 목표를 가지고 단기간에 걸쳐 실시한다. 이 과정에서 지나친 퇴행을 조장해서는 안 되며, 마술적인 해결책에 대한 기대를 조장하지 않아야 한다. 주위 사람의 지나친 관심과 배려가 적응 문제나 증상을 더 강화시킬 수 있기 때문에 이런 이차적인 이들을 차단하는 것이 중요하다. 특히 품행문제 때문에 생긴 책임으로부터 청소년을 구출해 주려는 노력이 오히려 앞으로의 품행문제를 조장할 수 있음에 유의해야 한다.

다. 가족상담

스트레스의 많은 부분이 가족에서 비롯되기도 하지만 가족은 중요한 지지체계다. 그러므로 가족상담이 매우 중요하다. 부모가 스트레스가 되는 환경 조정에 실권을 갖고 있는 경우도 많다.

라. 집단상담

집단사회사업 기술을 통하여 비슷한 스트레스를 받은 청소년들을 모아서 '동병상련'의 기회를 가지며 서로 돕고 지지해 주도록 한다.

③ 지지망 형성

부모, 형제, 또래, 교사, 학교체계, 사회복지사 등을 청소년의 지지체계 내지 지지망으로 형성해 나갈 필요가 있다. 특히 학교생활 적응력을 강화하기 위한 전략은 매우 중요하다. 구체적으로는 다음과 같다.

가. 청소년의 발달단계에 맞춘 학교환경 만들기

청소년기의 자율성과 자기결정권에 대한 욕구를 충족시키고 지속적인 발달을 촉진시키기 위해 각기 다른 연령대마다 다른 형태와 목표의 교육환경과 훈육이 제공되어야 한다. 긍정적인 학교 분위기는 스트레스를 줄여 준다.

나. 긍정적인 교사의 영향

청소년 개개인의 욕구와 자존심을 존중하고 개인의 능력에 따라 유연한 교과지도를 실시함으로써 스승에 대한 사랑과 존경, 신뢰를 심어 줄 수 있다면 청소년들의 스트레스 극복과 정신건강 증진에 많은 도움이 될 것이다.

다. 사회적인 지지체계 만들기

청소년 개인을 위한 네트워크를 만들어 주는 것이다. 예를 들면, 방과후 활동, 멘토(mentor) 프로그램, 형제자매 결연, 또래상담프로그램 등을 통해 다양한 연령대의 상호연결을 강화하여 상부상조할 수 있도록 한다.

라. 지역사회복지관 중심 학교사회사업

지역사회복지관은 학교 부적응 청소년들의 여러 문제를 직접적으로 도울 수 있을 뿐만 아니라, 부모와의 연계에 있어서도 교사의 연계보다 훨씬 접근이 용이하다. 이에 많은 경험을 바탕으로 풍부한 자원을 제공하고 연계하는 통합적인 프로그램도 가능하다. 또한 지역사회복지관 중심 접근방법은 각 학교 단위로 전담 학교사회사업가를 배치하여 고유한 업무를 독립적으로 운영하는 학교 중심 접근방법과 달리, 지역의 사회복지관이 주체가 되어 학교와 협력체계를 구축하여 학교 현장 또는 지역복지관에서 다양한 사회서비스를 제공할 수 있다는 장점이 있다. 현재는 기존의 학교 중심 학교사회사업을 지향하는 복지관이 대부분이나 변화하는 학교 체계와 기존의 한계점이 반영된 새로운 접근방법이 필요하다. 지역복지관 중심의 '학교사회사업지원센터'는 그 필요성만큼이나 효과성이 매우 크다. 따라서 적용을 적극적으로 모색해 볼 필요가 있다.

생각해 보기

1. 다음은 아동의 정신건강 문제에 대한 잘못된 생각들을 나열해 놓은 것이다. 읽어 보고 느낀 점을 말해 보자.

- 발달이 느린 아동은 기다리면 나아진다.
- 학습장애란 학습부진이나 지진을 말한다.
- 아동에게는 우울증이 없다.

- 아이들이 산만한 것은 당연하며 나이가 들면 저절로 좋아진다.
- 학교 가기 싫어하는 아동은 스스로 갈 때까지 보내지 않는다.
- 자기 자식을 학대하는 일은 있을 수 없다.
- 틱 증상은 의지로 조절할 수 있다.
- 소아정신과에서 주는 약은 신경안정제이다.

2. 아래에 있는 글을 읽고, 자신의 견해를 말해 보자.

"지금까지 우리는 청소년을 문제의 시각에서 그 증상을 진단하고 처방하려는 이른바 원인(*cause*) → 결과(*effect*) 의 환원주의적 접근으로 일관해 왔다. 물론 원인 → 결과의 정형화된 시각으로 인간 현상을 밝히려는 시도가 전적으로 잘못된 것은 아니라고 할지라도, 총체적인 시각이 요청되는 청소년기 정신건강의 문제에 원인 → 결과의 패러다임을 적용할 경우 그 패러다임에 내재된 오류가 명백히 드러남을 볼 수 있다. 검은색 안경을 쓰면 온 세상이 검게 보이는 것과 같이 청소년기 정신건강의 문제에 대한 이와 같은 정형화된 시각은 청소년의 삶을 왜곡시킨다. 이 패러다임으로 현상을 들여다보면, 현상을 파악하려는 주체(*subject*) 와 파악되는 대상인 객체(*object*) 간의 엄격한 상호분리를 전제로 인식의 과정이 시작된다. 예를 들면 청소년기 정신건강의 문제를 인식할 경우에 어른이 주체가 되고 아이들은 탐구의 객체로 분리되어 문제의 원인을 아이들에게서 찾는 잘못을 범하게 된다."

Tip. 청소년의 정신건강을 위해 청소년에게 거는 기대

- 청소년이 현재도 행복하고, 미래에도 행복하길 원한다.
- 청소년이 현재도 건강하고, 미래에도 건강하기를 바란다.
- 청소년의 삶이 현재도 사랑에 가득 차고, 미래에도 사랑에 가득 차기를 바란다.
- 청소년의 삶이 현재도 아름답고, 미래에도 아름답기를 원한다.
- 청소년이 현재도 자유롭고, 미래에도 자유롭기를 원한다.
- 청소년이 지금 세상은 아름답고 자신의 삶은 행복하다고 느끼기를 원한다.
- 청소년이 미래에 대한 기대와 과거에 대한 향수를 갖기를 바란다.
- 청소년이 긍정적인 자아상(자아존중감)을 갖기를 바란다.

청소년 정신건강 활동은 청소년들이 위와 같이 될 수 있는 환경과 여건을 마련해 주어야 하며, 청소년들이 스스로 행복을 창조할 수 있는 능력을 갖추도록 해주어야 한다.

* 출처: 한국청소년개발원 편(1995). 《정신건강활동》. pp. 6~7.

제7장
성인기·중년기 정신건강

성인기·중년기는 청소년기 이후부터 노년기 이전까지의 시기를 말한다. 사회가 점차 고령화되어 감에 따라 향후 이 시기는 보다 그 연령의 폭이 넓어질 것으로 예상된다. 당연히 노년기에 대한 기준도 변화될 것이다. 어쨌든 시간이 갈수록 이 시기는 매우 중요하게 부각될 것으로 보인다.

1. 성인기 정신건강

성인기는 대략 만 18세부터 만 40~45세까지로 보지만 경제적 독립을 기준으로 삼으면 대학을 졸업하는 20대 중반부터 시작되는 것으로 인식하기도 한다(권육상, 2005). 심신의 기능이 안정되고 인생에서 가장 활동력이 왕성하며 사회적 활동 범위와 대인관계 범위의 확대로 친밀감과 연대의식을 지속적으로 경험하고 이를 확대, 재생산해 나가는 시기이다. 또한 결혼하여 가정을 이루고 자녀 양육에 헌신하며 주체성이 확고해지며 봉사활동에도 적극적으로 참여하고 자기실현의 기반을 확립해 나가는 시기이기도 하다(유수현 외, 2010).

1) 성인기 정신건강 문제의 원인

청소년기에 있었던 급격한 변화와 이로 인한 갈등은 성인기에 점차 감소된다. 성인기는 정체성이 형성되고 인격이 보다 성숙해지고 안정되는 시기이다. 성인기 정신건강의 문제는 대부분 성인기에 주어진 발달과제가 제대로 수행되지 못했을 경우 발생하며, 그 외에는 과도한 스트레스나 정신영역의 질환 및 장애로 인해 발생한다(이영호, 2010).

(1) 스트레스

성인기에 가장 크게 느끼는 스트레스는 직장과 일에 관련된 경우가 대부분일 것이다. 많은 성인이 갖는 고민이 자신이 일하는 곳에서 자아실현의 욕구를 어떻게 충족시키고 자신의 존재를 어떻게 인정받느냐 하는 것이다. 직장인들이 가장 보람을 느끼는 일은 자신의 뛰어난 자질과 가장으로서 능력을 인정받는 것이라고 한다(권육상, 2005).

하지만 이 시기에는 직장 내의 인간관계, 과도한 업무, 신체적 피로가 스트레스로 작용하여 정신건강에 부정적인 영향을 끼친다. 여성의 경우 임신, 출산 등의 생리적 변화를 겪는다. 이러한 변화와 더불어 비지지적인 환경조건이 가중될 때, 정신건강의 위험요인으로 작용한다(김혜련 외, 2001).

(2) 심리적 갈등

성인기에는 부부간, 고부간, 부모 자녀 간 등 가정에서의 인간관계에 의한 신경증, 직장이나 직업상의 인간관계 또는 사고에 의한 갈등으로 일어나는 신경증, 그리고 근친자의 사망이나 경제적 압박에 의한 신경증 등이 정신건강 문제의 원인으로 대두된다.

실제로 성인기에는 가정과 사회에서의 경험이 풍부해지고 책임과 의무를 수행하면서 위기에 대처하는 심리적 및 사회적 능력이 증가될 수 있다. 한편 다양한 취미나 오락, 음주 등으로 스트레스를 해소할 수도 있다. 비교적 가정과 사회에서의 경험이 풍부해지고, 책임과 의무를 수행하면서 심리적·사회적 관습과 규범에 적응하며 자아실현에 노력한다(임성혜·장유미·이유미, 2009). 그러나 성숙한 인격이 형성되지 못함으로써 심리적 갈등이 심해졌을 경우 인간관계에서 문제가 발생하고 직업적으로 위기가 올 수도 있다(박선환 외, 2008).

(3) 정신장애

성인기 정신건강 문제의 원인 중 가장 극심한 것으로는 정신장애를 들수 있다. 성인기 정신장애는 먼저 인격장애를 들 수 있다. 인격장애는 대체로 성인기 초기에 시작된다. 문화적 기대로부터 심하게 벗어난 행동을 지속적으로 보이며 그 개인에게 고통이나 사회적 장애가 초래된다. 다음으로는 가족의 사망이나 실직과 같은 충격에 의해서 일시적으로 오는 심인성 정신장애가 있을 수 있고, 신체적 질병이나 변화와 관계되는 정신-신체적 증상이 있다. 우리나라에서는 서구에 비해 정신장애가 보다 '신체화'되어 나타나는 것으로 알려졌다(진교훈, 2002).

그뿐만 아니라 불안장애나 우울장애는 성인기에 가장 많이 나타나는 장애이며 적절하게 치료되지 않았을 경우 만성화되어 삶의 다양한 영역을 제한한다. 불안장애나 우울장애보다 유병률은 낮지만 조현병과 양극성 장애는 성인기 초기에 가장 많이 발병되며 삽화(*episode*)가 되풀이될 수 있다(설진화, 2008).

2) 성인기 발달과 정신건강 문제

성인기는 한 사람의 성인으로서 사회적 역할을 시작하는 시기이다. 이 시기에 가장 중요한 과제는 '사랑'과 '일'을 해야 한다는 것이다. 그러나 성인으로서 성숙한 사랑을 할 수 있는 능력이나 안정된 자존감을 갖추지 못한 경우에는 배우자와의 안정된 관계는 물론 자녀양육에도 어려움을 겪게 된다. 따라서 이 시기의 정신건강에 가장 영향을 크게 미치는 것은 이성교제와 결혼, 직업 유지 및 발전이다(장연집 외, 2008).

(1) 생활방식의 변화와 정신건강 문제

성인기는 신체적으로 가장 건강한 시기로서, 다른 시기에 비해 만성적 질병이 가장 적게 보고된다. 그러나 이 시기에 흡연, 음주, 약물 흡입 경향은 급격히 증가한다. 이러한 흡연이나 음주 등과 같은 행위는 생활습관으로 굳어지고 이는 생활방식이 된다(유수현 외, 2010). 성인기의 생활방식이 중년기나 노년기의 신체적·정신적 건강상태를 결정한다고 할 수 있다. 실제로 성인기에 흡연과 음주를 통제하는 등 좋은 생활습관을 형성하는 일은 중년기와 노년기의 건강 유지에 필수적이다(장연집 외, 2008).

하지만 성인기에 있는 많은 사람들은 치열한 경쟁체제 속에서 살아

남기 위해 사투를 벌여야 하고, 그 과정에서 엄청난 스트레스 상황으로 내몰리는 경우가 빈번하다. 그러다 보니 과도한 흡연이나 음주 등이 자연스러운 일상생활이 되기가 쉽다. 그러면서 점차 신체적·정신적 건강이 위협 받을 수 있다.

(2) 인간관계와 정신건강 문제

에릭슨에 의하면 성인기는 자아정체성을 확립한 후 친밀감을 발달시키는 시기이며, 타인과 적절한 관계를 형성하고, 연애와 결혼을 통해 가정을 형성하고, 자녀를 낳고 양육하는 시기이다(김혜련 외, 2001). 그래서 성인기에 있는 사람이 자신에 대한 합리적인 자아정체성을 가진다면 다른 사람들과 진정한 친밀감을 형성할 수 있다. 진정한 친밀감이란 성적 친밀감을 포함하는데, 이는 다른 사람과의 상호관계에서 진실한 심리적 친밀감을 발전시키는 능력이다. 어떤 사람이 자신에 대한 정체성이 확실하지 않다면 대인관계에서 친밀감을 형성하기 어렵게 되고, 그 반대의 경우에는 우정, 지도력, 사랑 등의 형태로 친밀감을 형성한다(권육상, 2005).

특히 가정은 서로의 약점과 의존성을 표현할 수 있는 장소인 동시에 서로에 대한 확신과 사랑을 공유하기에 적절한 공간이다. 그러나 다른 환경에서 성장한 사람들이 결혼해 가정을 이룬다고 해서 처음부터 친밀감을 형성하기란 쉽지 않다. 성인기에 한 가정을 이루어서 사랑하는 관계로 지속적으로 발전하기 위해서는 상호 간의 노력이 있어야 하고, 때로는 엄청난 도전을 감내해야 한다. 친밀감이란 상대방과 가깝게 되는 과정에서 자신의 정체성을 잃지 않고서도 상대와 개방적이고 지지적이며 다정한 관계를 맺는 능력이고, 서로의 욕구에 대한 인식뿐 아니라 공감할 수 있는 능력을 말한다(장연집 외, 2008). 이 시기에 친근감을 획득하지 못한 사람은 지나치게 자기중심적으로 되면서 동시에 자신의 사회적 행동과 적응에 대해 걱정하고 불안해하기 때문에 원만한 사회적 상호작용을 이루지 못함으로써 소외감에 빠져들게 된다.

이렇게 소외감을 경험하는 사람은 자신의 안정감을 위하여 자신과 타인 간에 장애물을 설치한다. 이러한 사람은 아동기의 누적된 경험을 통하여 연약한 자기 개념을 발달시켜서 경직되고 완고한 자아정체성을 형성한다. 소외감뿐만 아니라 타인과 지나치게 가까운 관계는 자아정체성에 위협을 준다. 더욱이 의존성이 심한 사람들은 성인기에서 필요한 독립성을 스스로 획득하지 못하기 때문에 정체성의 혼돈을 겪을 뿐만 아니라 배우자를 선택함에 있어서도 의존할 수 있는 대상을 찾는 경향이 있다(이영호, 2010).

(3) 성과 정신건강 문제

성인기 사랑은 개인의 완성감과 충족감을 더해 주며 성적 관계를 포함한다. 즉, 성인기는 이성과의 성관계가 확립되는 시기이다. 오늘날에는 혼전 성관계가 급격히 보편화되며, 성관계 대상의 수도 증가하는 경향이 있다. 그럼에도 불구하고 혼외 성관계는 성인기 가정 위기의 주된 원인이 되며 그로 인해 정신건강에도 악영향을 미치게 된다. 한편 성관계가 원활하지 못함으로써 발생하는 부부간 갈등과 소외 현상도 정신건강에 부정적인 영향을 미친다. 또한 성인기에 도달하면 그 비율이 높지는 않지만 동성애가 개인의 성적 취향으로 확립되기도 한다(진교훈, 2002).

(4) 인지발달과 정신건강 문제

성인기에는 형식적 조작 사고가 강화되고 공고화된다. 보다 다양하면서 적합한 가설을 설정하고, 관련 변인을 보다 체계적으로 찾아내고 분석하며 비교하고 통합할 수 있게 되면서 보다 유능한 문제해결 능력을 갖추게 된다. 또 다른 관점으로 성인기의 인지 양상을 살펴보면, 성인기를 직장이나 사회, 크게는 생태적 맥락 내에서 발생하는 여러 가지 복잡한 문제들을 해결하고 적응해 나가야 하는 시기로 본다(장연집 외, 2008).

따라서 성인기의 인지발달은 청소년기의 논리적이며 가설 중심적인 사고로부터 현실에 대한 실용적인 적응방안을 탐색하는 실제적인 문제해결 사고로의 변화과정을 의미한다고 볼 수 있다. 즉, 논리적 사고 기술과 현실에 대한 실용적 적응 기술이 동시에 요구되는 것이다. 청소년기와 구별되는 또 다른 성인기 사고의 특징은 현상을 양극화하는 이분법적 사고의 경향이 있는 청소년기 사고와는 달리 타인들의 관점과 견해의 다양성을 수용하면서 다면적이고 상대적인 사고로 대치된다는 점이다. 즉, 지식과 의견에 대해 절대성을 부여하는 것이 아니라 시대 상황적 맥락에 따라 바뀔 수 있다는 진리의 상대성을 이해할 수 있게 된다(임성혜 · 장유미 · 이유미, 2009).

(5) 진로와 정신건강 문제

성인기의 중요한 발달과업에는 진로가 포함된다. 일생 동안 지속할 직업을 선택하고 주어진 업무에 충실히 종사하는 일은 성인기의 성공적인 발달 여부를 결정하는 중요 요인이다. 성인기부터 이후 중년기와 노년기 동안의 진로발달은 선택, 적응, 유지, 은퇴의 네 과정을 거친다(장연집 외, 2008). 사람들 대부분은 자신이 선택한 직업에 적응하고자

노력한다. 직업이 요구하는 새로운 역할에 자신을 맞추어 가는 적응과
정은 성인기 발달의 핵심과제이다.

얼마나 빨리 안정적인 직업을 획득했는지, 어느 연령에 안정적인 유
지단계에 들어섰는지가 진로발달의 성공 여부를 가늠하는 기준이 될
수는 없다. 진로계획이 궁극적으로 어떤 가치를 지닌 목표를 향해 삶을
살 것인가 하는 문제와 관련되기 때문이다. 일반적으로는 '경제적으로
풍요로운 삶'과 '철학적으로 의미 있는 삶'으로 구분해 볼 수 있는데, 물
질적 가치관이 만연한 현대에는 경제적으로 풍요로운 삶을 지향하는
경향이 높다(장연집 외, 2008).

그러다 보니 직업이 성인기 사람들의 자아실현 욕구를 충족시켜 주
기도 하지만 경제적 측면에서는 상당한 스트레스를 주기도 한다. 가정
경제의 무거운 책임감은 고달픈 직장생활의 어려움을 승화시켜 나가는
긍정적인 기능을 하기도 하지만 실제로는 정신건강의 문제가 되기도
한다. 급기야 자신의 능력과 존재에 대한 인정을 받지 못하는 상황에
처하기도 하면서 상당한 자괴감과 낙심, 절망, 불안 등을 경험할 수도
있다.

(6) 생애 발달적 접근과 정신건강 문제

성인기를 생애 발달적 접근으로 살펴보면, 결혼, 실직, 이혼, 배우자
의 죽음 등 일상에서 경험하는 여러 가지 생활사건이 가치관, 태도, 성
격 등 개인의 심리적 특성에 영향을 준다는 것을 알 수 있다. 그러나 생
활사건 경험 자체가 직접적으로 개인에게 영향을 주기보다는 개인이
속한 생태적 맥락 내의 여러 요인이 매개 또는 중재 역할을 하면서 개인
의 궁극적인 적응에 영향을 미친다. 예를 들어 여러 사람이 이혼이라는

생활사건을 경험하지만, 가족이나 친구의 정서적 지지나 이혼을 경험하는 나이, 경제적 상황, 자녀의 유무 등에 따라 이혼에 대처하는 방식이 달라진다는 것이다. 또한 사회문화적으로 개인이 속한 사회가 이혼에 대해 가진 가치나 태도에 따라서도 대처방식은 달라질 수 있을 것이다(장연집 외, 2008).

2. 중년기 정신건강

일반적으로 중년기는 40~60세 전후에 해당하는 시기이다. 중년기는 문자 그대로 인생을 전·후반으로 양분할 때, 그 중간에서 인생 전반을 반성하고 정리하며 후반을 준비하고 새로운 삶을 모색하는 과도기라고 할 수 있다(김교헌 외, 2010). 중년기는 최초로 쇠퇴의 징후가 나타나며 개인적인 삶은 줄어들고 다음 세대인 노년기를 준비해야 하는 시기이기도 하다(유수현 외, 2010).

1) 중년기 정신건강 문제의 원인

중년기 정신건강 문제의 원인으로 가장 대표적인 것은 신체적 기능의 쇠퇴와 그에 따른 정신건강 문제의 빈번한 발생이다. 몸이 지치고 약해지면 정신도 쇠약해지는 것이다. 중년기에 가장 뚜렷하게 쇠퇴하는 2가지 감각기능은 시각과 청각이다.

시각의 감퇴는 노안과 망막의 민감성 저하로 나타나며, 청각의 경우에는 40세경에 고음에 대한 민감성의 감퇴가 먼저 나타나고, 50대에는 저음에 대한 감퇴가 시작된다. 또한 신체구조와 기능의 변화로 인해 건강이 약화될 수 있다. 60세쯤 되면 키가 2센티미터가량 줄어든다. 피부 탄력이 줄고 주름과 흰머리가 생기며 체중이 느는 것은 보편적인 중년기의 신체변화 특징이다(장연집 외, 2008).

이와 같은 신체적 건강상태는 정서적 안정성 및 성격유형과도 밀접한 관계가 있으며 동시에 정신건강에도 큰 영향을 미친다. 개인의 성격과 적응 유형이 중년기의 수명과 직결되는 대표적 질환인 심장병이나 고혈압, 암의 발병률과 밀접한 관계가 있다는 것은 널리 알려졌다(임성혜・장유미・이유미, 2009).

또한 중년기에 나타나는 성적인 변화 중에는 여성의 폐경이 대표적이다. 폐경은 보통 40대 후반에서 50대 초반에 나타난다. 이를 전후하여 여러 갱년기 증상이 나타나는데, 얼굴의 홍조, 식은땀, 만성적 피로감, 메스꺼움, 심장박동의 증가는 대표적인 신체적 증상이다. 이와 더불어 우울, 초조, 불안정 등의 심리적 증상들도 나타난다. 이러한 갱년기 장애는 심리적인 문제보다는 성 호르몬 불균형에서 오는 것이므로 치료를 통해 극복 가능한 것으로 밝혀지고 있다. 남성 역시 남성 호르몬 분비의 감소로 인해 성욕 감퇴와 함께 심리적인 의욕 감퇴, 불안, 초조 등의 갱년기 장애를 경험하는데, 실제 남성 호르몬의 감소 정도는 미미한 것으로 밝혀져 남성 갱년기 장애의 증상들은 생리적인 것이라기보다는 쇠퇴를 지각하는 심리적 반응에서 비롯된 것으로 보인다. 이렇게 중년기에 나타나는 신체적 변화는 정신건강에 지대한 영향을 미친다(이영호, 2010).

다음으로 중년기 정신건강 문제의 원인으로 말할 수 있는 것은 주변 여건의 급격한 변화이다. 중년기에는 정년퇴직, 실직, 자녀의 성장과 결혼 등에 따라 다양한 정신건강 문제가 발생하게 된다. 정서적 발달과정 속에서 청년기가 가장 큰 변화를 보였듯이 중년기도 성인기의 신체적·정서적 특징을 버리고 인생의 새로운 시기로 들어가는 과도기 같은 특성을 가진다(박선환 외, 2008).

가령 여성은 아내, 어머니가 되기로 결심한 성인기에 어느 정도 자아정체성의 위기를 해결했으나 결혼 후 10여 년이 지난 중년기에는 자기 실존에 대한 의문을 제기하게 된다고 한다. 이들의 자아 정체성은 더이상 아내, 어머니 역할과 관련된 것이 아니라는 것을 자각하기 시작하면서 독자적인 자아정체성을 수립하고자 하는 욕구에 직면하게 된다. 내가 누구이고, 무엇을 할 수 있으며, 어떻게 다시 나의 인생을 찾을 수 있을까 하는 불안감을 경험하기도 한다.

특히 이때는 품 안에 있던 자식들이 자기 갈 길을 가면서 집에 홀로 있게 되는 여성은 텅 빈 감정을 느낀다. 더욱이 현대사회가 가져다준 가전제품의 획기적인 개발과 보급은 가정에서 여성의 노동 역할을 격감시키므로 바쁘지 않고 적당한 일을 찾지 못해 심한 방황을 하기도 한다. 그래서 심한 우울증이 생기기도 한다(장연집 외, 2008). 남편과 아버지로서 중년기를 보내는 남자들도 자식들이 집을 떠나고 직업에 대한 회의가 들면서 우울이나 스트레스로 인한 불안 등이 생길 수 있다. 또한 자신을 비난하고 낮은 자존감으로 인해 정신건강상에 문제가 생길 수 있다(권육상, 2005).

이렇게 중년기 위기의 경험 여부는 그 개인이 살고 있는 생태적 환경의 영향을 크게 받는다. 중년기는 연로한 부모와의 사별, 장성한 자녀들과의 이별 등 그동안의 인간관계의 끈이 상실되는 시기이며, 동시에 직장이나 삶의 터전에서 자신의 현실적 한계를 좀더 구체적으로 체험하고 꿈의 끈이 상실되는 경험을 보편적으로 겪는 분노와 우울의 시기일 수 있다. 그러나 인간의 삶에서 만나게 되는 이 피할 수 없는 중년의 위기를 활용하면 새롭게 자기를 발견하는 창조적 에너지로 바뀌게 된다.

2) 중년기 발달과 정신건강 문제

(1) 중년의 신체변화와 정신건강

중년기에 접어들면서 모든 신체 시스템은 점진적으로 노화하고 신체적 힘과 원기가 감퇴되는 신체적 변화가 나타난다. 중년기에는 생활공간 및 활동범위의 제약으로 운동량이 부족해지면서 자연히 체중이 늘고, 머리는 희끗희끗해지며, 주름살이 생기기 시작한다. 또한 쉽게 피곤해지고 이러한 피로나 스트레스를 회복하는 데 이전보다 많은 시간이 걸리게 된다. 이처럼 중년기 남녀 모두 신체적으로 젊었을 때의 탄력과 활력이 줄고 점점 쇠진되다가 누적된 피로와 스트레스로 인해 신체적인 건강문제가 생길 가능성이 높다(장연집 외, 2008).

중년기 신체변화의 특징 중 하나로 생식능력의 감퇴를 들 수 있다. 중년기에는 재생산능력의 상실을 수반하는 갱년기 현상 때문에 쉽게 불안을 경험한다. 여성은 폐경기를 겪으며 아이를 낳을 수 없게 되고, 여성 호르몬인 에스트로겐의 분비가 감소되어 번열증(몸 전체가 달아오르고 갑작스러운 열 반응을 나타냄), 요실금, 골다공증 등이 나타난다. 남성은 여성처럼 현저한 신체적 변화는 없으나 40~50세에 남성 호르몬인 테스토스테론이 현저히 감소한다. 남성은 중년이 될 때까지 인생을 최고로 완벽하게 살아가고자 하는 긴박감에 쌓여 있기 때문에 어깨를 짓누르는 심리적 부담이 많다. 따라서 남성에게도 여성의 갱년기 증상인 과민, 안절부절못함, 피로, 불안, 잦은 기분변동 등이 나타난다 (진교훈, 2002).

이처럼 중년기의 신체적 변화는 정신건강상의 변화를 유발할 수 있다. 예를 들면, 중년의 여성과 남성은 각각 에스트로겐과 테스토스테론 분비의 감소로 인한 신체적 변화를 겪으면서 여성다움과 남성다움이 많이 억제된다. 중년기에 자녀들이 성장하여 집을 떠나면 남성은 정서적이고 표현적으로 변하는 데 비해, 여성은 자기 주장적이고 독립적으로 변하는 성역할 교차(gender-role crossover) 현상이 나타난다. 이러한 현상은 중년기에 해당하는 사람들이 유사하게 경험하는 정신건강상의 변화이다(진교훈, 2002).

(2) 인지발달과 정신건강

중년기에는 생물학적 노화가 진행되어 점진적으로 기억력이 감퇴되는 인지적 측면의 변화를 경험하게 된다. 더욱이 자신이 다른 사람보다 더 빨리 노화하고 있다는 생각이나 인지능력을 유지하기 위해 노력해야겠다는 생각을 하게 될 때 의기소침해지기 쉽다.

중년기의 인지발달에는 몇 가지 특징이 있는데, 첫째 중년기 지능의 일률적인 감퇴는 없다는 것이다. 지능의 감퇴 여부는 교육경험, 사회문화적 배경 등에 따른 개인차가 크며, 과제에 따라서도 차이를 보인다. 둘째, 중년기에는 뇌신경 성숙에 따라 발달하는 유동적 지능은 감퇴하며, 이로 인해 정보처리 속도가 떨어지게 되는데 이는 신경원의 정보전달기제의 쇠퇴에서 비롯된다는 것이다. 셋째, 후천적 경험이나 학습에 의해 습득되는 결정성 지능의 감퇴 여부는 교육수준, 직업, 문화적 배경에 따라 차이가 있다는 점이다(장연집 외, 2008).

또한 중년기에 들어서면 많은 사람들이 기억력 감퇴를 호소하는데, 실제로 50세 이후에 기억정보를 활성화시키는 데 필요한 시간은 20~50세 때 필요한 시간보다 60% 가까이 증가한다. 그러나 실제로 기억능력의 감퇴가 일어나는 영역은 별로 없다. 따라서 기억력의 감퇴로 느끼는 것은 모두 정보처리시간이 길어지는 데 기인하는 것으로 보인다. 한편으로는 기억과제의 연습량 부족도 원인일 수 있다. 이전까지는 교육적 경험이 지속되지만 중년기에는 형식적 교육을 받을 기회가 적으므로 연습량이 줄어들어 기억력 감퇴가 일어난다고 생각해 볼 수 있다 (김교헌 외, 2010).

한편 중년기에 속하는 사람들은 같은 직종에 상당 기간 종사해 왔으므로 그 직종의 전문적 능력을 획득하게 된다. 전문가란 특정 분야 지식의 학습에 많은 시간과 노력을 투자한 결과 형식적인 규칙이나 절차를 적용하기보다는 획득된 경험을 바탕으로 상황에 대해 직관적으로 반응하는 사람들이다. 이들의 문제해결은 정확하면서도 빠르고 효율적이다. 이러한 전문성의 증가는 중년기 인지발달을 특징짓는 중요한 준거가 된다(이영호, 2010).

특히 이 시기는 인생의 복잡하고 불확실한 상황에 대해 뛰어난 통찰력과 판단력을 가능하게 하는 전문적 지식으로서 지혜를 갖추는 시기이기도 하다. 근래 들어 지능의 본질과 중요성에 대한 인식이 추상적 사고와 교과학습 중심의 인지능력에서 실제 삶의 맥락에 활용 가능한 실용적 능력으로 옮겨 감에 따라 지혜는 중년기 인지능력의 중요한 측면으로 받아들여지고 있다. 지혜를 구성하는 요인들이 객관적 지식, 방략적 지식, 삶의 맥락에 대한 지식, 삶의 불확실성에 대한 지식, 삶의 상대성에 대한 지식임을 볼 때, 지혜란 추상적인 철학적 개념이 아니라 측정과 개발이 가능한 중년기 인지적 능력의 한 측면임을 알 수 있다. 동서양을 막론하고 지혜는 삶의 의미를 이해하는 것과 밀접하게 관련되나, 동양에서는 삶의 의미의 경험적 지식을 강조하는 데 비해 서양의 지혜는 지적 능력과 추론의 역할을 강조한다(임성혜·장유미·이유미, 2009).

(3) 사회적 변화와 정신건강

사회적인 면에서도 큰 변화를 나타내며 재적응을 해야 하는 시기가 중년기인데, 우선 이 시기의 사람들은 배우자나 친구의 죽음을 경험한다. 때로는 이혼이나 별거상태에서 홀로 있는 사람의 경우도 있다. 물론 홀로 있는 삶에 어느 정도 훈련이 된 사람은 주어지는 사실을 받아들일 수 있지만 그렇지 않을 경우는 재혼이나 새로운 인간관계 설정을 통해서 사회적 욕구를 성취시킨다. 그러나 이들의 인간관계는 대집단 중심의 관계가 아니고 몇몇 마음이 맞는 사람과의 관계인 소집단 중심으로 바뀐다. 사람을 사귈 때에도 요란하지 않게 조용한 관계를 유지하고 싶어 한다. 활기찬 오락보다는 에너지가 덜 소모되는 오락을 즐기고 대화의 자리들을 깊이 가짐으로써 관계를 갖는다.

실제로 중년기에 일어나는 사회적 변화는 중년기 정신건강에 큰 영향을 미친다. 정신건강의 문제로 작용할 수 있는 주요한 사회적 변화를 정리하면 다음과 같다(유수현 외, 2010; 이영호, 2010; 장연집 외, 2008).

① 조기은퇴

은퇴는 2가지 의미에서 생각해 볼 수 있다. 먼저 무거운 사회적 책임과 역할에서 벗어나 자유로워진다는 점에서, 새로운 삶을 시작할 수 있는 기회일 수 있다. 그러나 직업생활을 함으로써 향유했던 경제적 권한들과 심리적 안정감, 사회적 역할 등을 상실한다는 점에서는 위기일 수 있다. 즉, 직장인은 은퇴를 하면 수입 감소뿐만 아니라 사회적 지위 상실, 자아정체성 상실, 사회적 유대관계 감소, 역할 상실 등을 경험하게 된다. 특히 50세 전후에 퇴직당하는 사태가 많은 직장에서 벌어지고 있다. 이러한 조기은퇴는 상대적으로 퇴직자의 노화를 재촉하고 중년기의 위기를 유발하는 원인이 된다. 조기은퇴는 많은 압박감을 주고 격렬한 감정의 폭발과 변칙적인 반응 등을 일으킨다. 긴 휴가 동안 계속해서 일을 하지 않으면 자신이 쓸모없다는 느낌이 들기 때문에 우울증에 빠지는 일이 많다.

그러나 은퇴 시기에는 생각의 전환이 필요하다. 은퇴는 완전히 새로운 삶의 시작이므로 계획과 준비를 새로 해야 한다. 이전까지의 생활은 참고하는 정도로만 여기고 새로운 단계의 삶으로 전환해야 한다. 은퇴는 새로운 삶을 시작할 기회이다. 새로운 삶을 시작하려니 준비가 부족하다는 생각이 들겠지만 있는 그대로 거기서 새롭게 시작해야 한다.

② 빈 둥지 증후군

중년기에 자녀들이 다 자라 떠나려 할 때, 텅 빈 둥지를 지키는 어미 새처럼 공허하고 자기정체성 상실을 느끼는 심리현상을 빈 둥지 증후군 (empty nest syndrome) 이라고 한다. 그러나 대부분의 부모는 가장 어린 자식의 떠남을 스트레스보다는 이완으로 받아들인다. 만약 보상적인 활동이 계발되지 않은 부모라면 우울해질 수 있고, 특히 자녀 중심의 전통적 사고방식을 가지고 가정을 지키는 어머니의 경우 이러한 충격은 더 크다고 할 수 있겠다. 자식에게 모든 시간과 애정을 투자한 입장에서 애정의 대상이 사라지고 갑자기 발생하는 시간적, 정신적 여유는 오히려 불안감과 자신에 대한 무기력감을 느끼게 한다. 이때 생활방식의 자유가 줄어들고 곤경에 빠진 느낌은 우울증을 만들게 된다.

여기서 벗어나려면 개인적인 가치, 자기 자신에 대한 확신 그리고 자신의 역할을 다시 찾아내야 한다. 스스로에 대한 자신감 회복이 중요하다. 다양한 삶에 대한 애정과 활력소들을 찾아 사회와 인생에서 자신의 소중함을 깨닫는 것도 매우 중요한 요소라고 할 수 있다.

③ 죽음불안

중년기의 사람들은 지나온 삶에 비해 짧은 미래를 소유한 사람들이다. 그래서 언제 자기에게 찾아올지 모르는 죽음을 준비해야 한다. 그러나 인간은 누구나 죽음을 두려워하고 죽음을 회피하면서 살다 보니 마치 자신에게는 죽음이 존재하지 않는 것처럼 생각하는 경향이 있다. 하지만 중년기에는 아무리 피하려 해도 죽음이라는 불안의 존재를 밀쳐 버릴 수 없다. 실제로 친구들이나 선배들의 죽음을 구체적이며 현실적으로 접하는 경우가 빈번하다.

그러므로 중년은 끊임없이 자신을 추적하며 따라붙어 다니는 죽음을 만나는 훈련을 해야 한다. 자신이 어쩔 수 없이 죽을 수밖에 없는 존재라는 사실을 자각하고 죽음과 친구처럼 친해지거나, 자신의 죽음과 만나 볼 수 있는 프로그램을 통해서 간접경험을 한다면 훌륭한 노년을 맞이할 수 있을 것이다.

생각해 보기

중년기를 성장과 치유의 창조적 시기로 보내기 위해서는 중년기의 위기감의 증후들에 민감해질 필요가 있다. 이때 겪는 우울의 감정이나 분노, 상실감의 고통들과 직면하는 용기가 필요하다. 즉, 감정을 존중할 필요가 있다. 이때 가장 필요한 도움은 친밀함의 관계이다. 배우자나 친구들과의 친밀한 관계는 중년기의 위기적 감정들을 성숙의 에너지로 전환시키는 데 중요한 자원이 된다. 따라서 주변에 이러한 인적 자원들이 있는 것은 큰 도움이 된다. 한편 직업이나 여가, 교육 등의 평생교육의 필요성을 인식하고 이를 시행하는 것과 같은 사회적인 차원에서의 지지도 중년기의 위기를 슬기롭게 극복하고 보다 창조적으로 인생을 살아가는 데 도움이 된다.

그렇다면 당신은 어떻게 중년기를 보낼 것인가?

Tip. 나의 인생 곡선

"온몸을 잘 이완한 채로 저의 목소리에 집중해 봅니다. 자, 당신은 5년 전으로 돌아가 봅니다. 5년 전 어디에 있는지, 그때 무엇을 생각하는지, 무슨 일이 있는지, 누가 옆에 있는지 3분 동안 생각해 봅니다. 잠시 후 당신은 5년 후로 미리 떠나가 봅니다. 어떠한가요? 10년 후에는 어떤가요? 또 20년 후에는? 30년, 40년 후에는? 50년 후에는 어떤가요? 당신은 죽음에 이르렀습니다. 그리고 당신은 죽었습니다. 자, 눈을 뜨고 다시 현재로 돌아옵니다."

자신의 인생에서 과거, 현재, 미래에 대한 만족(+) 또는 불만족(-)의 정도를 빗금으로 표시해 보자. 인생곡선을 그려 본 나의 느낌은 어떠한가?

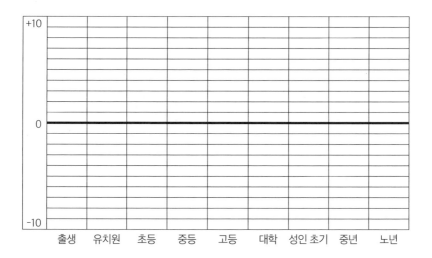

제 8 장

노년기 정신건강

노인들은 생리적, 심리적, 사회적 역할 등 여러 측면에서 젊은 연령계층과 다른 특성을 보인다. 신체적 노화, 심리적 위축 및 경제력의 상실로 인한 급변하는 사회에 대한 적응력의 약화는, 무력감, 외로움, 소외감을 더욱 크게 느끼게 할 것이다. 더욱이 노년기의 연장은 생물적 존재만이 아닌 심리적 및 사회적 존재로서의 가치 있는 삶을 추구하려는 욕구 증대를 동반할 것이다. 이처럼 고령기란 경험적인 면에서 많은 질적인 변화를 내재하므로 노인들의 다양한 욕구와 필요에 세심한 관심을 기울여야 한다(권진숙 외, 2009).

1. 노년기에 대한 새로운 관점

우리는 모두 늙어 간다. 지금 이 순간은 여러분에게 있어서 가장 늙은 순간이며, 미래에 뒤돌아보게 된다면 가장 젊은 순간이기도 하다. 우리 모두는 만족하거나 후회하면서 뒤를 돌아볼 수 있고 희망이나 두려움을 가지고 앞을 내다볼 수도 있다. 나이가 든다는 것은 생명이 지닌 자연 질서의 한 부분으로서 마지막을 향해 달려간다는 점에서는 아쉽고 서글플 수밖에 없다. 하지만 다른 한편으로 노년은 경험의 축적, 배움, 기회 등을 통하여 삶이 풍요로워지는 성숙의 과정이기도 하다(김교헌 외, 2010).

1) 노년에 대한 기존의 관점과 새로운 관점

대략 1세기 전까지만 해도 노인은 한 마을의 존경받는 존재였다. 그러나 근래 들어 노인은 신체적으로 쇠약하고 병들고 추하며 인지적 기능은 감퇴되고 사고는 고착되었으며 책임 있는 직업을 감당할 수 없는 존재로 간주되기 시작했다. 노년기에 대한 이러한 사회 전반의 부정적 관점은 노인들 스스로가 자신을 무능한 존재로 받아들이게 해 의존적인 삶을 살도록 하였다. 즉, 노인에 대해 부정적인 편견을 갖는 생태적 풍토가 노년기 적응과 발달에 부정적 영향을 주는 것이다. 만약 사회의 풍토가 노인을 유능하고 중요한 대상으로 보고, 노인에 대해 현명함과 지혜, 자기 통제력을 가진 존재로 보면서 관점을 달리한다면 노년기의 삶 역시 적응적으로 변화할 수 있을 것이다(장연집 외, 2008).

실제로 기존의 노년에 대한 개념들은 노인들을 더욱 비참하게 만들 수 있다. 노인을 이해한다고 하면서 말하는 '노쇠', '고독', '소외', '단절', '빈곤' 등과 같은 용어들은 노년을 불쌍한 세대로 낙인찍어서 절망과 허무로 이끌어 갈 가능성이 높다. 하지만 노년은 '여전히 소중한 존재', '여전히 새로움을 추구하시는 분', '참으로 아름다우신 어르신', '지혜로우신 어르신', '후손에게 꿈을 물려주시는 분', '풍성한 결실을 맺게 해주시는 분' 등과 같은 말들로 그 이미지가 개선되어야 한다(이준우, 2013).

즉, 노년을 부정적으로 보기보다 오히려 적극적이고 당당한 노년에 대한 관점을 받아들여 '부러워함'으로 바라볼 수 있어야 한다. 그들 생애의 족적에 대한 '축하', 얼마 남지 않은 죽음 너머 또 다른 세계로의 금의환향에 대한 '존경', 그리고 그들이 경험한 삶의 경력과 연단(鍊鍛)에 대한 '가치 부여'로부터 노년에 대한 새로운 인식이 시작되어야 한다(이준우, 2013).

2) 성공적 노화

노년기는 인간발달의 마지막 단계이다. 대부분이 믿고 있는 잘못된 생각 중 하나는 인간이 70세쯤 되면 자신이 살아온 삶에 대해 돌아보며 평화롭고 고통 없는 죽음을 희망하고 준비한다는 것이다. 그러나 이런 생각은 매우 단순하고 옳지 않은 것이다. 노년기에 대한 문화적 정형과 신화는 거의 사실이 아니다. 은퇴 후에도 활발하게 활동하는 사람들을 볼 수 있듯이, 70대의 나이에도 얼마든지 능동적이고 중요한 사람이 될 수 있다(김유숙 외, 2007).

많은 사람들은 노년기 동안 에너지가 감소하고 모든 것을 상실해 가므로 노화는 불가피하게 우울과 절망을 초래할 것이라 생각한다. 그러나 많은 노인들은 우울증에 걸리지 않으며 비교적 높은 수준의 안녕감을 유지하고 있다. 이처럼 노년기 동안 생물학적으로 성공적으로 생존할 수 있음은 물론 건강한 정신을 가지고 즐겁게 생활할 수 있는 것을 성공적 노화(*successful aging*)라 한다(김교헌 외, 2010).

또한 성공적 노화는 질병이나 장애가 없고, 좋은 인지적·신체적 기능을 유지하며, 생산적 활동을 수행하고 타인과 활발히 교류할 수 있도록 적극적인 생활태도를 지니는 것이다(Rowe & Kahn, 1998). 이처럼 중년기의 능동적이고 적극적인 생활양식을 계속하는 것이 노인들의 안녕감과 만족을 위해 필수적이다(Havighurst et al., 1968).

노인들은 정서적 만족을 중요시하기 때문에 사회적 연결망을 선택적으로 축소하여 그다지 중요하지 않은 사람들과의 접촉을 줄이고 친밀한 개인들과 더 많은 시간을 보냄으로써 정서적 위험을 최소화하고 긍정적 정서 경험을 극대화한다. 이처럼 긍정적 정서를 경험하기 위해 사회적 연결망을 선택적으로 축소하는 것이 성공적 노화를 가능하게 한다(Carstensen, 1998).

성공적 노화에는 다양한 생물학적, 심리학적 그리고 사회문화적 요인들이 영향을 미친다. 즉, 유전자상의 문제가 없다고 할 때, 만일 우리가 가족 및 지역사회의 친구들과 유대관계를 가질 뿐 아니라 긍정적 조망을 가지고 정신적으로나 신체적으로 적극성을 유지한다면 성공적으로 늙어 갈 가능성이 크다고 볼 수 있다(Myers, 2008).

성공적 노화의 통합적 개념 정의를 시도한 홍현방(2002)은 성공적 노화를 과거와 현재를 수용하고 죽음을 받아들이는 동시에 삶의 의미나 목표를 잃지 않고 정상적으로 성숙해 가는 심리적인 발달과정이며, 정신이나 신체상의 질병이 없어 기능적이고, 사회적인 관계를 유지하며 사는 것이라고 하였다. 따라서 성공적으로 노화한 사람들은 긍정적 조망을 지니고 있고 더 큰 자기이해를 바탕으로 최적의 적응을 하는 특징을 지닌다. 종합하면 높은 수준의 사회적, 정서적 및 신체적 활동을 유지하는 사람이다(김교헌 외, 2010 재인용).

노년기를 건강하고 바람직하게 보내기 위해서는 지금까지 살아온 자신의 인생을 있는 그대로 받아들이고, 달성하지 못한 일보다 이룩한 일과 행운에 감사하며, 긍지와 보람을 가지고 바라보는 긍정적인 태도가 필요하다. 즉, 자신의 삶 전체를 수용하는 것이 중요하다. 자신에게 의미를 준 사람과 자신의 삶에 부과된 책임 그리고 자신의 죽음까지도 받아들여야 한다. 또한 자기 삶의 절대적인 의미를 발견하고 대체할 수 없는 귀중한 것으로 여겨야 한다.

노년기의 덕목인 지혜는 죽음에 직면하여 얻게 되는 인생의 의미에 대한 통찰로서, 노년기의 지적인 힘일 뿐 아니라 중요한 심리적 자원이다(정옥분, 2000). 이 지혜를 통한 통찰은 노년기를 궁극적인 절망으로 이끌지 않고 새로운 종류의 지혜를 얻어 인생의 의미를 찾고 보람을 느끼게 하며, 더 차원 높은 인생으로 나아갈 수 있게 해준다.

따라서 노년기에는 신체적 노화와 직업에서의 은퇴, 자녀의 출가, 친한 친구나 배우자의 죽음 등 위기감을 경험하게 되는데, 이 시기의 성공적인 발달은 신체적·사회적 퇴보를 어떻게 수용하는가에 달려 있다.

3) 현재 지향성과 노년기 건강

'현재'에 초점을 맞추는 것은 노년기 심리적 안녕을 유지하는 데 있어서 매우 중요한 요소이다. 이것은 과거 혹은 이전에 성취한 것들에 대한 가치를 부정한다는 의미가 아니다. 과거는 현재와 미래의 계획을 위한 기초로 사용된다. 삶은 계속되는 과정이다. 그러므로 균형을 유지하는 것이 좋다(김유숙 외, 2007).

나이를 먹는 것의 장점 중 하나는 더 이상 직업전선에서 경쟁할 필요가 없어진다는 점이다. 오히려 자신의 삶을 유능하고 즐겁고 만족스러운 태도로 이끌어 나갈 수 있다. 일을 수행하는 데 대한 불안 혹은 실적 기준에 따른 평가에 대해 걱정하지 않아도 된다. 한마디로 노년기에 이르면 일의 결과나 사람들의 평가로부터 만족을 얻기 위해 많은 에너지를 투자할 필요가 없어진다.

인간은 나이를 먹으면서 성취보다는 관계가 더 중요하게 된다. 즉, 주변 사람들과의 관계를 통하여 높은 심리적 안녕을 즐길 수 있다. 관계는 부부, 친척, 어른이 된 자녀, 손자, 이웃 그리고 일터, 지역사회, 관심을 갖고 참여하는 그룹에서의 우정 등을 포함할 수 있다. 건강하지 않은 심리적 상태를 가진 노인들은 많은 경우에 가난하고, 건강이 좋지 않으며, 우울증이나 알코올 중독을 가지고 있을 수 있다. 그러나 노인들에게 가장 최악의 상태는 외롭게 고립되는 경우다. 일생을 통하여 관계를 유지하는 것은 심리적 안녕에서 매우 중요한 것인데, 특히 나이를 먹으면서 더욱 그렇다. 그러므로 과거의 관계에만 집착하지 말고 현재에서 관계들을 만들고 유지해야 한다.

2. 노년기와 정신건강

1) 노년기 정신건강 문제의 원인

노년기는 생물학적·심리적·사회적 요인이 복합적으로 영향을 미쳐서 나타난다. 유전적·환경적 요인에 따라 개인차가 심하여 노년기를 명확한 연령으로 구분하기는 어렵지만, 연령 기준으로 정의하는 방법이 가장 무난한 것으로 받아들여지고 있다. 1981년 6월 5일에 제정·공포된 노인복지법은 노인을 65세 이상으로 규정하였으며 이는 현재에도 그대로 적용되고 있다.

노년기 정신건강 문제의 가장 큰 원인은 '노화'이다. 노화란 성숙한 유기체의 제반 기능이 시간이 경과함에 따라 비가역적으로 소진해 가는 과정이다. 그로 인해서 내외 환경으로부터의 스트레스에 대한 적응력이 떨어지고 죽음의 가능성이 더 높아진다. 그러나 노화는 단순히 신체변화만이 아니고, 행동의 변화와 주변 세계를 보는 시각의 변화를 수반한다. 노화는 신체, 인지 및 심리사회적 측면에서 변화가 일어나는 일종의 평생과정인 것이다(김교헌 외, 2010).

2) 노년기 발달과 정신건강 문제

인간의 성장과 발달에 관한 연구가 축적되면서, 인생의 마지막 단계인 노년기에도 나름대로의 발달과제와 목적 및 발달을 위한 노력의 당위성이 분명히 있다는 것이 드러났다(강봉규, 2000). 최근에는 인생의 마지막 단계인 노년기에도 발달적 변화가 있다는 사실에 크게 주목하고 있다. 노년기 발달과 정신건강 문제를 구체적으로 정리하면 다음과 같다(김교헌 외, 2010; 장연집 외, 2008).

(1) 노년의 신체적 변화

노년기에는 여러 가지 신체적 노화현상이 일어나는데, 등이 굽고, 팔다리, 얼굴의 지방은 감소하며 턱과 몸통의 살은 늘어나 체형이 바뀌게 된다. 체모도 줄어들고 피부건조와 주름, 노화반점이 나타난다. 뇌의 무게는 노년기까지 약 10%가 감소하는데, 주로 뇌세포 손상 때문인 것으로 알려졌다. 뇌세포의 손상은 세포 수의 감소보다는 위축으로 인해 나타난다. 또한 신경전달기제의 둔화로 뇌기능이 느려지며, 이로 인해 정보처리 속도가 떨어진다. 수면에도 변화가 와서 전체 수면시간이 줄어들며 자주 잠에서 깨어나는데, 노인의 1/3이 불면증을 호소한다. 감각기능의 손상도 두드러져서 시각적 예민성이 급격히 감소되고, 시감각 능력의 변화로 시지각 감퇴가 일어난다.

이렇게 중년기 동안의 신체변화가 비교적 점진적으로 이루어진다면 노년기의 신체변화는 급격하게 이루어진다고 볼 수 있다. 특히 신장과 체중이 감소하고, 주름과 노화반점이 많아지며, 행동이 둔화되는 등 외모와 움직임의 변화가 일어난다. 시력, 청력, 후각, 미각, 촉각 및 통각이 감퇴되는 시감각기관의 변화를 보이고, 혈압이 상승하고, 허파기능이 저하되는 순환계와 호흡기의 변화, 면역체계의 효능성이 감소하는 면역체계의 변화, 대뇌기능이 전반적으로 둔화되는 대뇌기능의 변화, 잠들기 어렵고 깊은 잠을 자는 것이 어려운 수면의 변화가 있다. 또한 이러한 신체적 변화는 심리적 결과를 초래한다. 특히 시각과 청각의 손상은 일상생활에서의 의존성을 증대시키는 기능 쇠퇴의 위험요인이 된다.

(2) 노년의 인지적 변화

지능의 감퇴는 20대부터 시작되어 60대가 되면 가속화된다. 그러나 지능은 단일한 것이 아니라 여러 가지로 구성되는데, 연령에 따른 변화도 상이하다. 지능을 교육과 경험의 영향을 크게 받는 결정 지능(crystal-lized intelligence)과 중추신경계의 기능에 더 많이 의존하는 유동성 지능 (fluid intelligence)으로 구분했을 때, 결정 지능이 유동성 지능보다 연령에 따른 감퇴가 덜하다. 그리고 언어성 지능은 연령이 증가해도 큰 변화 없이 유지되지만, 시·공간적 기술에 주로 의존하는 동작성 지능은 감퇴한다. 노인들은 자극에 대한 반응을 결정할 때 속도보다는 정확성을 중시하는 경향이 있기 때문에 시간이 많이 걸린다.

기억은 새로이 들어온 정보를 수 초에서 수 분까지 보관하는 단기(1차) 기억, 대뇌의 기억창고 속에 들어온 정보를 수 분 내지 수 시간 혹은 수일까지 보관하는 장기(2차) 기억, 생애 동안 교육에 의하거나 매일매일 경험의 축적에 의해 획득되어 수개월 혹은 수년에 걸쳐 아주 오랫동안 기억되는 원격(3차) 기억으로 나뉜다. 노인들의 기억력이 감퇴된다는 사실은 널리 인정되고 있지만, 1차 기억인 단기기억과 3차 기억인 원격기억은 감퇴가 적다. 다만 2차 기억인 장기기억은 젊은이들에 비해 감퇴가 뚜렷하다.

하지만 최근에는 노년기 인지발달 관점의 변화로 인해 노년기 특유의 긍정적 인지능력을 식별하려는 목적으로 연구들이 이루어지고 있다. 특히 성인기와는 질적으로 다른 노년기 특유의 유능성은 추상적이고 가설 연역적인 형식적 조작사고 모형으로는 설명할 수 없는 부분이다. 따라서 개인의 내적 삶과 경험에 바탕을 둔 주관적이고 직관적인 노년기 사고를, 객관적이고 추상적이며 합리적인 사고 모형으로 해석하거나 진단하는 것에는 무리가 있다.

노인이 몸담은 일상의 삶이라는 사회문화적 맥락 내에서 인지발달을 고려한다면 노년기는 인지적으로 매우 풍요하며 보다 발전된 문제해결 사고를 갖는 단계라고 볼 수 있다. 그리고 노년기의 지적 능력의 감퇴는 주로 반응속도의 둔화가 주요인이라고 볼 수 있다. 그리고 노년기의 지적 능력의 감퇴는 주로 반응속도의 둔화가 주요인이라고 보고되고 있다. 그러나 변화양상에서 개인차가 매우 큰 것은 건강, 성격, 교육수준, 문화적 환경, 검사에 임하는 태도 등 여러 가지 개인적 특성에 의해 결정된다.

물론 노년기에는 분명한 기억감퇴가 일어나는데, 그 원인으로는 중추신경계의 손상 등 생물학적 요인, 주의능력의 결함과 정보를 처리하는 전반적인 인지적 역량의 감소, 그리고 경험, 동기, 성격, 문화적 요인들을 들 수 있다.

따라서 정상노화로 인해 인지처리 속도 저하와 같은 인지변화가 흔하기는 하지만 90대에도 높은 인지기능을 유지하는 사람들도 존재하는 등 개인차가 있다. 인지기능의 보존은 노인의 삶의 질과 생존에 필수적이다. 또한 일부 인지기능은 나이가 들면서 오히려 향상되기도 하고, 저하된 기능을 보상하는 능력도 존재한다. 뇌의 기능적 보유고(reserve)가 큰 사람은 노화에 의한 변화에도 불구하고 학습과 적응을 유지하는 능력이 더 커질 수도 있다. 노화된 뇌에서도 상당한 수준의 적응성이 있다는 것은 최근에 와서 거의 사실로 받아들여지고 있다(이준우, 2013).

(3) 노년의 심리사회적 변화

노년기를 제 2의 유년기라고 할 만큼 노인들은 자신에 대한 정서적 유대가 강해지고, 자기중심적으로 변하며, 남에게 의존적이게 된다. 애정의 대상을 상실하거나, 의존적 욕구가 충족되지 않거나, 자존심의 손상을 받으면 자기애적인 발달단계로 퇴행하게 된다. 또한 노인들은 역할수행 수준이 낮아져서 사회적 역할에 대한 자아의 투자가 적어지는 반면, 친근한 사물에 대한 애착심이 강해지고 후세에 유산을 남기려는 경향이 커진다. 그리고 노년기에는 성역할에 대한 지각에 변화가 생기며,

주위 환경과의 관계에서 적극적이던 자세가 소극적인 대처방식으로 전환되고 외부지향적인 태도가 내부지향적으로 변한다(이준우, 2013).

노년기에는 사랑하는 소중한 사람을 잃는 상실을 경험한다. 특히 사별은 가장 강렬하고 극적인 경험 중 하나로 감정적, 신체적, 정신적으로 부정적인 영향을 미친다. 사별은 아내나 남편으로서의 역할이 상실됨과 동시에 부부로서 함께 가졌던 사회적 관계망의 단절을 가져와 사회적 소외감을 증가시킬 수 있다(이준우, 2013).

또한 노년기의 빈곤문제는 노인문제 가운데 가장 광범위하고 노인생활에 심각한 영향을 미친다. 산업사회에서 노인을 위한 소득보장제도가 마련되어 있지 않은 경우 노인들은 더 빈곤해질 수밖에 없다. 우리나라뿐 아니라 어느 나라나 대개 노인층이 가장 빈곤한 인구층을 형성하고 있는 것이 현실이다. 더욱이 노인의 질병은 장기적일 뿐만 아니라 주로 합병증의 형태로 발전하기 때문에 이전에 비해 더 많은 의료비가 필요하고, 직장이나 사회에서 은퇴를 하게 되므로 빈곤은 급속도로 심화될 수 있다(이준우·서문진희, 2016).

(4) 노년기 정신건강 문제들

노년기 삶의 여러 국면의 변화들은 다양한 정신건강 문제들을 야기한다. 실제로 노인의 평균수명이 늘어나고 전체인구에 대한 노인인구의 비율이 증가하면서 노인의 정신건강 문제에 대한 관심도 늘어나고 있다(김혜련 외, 2001).

① 고독과 소외의 문제

노년기 정신건강 문제들 중 가장 흔한 것은 '고독과 소외의 문제'이다.

노년기에 접어들면서 과거에 수행한 여러 가지 역할을 상실하고, 수십 년에 걸쳐 지속한 주위 사람들과의 의미 있는 관계를 하나둘씩 상실하는 데서 고독과 소외를 경험하게 된다. 이처럼 서로의 깊은 마음을 주고받는 배우자나 친구가 사라짐으로써 고령노인의 사회적 및 심리적 고독은 상승작용을 일으킨다.

② 죽음의 문제

노년기에 이르면 죽음에 대해 더 많이 생각하고 죽어 가는 과정이나 죽음에 대한 직접적인 경험을 할 더 많은 기회를 갖는다. 따라서 '죽음을 어떻게 맞이할 것인가?' 하는 것은 노년기 심리에서 매우 중요하며, 노인들은 젊은 성인들보다 삶과 죽음의 의미를 더 많이 생각할 수밖에 없다. 사람들은 보편적으로 죽음에 대한 근본적인 불안을 갖고 있다. 죽음은 모든 사람이 경험하는 피할 수 없는 단계이지만, 노인들에게 가장 심각한 문제로 제기된다. 죽음을 받아들이는 태도는 긍정적으로 죽음을 수용하는 경우와 부정적으로 죽음을 거부하는 경우, 2가지로 구분할 수 있다.

퀴블러 로스(Kubler-Ross)는 죽음을 앞둔 시기에 죽어 가는 과정은 '성장의 최종적 단계'일 수 있다고 하였다. 종교적 신념이나 자아정체성이 확립된 사람이 그렇지 못한 사람보다 죽음의 공포가 적다는 보고가 있다. 그러므로 죽음에 대한 건강한 사고를 확립하여 죽음과 가깝게 사귀는 것이 필요하다. 또한 삶의 순간순간을 감사하며 만족한 마음으로 받아들여 노년의 불안과 공포를 이겨 내는 태도가 필요하다.

노년기에 죽음의 의미를 직시하면 삶의 마지막 단계를 적절히 준비하게 되고, 죽음에 임박하여 닥쳐올 여러 가지 변화에 적극적이며 생산적으로 대처할 수 있다. 따라서 노년을 잘 준비한 노인들은 친구관계, 문화여가활동, 직장, 봉사활동 등을 통하여 죽음까지도 수용하는 태도를 보일 것이다.

③ 우울증

노년기 우울증은 노년기 정신장애 중 가장 흔한 질환 중 하나로서 치료를 통하여 도움을 받을 수 있는 경우가 많다. 따라서 우울증을 발견하고 진단하는 것은 매우 중요하다. 특히 요양원이나 의료기관에 장기간 입원해 있는 경우 우울증상이 더 많은 것으로 보인다. 노인은 신체적 및 정신적 쇠퇴와 더불어 의존성이 증가하며 이러한 의존성의 증가는 무기력감이나 자아통제감, 자존감의 저하로 우울증을 일으키는 것이다. 신체적 증상의 호소로 우울을 표현하기도 하며 건강염려증이나 수면장애를 동반하기도 한다. 우울증상은 노년기 스트레스적 사건과 다양한 상실(배우자의 죽음, 건강 악화, 퇴직)과 관련된다. 우울증상이 있으면서 사회적 지지가 적고 알코올 남용의 경력이 있는 경우 노년기 자살의 위험이 높아진다. 그러나 주요 우울증이나 기분부전장애가 진단될 정도의 심한 우울증상은 노년기에 발병하는 경우는 드물고 이전에 발병하여 노년기까지 지속된 것이다.

노년기에 겪는 직업과 역할의 상실, 빈곤, 외로움, 사별 등이 우울증의 위험을 높일 수 있는 것으로 인식된다. 노인들은 상실을 겪고 난 뒤 젊은 사람들에 비해 주요 우울삽화를 경험하기 쉽다는 연구도 있다. 노년기 우울증은 발현 양상의 복합성, 주변의 관심 저하, 본인의 인식 부족 등의 원인으로 발견이 늦어지고 적절히 치료를 받지 못하는 경향이 있다. 노년기 우울증의 경과에 대해서는 우울증 환자의 60% 이상이

회복되지만, 25~30%는 증상이 있거나 장해가 남는 것으로 보이며 재발률은 연령에 따라 증가하는 것으로 보인다. 심리사회적 요인도 예후와 관련이 있지만 인지기능장애와 신체적 질환이 보다 일관적인 예측인자라는 연구들도 있다(대한노인정신의학회 편, 1998).

④ 치매

치매는 기억력과 언어, 실행능력 등 전반적인 인지기능의 장애를 일으키고 나아가 정서변화 및 행동문제 그리고 인격변화 등을 초래하는 질환이다. 치매의 유병률은 진단기준과 연구방법 등에 의해 다양하게 나타나는데, 대체로 65세 이상 노인의 약 5~7% 정도로 알려졌다. 연령이 증가함에 따라 그 유병률도 현저하게 증가하여 80세 이상에서는 30~40% 정도에 이른다고 한다. 또한 치매는 원인에 따라 다양한 종류로 나뉘는데, 그중 알츠하이머형 치매가 가장 흔한 치매로서 전체 치매의 약 50%를 차지한다(대한노인정신의학회 편, 1998).

치매와 노인 우울증은 증상으로 인하여 환자에게 커다란 고통을 안겨 줄 뿐만 아니라 개인적, 사회적, 국가적 손실과 부담을 야기한다. 따라서 노인 우울증과 치매를 비롯한 노인성 정신장애에 대한 예방과 진단, 치료 그리고 질환에 대한 깊이 있는 연구와 이해가 필요하다.

생각해 보기

1. 성공적 노화란 무엇인가?
2. 노년기에는 어떠한 신체, 인지 및 심리사회적 변화가 일어나는가?

Tip. 성공적인 노년기를 위한 연습

성공적으로 노년기를 겪기 위해 필요한 태도와 기술을 습득하는 것은 누구에게나 중요한 발달과제다. 노년기에 접어들면 자신의 인생을 통합할 수 있고, 다른 사람을 지지해 주거나 안내역할을 할 수 있다. 노년기는 평생발달 과정의 마지막 단계이고 개인적인 만족과 심리적 안녕이 인생의 황혼기에서 가장 중요한 역할을 하는 기간이 될 수 있다.

1. 첫 번째 연습: 노년기의 모델

당신에게 성공적인 노년기의 모델이 있으면 그들에 대해서 생각해 보고, 그들이 65세 이후의 삶을 어떻게 이끌어 나갔는지에 대해 생각해 보자. 그들은 노년의 과정들을 어떻게 다루었는가? 당신이 존경하고 닮기 원하는 노인들의 특성은 무엇인가? 피해야 할 '문제'들은 무엇인가? 그들은 죽음의 과정을 어떻게 다루었는가? 존엄하고 고결하게 맞는 죽음은 인생의 과정을 통합하는 구성요소다. 죽음을 직면하는 과정은 쉽지 않지만 자기존중감을 유지하는 방향으로 미리 죽음을 겪어 나갈 계획을 하고 직면할 수 있어야 한다.

　65~85세의 '젊은 노년기'의 모델과 86세 이상의 '노년기' 모델로 당신의 목록을 나누어 써 보라. 당신의 노년기 과정에서 얻고자 원하는 특성은 무엇인가? 당신이 피하고 싶은 특성들이나 상황들은 어느 것인가? 가능한 한 명확하고 구체적으로 기록해 본다. 현재 살아가는 상황, 친구들과 가족들과의 접촉, 건강문제, 재정, 독립 정도, 사회적 관계, 성적 관계, 직업과 취미 등의 범주로 분류하여 구체적인 특성들을 목록으로 만들어 보면 좋을 것이다.

2. 두 번째 연습: 현재를 살아가고 미래를 계획하기

이 연습은 당신이 좋아하고 존경하는 노인들과 함께하는 것이다. 당신이 즐기는 현재 삶의 구성요소에 대해 논의하고 강화인(強化因)을 찾아보도록 한다. 그것들이 반드시 훌륭하거나 독특할 필요는 없다.

당신에게 삶의 구조를 제공하고, 삶을 강화하며, 삶에 있어 기쁨과 의미가 되는 구성요소는 무엇인가? 당신과 당신의 친구는 어떻게 계획을 세우고 삶을 어떻게 조직화했는가? 당신은 정해진 시간에 일어나는가? "안녕하세요? 요즘 참 좋아 보입니다"라고 인사하면서 누군가와 접촉하는가? 좋아하는 장소에서 커피 한 잔을 마시며 시문(詩文)을 읽는가? 매주 금요일 저녁에 누군가와 저녁식사를 위해 만나는가? 자기 전에 운동을 하거나 음악을 듣는가? 요즈음 당신의 생활에 활력을 주는 요인은 무엇인가? 문화센터 같은 곳에서 집단활동을 즐기는가? 손자들과 놀아 주는가? 파트타임으로 직업을 갖고 있는가? 뜨개질하는 것을 가르치는가? 미술관을 방문하거나 문화강좌를 듣는 등 여가생활을 즐기는가? 새로운 사람들과 만나기를 즐기는가? 교통안내 혹은 아동보호센터에서 자원봉사를 하고 있는가? 성적 활동을 즐기는가? 정원에서 식물 가꾸는 것을 즐기는가? 당신의 삶의 의미를 주는 것은 무엇인가? 교회나 사찰에 나가는가? 자녀들이나 손자들에게 도움을 주는가? 스포츠 팀에 소속되어 있는가? 여행을 하거나 새로운 것을 배우는가? 아기들을 돌보는 일을 하는가? 지역사회집단에서 구성원으로 활동하는가? 당신의 미래에 대한 계획은 무엇인가? 너무나 상세한 목표를 설정할 필요는 없지만, 당신의 삶을 더 풍요롭게 하는 특별한 일이나 활동은 무엇인가? 어떤 흥미로운 것이나 집단 혹은 다른 사람들을 당신의 삶 속에 새롭게 포함시키고 싶은가? 당신의 삶에 의미를 더해 주는 방법들이 있는가? 이러한 질문들에 대한 자신의 확고한 견해가 있으면 행복한 노년을 보낼 기초가 된 것이다.

3. 세 번째 연습: 가족, 문화적 역사가로서의 삶을 인정하기

노년기에 있는 사람들이 할 수 있는 가치 있는 일들 중 한 가지는 자신의 가족이나 지역사회의 문화변천사 등에 대한 역사가 역할을 하는 것이다. 만약 당신이 노년기에 있다면 이 역할에 가치를 두고 있는가? 만약 그렇다면 가장 흥미를 느끼는 구성요소는 무엇인가? 당신의 부모에 대해서 이야기를 하는 가? 혹은 과거에 있었던 지역사회의 상황에 대해서 논의하는가? 목공예, 수예, 원예, 두레작업 등과 같은 특별한 영역에 관해 이야기를 나누는가? 이야기, 농담, 노래들을 나누는가? 며느리에게 전통적인 장 담그기, 김장하기, 차례 상 차리기 등과 같은 전통적인 방법들을 알려 주는가? 당신은 가족의 역사를 이야기해 주는 역사가로서의 역할을 얼마나 자주 수행하는가? 만약 당신이 관심을 가질 수 있는 역할이 가족이나 지역사회의 역사가로서의 역할이 아니거나, 그러한 역할을 할 기회가 없다면 당신에게 만족을 주는 또 다른 역할에는 무엇이 있겠는가? 이러한 질문들에 대해서 구체적인 기술을 할 수 있다면 성공적인 노년을 보낼 수 있는 기반을 갖게 된 것이다.

4. 네 번째 연습: 통합의 확인

이 연습은 혼자서 할 수도 있고 배우자나 가까운 친구와 함께할 수도 있다. 삶에 대한 통합적 확인은 대인관계나 개인적 성취에 대한 긍정적인 평가가 수반되고, 삶에 의미를 더해 주는 생각들과 다양한 활동들이 있어야 가능하다. 당신은 과거를 후회할 수 있지만 바꿀 수는 없다. 죄의식은 도움을 줄 수도 없고 과거 문제들을 교정해 줄 수도 없다. 중요한 것은 그래도 당시에 할 수 있었던 것을 했다고 인식하는 것이다. 당신은 어떤 일을 다른 방식으로 처리하지 않은 것에 대해서 후회하고 있을지 모르고, 혹은 시계를 다시 과거로 돌려놓고 싶을지 모른다. 그러나 그렇게 할 수는 없다. 과거의 부정적인 일들을 흘러가게 두어야 한다. 과거에 성취한 일이나 활동한 것들에 대해 인정하고 가치를 두도록 하자.

개인적 성취와 대인관계들을 지금 확인하는 것은 개인적 통합을 강화하는 역할을 한다. 삶에 있어서 통합감을 강화해 준 것들에 대해 목록으로 써 보도록 하자. 그것을 배우자나 가까운 친구와 나누는 연습을 할 때 확신과 통합을 강화시킬 수 있다.

* 출처: 김유숙 외(2007). 《자기실현과 정신건강》. pp. 362~366.

정신건강과 사회복지실천 이슈

제 3부에서는 사회복지실천 현장에서 문제로 대두되어 서비스 개입의 대상이 되는 정신건강 관련 이슈들을 설명하였다. 학대와 방임, 성폭력과 가정폭력 및 학교폭력, 자살과 중독, 외상 후 스트레스 장애(PTSD) 등 다양한 문제를 정신건강의 시각에서 다루었다. 오늘날 사회복지실천 현장에서 만나는 수많은 서비스이용자들이 갖고 있는 문제들 중 상당 부분이 제 3부에서 정리되었다고 본다. 사회복지사와 관련 휴먼서비스 전문가들에게 크게 유용할 것이다.

제 9 장
폭력과 정신건강

먼저 폭력의 개념은 사회문화적인 측면을 고려하여 포괄적으로 이해하는 것이 바람직하다. 폭력은 그 유형에 따라 신체적 폭력, 정서적 폭력, 언어적 폭력, 방임 등으로 구분하기도 하지만 이 장에서는 우리 사회에서 크게 문제로 부각되고 있는 폭력 이슈별로 가정폭력과 학교폭력, 성폭력으로 나누어 개념을 살펴보고자 한다.

첫째, 가정폭력은 '가정폭력범죄의 처벌 등에 관한 특례법'에 의거하여 가족구성원 사이의 신체적, 정신적 또는 재산상 피해를 수반하는 행위를 말하며, 가족구성원 사이의 모든 폭력을 포괄한다. 즉, 남편의 아내에 대한 폭력, 자녀의 부모에 대한 폭력, 형제간의 폭력, 아내의 남편에 대한 폭력 등 가족 간의 모든 폭력을 망라한다. 가정폭력의 범주는 직접적인 폭행, 상해, 상습범, 유기, 명예훼손 등과 아울러 심한 욕설과 같은 언어적 폭력, 의심과 같은 정신적 폭력도 포함한다.

둘째, 학교폭력은 '학교폭력 예방 및 대책에 관한 법률' 제 2조에 의거하여 학교 내외에서 학생 간에 발생한 상해, 폭행, 감금, 협박, 약취

· 유인, 명예훼손 · 모욕, 공갈, 강요 및 성폭력, 따돌림, 정보통신망을 이용한 음란 · 폭력 정보 등에 의하여 신체 · 정신 또는 재산상의 피해를 수반하는 행위를 말한다.

마지막으로 성폭력은 우리 사회에 도입된 지 얼마 되지 않은 개념으로 강간이라는 개념과 오랫동안 동일한 의미로 사용되었다. 강간이 성에 의한 폭력이라는 의미를 강조하려는 목적으로, 특히 여성운동가들에 의해 사용되기 시작했다. 본래 임상적으로 '성학대'를 사용하고 있으나, 우리나라에서는 '성폭력'이 법적 용어로 공식화되었기에 여기서는 성폭력이라는 개념을 사용하고자 한다. '성폭력특별법'에서는 성폭력을 강간, 강제추행 등으로 규정하고 있으며, 성폭력이란 상대방의 동의 없이 강제적으로 성적 행위를 하거나 성적 행위를 하도록 강요, 위압하는 행위를 말한다(채규만, 2000). 최근 이러한 폭력의 개념은 그 정의를 넓게 해석하여 이해함은 물론 피해자의 의사와 인지, 감정을 우선하여 정의하려는 경향이 강하다.

1. 가정폭력의 이해

1) 가정폭력의 정의

가정폭력의 개념은 가족구성원의 범위를 현재의 가족뿐만 아니라 전(前) 배우자 및 그와 동거하는 친족으로 확대하였다. 가정폭력은 가해자와 피해자의 관계에 따라 폭력현상의 한 범주를 개념화한 것으로, 폭력의 주체와 대상 모두가 가족구성원으로 매우 친밀한 관계에 있다는 특징을 갖고 있다(조흥식 외, 2010). 이러한 가정폭력을 지칭하는 개념에 대한 다양한 규정이 있지만, 대부분의 문헌에서는 남편의 아내구타를 지칭하는 다양한 용어 중 '가정폭력'을 중심으로 '아내구타', '아내학대' 등도 함께 혼용하고 있다. 여기서는 가정폭력의 여러 유형 중 가장 흔히 발생하는 가정폭력의 대표적인 형태인 남편에 의한 아내구타에 초점을 두고자 한다.

헤스터(Hester)에 따르면 남성과 여성 사이에 일어나는 폭력 중 90~97%는 남성이 여성에게 가하는 폭력이며, 여성의 경우는 종종 자기방어의 수단 또는 배우자에게 받은 장기간의 폭력과 학대에 대한 반응이라고 한다(보건복지부, 2000). 우리나라의 경우도 남편에 의한 아내구타는 경찰에 신고되는 가정폭력 중 90% 정도가 넘을 정도로 많다(보건복지부, 2000). 이처럼 남편에 의한 아내구타는 가정폭력의 여러 유형 중 가장 만연한 폭력이라고 할 수 있다.

가정폭력에 대한 개념에 따라 가정폭력의 발생원인이나 법률적 대응전략은 달라진다. 가정폭력의 개념정의는 크게 가정폭력 관점(*family violence perspective*)과 페미니즘 관점(*feminist perspective*)으로 나누어 볼 수 있는데, 두 관점은 법률체계 면에서는 가정폭력에 초점을 둘 것을 요구하지만 그 발생원인을 다르게 이해하기 때문에 상이한 해결방안을 제시한다(Kurz, 1993).

두 관점은 분석단위와 책임성, 폭력의 원인, 개입방안, 위기개입의 근거 및 행위자 처우와 관련하여 차이가 있다.

먼저 가정폭력 관점은 가족체계를 분석단위로 한다. 여성과 남성이 모두 가정폭력에 책임이 있으며, 폭력의 원인이 잘못된 사회규범과 대중매체 및 어린 시절의 경험을 통해 학습된 것에 있다고 주장한다. 또한 개입방안에 있어서 개인과 가족의 심리적인 문제에 중요성을 두며, 위기개입의 근거를 '가정의 보호'에 둠으로써 폭력남편을 '행위자'로 보기보다는 도움이 필요한 '가족체계'의 구성원으로 위치 짓는다. 이러한 관점에서는 사회와 국가가 배우자 학대 상황에 있는 부부로 하여금 전문가의 개입을 받아들이도록 여론을 조성하고 법안을 시행한다면 부부간 폭력문제는 어느 정도 해결이 가능하다고 본다(최규련 외, 1999).

반면 페미니즘 관점은 여성과 남성 사이의 관계를 분석단위로 하며, 폭력의 원인이 여성억압적인 가부장적 사회구조에 있다고 주장한다. 개입방안에 있어서는 피해여성의 삶에 대한 통제력과 대안선택을 강화하는 것을 목표로 하며, 위기개입의 근거를 여성이 폭력에서 벗어나 자신의 삶을 통제할 수 있는 역량 강화(empowerment)에 초점을 둔다. 또 피해자 보호와 재범 억제를 위해 형사법 체계가 가정폭력을 '범죄'로 다루어야 한다고 주장한다(최규련 외, 1999).

이 두 관점은 상이한 정책방향을 제시하는 것처럼 보일 수 있으나, 문제의 수준과 대응전략의 역동성을 위해서도 유기적으로 통합될 필요가 있다. 가정폭력의 다양한 위기수준에 적절히 개입하기 위해 '피해자 안전과 보호'와 '가정 보호'라는 목표와 전략이 상호보완될 수 있도록 형사법 체계가 입법적으로 재구성되어야 할 것이다(김은경, 2001).

2) 가정폭력의 실태 및 현황

가정폭력의 심각성은 가정폭력이 만연한 정도, 즉 실태를 통해 짐작할 수 있다. 2013년도 조사 시점 기준, 최근 1년간 가정폭력 발생률은 45.5%로 2가구 중 1가구에서 가정폭력이 발생하는 심각성을 보인다.

단위: %, 가구

구분	가정폭력 발생률	폭력 유형별 가정폭력 발생률					분석대상 수
		정서적 폭력	신체적 폭력	경제적 폭력	방임	성학대	
전체	45.5	37.2	7.3	5.3	27.3	5.4	5,000

출처: 황정임 외(2013).

정서적 폭력이 37.2%로 가장 높았으며, 그다음으로는 방임 27.3%, 신체적 폭력 7.3%, 성학대 5.4%, 경제적 폭력 5.3% 등의 순이었다 (황정임 외, 2013).

배우자로부터 폭력을 당한 부부는 45.5%로 부부 2쌍 중 1쌍이 최근 1년간 배우자에게서 폭력을 경험한 것으로 나타났다. 이는 2007년에 비하여 다소 낮아진 것이며, 정부의 가정폭력 예방 및 재발방지 대책의 효과가 가시화되고는 있으나 여전히 높은 수준이라 하겠다. 아내폭력 발생률은 42.3%로 남편폭력 발생률 38.9%보다 3.4% 높았으며, 상호폭력 발생률 30.2%를 제외한 아내폭력 발생률은 12.1%, 남편폭력 발생률은 8.7%였다(황정임 외, 2013).

가정폭력의 심각성은 가정폭력이 피해여성과 그 자녀를 포함한 가족 전체, 나아가 사회에 매우 심각한 영향을 미친다는 점에서 더욱 문제가 된다. 우선 가정폭력은 피해여성의 신체적, 심리적, 정서적, 사회적인 모든 부분에 심각한 손상을 초래하는 것으로 지적된다. 2012년 '한국여성의전화' 상담통계에 따르면 가정폭력 피해자들은 중복적인 정신적 피해를 입은 것을 알 수 있다. 이 중 우울감이 282건으로 제일 높게 나타났으며, 자존감 상실 255건, 굴욕감 249건으로 나타났다. 또한 가해자에 대한 감정으로는 분노, 원망, 배신감 순으로 나타났다.

가정폭력은 피해자의 자녀에게도 심각한 영향을 끼치는 것으로 보고되고 있다. 많은 연구는 가정폭력이 있는 가정의 아동은 아버지에게서 폭력을 직접 당하거나 폭력을 당하는 어머니에게서 폭력을 당하는 등 가정폭력과 아동학대의 연결 가능성을 지적하고 있다. 1991년 '서울여성의전화'에서 실시한 구타 관련 설문에 따르면 구타를 당하는 여성 중 52.6%는 자녀도 함께 구타를 당하고 있다고 보고하였다(서울여성의전화, 2000, p. 7).

또한 가정폭력이 있는 가정의 아동은 정서·행동적 장애를 일으키기도 하며, 이후에 폭력을 행사한다는 폭력의 세대 간 전수 현상에 대한 지적도 나오고 있다. 렌제티(Renzetti)는 가정폭력이 있는 가정의 자녀는 폭력 상황을 직접 목격한다거나 다른 스트레스 경험, 즉 수면 방해 및 일상생활 방해, 부모에 대한 애증을 가진 분노, 엄마의 안전에 대한 공포, 학대의 비밀을 숨겨야 한다는 부담감 등으로 인해서 외상 후 스트레스 장애나 사회적, 인지적, 행동적 장애로 고통 받고 있다고 지적한다(보건복지부, 2000, p. 119). 에들슨(Edleson)은 가정폭력을 목격하거나 당하며 자란 아동은 가정폭력 경험이 없는 아동보다 성인이 된 후 자신의 배우자나 아동에게 폭력을 행사할 가능성이 2배가량 높다고 보고한다(보건복지부, 2000).

가정폭력은 또한 가정파탄의 원인이 되기도 하는데, 전체 이혼 건수의 45.4%가 가정폭력 관련 행위로 인한 것이라고 한다(보건복지부, 2000). 또한 가정폭력은 피해자와 가해자를 죽음으로 몰아가는 원인이 되기도 한다. 외국의 예를 보면 살해되는 여성의 1/3 정도는 가정폭력의 희생자로서 매주 최소한 1~2명이 살해당하고 있다. 남성 중에서 가정폭력이 사망의 원인인 경우는 약 4% 정도이지만 그들 중 4/5는 배우자를 구타하는 중 살해당한 것으로 밝혀졌다(보건복지부, 2000, p. 93).
우리나라에서도 남편의 구타에서 도망치다 죽음을 당한 사건, 오랫동
안 남편의 폭력에 시달리던 부인이 남편을 죽인 사건, 수년간 딸이 폭
행당하는 것을 지켜보던 장모가 참다못해 사위를 죽인 사건, 가정폭력
이 원인이 되어 자녀가 부친을 살해한 사건 등이 발생하였다. 이러한
사건들은 가정폭력으로 인한 가정파탄을 극명하게 보여 주는 예이다
(서울여성의전화, 2000, pp. 4~7).

   이처럼 가정폭력은 우리 사회에 매우 만연해 있으며, 그 정도와 빈도
가 시간이 갈수록 심각해지고 있다. 더구나 피해여성뿐만 아니라 그 자
녀와 가족 전체에까지 심각한 영향을 끼치며 세대 간 전수되는 경향을
보이는 심각한 사회문제이다.

3) 가정폭력사건의 처리절차 및 치료적 개입

(1) 가정폭력사건의 처리
가정폭력특례법에 따라 가정폭력사건의 처리절차는 가정폭력사건 발
생 → 경찰 신고 → 경찰 현장출동 → 응급조치 → 수사 진행 및 임시조
치 신청 → 검찰 송치 → 가정보호사건으로 법원에 송치 → 법원의 조사
및 심리 → 보호처분 결정 또는 일반형사사건으로 검찰 송치 등의 과정
을 거친다.

① 응급조치(가정폭력특례법 제 5조)
진행 중인 가정폭력사건에 대한 신고를 받은 경찰은 즉시 현장에 임하
여 폭력행위의 제지, 행위자·피해자의 분리 및 범죄 조사, 피해자의

가정폭력 관련 상담소 또는 보호시설 인도(피해자의 동의가 있는 경우), 긴급치료가 필요한 피해자의 의료기관 인도, 폭력행위의 재발 시 임시조치를 신청할 수 있음을 통보하는 등의 응급조치를 취하여야 한다. 가정폭력사건에 대한 응급조치를 취한 경찰관은 행위자의 인적사항, 피해자와의 관계, 범죄사실의 요지, 가정상황, 피해자, 신고자, 응급조치의 내용 등을 기재한 응급조치보고서를 작성한다.

② 임시조치(가정폭력특례법 제8조, 제29조)
경찰은 가정폭력범죄가 재발될 우려가 인정될 시에는 가해자에 대하여 피해자 또는 가족구성원의 주거 또는 방실로부터 퇴거 등 격리, 피해자 또는 가족구성원의 주거나 직장 등에서 100미터 이내의 접근금지, 전기통신을 이용한 접근금지 등의 임시조치를 신청하여 피해자에 대한 보호조치를 실시한다. 가정폭력 행위자가 위 임시조치를 위반하여 가정폭력범죄가 재발될 우려가 있다고 인정하는 때에는 국가경찰관서의 유치장 또는 구치소에 유치하는 임시조치를 신청할 수 있다. 격리, 접근금지, 전기통신 이용 접근금지는 2개월을 초과할 수 없으며 2회에 한하여 연장이 가능하고, 유치장 등 유치는 1개월을 초과할 수 없으며, 1회에 한하여 연장이 가능하다.

③ 보호처분(가정폭력특례법 제40조)
판사는 심리 결과 필요하다고 인정할 때에는 결정으로 보호처분을 할 수 있다. 보호처분이 확정되면 동일한 범죄사실로 다시 공소를 제기할 수 없다(가정폭력특례법 제16조). 보호처분에는 행위자가 피해자 또는 가족구성원에게 접근하는 행위의 제한, 전기통신을 이용하여 접근하는

행위의 제한, 피해자에 대한 친권행사의 제한, 보호관찰 등에 관한 법률에 의한 사회봉사·수감명령, 보호관찰, 보호시설에의 감호위탁, 의료기관에의 치료위탁, 상담소에의 상담위탁 등이 있다. 보호처분은 그 기간이 6개월을 초과할 수 없으며, 필요하다고 인정될 시 1년 이내의 범위에서 1회에 한하여 그 종류와 기간을 변경할 수 있다. 사회봉사·수감명령은 그 시간이 200시간을 각각 초과할 수 없으며, 필요할 경우 400시간의 범위 내에서 1회에 한하여 그 종류와 기간을 변경할 수 있다.

접근제한, 전기통신 접근제한, 친권제한 등의 보호처분이 확정된 후에 이를 이행하지 않은 가정폭력 행위자는 2년 이하의 징역이나 2천만 원 이하의 벌금 또는 구류에 처하며(가정폭력특례법 제63조), 사회봉사·수감명령, 보호관찰, 감호위탁, 치료위탁, 상담위탁 등의 보호처분이 확정된 후에 정당한 사유 없이 이를 이행하지 아니하거나 집행에 따르지 아니한 가정폭력 행위자에 대하여는 500만 원 이하의 과태료를 부과하여 이를 제재한다.

(2) 우리나라 가정폭력사건의 처리 현황

우리나라 가정폭력사건의 처리 현황을 구체적으로 살펴보면 다음과 같다. 먼저, 가정폭력사건의 검거 건수는 2008년 11,461건에 비해 2011년 6,848건으로 낮아지는 추세를 보이다가 2012년 8,762건으로 증가하였다. 또한 구속보다는 불구속으로 처리되는 비율이 월등히 높은 것을 알 수 있다(〈표 9-2〉 참조).

한편 가정폭력 유형을 살펴보면, 2012년 아내학대가 67.0%로 남편학대 3.2%, 노인학대 2.0%, 아동학대 1.0%에 비해 상대적으로 높게 나타났다(〈표 9-3〉 참조).

<표 9-2> 가정폭력 검거 및 조치 현황

연도	검거 건수	검거 인원	조치			가정보호사건 의견 송치	
			구속	불구속	기타	건수	인원
2008	11,461	13,143	77	12,748	318	940	1,044
2009	11,025	12,493	87	12,064	342	657	756
2010	7,359	7,992	60	7,719	213	425	450
2011	6,848	7,272	51	6,925	296	336	341
2012	8,762	9,345	73	8,984	288	451	494

출처: 황정임 외(2013).

<표 9-3> 가정폭력 유형 분포

연도	발생 건수	아내학대	남편학대	아동학대	노인학대	기타
2010	7,359	5,587	367	29	111	1,265
2011	6,848	4,481	189	74	144	1,960
2012	8,762	5,876 (67.0%)	278 (3.2%)	90 (1.0%)	173 (2.0%)	2,345 (26.8%)

출처: 황정임 외(2013).

가정폭력으로 인해 상담소나 보호시설로 인도되거나 의료기관에서 응급조치를 받는 등의 경우가 늘어나는 추세이며, 피해자에 대한 격리 및 접근금지 등의 임시조치도 늘어나고 있다. 가정폭력사건에 대한 긴급임시조치는 2011년 10월 26일부터 시행된 제도로, 위급한 가정폭력 상황에서 경찰이 법원의 결정 없이 임시조치 내용을 집행할 수 있는 제도이므로 초기대응에 적절한 수단으로 보인다. 다만 48시간 이내에 검찰에 임시조치를 신청해야 하는 제한은 있다.

가정폭력을 행하는 수단의 유형으로는 단순폭력이 전체의 82.5%로 가장 높게 나타난다(<표 9-5> 참조).

가정폭력으로 인한 피해상황을 보면 상해가 없는 경우가 61.0%로 나타나지만 전치 2주 이상의 상해를 입는 경우도 39.0%로 적지 않은 것을 알 수 있다(〈표 9-6〉참조).

　피해가정의 평균 결혼생활 기간을 살펴보면 10~15년(29.1%), 5~
10년(24.1%), 5년 미만(18.1%)의 순으로 나타남을 알 수 있다(〈표
9-7〉참조).

〈표 9-4〉 응급 및 임시조치 현황

| 연도 | 응급조치 | | | | 임시조치(격리, 접근금지) | | | | 긴급임시조치(격리, 접근금지) | | | |
| | 상담소 · 보호시설 인도 | | 의료기관 인도 | | 신청 | | 집행 | | 처분 | | 결정 | |
	건수	인원	건수	인원	건수	인원	건수	인원	건수	인원	건수	인원
2002	714	718	887	899	993	1,021	832	852				
2003	819	802	901	915	1,140	1,144	829	837				
2004	894	925	688	702	656	658	359	360				
2005	1,589	1,703	631	641	451	447	234	233	14	14	12	12
2006	1,449	1,628	883	897	583	511	240	299	119	119	103	103

출처: 박미은(2010).

〈표 9-5〉 가정폭력 폭행수단 유형

연도	계	단순폭력	도구 이용	감금	협박 · 모욕	재물손괴
2005	12,775	10,817	1,115	14	160	669
2006	12,837 (100.0%)	10,595 (82.5%)	1,285 (10.0%)	27 (0.2%)	264 (2.1%)	666 (5.2%)

출처: 박미은(2010).

〈표 9-6〉 가정폭력 피해상황

연도	계	상해 없음	전치 2주	전치 2~4주	전치 1개월 이상
2005	12,775	7,601	4,401	706	67
2006	12,837	7,829 (61.0%)	4,175 (32.5%)	770 (6.0%)	63 (0.5%)

출처: 박미은(2010).

<표 9-7> 피해가정 결혼생활 기간

연도	계	5년 미만	5~10년	10~15년	15~20년	20년 이상
2005	11,843	2,026	3,020	3,430	2,273	1,094
2006	11,816	2,144 (18.1%)	2,842 (24.1%)	3,437 (29.1%)	2,251 (19.1%)	1,142 (9.6%)

출처: 박미은(2010).

(3) 가해자에 대한 치료적 개입

① 개입목표

가해자를 상담하는 일차적 목적은 폭력 발생을 예방하여 피해자의 안전을 보장하는 것이다. 가해자는 처벌의 대상으로 인식하기보다는 재활의 기회를 제공함으로써 가정해체를 방지하는 것이 중요하다. 피해자들도 남편의 처벌보다는 상담과 치료를 원하고 있다. 이러한 가해자 치료의 원칙 2가지는 첫째, '폭력근절'이라는 분명하고 일관성 있는 목적을 설정하는 것이며, 둘째, 가해자의 책임을 인정하도록 하는 것이다.

② 가해자 상담의 근거모델

가. 통찰모델(insight model)

가장 오래된 접근이다. 가해자의 병리적인 성격과 정신상태가 폭력의 원인이라고 가정한다. 이 접근에서의 공통가정은 이들이 손상된 자아기능으로 인해 실제 혹은 상상된 위협에 폭력으로 과잉반응한다는 것이다. 손상된 자아기능의 결핍은 부모로부터의 거부, 폭력가정에서의 성장과 같은 아동기 발달상의 상처에 기인한다고 본다.

나. 상호작용모델(interactive model)

이 모델은 남편과 아내 사이의 순환적인 상호작용에 기반을 둔 잘못된 행동패턴, 관계의 문제에 관해 누가 통제를 하느냐에 대한 상호투쟁이 폭력으로 발생된다고 본다. 따라서 부부 사이의 행동은 상호작용의 연속과정에 의해 원인도 되고 결과도 되는 것이라고 본다. 이러한 관점에서 볼 때, 폭력 발생은 부부 사이의 긴장 해소, 갈등 해결, 정체성 유지, 정서적 거리 유지 등의 기능이 있다. 또 폭력이 가족 내에서, 부부체계 내에서 발생하는 특징이 있다고 본다.

다. 인지행동모델(cognitive behavioral model)

이 접근에서는 폭력이 사회적으로 학습되고 강화되는 것이라고 보며, 그렇기 때문에 비폭력도 학습될 수 있다고 본다. 사회학습을 통해서 폭력을 스트레스나 불안을 해소하는 방법으로 학습하며, 비합리적인 생각이나 사회기술의 부족이 폭력 발생의 원인이라고 간주하기 때문에 대인관계기술 훈련은 폭력행동을 통제하는 데 있어 가장 중요한 요소가 된다. 따라서 대부분의 프로그램은 이러한 비폭력에 대한 학습을 강화하는 내용으로 구성된다.

라. 여권주의 모델(pro-feminist model)

이 접근이 앞의 3가지 원인을 무시하는 것은 아니다. 다만 그러한 요소들은 폭력 발생의 부차적인 요소이며, 폭력의 본질을 흐리게 할 수 있다는 것이다. 그러므로 폭력의 보다 근본적인 원인은 남성과 여성의 힘의 불균형과 이를 유지하고 허용하는 가부장적 사회구조와 문화에 있다고 간주한다. 즉, 여성에 대한 남성의 힘과 통제가 가장 근본적인 이

유이며, 치료적인 개입은 아내에 대해서 남성이 신체적, 심리적인 힘과 통제를 사용하려는 것에 도전하는 것이다. 즉, 남성들의 성차별적인 기대와 통제행동을 바꾸는 것이다.

③ 가해자를 위한 치료프로그램의 주요내용
가해자 치료프로그램의 목적은 가해자의 교육 및 재활, 피해자의 안전 및 재활 그리고 가족의 유지 및 통합에 있다. 구체적인 프로그램의 회기별 내용에는 다음 주제들이 다루어진다.

- 프로그램의 소개, 프로그램의 목적, 원칙, 규칙, 타임아웃(time-out) 계약
- 남성폭력에 대한 이해, 폭력의 개념과 형태, 폭력의 주기
- 남성의 권력과 통제, 성역할 사회화, 범죄로서의 폭력
- 음주와 폭력의 관계, 폭력이 아동과 가정에 미치는 영향
- 분노 관리: 분노의 원인과 형태, 분노와 폭력의 관계, 분노 관리기법의 훈련
- 스트레스 관리: 스트레스의 원인과 형태, 스트레스와 폭력의 관계, 스트레스 관리기법의 훈련
- 갈등 해결방법, 효과적인 갈등 해결기법 훈련
- 의사소통 훈련: 효과적인 의사소통기법 훈련, 자기주장 훈련, 의사결정방법 훈련
- 프로그램 평가 및 사후관리계획, 재발예방계획, 지지체계 활용방안 등

(4) 아내학대 피해자에 대한 치료적 개입

① 피해여성의 특성

구타의 피해자가 될 수 있는 요인을 밝혀내는 것은 큰 의미가 없다. 왜냐하면 피해자가 나타내는 많은 성격적이고 행동적인 특성들은 구타 이전에 있던 특성이라기보다는 구타의 과정이나 결과의 산물이기 때문이다. 그럼에도 불구하고 피해자들이 다음과 같은 특성이 있을 때, 구타의 대상이 더 쉽게 될 수 있다.

- 고정된 성역할, 수동적이고 순종적인 여성상을 내면화한 경우
- 성격적인 결함(낮은 자존감, 열등감, 내성적인 성격, 희생적인 성격)
- 어릴 적 학대에 노출되어 해결되지 않은 상처를 가진 경우

② 위기개입과 안전계획

학대받는 아내에 대한 접근에서 최우선적인 목적은 아내 자신과 아이들의 신체적인 안전을 확인하는 것이다. 특히 최초상담에서 안전과 위기관리에 대해 논의가 반드시 이루어져야 한다. 첫 상담을 받은 아내들 중 많은 수가 계속적인 상담을 원치 않거나 포기하는 경향이 있기 때문에, 학대받은 아내를 위한 개입은 신속하고 신중해야 한다.

아내가 집으로 돌아가는 것이 위험하다는 판단이 서게 되면 일단 안전한 곳이 어디인지를 함께 의논해야 한다. 우선 친구나 친척집, 그리고 주변의 아는 사람들을 고려해 보고, 적절하지 않을 때는 여성쉼터를 소개한다. 이러한 논의는 구체적이고 확실하게 이루어져 실질적인 도움이 되도록 해야 한다. 예를 들어 안전한 곳으로 판단되는 장소에 상

담가가 직접 전화를 해서 확인해야 하며, 믿을 만한 사람과 동행해서 안전을 확보해야 한다. 여성쉼터를 안내할 경우에도 장소, 기능, 서비스내용, 직원 등과 같은 구체적인 정보를 전달한다.

③ 개별상담

가. 학대상황 및 욕구에 대한 사정

학대사례의 경우 초기사정은 매우 중요하다. 학대 시작 시기, 빈도, 내용, 심각성, 피해의 정도와 내용, 원 가족에서의 학대 여부, 현 가족 내 아동학대 여부, 피해여성의 정신적·신체적 건강과 현재 기능 정도, 그리고 기타 외부적 스트레스 요인들(경제적인 문제, 질병, 약물 복용, 확대가족과의 갈등 등)을 사정하는데, 이런 내용들은 기관에서 준비된 일정한 초기 면접지나 학대 관련 설문지를 통해 이루어진다. 사정의 결과 학대받은 아내가 심각한 정신과적 증상이나 약물의 개입이 있다고 판단될 때는 정신건강 전문가에게 의뢰해야 한다.

학대상황에 대한 정보수집과 함께, 상황에 대한 서비스이용자의 주관적인 판단과 계획을 알아본다. 즉, 학대에 대한 문제정의, 피해자로서의 자신에 대한 생각, 대응과정, 문제해결 의지나 동기 정도, 무엇이 변화되길 원하는지, 구체적으로 어떤 도움을 원하는지, 활용가능한 개인적 장점은 무엇인지 등 다양한 욕구들을 사정한다. 이때 이들의 욕구는 아동의 양육과 보호, 경제적인 도움, 주거서비스, 직업, 법적인 보호 등과 관련되어 있으므로, 아내들의 욕구와 더불어 가족과 환경적인 욕구도 사정의 범위에 포함시켜야 한다.

나. 지지상담

지지상담은 학대받는 아내들의 고통과 욕구에 공감하고 고립감에서 벗어나도록 돕는 것이다. 학대관계에 머무르는 경우 소극적인 대처보다는 적극적인 대처가 가능하다는 믿음을 주어 자신의 상황을 관리하도록 돕는다. 만약 학대관계를 일시적으로 떠났거나 떠나려고 하는 사람들에게는, 가정을 떠나는 데서 오는 불안과 죄책감 등의 심리적인 고통을 달래 주고, 아이의 양육과 남편의 관계처리문제 등 독립적인 생활준비에 관련된 사항들을 의논한다.

사회복지사는 신뢰관계를 유지하면서 아내들이 자기비난이나 새로운 가능성을 인정하지 않고 과거로 후퇴하려는 모습을 보일 때는 용기를 주고, 변화의 동기를 자극해야 한다. 이때는 깊은 내면의 변화를 유도하기보다 교육적, 직접적, 현실적인 특성을 갖는다.

4) 아내학대 피해자를 위한 지원서비스 현황

아내학대 피해자를 위한 가족폭력 인프라 구축 현황을 살펴보면 다음과 같다(김승권 외, 2008; 여성가족부, 2017).

① 가정폭력상담소

가정폭력상담소의 설립목적은 '가정폭력 방지 및 피해자 보호 등에 관한 법률'(이하 '보호법')에 의거하여 가정폭력을 예방하고 피해자를 보호함으로써 건전한 가정을 육성하는 데 있다. 여성가족부의 여성·아동권익증진사업 운영지침에 따르면, 2017년 1월을 기준으로 성폭력피해상담소는 166개소, 가정폭력상담소는 202개소, 가정폭력과 성폭력을 통합하여 운영하는 상담소는 25개소가 있다.

가정폭력상담소는 가정폭력에 대한 피해를 신고 받거나 상담하는 일, 가정폭력으로 인하여 정상적인 가정생활 및 사회생활이 어렵거나 기타 긴급히 보호가 필요한 피해자를 임시보호하거나 의료기관 또는 가정폭력 피해자 보호시설로 인도하는 역할을 수행하고 있다.

② 가정폭력 피해자 보호시설

가정폭력 피해자 보호시설은 일반 가정폭력상담소의 업무를 비롯하여 피해자에 대한 포괄적인 지원서비스를 제공한다. 즉, 피해자를 임시보호하거나 그의 신체적·정신적 안정과 가정 복귀를 원조하고, 수사기관의 조사 및 법원 증인심문에 동행하거나 법률구조기관 등에 필요한 협조와 지원을 요청하며, 자립자활교육을 시행하거나 취업정보 등을 제공한다. 피해자의 아동에게는 취학지원서비스도 제공한다.

아내학대 문제 관련 전문기관이 운영하는 쉼터는, 남편에게 상습적으로 폭력을 당하는 여성이 위기에 처할 경우 긴급히 피할 수 있는 장소를 제공하여 보호하는 역할을 한다. 쉼터는 피해여성이 심리적으로 경험하는 학습된 무기력에서 벗어날 수 있도록 신체적·정신적 안정의 회복과 치료를 돕는다. 또한 피해여성이 진로를 스스로 설계하도록 지지체계로서 기능하며, 법적 조언과 경제적 독립 등을 지원함으로써 피해여성 스스로 학대남편과의 관계를 끊을 수 있는 계기를 제공한다.

여성가족부의 여성·아동권익증진사업 운영지침에 따르면, 2017년 1월을 기준으로 가정폭력 피해자 보호시설 67개소, 폭력피해 이주여성 보호시설 30곳으로 총 97개소가 설치·운영되고 있다.

보호기간은 단기시설의 경우 최대 6개월을 기준으로 3개월까지 연장이 가능하며, 단기시설은 2년 이내로 지원된다. 또한 가정폭력 피해여성들의 자립을 지원하고 사회적응 여건을 조성하기 위하여 피해여성과 그 가족들이 생활할 수 있는 주거공간이 전국에 276호가 마련되어 있다.

③ 경찰 및 사법체계

폭력사건 처리 시 경찰의 역할은 매우 중요하다. 가장 먼저 현장에 출동해 응급조치를 하고, 사법기관 등에 앞서 사건을 해결하기 때문이다. 가정폭력이 범죄행위로 처벌받게 됨에 따라 경찰관의 역할도 강화될 필요가 있다. 경찰이 폭력에 적극적으로 대처해 폭력범죄로 파괴된 가정의 평화와 안정을 회복하고 건강한 가정을 육성해야 한다.

검찰에서 일반 형사사건과 가정보호 사건으로 구분하여 법원에 송치하면, 일반 형사사건은 재판을 통해 죄의 유무가 판결되며, 가정보호 사건은 법원의 조사심리를 통해 보호처분 또는 임시조치를 결정하게 된다. 검찰의 임시조치 청구가 타당하거나 혹은 가정보호 사건의 원활한 조사심리와 피해자 보호를 위하여 필요하다고 인정한 때에는 법원이 임시조치를 결정할 수 있다. 그러나 법원 역시 경찰이나 검찰과 마찬가지로 가정폭력 임시조치에 대해 소극적인 자세를 보이고 있다.

④ 여성긴급전화 1366

1366은 "위기에 처한 여성에게 1년 365일에 하루를 더하여 충분하고 즉각적인 서비스를 제공한다"는 의미이다. 전국적으로 단일화된 국번 없는 특수전화(hot line)로서 가정폭력, 성폭력, 성매매 등으로 인해 보호가 필요한 여성이 언제라도 안내와 상담을 받을 수 있도록 하고 있다.

'보호법' 제4조 1호에 근거한 1366은 원스톱(one-stop) 서비스 제공의 중심기관으로 즉각적이고 효율적인 서비스를 제공한다는 목적을 가지고 전국 16개 시·도에 1개소씩 설치되었다. 단, 서울과 경기도의 경우 인구 및 지역특성을 고려하여 1개소씩 추가로 설치되어 2017년 1월 현재 총 18개소가 운영되고 있다. 피해자에 대한 긴급상담, 서비스 연계(의료기관, 상담기관, 법률구조기관, 보호시설), 종합정보 안내 및 위기개입 서비스를 제공하고 있다.

⑤ 해바라기센터

해바라기센터는 성폭력·가정폭력·성매매 피해자와 그 가족에게 상담과 다양한 지원을 원스톱으로 제공함으로써 위기상황에 대처할 수 있도록 도와 2차 피해를 예방하고자 설립된 통합지원센터이다. 전국 16개 시·도를 기준으로 주요 거점병원에 총 36개소가 설치·운영되고 있으며, 성폭력·가정폭력·성매매 피해자에게 의학적 진단과 평가 및 치료, 사건조사, 법률지원서비스, 지지체계로서의 가족기능 강화를 위한 상담서비스 등을 통합적으로 제공하고 있다.

(5) 가정폭력 방지 및 피해자 보호방안

① 정책적 대안

정책적 차원에서의 대안을 제시하면 다음과 같다.

가. 가정폭력 제도 개선: 임시조치 및 보호명령의 개선

최근 각국 가정폭력 관련 입법 동향을 보면, '폭력보호법' 등의 개정을 통해 피해자의 민법적 보호를 개선하려는 목표를 가진다. 폭력 피해자를 안전하게 보호하는 것을 최우선으로 하며, 더 나아가 피해자에게 가

장 합당한 보호조치를 스스로 결정하게 하는 자유를 줌으로써, 피해자 (여성)의 자유결정권을 권장한다.

무엇보다 가정폭력특례법은 가정폭력을 퇴치하기 위한 법 원칙을 더욱 명확하게 해야 한다. 지금까지의 가정폭력 피해자는 스스로 자신의 보호처를 마련해야 했고, 동시에 친숙한 집과 환경을 포기해야만 했다. 특히 아동은 친숙한 환경에 남아 있는 것이 매우 중요한데 대부분의 아동은 가정폭력으로 전학을 하는 등 2차 피해를 받아 왔다. 따라서 피해자의 안전을 강화하기 위해서 현행 특례법에 첫째, 피해자 및 경찰에 의한 신청권, 둘째, 재산 양도 금지규정 도입, 셋째, 거처양도 및 주거사용권의 명시, 넷째, 경찰에 의한 의무적 임시격리조치의 필요성, 다섯째, 범죄성 괴롭힘 금지 및 친권·양육권 제한 등 임시조치 내용을 실질화할 수 있는 몇 가지 핵심규정을 시급히 도입해야 할 것이다.

나. 가정폭력 예방대책 강화

가정폭력을 예방하기 위한 대책을 강화하기 위해서는 첫째, 가정폭력의 올바른 인식을 위한 교육과 홍보가 필요하다. 가정폭력방지법이 제정·실행되고 있다는 점에 대해서는 보편적으로 높은 인지도를 보이고 있으나, 전 국민이 법을 인지할 수 있도록 하는 교육과 홍보가 이루어져야 한다. 아직도 우리 사회에서는 가정폭력을 인권을 침해하는 범죄 행위라기보다는 가정 안에서 우발적으로 일어나는 일상의 일로 간주함으로써 가정폭력의 원인을 피해자의 잘못된 행위로 비난하는 경향이 있다. 따라서 가정폭력에 대한 올바른 정보를 제공하고 폭력 실상에 대한 인식을 제고할 수 있는 운동이 전개되어야 할 것이다. 인식 제고를 위한 홍보로는 매스컴 홍보가 필요하며, 공영방송 TV의 공익광고 활용도 매우 유용할 것으로 보인다.

둘째, 생애주기별 예방교육 체계 확립이 필요하다. 이를 위한 방안으로는 다음과 같다.

- 예방교육을 '가정-학교-지역사회 연계를 기반으로 한 사회문화 운동'으로 발전(폭력지지적인 남성적 성역할을 바꾸기 위한 사회캠페인 전략: '소년을 멋진 남자로 성장시키기' - 21세기형 건강한 남성역할모델 프로젝트 등)
- 학교교육 체계 구축 및 교재 개발 및 보급 강화(초·중·고등학교의 교육과정에 폭력예방교육, 가족가치관 및 가족관계와 관련된 교육교재 개발 및 보급, 각급 학교별 교사에 대한 교육 실시, 폭력예방의 조기교육 정착을 위한 법적 근거 마련 등)

다. 가정폭력 관련 기관 간 긴밀한 협조의 필요성

'보호법' 제정 이후 가정폭력 피해자와 그 가족을 돕기 위한 서비스에 대한 검토와 함께 서비스 간의 긴밀한 협조의 필요성이 제기되고 있다. 그러나 우리나라 가정폭력 관련 서비스 기관 간의 연계활동은 매우 미흡한 상황이다. 최근 연구결과에 따르면, 현재 가정폭력 서비스 전달체계는 기관 간 연계체계가 정립되지 못함으로써 접근하기 어렵고 단편적이며, 지속적이지 못하고 포괄적이지 않다(박영란·황정임, 2000).

특히 가정폭력상담소, 쉼터, 1366을 중심으로 하여 연계성을 연구한 박영란(2000)에 따르면, 전체조사대상 기관 중 30% 정도만이 연계 중이며, 그 연계방법은 각 기관 소속상담원의 개인 친분을 통한 비공식적인 방법에 의존하고 있었다. 그리고 연계내용은 타 기관에 대한 정보 제공, 의뢰, 타 기관과의 정보 공유 정도로 나타나고 있다. 이들 기관의 연계대상 기관은 비교적 한정된 규모의 기관을 중심으로 하고 있었는데, 특히 지역사회복지관과의 연계가 매우 미흡했다(박영란, 2000, p. 70).

이와 같은 가정폭력 관련 기관의 서비스체계 연계실태를 살펴보면, 경찰, 상담소, 쉼터, 1366, 의료기관, 종합사회복지관, 주민자치센터 및 구청의 사회복지공무원 등 폭력여성 관련 서비스종사 전문가를 대상으로 하여 분석한 결과, 이들 중 1366과 상담소, 보호시설이 가장 많이 연계하고 있는 것으로 나타났다(박영란, 2000). 이처럼 우리나라는 가정폭력 관련 기관과의 서비스 연계 필요성이 절실한 상황이지만 현실은 여전히 미흡한 실정이다.

라. 가정폭력범죄에 대한 사법체계의 적극적 대응

향후 법원의 역할로 다음과 같이 요구된다. 첫째, 법원에서 가정보호사건은 생활보호나 가정의 평화와 안정을 위하여 필요하다고 인정될 때에는 심리를 비공개로 할 수 있다. 또한 피해자의 진술을 구체적으로 보장하고 의견 진술 시 필요하다고 인정되면 행위자의 퇴장을 명할 수 있어 피해자를 보호해야 한다. 그리고 재판 시 피해자의 적극적인 참여를 위한 실질적인 피해자 보호가 유도되어야 한다.

둘째, 법이 잘 집행되기 위해서는 법원의 판결이 적절하며 강력해야 한다. 아무리 법에 호소하더라도 법원의 판결이 범죄의 심각성에 미치지 못하면 범죄는 근절되지 않을 것이다. 법적 처분의 편의성이나 처분방식에 대한 몰이해, 폭력에 대한 편견으로 법원의 판결이 적절하지 못할 때는 판사 역시 가정폭력에 대한 교육을 필수적으로 받아야 한다.

셋째, 법원은 보호처분을 받은 대상자의 대부분이 무직이거나 저임금

노동에 종사하고 또 남성 가장인 경우가 많다는 사실을 고려해 보호처분의 기간을 짧게 하는 경향이 있다. 이러한 조치는 보호처분 대상자에게 생업에 지장이 없도록 배려하기 위한 것으로 볼 수 있으나, 보호처분이 형식적으로 이루어질 수 있어 폭력범죄가 재발될 가능성이 크고 피해자와 그 가족구성원은 법의 보호를 받지 못한 채 더욱 폭력적인 상황에 처하게 된다. 따라서 보호관찰, 사회봉사명령, 수강명령, 그리고 보호처분제도의 실효성을 높이기 위한 전문프로그램이 마련되어야 할 것이다.

② 실천적 대안

가정폭력 피해자는 긴급한 보호가 요청되고 광범위한 삶의 영향으로 인해 지속적인 지원이 요구된다. 한편 가해자에게도 장기적인 대책이 필요하다. 따라서 가정폭력의 대책으로 요구되는 사회서비스의 기본 방향은 다양한 전문영역이 적극 개입하고, 가해자와 피해자 모두 가능하면 빨리 기관과 연결되도록 제반 여건을 조성하며, 피해여성의 고립을 금지하는 것이어야 한다.

- 상담프로그램의 활성화: 의식훈련 및 적극성 강화훈련, 집단상담, 위기개입, 사후지도로 구성되는 피해자 상담프로그램을 활성화하고 전문인력을 양성하며 가능한 한 빠른 시일 내에 피해자가 후유증에서 벗어나 정상적인 생활을 할 수 있도록 해야 한다.
- 생계보호 제공: 피해여성이 집을 나와 생계수단이 끊겼거나 위자료 등이 지급되기 전인 경우 피해여성과 아동에게 생계보호를 제공해야 한다.
- 주거서비스: 집을 나온 피해여성과 아동의 가장 긴박한 요구인 주

거문제에 대해 영구임대주택사업의 혜택을 입을 수 있도록 하거나 모자보호시설을 개방하여 실질적으로 도움을 주어야 한다.

- 재가서비스: 가정봉사 서비스와 가정간호사업 등을 아내학대 가족에게 제공하여야 한다.
- 가해자 프로그램: 우발적 폭력 행사자를 대상으로 하여 여성의 가치와 권리에 대한 의식을 전환하도록 교육하고, 배우자와 자녀를 지배하려는 욕구를 자제토록 하며 분노조절 등을 훈련시킨다. 상담과 교육, 지지와 조정의 4가지 요소를 중심으로 하여 진행한다. 또 가해자에 대한 사회봉사명령, 수강명령, 보호관찰, 감호, 치료, 상담위탁 등의 보호처분 내용이 내실을 기하기 위하여 행위자에 대한 교화프로그램의 연구가 정부와 민간 협력하에 구체적으로 다양하게 추진되어야 할 것이다.

2. 학교폭력의 이해

1) 학교폭력의 정의

(1) 학교폭력의 개념

학교폭력의 개념은 전문적 학술용어가 아니다. 최근 학교 안이나 그 주변에서 학교 동료나 선배들에 의해 학생들의 폭력에 의한 피해가 자주 발생하여 사회문제로 떠오르면서 자연스럽게 생겨난 용어이다. 학교폭력이라는 개념은 1995년 '학교폭력예방 시민모임'에서 처음으로 사용되었다.

학교폭력은 청소년폭력, 또래폭력, 학생폭력, 집단 따돌림 등의 용어와 혼용되고 있다. 학교폭력은 학교에서 일어나는 폭력이라고 간단하게 말할 수 있으나, 접근방식에 따른 관점의 차이가 다양하기 때문에 한마디로 정의하기가 어렵다. 학교폭력의 개념 정의에는 누구를 중심으로 정의할 것인가, 학교폭력에 포함되는 행위의 내용을 어디까지로 할 것인가의 문제들이 관련된다(권승 외, 2008).

일반적으로 학교폭력은 학교 내외에서 피해자와 가해자가 모두 학생인 경우에 발생하는 폭력으로 정의하고 있다. 또한 학교폭력 예방과 대책에 관한 법률에서도 "학교폭력이라 함은 학교 내외에서 학생 간에 발생한 폭행, 협박, 따돌림 등에 의해 신체, 정신 또는 재산상의 피해를 수반하는 행위"로 규정하고 있다.

학교폭력과 유사한 개념들을 살펴보면, 청소년폭력은 광범위한 개념으로 19세 미만의 청소년이 타인의 신체나 재산에 해를 끼치는 행위로서 학교폭력, 또래폭력, 학생폭력을 모두 포괄하는 용어이다. 학교폭력은 학교 내외에서 학생들 간에 발생하는 모든 폭력행위를 의미한다. 또래폭력은 학교폭력보다 구체적인 개념으로서 학교라는 환경을 중심으로 또래 간에 발생하는 폭력행위를 의미하며 또래 괴롭힘, 또래학대로 불리기도 한다(김지현 외, 2009).

(2) 학교폭력의 유형
학교폭력의 유형을 살펴보면, 금품 갈취, 신체적·물리적 폭력, 언어적·심리적 폭력, 괴롭힘, 성적 폭력 등으로 구분할 수 있다.

금품 갈취는 타인을 공갈하여 재물을 교부받거나 재산상 불법이익을 취함으로써 성립하는 범죄이다. 즉, 학교 내외에서 타인으로부터 돈이나 물건을 강탈하는 것으로, 주로 학교 주변에서 학교중퇴자나 불량학생들이 자행하는 폭력을 의미한다. 신체적·물리적 폭력은 법적으로 폭행에 해당한다. 폭행이란 일반적으로 사람의 신체에 대해 유형력을 행사하는 범죄를 말한다. 구체적으로 친구와 놀다가 마음에 맞지 않아 구타한다든지, 지나가는 사람의 외모나 걸음걸이가 마음에 들지 않아 때리는 등 일시적인 분노와 감정의 표현이 있다. 언어적·심리적 폭력은 신체에 직접적인 유형력을 가하는 것은 아니지만 정서 및 감정 등의 정신적인 측면에서 부정적인 영향을 주는 언어나 표현에 중점을 둔 것이다. 언어적 폭력은 자신의 욕구불만을 언어를 통해 표출하는 것을 의미하며, 심리적 폭력은 겉으로는 언어를 사용하지만 그 뒤에 물리적인 힘이 뒷받침됨으로써 타인에게 피해를 주는 공갈이나 협박 등을 의미한다.

괴롭힘은 일반적인 언어적 폭력이나 신체적 폭력과 구분된다. 욕설이나 신체적인 폭력 등도 괴롭힘의 한 형태이기는 하나 괴롭힘은 특별히 심리적인 억압이나 강제로 노무를 제공케 하려는 특정 유형을 지칭하는 용어이다. 또한 집단 따돌림(왕따)은 한 집단 내에서 다수가 놀이에 끼워 주지 않거나 상대를 해주지 않는 정도의 소극적 따돌림부터 구타나 심부름, 금품 갈취 등의 심각한 물리적 괴롭힘까지 포함한다(김준호 외, 1997).

성적 폭력이란 강간, 윤간, 강도뿐만 아니라 성추행, 언어적 희롱, 음란전화, 성기 노출 등 상대방의 의사에 반하여 가하는 성적 행위로 모든 신체적, 언어적, 정신적 폭력을 포괄하는 개념이다. 성적 폭력의 발생원인은 청소년기의 강렬한 성충동과 호기심을 부추기는 음란물의 범람과 더불어 우리 사회 남성중심적 성문화, 성의 상품화, 성교육의 부재 등을 들 수 있다.

2) 학교폭력의 실태

(1) 학교폭력의 발생률

청소년폭력예방재단의 2012년 학교폭력 실태조사에 따르면, 조사대상 학생의 12.0%가 최근 1년간 학교폭력을 당한 적이 있다. 학교폭력 피해학생들 중에서 피해경험이 1회인 경우가 57.2%로 가장 높게 나타났고, 2~4회인 경우가 30.1%, 5회 이상인 경우가 12.7%로 나타났다. 한편 학교폭력을 목격한 경험이 있는 학생이 2.5%로 나타났으며, 1회 목격한 경우가 21.8%, 2회 이상 여러 번 목격한 경우도 19.4%로 나타났다. 학생들이 학교폭력을 실제로 경험하거나 목격한 경우가 상당히 빈번하다는 사실을 알 수 있다.

〈표 9-8〉 최근 1년간 학교폭력 피해경험

항목		전체	유경험자
		빈도(%)	빈도(%)
전혀 당한 적이 없다		4,809(88.0)	-
있다	1회	293(5.4)	382(57.2)
	2~4회	217(3.9)	203(30.1)
	5회 이상	151(2.7)	88(12.7)

출처: 청소년폭력예방재단(2012).

〈표 9-9〉 학교폭력 목격경험

항목	전체	유경험자
	빈도(%)	빈도(%)
전혀 본 적이 없다	2,249(57.5)	-
1회 정도 있다	852(21.8)	852(53.0)
2회 이상 여러 번 있다	757(19.4)	757(47.0)

* 전국 15개 시·도의 초등·중학생 3,910명을 대상으로 조사함.
출처: 청소년폭력예방재단(2006).

(2) 학교폭력 발생유형

국가청소년위원회의 청소년 유해환경 실태조사에 따르면, 학교폭력 피해유형의 경우 2012년의 조사에서 협박이나 욕설이 56.2%로 가장 높게 나타났다. 그다음으로 집단 괴롭힘, 돈·물건 갈취, 신체적 폭행의 순으로 나타났다(〈표 9-10〉 참조).

학교폭력 가해유형의 경우 2010년, 2011년, 2012년의 조사에서 협박이나 욕설이 11.6%, 10.8%, 29.9%로 가장 높게 나타났다. 그다음으로 신체적 폭행, 돈·물건 갈취, 집단 괴롭힘의 순으로 나타났다(〈표 9-11〉 참조).

(3) 학교폭력 피해장소 및 가해자 유형

학교폭력 피해장소에 대한 조사결과를 살펴보면, 학교교실이 가장 높게 나타났고, 학교 밖, 학교 안 순으로 나타났다(〈표 9-12〉 참조).

〈표 9-10〉 학교폭력 피해유형

연도	신체적 폭행	협박/욕설	돈/물건 갈취	집단 괴롭힘
2012	28.1%	56.2%	29.6%	38.2%

* 전국 169개 중·고등학교를 대상으로 조사함.
출처: 국가청소년위원회(2012).

〈표 9-11〉 학교폭력 가해유형

연도	신체적 폭행	협박/욕설	돈/물건 갈취	집단 괴롭힘
2010	6.9%	11.6%	5.6%	3.9%
2011	6.8%	10.8%	4.6%	3.8%
2012	7.6%	29.9%	3.9%	6.5%

출처: 국가청소년위원회(2012).

<表 9-12> 학교폭력 피해장소

항목	2012	2013
학교 교실	50.0%	34.6%
학교 복도	11.1%	15.7%
학교 화장실	6.1%	7.8%
학교 운동장	5.1%	8.7%
학교 밖	19.3%	22.2%
사이버공간(인터넷, 휴대전화 등)	8.4%	11.0%

출처: 청소년폭력예방재단(2014).

<표 9-13> 학교폭력 가해 집단성

항목	전체	유경험자
	빈도(%)	빈도(%)
1명	456(11.7)	456(45.1)
2명 이상 다수	554(14.2)	554(54.9)
전혀 당한 적이 없다	2,807(71.8)	-

출처: 청소년폭력예방재단(2006).

학교폭력 가해자는 1명인 경우가 45.1%, 2명 이상 다수인 경우가 54.9%로 나타났다(<표 9-13> 참조).

3) 학교폭력 개선방안

학교폭력은 학생 개인뿐만 아니라 가정, 학교, 사회의 여러 요인이 모여서 생겨난 문제이다. 학교폭력은 지속적인 증가와 저연령화, 집단범죄의 증가, 조직화 및 폭력화된 범죄의 증가, 사이버폭력, 성폭력을 동원한 협박, 노동착취 등 그 방법도 빠르게 진화하고 있어 더 이상 방치할 수 없는 심각한 사회문제로 대두되고 있다. 따라서 학교폭력 문제에 대한 개선방안을 몇 가지 제시하고자 한다.

첫째, 학교폭력 피해학생에 대한 대처방식의 소극성을 해결해야 한다. 학교폭력을 당한 피해학생은 일반적으로 불안과 수치감, 그리고 가해학생에 대한 분노의 감정을 갖게 된다. 학교폭력이 단기적인 경우에는 별 문제를 일으키지 않고 지나갈 수 있으나, 장기적인 경우에는 극도의 불안이 공포감으로 발전하고, 가해학생에 대한 분노가 심화되어 표출된다는 것이다. 이에 대한 개선방안으로 학교폭력 피해문제를 해결하기 위해 피해학생에 대한 체계적인 지원체계가 마련되어야 한다. 특별히 학교에 사회복지사가 배치되어 있는 경우 이 문제에 실질적으로 개입할 수 있을 것이다. 그리고 학교 내에 건의함과 신고함을 설치하고, 신고전화를 상시 운영하여야 하며, 상담지도가 제대로 이루어지도록 한다.

둘째, 학교폭력 가해학생에 대한 전문적이고 체계적인 교정프로그램의 보완이 필요하다. 현재는 폭력 재발을 방지하거나 가해학생을 건전한 사회구성원으로 재활시키는 상담 및 지원프로그램이 부족하다. 학교폭력 예방 및 치료프로그램의 개발과 보급이 필요하며, 이를 위한 충분한 재정적·행정적 지원도 필요하다. 독일에서는 학교폭력 가해학생들이 학교에 다니면서 주말에 교도생활을 하도록 지도와 처벌을 병행한다. 가해학생의 폭력이 심각하거나 반복적이면 소년교도소, 수감 상태에서 교육 및 치료를 하는 청소년대안교육센터에 입소를 한다. 잦은 비행을 일으키는 청소년은 '대안치료교육센터'에 보내져 숙식을 하면서 전문가로부터 공격성향을 약화시키고 분노를 조절하는 프로그램, 명상 등의 전문치료를 받는 프로그램으로 효과를 보고 있다. 또한 학교폭력을 해결하기 위해선 가해학생의 공격성을 약화시켜야 하고, 이미 공격성이 강화된 경우에는 감정적인 치료를 해야 한다. 그리고 사법적인 처벌보다는 학교 내에서 우선 해결되도록 하여야 한다.

셋째, 학교폭력 불량서클인 이른바 일진회들은 일정한 조직적 틀을 가지며 반사회적 활동을 한다. 다른 학교 폭력서클과의 교류는 폭력서클의 조직화 및 거대화의 원인이다. 이를 개선하기 위해 전 교사가 생활지도체제를 구축해 각종 유해업소를 규제하고 폭력서클을 단속해야 한다. 시민단체와 연계해 감시운동을 강화하고 확산하는 방법도 있다.

3. 성폭력의 이해

1) 성폭력의 정의

성폭력이 무엇인지 그 개념을 명확하게 규정하기란 매우 어렵다. 각 개인의 성에 따라, 폭력에 대한 인식에 따라, 그 밖에도 각자의 가치관에 따라 어디서부터 어디까지가 성폭력인지 각자 다르게 판단할 수 있기 때문이다. 이렇게 자의적이고 불분명한 문제를 해결하기 위하여 법이 규정한 성폭력의 정의를 따를 수 있다.

성폭력에 대한 우리나라의 법적 규정을 살펴보자. '형법 및 성폭력범죄의 처벌 및 피해자 보호 등에 관한 법률'(이하 '성폭력특별법')에서 성폭력이란, 좁은 의미의 강간만을 의미하는 것이 아니라 성추행, 언어적 희롱, 음란전화, 성기 노출, 성적 가혹행위, 음란물 보이기, 음란물 제작에 이용, 윤락행위 강요, 인신매매, 강간미수 등 상대방의 의사에 반하여 가하는 성적 행위로 모든 신체적, 언어적, 정신적 폭력을 광범위하게 포괄한다. 즉, 상대방이 원하지 않는데도 강압적으로 이뤄진

성적 행위는 모두 성폭력이라 할 수 있다. 따라서 상대방으로 하여금 성폭력에 대한 막연한 불안감이나 공포감을 조성할 뿐만 아니라 그것으로 행동제약을 유발하는 것도 간접적인 성폭력이라 할 수 있다.

2) 성폭력의 실태 및 현황

우리나라의 성폭력 발생 실태는 피해자 대부분이 피해사실을 숨기는 실정이고 이에 대한 적극적인 조사도 이루어지지 않아서 정확한 통계는 알 수 없다. 2015년 한국성폭력상담소의 상담통계 보도자료에 따르면, 1991년 개소 이래 2015년 12월 31일까지 본 상담소에 접수된 상담은 총 51,533건(77,524회)이며, 2015년은 전체 상담 2,064회(1,422건) 중 성폭력상담이 총 1,308건이다. 전체 상담 중 성폭력상담 비율은 1991년 66.5%에서 시작하여 20년 동안 꾸준히 늘고 있는 추세이며 2015년에는 전체 상담의 91.9%를 차지한 것으로 나타났다.

또한 피해자 성별·연령별 상담 현황을 보면, 성폭력상담 건수 1,308건 중 성인 여성 피해자가 881건(67.4%)으로 큰 비중을 차지했다. 현행 법체계가 아동성폭력 중심, 가해자 처벌 중심으로 제도를 구축하고, 성인 여성 피해자의 신체 및 심리적 후유증 치료나 사법절차에서의 지원 체계에는 크게 관심을 갖지 못했다는 사실을 보여 준다(〈표 9-14〉 참조).

가해자의 성별·연령별 상담 현황에서는, 가해자가 성인 남성인 경우가 1,026건으로 전체의 78.4%를 차지했고, 또한 남성이 피해자인 51건(3.9%) 중에서도 가해자가 남성인 경우가 35건(69.6%), 여성인 경우가 16건(31.4%)으로 대부분 남성에 의해 성폭력이 발생되고 있음을 알 수 있다(〈표 9-15〉 참조).

2010년 한국성폭력상담소에 낙태와 관련하여 상담을 요청한 횟수가 78회에 이른다. 〈표 9-16〉에서 볼 수 있듯 낙태에 대한 상담은 국가가 불법낙태 처벌 의지를 밝힌 연초에 집중되어 있다. 강간으로 인한 낙태 상담의 건수로는 청소년 22건, 성인 32건이며, 기타사유에 의한 낙태

〈표 9-14〉 피해자 성별 · 연령별 상담 현황

단위: 건(%)

연령대 / 성별	성인 (20세 이상)	청소년 (14~19세)	어린이 (8~13세)	유아 (7세 이하)	미상	총계
여	881(67.4)	165(12.6)	95(7.3)	37(2.8)	28(2.1)	1,206(92.2)
남	59(4.5)	18(1.4)	15(1.2)	1(0.05)	2(0.15)	95(7.3)
미상	0(0.0)	0(0.0)	0(0.0)	0(0.0)	7(0.5)	7(0.5)
총계	940(71.9)	183(14)	110(8.5)	38(2.85)	37(2.75)	1,308(100.0)

출처: 2015년 한국성폭력상담소 상담통계현황(한국성폭력상담소 홈페이지 자료실에서 발췌).

〈표 9-15〉 가해자 성별 · 연령별 상담 현황

단위: 건(%)

연령대 / 성별	성인 (20세 이상)	청소년 (14~19세)	어린이 (8~13세)	유아 (7세 이하)	미상	총계
여	44(3.4)	3(0.2)	5(0.4)	1(0.05)	0(0.0)	53(4.05)
남	1,026(78.4)	111(8.5)	23(1.8)	8(0.6)	43(3.25)	1,211(92.55)
미상	0(0.0)	0(0.0)	0(0.0)	0(0.0)	44(3.4)	44(3.4)
총계	1,070(81.8)	114(8.7)	28(2.2)	9(0.65)	87(6.65)	1,308(100.0)

출처: 2015년 한국성폭력상담소 상담통계현황(한국성폭력상담소 홈페이지 자료실에서 발췌).

〈표 9-16〉 낙태상담 현황

단위: 건

	1월	2월	3월	4월	5월	6월	7월	8월	9월	10월	11월	12월	총
2009	3	2	0	0	0	2	0	0	0	1	0	0	8
2010	7	15	14	6	5	3	6	5	7	1	1	8	78

출처: 2010년 한국성폭력상담소 상담통계현황(한국성폭력상담소 홈페이지 자료실에서 발췌).

상담 건수 또한 24건에 이른다. 2009년 강간으로 인한 낙태상담의 건수가 4건, 기타사유에 의한 낙태상담 건수가 4건인 것과 비교했을 때 매우 높은 결과라 할 수 있다. 이처럼 적지 않은 여성이 성폭력의 피해로 임신피해를 경험하였다.

피해유형별·연령별 상담 현황(〈표 9-17〉 참조)을 살펴보면, 모든 연령별로 강제추행의 피해가 496건(38.0%)으로 가장 많았고 강간(409건, 31.5%)이 그 뒤를 이어 전년도와 다르지 않은 양상이다. 유아·어린이의 피해 중 또래에 의한 것은 일방적인 신체적 접촉이 성폭력으로 이어진 경우가 많았는데, 어린이를 대상으로 하는 인권감수성 교육 등이 제대로 이루어지지 않는 것도 하나의 원인으로 보인다. 성인의 경우 다른 연령에 비해 성희롱상담 건수가 매우 높다는 사실에도 주목할 필요가 있다.

또한, 피해 연령별 피해자와 가해자와의 관계(〈표 9-18〉 참조)를 보면, 성폭력은 '아는 사람'에 의한 피해가 가장 많다. 아는 사람에 의한 성폭력 피해 상담은 총 상담 건수 1,308건 중 1,110건으로 85.0%를 차지할 정도로 많다. 모든 나이 대에서 아는 사람에 의한 피해가 가장 많았지만, 피해자 연령대를 기준으로 나누어 자세히 살펴보면 20세 이상 성인의 경우 직장 관계자가 327건(34.7%)으로 가장 높은 비율을 차지하였다. 청소년(14~19세)은 학교와 관련된 관계가 45건(23.6%), 어린이(8~13세)는 친족, 친인척이 69건(60.5%), 유아(7세 이하)도 친족, 친인척이 23건(53.5%)으로 가장 많았다. 이처럼 성폭력은 피해자의 주요한 생활공간에서 많이 발생한다.

<표 9-17> 피해유형별 · 연령별 상담 현황

단위: 건(%)

피해유형		연령					계	
		성인	청소년	어린이	유아	미상		
강간 및 강간 미수	특수강간	6 (0.4)	2 (0.15)	1 (0.05)	0 (0.0)	2 (0.15)	11 (0.8)	409 (31.5)
	강간	159 (12.2)	62 (5.0)	32 (2.5)	6 (0.5)	3 (0.2)	262 (20.4)	
	준강간	106 (8.1)	4 (0.3)	0 (0.0)	0 (0.0)	1 (0.05)	111 (8.5)	
	강간 미수	20 (1.5)	3 (0.2)	0 (0.0)	0 (0.0)	1 (0.05)	24 (1.8)	
강제 추행	강제 추행	303 (23.1)	67 (5.1)	58 (4.4)	30 (2.2)	3 (0.2)	461 (35.0)	496 (38.0)
	준강제 추행	30 (2.3)	2 (0.15)	1 (0.05)	2 (0.15)	0 (0.0)	35 (3.0)	
성희롱		135 (10.3)	10 (0.7)	3 (0.2)	0 (0.0)	3 (0.2)	151 (11.4)	
통신매체 이용 음란		31 (2.4)	7 (0.5)	2 (0.15)	0 (0.0)	0 (0.0)	40 (3.0)	
카메라 이용 촬영		40 (3.0)	4 (0.3)	2 (0.15)	0 (0.0)	4 (0.3)	50 (3.8)	
스토킹		55 (4.2)	3 (0.2)	0 (0.0)	0 (0.0)	0 (0.0)	58 (4.4)	
음화 등의 제조 유포		0 (0.0)	0 (0.0)	0 (0.0)	0 (0.0)	0 (0.0)	0 (0.0)	
미상		59 (4.5)	30 (2.3)	12 (0.9)	0 (0.0)	13 (1.0)	104 (7.9)	
성폭력 계		945 (72.2)	184 (14.1)	111 (8.5)	38 (2.9)	30 (2.3)	1,308 (100.0)	

출처: 2015년 한국성폭력상담소 상담통계현황(한국성폭력상담소 홈페이지 자료실에서 발췌).

<표 9-18> 피해 연령별 피해자와 가해자의 관계

단위: 건(%)

유형	친족, 친인척 187(14.3)		직장	친밀한 관계	인터넷	아는 사람 1,110(85.0)							모르는 사람	미상	총계
계	친족	친인척				동네 사람	서비스 제공자	학교	유치원/ 학원	주변인이 지인	소개로 만난 사람	기타			
2015년	166 (12.7)	21 (1.6)	336 (25.7)	135 (10.3)	42 (3.2)	72 (5.5)	55 (4.2)	150 (11.5)	23 (1.8)	80 (6.1)	11 (0.8)	19 (1.5)	119 (9.0)	79 (6.0)	1,308 (100)
2014년	107 (7.4)	94 (6.5)	300 (20.7)	130 (9.0)	55 (3.8)	118 (8.1)	60 (4.1)	120 (8.3)	31 (2.1)	109 (7.5)	19 (1.3)	31 (2.1)	132 (9.1)	144 (10.0)	1,450 (100)
성인 (20세 이상)	31 (3.3)	7 (0.7)	327 (34.7)	114 (12.0)	26 (2.8)	45 (4.8)	47 (5.0)	88 (9.3)	4 (0.4)	70 (7.4)	11 (1.2)	16 (1.7)	98 (10.4)	59 (6.3)	943 (100.0)
청소년 (14~19세)	42 (22.0)	6 (3.1)	6 (3.1)	19 (10.0)	14 (7.3)	16 (8.4)	6 (3.1)	45 (23.6)	10 (5.2)	7 (3.7)	0 (0.0)	3 (1.6)	10 (5.2)	7 (3.7)	191 (100.0)
어린이 (8~13세)	69 (60.5)	6 (5.2)	0 (0.0)	0 (0.0)	2 (1.8)	8 (7.0)	2 (1.8)	17 (15.0)	3 (2.6)	1 (0.9)	0 (0.0)	0 (0.0)	4 (3.5)	2 (1.7)	114 (100.0)
유아 (7세 이하)	23 (53.5)	2 (5.0)	0 (0.0)	0 (0.0)	0 (0.0)	0 (0.0)	0 (0.0)	0 (0.0)	0 (0.0)	2 (5.0)	0 (0.0)	0 (0.0)	5 (11.0)	11 (25.5)	43 (100.0)
미상	1 (4.1)	0 (0.0)	3 (12.5)	2 (8.3)	0 (0.0)	0 (0.0)	0 (0.0)	0 (0.0)	0 (0.0)	2 (8.3)	0 (0.0)	0 (0.0)	5 (20.8)	11 (46.0)	24 (100.0)

출처: 2015년 한국성폭력상담소 상담통계현황.

3) 성폭력 피해자의 심리적 영향

(1) 성인 피해자

성폭력 피해자가 나타내는 심리적 증상의 결과는 일반적으로 다음과
같다(이소영, 2004).

① 1단계: 일종의 정서적 쇼크 상태
불안, 두려움, 공포, 깜짝 놀라는 반응, 악몽, 수면 장애, 무력감, 쇼
크, 집중력 장애, 마비감, 사회적 철퇴 등이 나타난다.

② 2단계: 증상을 부정하는 상태
혼자 있으려 하고 거부적인 태도를 보인다.

③ 3단계: 다양한 정서적 및 신체 증상을 나타내는 상태
성폭행 관련 특징적인 감정반응으로 가해자에 대한 두려움, 당혹감,
죄책감, 취약감, 삶에 대한 통제력 상실, 불신, 수치심, 자기 비난, 복
수에 대한 강박적 사고, 더럽거나 불결해진 느낌, 친근감을 느끼는 것
의 어려움 등이 나타난다. 각종 소화기, 비뇨기계 증상, 두통 및 다양
한 신체증상도 동반한다.

④ 4단계: 일상기능을 회복하는 상태
개인에 따라 수 주에서 수년까지 다양하게 걸린다.
   피해자들이 흔히 겪는 심리적 후유증은 불안, 우울증, 성기능 장애,
수면 장애, 집중력 장애, 신체화 장애 등이다. 이 중 외상 후 스트레스

장애는 심한 불안 장애의 한 형태로서, 그 증상은 첫째, 사건에 대한 생각이 반복적이고 상습적으로 떠오르고, 사건을 상기시키는 자극에 의해 기억이 다시 생생하게 떠오르는 재경험 증상, 둘째, 사건과 관련된 사람이나 장소 또는 사물을 피하는 회피반응, 셋째, 과각성(過覺醒) 증상이 나타난다. 이 경우는 적극적인 치료를 받아야 한다.

그 밖에 오랫동안 지속되는 증상으로 만성 불안이나 두려움, 취약감, 통제감의 결여, 수치심과 자기 비난 등이 있고, 신체화 증상, 고립감, 우울감 및 적대감이 나타나며, 자살시도가 있을 수 있다. 그리고 자존감의 저하, 성기능 부전, 배우자와의 관계 이상, 대인관계의 어려움 등이 나타날 수 있다. 시간이 경과하면서 자신이 망가졌다는 느낌이 더 강해질 수 있고, 사회적 낙인 때문에 수치심이나 죄책감, 또는 자기 비난에 이르게 되어 우울증에 빠지기도 한다(이소영, 2004 재인용).

(2) 소아 피해자

① 학령 전기 아동의 증상

주로 신체증상과 퇴행증상이 나타난다. 손 빨기나 야뇨증, 특정한 사람, 장소 또는 사건에 대한 불안이나 공포, 지나치게 매달리는 행동, 악몽과 같은 수면의 변화, 해리증상, 또래를 완력이나 협박으로 학대하는 공격적인 행동 등이 나타날 수 있다. 아동이 나이에 맞지 않는 성행위에 대한 지식이나 관심을 갖고 있거나, 반대로 성적 놀이나 도발 또는 성에 대한 지나친 두려움을 보일 수가 있다. 반복적으로 자위행위를 할 수도 있고, 주위사람의 사생활을 침범하거나 성학대를 재현하는 수도 있다.

② 학령기 아동의 증상

주로 정신신체증상과 행동 장애가 나타난다. 신경질, 불신감, 수면 장애, 야뇨증, 학업 부진, 등교 거부, 무단결석, 친구관계의 어려움, 우울증, 자살시도, 공격적 행동, 식사 장애, 가출, 성에 대한 과도한 지식, 해리증상 등이 나타날 수 있다.

③ 청소년의 증상

자아 손상과 관련한 증상이 나타난다. 반항 또는 자해, 그 밖에 신경질, 불신감, 우울증, 수면 장애, 학업 부진, 잦은 다툼, 친구관계의 어려움, 가출, 약물 남용, 성에 대한 혼란 또는 탐닉, 임신, 자살, 신체증상, 그리고 반복적인 회상이나 기억 상실과 같은 해리증상이 나타날 수 있다(이소영, 2004 재인용).

3) 성폭력 피해자에 대한 최근 치료 동향

성폭력 피해자들에 대한 치료에서는 치료적 관계가 매우 강조된다. 치료자는 감정이입적 이해와 지지를 제공하면서 충격과 당혹감을 다룰 능력을 갖추어야 하며 비심판적 태도를 가져야 한다. 많은 치료자는 학대 피해경험을 상세하게 회상하는 것이 카타르시스를 제공하는 필수적인 치료적 개입요소라고 믿는다.

그러나 이들은 외상을 회상하는 것은 증상을 악화시킬 수 있으므로 불안, 스트레스, 분노 그리고 두려움을 감소시키는 대처 메커니즘이 선행되어야 한다고 제시한다. 그리고 학대에 대한 책임이 가해자에게 있음을 밝히고 분노를 환기시켜서 죄의식과 수치심을 경감시키는 것이 치료의 또 다른 핵심요소들이다. 또한 긍정적 자아이미지를 발달시키는 것은 이들에게 흔히 발견되는 낮은 자아존중감을 해소하는 데 도움이 되는데, 치료자는 성폭력 피해자들의 생존기술과 개인적 강점을 강조할 필요가 있다(이원숙, 2004). 여러 치료적 접근법이 각기 나름의 효과를 가지고 있으나 인지행동치료의 효과성이 가장 많은 증거로 뒷받침을 받고 있다(Ross & O'Carroll, 2004, pp. 54~58).

생각해 보기

다음 그림은 우리 사회에 만연한 아동학대의 단면들이다.

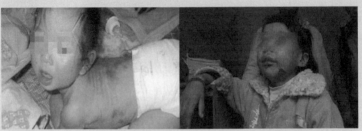

이렇게 맞기엔 난 너무 어리다고요!　뜨거운 다림질이 얼굴에 남기고 간 흔적

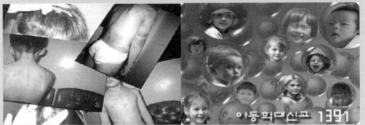

구타를 당한 후 탈모증세를 보이는 아동　아동학대를 예방합시다!

　　자녀를 소유물로 생각하는 부모들과 가까운 어른들로부터 자행되는 아동학대는 그 정도와 유형에 있어 심각한 수준을 나타내고 있다. 가정폭력의 또 다른 사슬로 이어지는 아동학대를 예방하고 줄이기 위해 구체적으로 어떻게 해결해 나가야 할 것인지 생각해 보자.

Tip. 기사 읽기

경찰 신고 2시간 만에 반복된 데이트폭력, 결국 살인으로 …
지난해 8,367건 입건

지난 9일 이모(35·여) 씨가 숨진 채 발견된 건 그녀가 전 남자친구이자 동거인이었던 강모(33) 씨를 경찰에 신고한 지 3시간 만이었다.

그날 오후 2시 26분께 강 씨는 헤어진 이 씨를 붙잡기 위해 그녀가 사는 서울 논현동의 한 빌라를 찾았지만, 다툼 끝에 이 씨는 강 씨를 무단침입으로 신고했다. 출동한 경찰이 강 씨를 경찰서로 연행했다.

경찰은 그가 이 씨와 1년 가까이 동거한 연인인 사실을 확인하고 3시 40분께 그를 풀어 줬다. 피해여성에게는 "강 씨를 만나지 말고 현관 비밀번호도 바꾸라"고 경고했다.

그러나 강 씨는 풀려난 지 2시간 만에 다시 이 씨의 집을 찾았다. 이 씨의 신고로 경찰 조사까지 받았다는 사실에 화가 난 강 씨는 '나쁜 마음'을 먹고 말았다.

이날 오후 5시 30분 강 씨는 이 씨의 빌라 지하 주차장에서 그녀를 불러냈다. "다시 만나자"는 강 씨의 제안을 이 씨가 거절하자 미리 준비한 칼로 이 씨를 위협한 뒤 주먹과 발로 마구 구타했다. 이 씨가 시멘트 바닥에 쓰러지자 머리를 수차례 발로 짓밟기도 했다.

이 씨는 두개골이 완전히 골절될 때까지 폭행을 당했다. 주차장 바닥은 피로 흥건했다. 강 씨가 유유히 현장을 빠져나간 뒤 주민의 신고로 이 씨는 병원으로 옮겨졌지만 결국 숨을 거뒀다. 범행 이후 도주한 강 씨는 결국 이튿날인 10일 새벽 대구에서 경찰에 붙잡혔다.

19일 서울 강남경찰서는 헤어진 여자친구를 주먹과 발로 수차례 때려 숨지게 한 혐의(살인)로 강 씨를 검찰에 송치했다.

경찰 조사 결과 범행 당시 강 씨는 술에 취해 있지 않은 상태에서 전 여자 친구를 잔인하게 살해했다. 현장 인근 폐쇄회로화면(CCTV)에는 강 씨가 주머니에 손을 넣고 아무렇지 않은 듯 느린 걸음으로 주차장 밖을 나서는 모습이 찍히기도 했다.

사건 이후 경찰이 여성의 신고에 부실하게 대응해 사고를 키웠다는 비판이 일었다. 이 씨가 강 씨에게 폭행을 당하는 것을 이웃들이 자주 목격할 정도로 강 씨의 데이트폭력은 상습적이었지만 경찰이 적극적으로 나서지 않았다는 것이다.

경찰은 둘이 연인 관계로 1년간 동거를 한 사실이 있고, 다툼은 남녀 간 사생활 영역이기 때문에, 강 씨를 강제로 붙잡아 둘 명분이 없었다고 해명했지만, 비난 여론은 수그러들지 않고 있다.

데이트폭력은 연인 간 사생활과 범죄 사이 사각지대에 놓여 있다. 서로 믿고 의지하던 연인 간 사소한 다툼이 선을 넘을 때 순식간에 끔찍한 범죄로 이어지고 만다.

단순한 연인 간 다툼 수준을 넘은 '데이트폭력'은 갈수록 상황이 심각해지는 추세다.

경찰청에 따르면 지난해 데이트폭력 집중 단속·수사를 진행한 결과 9,364건 신고를 접수해 이 중 8,367명을 형사 입건했다. 데이트폭력 형사 입건 사례는 지난 2012년(7,584건)부터 지난 2015년(7,692건)까지 꾸준히 증가하는 추세다.

데이트폭력의 가해자는 주로 20~30대 남성이 절반 이상을 차지한다. 피해자는 80% 이상이 여성이다. 피해 사례 가운데는 폭행이 60% 이상으로 가장 많다. 스토킹과 감금·협박, 성폭력, 살인 등 강력범죄로 이어지기도 한다.

경찰은 연인 간 폭력이 생명을 위협하는 수준에 이르자 지난해 2월 데이트폭력 사건 전문 수사체계 구축을 위해 전국 경찰서에 태스크포스(TF)도 만들었다. 연인이라는 울타리 안에서 폭력 사건이 발생했을 때 신속하게 대응하고 재발을 방지하기 위해서다.

국회에서도 스토킹으로 고통 받는 여성을 보호하기 위해 접근금지 명령 등 피해자 보호를 강화하는 이른바 '데이트폭력 방지법' 발의를 앞두고 있다.

경찰 관계자는 "연인 간이라도 폭력이나 학대 등은 사랑이나 사생활에 포함될 수 없다"며 "데이트폭력이 발생했다면 경찰의 도움을 받는 것이 중요하다"고 강조했다.

* 출처: 〈매일경제〉(2017.01.19), http://news.mk.co.kr.

제 10 장
자살과 정신건강

1. 자살의 기초적 이해

1) 자살의 개념

영어로 자살을 뜻하는 'sucide'는 라틴어의 'sui'(*self*)와 'caede'(*kill*)의 합성어로 우리말 자살(自殺)의 '스스로 죽인다'는 뜻과 동일한 단어이다. 뒤르켐(Durkheim)은 자신의 저서 《자살론》에서 자살이란 "장차 초래될 결과를 알고서 자신에게 행하는 적극적 또는 소극적 행동의 직접적 또는 간접적인 결과로 발생되는 모든 죽음의 사례들"이라고 정의하였다. 세계보건기구의 정의를 보면, 자살은 치명적인 결과를 초래하는 자해 행위로 죽음의 의도와 동기를 인식하면서 자신에게 손상을 입히는 행위를 의미한다.

지금까지 자살을 이해하기 위해 국내외에서 많은 연구가 진행됐지만, 하나의 원인으로 어떤 사람의 자살을 모두 설명하는 것은 불가능하다.

281

정신의학적 측면에서의 자살에 대해 남윤영(2008)은 자살사고, 자살계획, 자살시도 및 자살 등 자살과 관련된 행동들로 이루어진 일련의 연속적 개념으로 설명했다. 이 개념은 한 사람이 자살에 대한 생각을 가지고, 더 나아가 자살시도, 궁극적으로 자살을 통한 사망에 이르기까지 주위 환경이나 성격 특성, 유전적 특징 등 개인의 행동에 영향을 줄 수 있는 생물학적, 심리적, 사회적 요인들과의 상호작용을 통해 자살위험이 점진적으로 발전한다는 의미를 가지고 있다(Kees van Heeringen, 2001). 따라서 자살은 다음과 같이 정의할 수 있다(O'Carroll et al., 1996).

(1) 자살

스스로 죽으려는 의도를 가지고 자기 파괴적인 행동을 통해 사망에 이르게 되는 행동을 말한다.

(2) 자살시도

치명적이지 않은 결과를 동반한 자해성 행동으로서, 스스로를 죽이려는 의도를 내·외적으로 가지고 있다는 근거가 있는 행동을 뜻한다.

(3) 자살위협

대인관계에서 자기 파괴적 소망을 언어적 혹은 비언어적 형태로 위협적으로 표현하는 것이다.

(4) 자살사고

어떤 사람의 죽음과 연관되어 동인(動因, *agent*)으로서의 기능을 하는 생각이다.

2) 우리나라 자살 실태

(1) 자살사망률 변화 추이

우리나라는 1994년까지만 해도 저 자살률(10.0%) 국가였다. 1995년부터 자살률이 상승하더니 1998년 이른바 IMF 위기에 급격한 상승이 있었다. 이는 경제적 상황과 자살이 밀접한 상관관계를 갖는다는 통설을 뒷받침하는 듯하였다. 그러나 위기가 극복되면서 자살률이 좀 낮아지다가 이후 계속 급상승하는 것은 경제위기론만으로 설명이 힘들며 다른 사회의 중장기적 변화(예: 가족 지지체계의 약화, 이혼의 증가, 가치관의 변화 등) 요인들과 연관이 있음(〈그림 10-1〉, 〈그림 10-2〉 참조)을 시사한다(이홍식 외, 2007).

한편 〈그림 10-2〉에서 보는 바와 같이, 2006년부터 2015년까지의 10년 동안 자살률은 21.8%에서 26.5%로, 자살사망자 수는 10,653명에서 13,513명으로 현격하게 증가한 것으로 나타났다.

(2) 자살사망의 연령별 분포

가장 두드러진 것은 자살이 20대와 30대에 급상승해 사망의 제일 원인이 됐고, 자살사망자가 40대와 50대에 제일 많다는 점이다. 청소년이나 노인층의 자살뿐 아니라 가장 중요한 시기를 보내고 있는 40대와 50대의 정신건강 문제와 자살위험성에 대한 원인 규명도 이뤄져야 할 것이다(〈그림 10-3〉 참조).

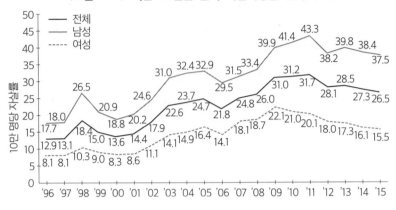

〈그림 10-1〉 최근 20년간 한국 자살사망률 변화 추이

출처: 통계청 사망원인 통계(2015).

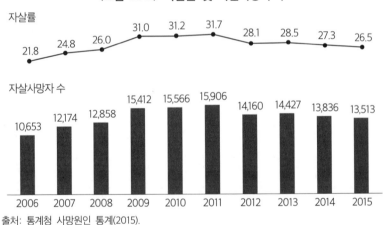

〈그림 10-2〉 자살률 및 자살사망자 수

출처: 통계청 사망원인 통계(2015).

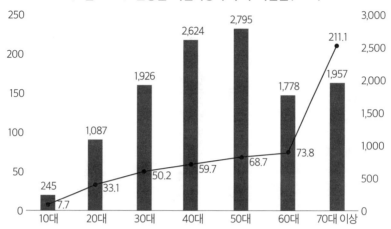

〈그림 10-3〉 연령별 자살사망자 수와 자살률(2015)

주: 막대는 자살사망자 수, 실선은 자살률.
출처: 통계청 사망원인 통계(2015).

(3) 자살사망의 지역별 분포

광주, 세종이 가장 낮고, 강원, 충남이 가장 높게 집계되었다. 이러한 결과는 도시화를 정신건강을 해치는 요인으로 보는 통상적 견해와 달라 보이는데, 각 지역의 경제 사회적 특성과 인구구성, 직업, 연령분포, 자살방법 등의 차이에서 오는 것으로 보인다(〈그림 10-4〉 참조).

(4) 자살방법

우리나라 자살사망자들이 사용한 자살방법은 전체적으로 약물 중독이 1위, 음독이 2위로 나타났다. 방법은 성별, 연령, 지역에 따라 차이를 보인다. 도시 지역, 젊은 층일수록 약물 중독이 높고, 고연령층, 농촌 지역일수록 음독(농약)이 높게 보고되고 있다(〈그림 10-5〉 참조).

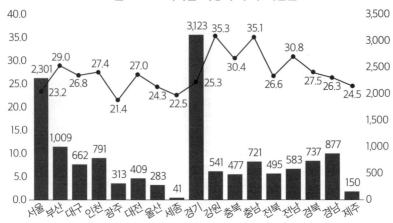

〈그림 10-4〉 지역별 사망자 수와 자살률

주: 막대는 자살사망자 수, 실선은 자살률.
출처: 통계청 사망원인 통계(2015).

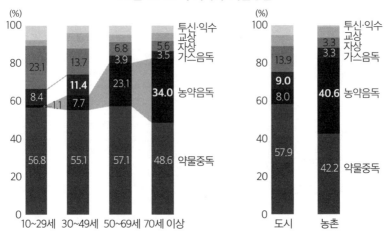

〈그림 10-5〉 우리나라 자살방법

출처: 중앙자살예방센터(2014).

(5) 자살 및 생명 존중에 대한 태도

만 15세부터 69세까지의 국민 1,501명을 대상으로 보건복지부와 한국
자살예방협회가 2006년 실시한 생명존중 및 자살에 대한 국민태도조사
에 의하면, 15.6%가 지난 1년간 죽고 싶다는 생각을 한 적이 있으며,
구체적 자살계획까지 세워 본 사람도 3.9%, 자살시도를 하였다는 사람
도 1.8%나 있었다(〈스포츠경향〉, 2007.05.08). 우리는 주로 자살사망
자에 관해 얘기하고 있지만 이것은 빙산의 일각이고, 15.6%의 우리 국
민이 자살사고에 시달리고 있고 자살사고자 8명 중 1명이 자살시도, 자
살시도자 70명 중 1명이 결국 자살로 사망한다는 결론이 나온다(이홍식
외, 2007). 그런데 자살생각을 한 사람 중 10%, 자살을 계획했거나 시
도한 사람 중 30%만이 상담이나 치료를 받았다는 것이다. 예방차원에
서 본다면 앞으로 '자살생각자'나 '자살시도자'의 심리와 문제점에 관한
연구, 조기발견방법과 개입방법의 개발이 매우 중요함을 알 수 있다.

자살 관련 태도조사에서 우리가 기억하고 참조하여야 할 점은 조사
자의 24.2%가 '자살이 유일한 해결책인 상황이 있다', 38.7%가 '개인
이 자살할 권리가 있다', 71.2%가 '불치병 환자의 자살을 이해할 수 있
다'고 답했다는 사실이다. 우리나라 국민이 자살에 대해 얼마나 허용적
인가를 알 수 있다. 이러한 허용적 태도는 저소득층과 노인층에서 더
높았다. 이러한 자살에 대한 수용적이며 허용적인 태도가 우리나라의
높은 자살률과 관련이 많을 것으로 보인다. 자살예방을 위한 대국민 인
식 개선과 예방교육이 필요한 이유가 여기에 있다고 하겠다.

3) 자살에 관한 이론

(1) 정신분석학적 관점

자살에 대한 심리적 연구와 분석을 시도한 선구자들은 정신분석가들이
었다. 그중에서 프로이트의 가설은 자살현상을 연구하는 데 많은 영향
을 끼쳤다. 그는 자살을 설명할 수 있는 2가지 이론을 개발하였는데 대
상관계이론과 죽음의 본능이 바로 그것이다.

① 대상관계이론

프로이트는 대상관계이론(object relations theory)을 주장하였다. 그는
"대상을 성적 혹은 공격적 에너지가 부착된 심리적 표상"이라고 정의했
다. 그리고 이 대상과 자아와의 관계를 대상관계라고 하며, 이것의 상
실을 대상상실이라고 부른다.

　프로이트는 자살을 대상을 상실한 인간의 우울증과 연관시켰다. 우
선 자아를 대상과 동일시하는 과정을 거쳐 이 대상에 대한 양가적 감정
이 자신에 대한 가학적 처벌로 이어진다. 예를 들어 자신이 사랑하던
애인이 떠났다면, 그 애인에 대해 연민을 느끼면서 동시에 자신을 버리
고 떠난 것에 대해 분노하게 되며, 이러한 양가적 감정이 부착되어 있
는 대상과 자아를 동일시하게 되면 외적인 대상으로 향해야 할 분노가
자기 자신에게로 돌아오게 된다. 즉, 실제로 자살을 하려는 사람은 자
신을 죽이려는 것이 아니라 대상을 죽이고 싶어 하는 것이다. 그러나
환자들은 무의식적으로 이것은 자신 안에 있는 내적 표상을 파괴함으
로써 가능하다고 판단해 버리기 때문에 자살충동을 느끼게 되는 것이
다. 멜라니 클라인(Melanie Klein)은 프로이트의 대상관계이론을 더욱

발전시켜서 내사화의 과정과 투사작용을 통해 자살을 설명했다. 즉, 인간은 태어나면서부터 외부의 대상을 내사화한다. 처음에는 어머니의 젖가슴을 자신의 세계 속에 흡수하여 내사화하고 내사화된 내적 표상은 아이에게 좋고 나쁨이라는 감정을 갖도록 만든다. 아이는 자신의 욕구가 좌절되면 그 원인을 대상에게 투사하여 마치 그것이 자신을 삼켜 죽여 버릴 것처럼 느끼게 되는 것이라고 설명한다.

클라인은 자살충동을 느끼는 이유는 단순히 나쁜 대상과의 동일시 때문이 아니라 자아의 일부가 된 나쁜 대상으로부터 자신을 보호하려는 시도에서 출발한다고 말한다. 즉, 자살은 자기 안에 있는 좋은 부분을 보존하면서 자아의 나쁜 표상을 제거하려는 시도라는 것이다.

② 죽음의 본능

프로이트는 인간이 가지고 있는 기초적 본능 가운데 죽음의 본능(*death instinct*)이 자살의 주범이라고 말하였다. 죽음의 본능은 오이디푸스 콤플렉스와 대상관계이론과 함께 정신분석학적 입장에서 자살심리를 설명하는 데 중요한 이론이다. 죽음의 본능은 인간이 유기체로 환원되고자 하는 욕구에서 비롯된 것이라고 설명되는데, 이러한 죽음의 본능을 더 구체화시킨 학자는 칼 메닝거(Karl A. Menninger)이다. 칼 메닝거는 자살 심리의 배경에는 3가지 의식적 혹은 무의식적 동기가 작용하고 있다고 주장했다. 이것은 죽기, 죽이기, 그리고 죽임을 당하기이다. 이 동기들은 대개 무의식적인 것으로 정신분석을 통해서만 밝혀진다고 한다. 죽임을 당하고자 하는 피학적 소망은 자아에 대한 처벌에서 비롯되는 것으로, 양심이 스스로를 사형에 처하는 것이 자살충동으로 나타난다.

(2) 사회학적 관점

19세기 말의 사회학자 뒤르켐(E. Durkheim, 1987)은 자살현상을 사회적인 차원에서 접근하였다. 그의 저서인 《자살론》에서는 개인의 심리적인 요인이나 무의식적 요인의 분석을 배제하고 사회과학적인 객관적 검증방법을 사용하여 자살을 연구하였다. 뒤르켐은 자살은 사회의 특정한 상태를 반영하는 것이라고 말하고 자살률에 대한 통계분석을 통해 이러한 경향을 증명했다. 그는 자살현상을 사회와 개인과의 결속력에 따라 이기적, 이타적, 아노미적 자살로 구분하였다.

① 이기적 자살

이기적 자살이란 개인주의 경향으로 사회와의 친밀도가 희박해짐으로써 발생한다. 사회가 개인을 통제할 수 없을 정도로 개인주의화되기 때문에 자살이 증가한다는 것이다. 개인 간에 응집력이 강하고 상호 유대관계가 형성된 사회는 정서적으로 안정감을 주고 치료적인 효과를 유발한다. 그러나 개인주의적인 사람은 이러한 사회적 지원을 받지 못하고 스스로 소외된다.

② 이타적 자살

이타적 자살은 개인이 사회와의 친밀도가 지나치게 높아져서 의무감으로 자살하는 경우를 말한다. 일본인의 집단 할복이나 초기 가톨릭의 순교가 이타적 자살에 속한다. 이타적 자살은 집단의 압력이나 규범에 의해 생겨나는 것으로, 자살자들은 자신이 속한 사회의 최고 규범을 따랐기 때문에 타인의 칭송을 받게 된다.

③ 아노미적 자살

아노미적 자살은 사회가 병적으로 혼란스럽거나 무질서하여 개인에게 아무런 영향력을 행사하지 못한 경우에 발생한다. 뒤르켐은 종교나 국가의 권위와 같은 강한 권위의 상실이 사회의 아노미 현상을 촉진하여 자살의 증가로 이어진다고 경고하였다.

(3) 철학적 관점

쇼펜하우어(Arthur Schopenhauer)가 그의 주저인 《의지와 표상으로서의 세계》에서 인간의 삶을 '쾌와 불쾌를 넘나드는 시계추와 같은 것'이라고 규정짓고 인생이 살 만한 가치가 없다고 주장한 이래, 많은 철학자들은 자살현상의 철학적 논의를 지속시켜 하나의 독립적인 학파를 형성하였다. 이들에게 던져진 핵심적인 논리는 인생이 살 만한 가치가 없다면 자살은 합리적인 형태의 선택이라는 것이다. 이 논법은 실존주의 철학자들에 의하여 더욱 활발하게 논의되었다. 카뮈(Albert Camus)는 저서 《시지프의 신화》에서 인간의 삶은 부조리하기 때문에 살아야 할 가치가 없는 것이라고 말하였다. 인간은 시지프와 같이 절대적인 목표나 가치도 없는 일을 반복하며 '부조리'한 삶을 유지하고 있다. 이러한 숙명적 부조리에 대한 자각은 우리를 거짓된 희망이나 삶 속에서 의미를 찾으려는 노력으로부터 해방시켜 주며 이때의 자살은 인간이 지향해야 할 최고의 덕으로 상승되는 것이다.

그러나 카뮈는 자살행위가 진리를 회피하는 비겁한 행동이라고 결론짓는다. 실존주의적 삶이란 인간이 피할 수 없는 부조리를 잊지 않고 그것을 끌어안으며 사는 것이다. 죽음과 삶의 선택이 공존하는 이 대립적인 상황이 인간을 인간답게 하는 진정한 자유를 가져다줄 수 있다.

그러므로 진정한 해방은 육체적 해방이 아니라 선택이 공존하는 상황을 지속시켜 나가는 데 있는 것이다.

이와 같이 실존주의는 자살을 예찬하거나 미화하는 것이 아니라 무수한 죽음의 가능성 가운데 존재하는 하나의 형태로 객관화했다. 그들은 자살을 인간의 부조리와 참 실존을 이해하는 데 필요한 과정으로 보고 자살에 관한 새로운 윤리적 가치관의 확립을 시도한 것이다.

(4) 현대적 관점

현대의 실증주의적 연구결과에 따르면, 자살현상의 원인은 한두 가지로 설명할 수 있는 것이 아니라 인간의 다양한 요인들이 만든 복합적인 불안에 의한 것이라고 한다. 자살의 요인들은 내·외적으로 복잡하게 얽혀 있어서 완벽하게 범주화하기 어렵지만 일반적으로 5가지 주요한 요소들로 구분할 수 있다.

① 정신병리적 요소

정신질환은 자살행위의 주요 위험요소이다. 대체로 자살자의 70~80%가 정신질환 증상을 보이는 것으로 밝혀졌다. 특히 자살자들은 우울증과 같은 기분장애를 많이 앓고 있었으며, 품행장애와 반사회성 장애, 물질 관련 장애, 경계성 인격장애도 자살과 연관이 있다.

② 생물학적 요소

세라토닌의 대사물질인 5-HIAA 수치가 자살에 영향을 준다는 것을 발견했다. 5-HIAA가 낮은 수치를 보인 우울증 환자들 가운데 40%가 자살한 반면 정상 수치를 보인 우울증 환자는 15%만이 자살을 기도하였다. 이러한 사실은 세라토닌의 양이 자살행동과 연관성이 있다는 것을 어느 정도 증명해 주는 것이지만, 자살원인에 대한 생물학적 연구는 아직까지 뚜렷한 결론은 맺지 못하고 있는 상태이다.

③ 유전적 및 가정환경 요소

자살과 유전의 관계는 아직까지 논란의 대상이다. 자살의 유전성은 크게 2가지로 설명할 수 있다. 첫째는 자살 유전인자가 후대로 전달된다는 가설, 둘째는 유해한 가정환경으로 인해 자살이 한집안에서 반복된다는 주장이다. 이러한 유전적, 가정환경적 요소는 상호 연관되어 있다는 것이 학자들의 공통적인 견해이다.

④ 유약성 요소

유약성 요소는 쉽게 사라지지 않고 자살로 이어지게 하는 만성적 스트레스 요인들을 가리키는 말이다. 여기에는 인간의 외적 혹은 내적 요소들이 모두 포함되며 자살위험에 대한 개인의 내성(耐性) 여부를 보여준다. 보통 사람들은 유약성 요소들을 잘 극복할 수 있는 대처기제를 가지고 있지만 이러한 요소들에 지속적으로 노출되거나 약한 내성을 가지고 있는 사람들은 자살에 쉽게 노출되는 것이다.

⑤ 상황적 요소

상황적 요소는 자살을 유발한 현실적이고 직접적인 원인을 뜻하는 것으로 개인에게 직접 영향을 미치는 스트레스 요인과 자살수단에 대한 접근 용이성이나 자살위험이 있는 환경에 대한 노출을 들 수 있다. 상황적 요소는 자살관념을 자살행동으로 연결시키는 근거리적 요소라 할 수 있다.

4) 한국사회의 자살 특징

(1) 노년층의 자살

지난 10여 년간 우리나라의 자살 건수는 2배 증가하였고, 자살률 또한 OECD 국가 29개국 중 가장 높아 평균의 2배에 가깝다. 이에 더하여, 60세 이상 노인자살 건수도 매년 증가추세에 있는데, 인구 10만 명당 60대 36.9명, 70대 63.7명, 80대 83.3명으로 나타났으며, 특히 80대 이상 노인자살률은 20대의 5배나 된다(통계청, 2016). 이것은 고령화 사회의 등장과 함께 한국사회에서 노인자살에 대한 사회적 관심이 필요함을 보여 준다.

이러한 노인자살 건수의 증가세로 볼 때, 노인자살은 더 이상 간과할 수 없는 우리의 심각한 사회문제임에 틀림없다. 그러나 그에 대한 정부 차원의 정책과 대책은 미흡한 실정이다. 일례로, 2008년 12월 보건복지가족부가 발표한 자살예방 5개년 계획은 전체의 30% 이상을 차지하는 노인자살의 특성을 제대로 반영하지 못하고 우울증상 모델로만 접근했다. 정부 정책의 실효성이 우려되는 이유다(신숙경 외, 2009). 노인자살 문제는 자살증세 조기발견 시 전문상담 및 치료지원 등을 통하여 상당 부분 예방이 가능한 만큼, 체계적이고 전문적인 노인자살 위기개입과 지역사회 연계시스템 구축이 필요하다.

(2) 가족 동반 자살

한국사회의 독특한 집단주의 문화를 반영하는 자살은 가족 동반 자살이다. 가족 동반 자살은 우리나라에서만 발생하는 종류의 자살이다. 가부장적 가족제도하에서 가장들은 자신의 사회적 실패를 가족들의 실패와 동일시하여 생각한다. 그래서 가족에 대한 책임감과 소유적 사고 방식으로 가족 성원에게 집단자살을 강요하는 것이라고 할 수 있다. 부부 동반 자살이나 연인 동반 자살은 외국에서도 그 유형을 찾아볼 수 있지만 한국의 가족 동반 자살의 큰 특징은 어린 자식까지도 자살에 동참한다는 점이다. 이러한 자살형태에 대해 서양인들은 "자식은 부모의 분신이라는 유교사상이 바탕이 된 것"이라고 하였다(김시업 외, 1998). 그러나 서구문화의 유입으로 가족 중심의 집단주의가 급격히 와해되는 과정에서 이러한 유형의 자살은 점차 사라지고 있다.

(3) IMF 이후의 자살

IMF체제 이후 자살자 수가 사상 처음으로 교통사고 사망자 수를 넘어서는 등 자살이 심각한 사회문제로 대두되었다. 이러한 현상은 IMF가 일종의 아노미적 상황을 야기했기 때문이라고 할 수 있다(하상훈, 2008). IMF로 인해 사회와 집단의 권위가 약화되었고 이러한 권위의 약화, 파괴는 사회 전체의 무규범화를 가속시켰기 때문에 개인의 혼란과 정체성을 위협하여 자살률의 증가현상이 발생한 것이다.

IMF로 야기된 실업률의 증가가 자살률 증가를 야기했다는 설명도 설득력 있다. 2014년 보건사회연구원의 보고서에 따르면 1997년부터 2012년까지 16년간의 자료를 통해 자살률과 실업률을 살펴본 결과 자살률 곡선이 실업률을 뒤쫓아 상승했다(한국보건사회연구원, 2014). 실업은 당사자뿐 아니라 가족들의 의욕을 억누르게 만들며, 사기를 저하시킨다. 결국은 자살과 같은 자기 파괴적인 행동에 취약하게 된다. 또한 신체적인 건강과도 관련이 있으며 특히 장기적인 실업은 절망감을 야기한다(김시업 외, 1998). 그러나 실업률이 다른 사회적인 측면에도 영향을 준다는 점을 간과해서는 안 된다(하상훈, 2008 재인용). 아직은 실업이 자살을 증가시킨다는 가정은 명확한 결론이 아니다.

4) 자살과 관련된 정신건강과의 관계

자살과 관련성이 있는 정신건강 문제 중 대표적인 것이 우울증이다. 학자에 따라 의견이 다양하지만, 자살과 정신건강과의 관계는 90% 이상이라고 언급하는 학자들이 많다(Conwell, 2001). 노인이 자살을 시도하고 생각하게 되는 과정이 반드시 존재하겠지만, 마지막 단계에는 우울증, 치매, 섬망, 불안장애 등과 같은 정신건강상의 문제가 있을 때 자살이라는 방식에 쉽게 접근하기 때문에 우리는 정신건강에 대한 이해를 충분히 고려하여야 한다.

정신건강과의 연관성으로 인해 전문가들도 편견으로 인해 자살을 우울증이나 기타 정신질환의 관점에서 바라보는 것을 꺼리는 경우가 있다. 물론 자살을 시도하기까지 겪게 되는 심리적 과정을 삶의 관점에서 다루어야 하는 것은 기본이라고 할 수 있다. 따라서 근본적인 문제의 원인에 대한 접근이 이루어지는 것과 함께 대상자의 복원력 및 자아탄력성(self-resilience)을 회복하는 방안으로 정신건강의 문제를 다루는 것 역시 중요하다는 점을 명심해야 한다(전준희, 2010 재인용).

(1) 우울증

우울증은 성인 정신건강상의 문제 중 가장 흔하고 일반적인 질환이다. 2011년 전국 정신질환 실태 역학조사 결과 국내 성인의 약 6.7%(남성 4.3%, 여성 9.1%)가 일생 동안 우울장애를 앓는 것으로 추정되었다.

우울증은 증상의 종류와 정도에 따라 여러 가지 형태로 나타날 수 있지만, 잦은 재발이 특징인 질환이다.

자살사망자 중 정신질환이 확인된 60~90% 가운데 약 59~87%가 자살 당시 주요우울장애를 앓고 있었다(Brent, et al., 1993; Harris & Barraclough, 1997). 주요우울장애 환자들 중 일평생 자살로 사망하는 비율은 3.4~15.0% 정도로, 주요우울장애를 앓고 있지 않은 건강한 성인에 비해 자살위험이 약 20~30배 정도 높다(Guze & Robins, 1970; Inskip et al., 1998; Blair-West et al., 1999). 특히 노인 환자는 젊은 연령층의 환자들보다 자살위험이 훨씬 높은데, 그 이유는 대부분의 노인 환자들이 우울증 진단이나 관련된 치료를 제대로 받지 못하기 때문인 것으로 추정된다. 또 젊은 연령층 자살자의 4%가 첫 번째 우울증 삽화 중에 자살하지만 고령 우울증 환자들의 경우 약 60% 정도가 이 기간 중 자살해서 젊은 층과 큰 차이를 보인다(Conwell et al., 1996).

또 우울증 환자들의 자살위험은 동반된 다른 정신병리 현상들에 의해서도 영향을 받는다. 심한 불안증상, 수면장애, 절망감, 알코올 오남용이나 중독 등의 문제들은 우울증 환자들의 자살위험과 밀접하게 관련된다(Nam et al., 2006). 특히 우울증과 함께 알코올 의존증까지 앓는 환자들은 우울증만 앓는 환자들에 비해 자살위험이 3배 이상 높다(Cheng, 1995). 한편 치료받지 않은 우울증 환자가 치료받은 우울증 환자에 비해 자살위험이 약 2배 정도 더 높았다는 보고는 우울증의 치료 여부와 우울증 환자들의 자살위험 사이의 연관성을 시사한다(Angst et al., 2002).

그러나 우울증 진단 자체가 자살위험을 높이는 것은 아니기 때문에 많은 주의가 필요하다. 예를 들어, 우울증 환자라고 하더라도 치료계획을 잘 세워서 정신과 의사와 긴밀한 관계 가운데 치료를 받거나, 일상 사회생활 속에서 기능을 잘 유지하는 경우, 그리고 가족이나 친구들이 격려와 따뜻한 지지를 꾸준하게 주는 경우, 그렇지 못한 환자들에 비해 자살위험이 낮아질 수 있다.

(2) 알코올 사용 장애

우울증 이외에 자살위험과 흔히 관련되는 정신질환은 알코올 오남용 및 의존과 같은 알코올 사용 장애이다. 자살희생자의 약 50% 정도는 자살시도 당시 술에 취한 상태이며, 알코올 사용 장애는 적어도 자살의 40% 이상에 영향을 준다(Henriksson et al., 1993; Cheng, 1995). 그리고 알코올 사용 장애 환자의 5~10%는 자살로 사망한다(Rossow & Amundsen, 1995; Inskip et al., 1998). 국내의 역학조사에서 알코올 사용 장애의 평생 유병률은 2006년 16.2%로 2001년의 15.9%에 비해 증가하였다. 특히 남성의 알코올 사용 장애 유병률은 25.5%로 매우 높은 편이다(조맹제 외, 2006).

알코올 의존 환자들 중 남성, 50세 이상 고령자, 공격성 및 충동성향이 높은 사람, 알코올 이외의 다른 중독성 물질 오남용 문제가 동반된 사람의 경우 자살위험이 더욱 높다(함병주 외, 2007). 알코올 장애가 있는 자살희생자 중 약 45~70%가 사망 당시 주요우울장애를 동시에 앓고 있었고, 알코올 사용 장애와 우울증이 함께 있는 사람들에게서 자살시도가 더욱 빈번하게 일어난다는 점은 우울증이 알코올 장애 환자들의 자살위험을 더욱 증가시킨다는 사실을 시사한다(Murphy et al., 1992; Henriksson et al., 1993; Cheng, 1995).

또 알코올 환자들 가운데 이혼이나 가족 관계 내에서의 갈등, 실직, 재정적 곤란 등과 같은 부정적인 사건을 경험한 사람의 비율이 자살희생자 가운데 더 높다는 점은 이러한 생활사건이 자살위험에 영향을 준다는 사실을 보여 준다. 그리고 알코올 사용 장애가 일찍 생긴 사람이나 오랫동안 알코올 장애를 앓아 온 사람, 알코올과 관련된 신체질환을 앓고 있는 사람도 자살위험이 높다(함병주 외, 2007).

(3) 조현병

우울증이나 알코올 사용 장애 외에도, 조현병, 불안장애(공황장애, 범불안장애, 광장공포증 등), 섭식장애 등 정신과적 치료가 필요한 다양한 질환들을 가진 환자들의 자살위험이 건강한 성인들에 비해 높다. 특히 자살은 조현병 환자들의 가장 흔한 조기사망원인이며, 약 4~10% 정도의 환자가 결국 자살로 생을 마감한다(Nam et al., 2006). 조현병 환자들의 자살위험은 일반인보다 약 10~40배 정도 높다(Caldwell & Gottesman, 1990).

조현병 환자들의 자살위험은 병이 발병한 직후, 급성기, 입원 및 퇴원 직후에 가장 높으며, 40세 이전일 때 가장 위험하다가 나이가 들어감에 따라 점차 줄어든다(Nam et al., 2006). 특히 자살 가족력이 있거나 독신일 때, 사회적으로 고립됐을 때, 주요 생활사건을 경험했을 때, 과거 자살시도 경험이 있을 때, 실직이나 해고, 만성질환이 함께 있을 때 환자들의 자살위험은 높아진다(Caldwell & Gottesman, 1990).

절망감과 우울증은 조현병 환자에게 있어서 가장 중요한 자살 예측요인이다. 자살한 조현병 환자의 우울증은 심리적인 불편감과 절망감, 정신-운동지체가 주로 나타나며, 우울한 기분이 오랫동안 지속되는 것이 특징이며 주요우울장애 환자들과는 차이가 있어 이들의 우울증은 주요우울장애와 다른 기전에 의해 유발될 것으로 추측된다(Drake &

Cotton, 1986). 그리고 자살시도자는 일생 동안 더 많은 우울 삽화를 경험한다(Gupta et al. , 1998). 특히 자주 재발하며 만성적인 경과를 보이는 환자들이나 병이 생기기 전에 사회적 기능이 좋았던 환자들, 지능이 높고, 추상적인 사고기능이 보존된 환자들에서 우울증이 잘 발병하기 때문에 많은 주의가 필요하다(Drake & Cotton, 1986). 조현병의 유형과 자살위험 사이에도 유의한 관계가 있다. 예를 들어 편집형 조현병 환자들은 음성증상이 두드러진 환자에 비해 자살위험이 높다(Fenton et al. , 1997).

특히 조현병 환자들은 다른 환자들보다 자신의 자살의도를 분명히 표현할 가능성이 더 적기 때문에 이들의 자살위험을 평가하는 데 주의가 필요하다. 진단의 유형과 병의 경과에 따른 위험인자에 덧붙여 동반된 우울증이나 약물 남용은 조현병 환자의 자살위험을 크게 증가시키는 요소이다.

2. 자살의 예방과 개입

1) 예방(prevention)

이제까지 제시된 논점들이 자살의 예방과 개입에 어떤 함의와 시사점을 갖는지 간략하게 살펴보고자 한다(이홍식 외, 2007 재인용).

첫째, 자살은 매우 복잡하고 다면적인 현상으로 원인 규명, 치료와 개입 및 예방에 쉽고 단순한 왕도는 없다. 자살의 원인으로는 개인 생물학적, 심리적 요인, 사회환경 및 상황적 요인, 정신의학적 요인이 관여하므로 예방과 개입에도 다면적이고 통합적인 방향 설정이 필요하다.

둘째, 우리나라에서 최근 자살률이 급등하는 현상은 우리 사회의 심각한 사회병리를 반증한다. 온 국민의 각성과 철저한 원인 규명이 심리적, 사회학적, 종교 철학적 차원에서 시행되어야 한다.

셋째, 자살의 예방과 개입은 일반 국민의 자살에 대한 인식을 개선하고, 위험요인들에 대한 교육과 예방활동을 범국민적 차원에서 실시하여 시민운동을 전개함으로써 모든 사람이 생명지킴이(*gatekeeper*)가 되도록 한다. 구체적인 실천방법은 다음과 같다.

- 각종 정신건강 관련 전문가들의 자살예방에 대한 연수교육 사업을 통해 자살위험이 높은 사람들과 자살시도자를 위한 상담, 치료, 예방활동 역량을 강화하고, 각종 전문기관 간 연계망을 시급히 구축해야 한다.
- 자살 의사 표시자의 추적치료가 예방활동에 포함되어야 한다. 자살시도자들의 80%는 어떤 형태로든 자살시도 전에 자살하려는 의도를 알리는 신호, 행동변화, 메시지를 남긴다고 한다. 최근에는 가족이나 친지에게 도움을 요청하기보다는 전화 상담이나 사이버 상담 또는 문자나 개인 홈피 등을 통해 자살의도를 통보하는 경우가 빈번히 발생한다. 이들 중 고위험자를 찾아내 자살시도를 막는 것이 매우 중요하다.
- 기존 전문시설의 자살예방 역량을 강화하고, 광역시, 각 도, 주요 도시에 자살예방센터를 개설하여야 한다.
- 자살방법 접근의 차단은 자살의 즉각적 감소를 가져올 수 있다. 예를 들면 농약의 안전 관리, 시건장치나 지하철역의 스크린도어 설

치, 교량에 높은 벽 쌓기 등이다.

- 자살의 주요원인이 정신장애인데 실제 정신과적 치료가 필요한 사람들의 70~80%는 정신질환에 대한 편견으로 치료를 받지 않는다. 따라서 이런 오해와 편견을 줄이고, 적극적으로 치료받도록 유도하여야 한다.
- 국민 전체가 생명 경시 풍조를 지양하고 생명 존중 사상을 회복해야 한다. 생명과 죽음의 존엄성이 확립되고, 생의 의미가 구현되어야 한다.

넷째, 국가 차원에서 범국가적 예방대책이 이루어져야 한다. 자살예방법도 입법화하여야 한다. 현재 국가 자살예방대책 2차 5개년 계획은 그동안 학계와 한국자살예방협회, 보건복지부가 잦은 대화와 연구를 통해 일구어 낸 예방대책으로서 나름대로 방향성과 책략 면에서 훌륭하다고 할 수 있다. 문제는 구체적 실현성과 예산의 뒷받침이며, 자살예방사업이 보건복지부 단독의 사업일 수 없다는 점이다. 자살예방은 보건복지부가 중요 역할을 담당하겠지만 대통령 특위나 국무총리실이 관장하여 좀더 범정부적 차원에서 추진되어야 한다.

다섯째, 지역사회 정신건강증진센터의 자살예방 역할이 중요하다. 국가가 아무리 좋은 자살예방대책과 개입방안을 마련해도, 실제 자살 고위험군과 자살시도자들을 현장에서 돕고 생명을 구하는 활동은 지역사회 내에서 시행되어야 한다. 일반 시민을 상대로 하는 교육과 활동, 시민운동의 전개는 물론이고 자살시도자를 위한 위기개입과 사후관리, 우울증과 같은 자살 고위험군의 치료와 관리, 상담-치료기관의 연계망 구축, 교육기관과의 협동 등은 지역사회 정신건강증진센터에서 가장 효율적으로 이루어질 것이다. 특히 자살예방의 가장 중요한 요소는 정서적 지지와 소속감인데 이들을 공급하는 것은 그가 속한 지역사회의 몫이다.

여섯째, 일반 시민의 적극적인 참여를 호소한다. 우리 모두의 생명에 대한 인식의 개선, 자살과 죽음에 대한 올바른 이해, 인생의 목표와 가치관의 재설정, 고난과 역경에 대한 태도 변화가 필요하다. '자살은 결코 문제해결의 방법일 수 없다', '생명은 소중하며 어떤 위기에서도, 어떤 역경에서도 지켜야 한다', '죽기는 왜 죽어! 악착같이 살자', '자살의 주범, 우울증에 효과적 치료가 개발되어 있다. 상담이나 치료받기를 주저 말자', '자살의 증후는 반드시 있게 마련이고 누구나 자살예방의 보초병이 되어야 한다'는 인식의 전환이 필요하다.

일곱째, 건강한 가족의 기능과 부모의 올바른 자녀교육을 통한 정신건강과 자아 강건성의 함양은 그 자체가 가장 기본적인 자살예방활동이며 너무나 중요한 부모의 역할이다.

여덟째, 종교계가 자살예방운동에 앞장서야 한다. 자살 불가론은 물론, 죽음의 의미, 사후 세상의 존재와 생의 연속성 등에 대한 설교 및 토론회 등이 자주 실시되기 바란다.

아홉째, 언론매체는 자살에 대한 신중한 보도와 대중을 대상으로 한 자살예방교육의 선도자가 되어야 한다.

2) 치료적 접근법

이상과 같은 다각적이며 통합적인 자살예방활동과 노력에도 불구하고 자살시도는 계속 일어나며 그중 일부는 사망에 이른다. 특히 우리나라처럼 예방대책이 미비하고 효과적 예방활동이 충분하지 못한 여건에서는 위기에 처한 많은 사람이 예방서비스의 혜택 없이 자살을 시도하므로, 정신보건전문가들은 어떤 상황에서건 신속히 자살위험성을 평가하고 치료할 수 있는 역량을 갖추어야 한다.

(1) 위기개입

자살을 시도하였거나 시도할 위험성이 높다고 판단되는 사람을 접하게 되면, 이 사람을 나 자신이 직접 또는 자문을 받아 응급 개입할 수 있는가 아니면 타 전문가에게 의뢰 또는 입원조처를 취할 것인가를 결정하여야 한다. 의뢰나 입원조처를 취할 때, 반드시 할 일은 '자살하지 않겠다는 약속'을 받는 것과 가족이나 동료와 접촉해도 좋다는 허락을 받는 것이다. 정신질환의 기왕력이 있고 당장 심한 불안, 초조, 자살충동의 언어 및 행동을 보일 때는 병의원 또는 응급실을 방문하여 긴급 약물 투여를 고려한다.

응급상황에 이어서 곧바로 실행해야 할 단기개입방법으로는 ① 질문을 활용한 자살생각의 솔직한 언어화, ② 자살동기의 탐색, ③ 자살결심 다루기: 삶과 죽음의 대차대조표 작성, ④ 조망 넓히기, ⑤ 절망감 다루기, ⑥ 현실 문제의 해결 등이다.

응급개입과 단기개입의 목표는 자살충동의 극복과 포기, 자살은 해결책이 아니며 결코 해서는 안 된다는 분명한 메시지 전달, 전문가/가족/친지, 누군가가 당신을 도와 위기는 해결될 수 있다는 희망적 조망을 갖도록 하는 것이다.

(2) 입원

입원의 조건으로는 자살위험이 높고, 자살하겠다고 공언하며, 자살계획이 있고, 자살시도의 과거력이나 자살사망의 가족력이 있고, 가족의 대처능력과 기타 지지적 관계가 저조하며, 경제 및 생활환경이 열악하고, 심각한 정신질환(기분장애, 정신분열, 성격장애, 약물 중독, 신경성 식욕 부진 등)이 있을 때이다. 입원 치료는 한 생명을 구할 수 있다. 기존 정신질환을 치료하고, 몰랐던 병을 새롭게 발견할 수도 있다. 적절한 추적치료를 연결함으로써 장차 일어날 수 있는 자살 행동을 예방할 수도 있다. 퇴원 시에는 병원 외래, 개인 클리닉, 정신보건센터, 기타 상담기관에 의뢰하여 추적 치료 및 상담을 꼭 받도록 연계한다.

(3) 개인 정신치료 및 상담

자살을 심각하게 생각하거나 시도하는 사람들 대부분은 정신과적 문제를 가지고 있다. 따라서 정신과적 문제의 종류에 적합한 치료나 상담이 실행되면 자살을 예방할 수 있다. 이들에게 가장 중요하고 흔한 것은 개인 정신 및 심리치료다. 일반적 정신치료를 수행하면서 상담자는 늘 자살위험성을 염두에 두고 의심될 경우 즉시 다루어야 한다.

개인 정신치료는 그동안 많은 발전이 이루어졌고, 전통적 역동정신치료(*dynamic psychotherapy*)는 물론 대인관계치료(*interpersonal therapy*), 문제해결식 접근(*problem-solving approach*), 인지행동치료(*cognitive behavior therapy*) 등으로 다양해졌다. 이들 중 상담자가 가장 잘할 수 있는 접근을 사용하되, 자살 관련 내용을 어떻게 다루며, 자살위험성을 어떻게 줄이는가의 치료적 기술을 숙달하는 것이 중요하다. 자살을 다루는 데 있어서 바람직한 심리치료의 방향은 과거보다는 현재의 문제해결 중심, 위기 대처능력과 자아 강건성(*ego strength*) 높이기(충동 지연, 인내심, 분노조절능력, 대인관계 기술 증진, 사회적 지지 확보, 스트레스 관리, 자신의 생각-감정-행동의 관계 이해와 자기 관리, 자존감 증진 등)에 초점을 맞추는 것이다.

(4) 약물치료

자살위험성은 특히 정신질환을 가진 사람들에게서 높고, 자살사망자를 포함한 자살시도자의 70% 이상이 정신병리를 보이므로, 많은 경우 약물치료가 필요하다. 질환의 종류에 따라 다르지만 기분장애, 정신분열 등에서는 약물치료가 필수이다.

최근 SSRI, SNRI 등 새롭고 효과적이고 부작용을 최소화한 항우울제, 비전형 항정신병제, 항강박제, 항불안제의 개발은 환자와 치료자가 모두 약물치료를 하기 쉽게 만들었다. 최근에는 정신치료와 약물치료 중 하나를 선택하라는 것은 부당한 요구로 받아들여진다. 2가지 접근은 상호보완적으로 보아야 한다. 2가지 접근을 병용함으로써 치료효과를 극대화할 수 있다.

(5) 집단치료

자살에 대한 집단치료는 이들이 자살에 대한 생각이나 시도경험 또는 생존자적 경험들을 함께 공유할 수 있다는 것만으로 치료적일 수 있다. 왜냐하면 동질적 집단이라는 이유만으로도 상대방을 더 잘 이해하고, 용기를 북돋워 줄 수 있을 뿐만 아니라 다른 사람의 생각과 경험이 자신을 지탱하는 데 도움이 될 수 있기 때문이다. 그러므로 이러한 집단치료에서는 안전한 환경을 제공하며, 각자가 이 집단의 구성원으로서 소속감을 갖도록 하는 것이 중요하다. 다음으로 집단은 어떠한 생각과 어떠한 경험, 그리고 어떠한 감정까지도 수용할 수 있어야 한다. 집단치료는 대체로 자조집단의 형태로 운영되며, 정신보건전문가를 통한 교육적 역할로 운영되기도 한다.

(6) 가족치료 및 상담

자살 관련 가족치료는 가족체계의 문제가 자살의 원인적 요소로 작용하거나 자살위험을 높이는 경우, 자살행동을 통한 구원의 요청이 무시되는 경우 실시한다. 가족 간의 관계 갈등, 의사소통의 결함, 대화 패턴, 그리고 상호 정서적 지지 등을 발견하고 수정 및 교육하는 형태가 주를 이룬다. 가족치료의 목적은 가족의 재구조화로서 역할극이나 가족 조각을 통해 자신들의 가족을 재현시키는 방법을 사용하기도 한다. 인지행동치료적 접근도 효과적인 치료 및 교육이 될 수 있다.

어떻게 자살의도나 행동을 빨리 인지하고, 어떤 조처를 취할 것인가에 대한 교육이 가족에게 필요하다. 무엇보다도 자살 고위험자의 이야기를 비난하지 않고 경청할 수 있는 자세를 강조하고, 우리 가족 안에서 무엇 때문에 자살 고위험자가 생겨날 수밖에 없었는지 함께 반추함으로써 이들을 이해하고 수용하도록 도와야 한다.

(7) 전화상담

자살위기 전화상담은 다른 전화상담과 마찬가지로 익명성이 보장되며 쉽게 접근할 수 있어서, 자신의 문제를 호소하며 이해와 공감, 그리고 지지를 요구하는 피상담자가 많다. 실시간으로 반응을 요구한다거나 즉각적인 해답을 요구할 때도 있다. 그러나 자살위기 전화상담의 특징은 극단적인 상황에서 전화를 하는 사람이 많다는 점이다. 따라서 일방적으로 자살을 통보하는 경우처럼 추적 및 출동을 통하여 위기개입이 필요할 때가 있다.

자살위기 전화상담은 자살위기에 대응하고, 긴급 위기상황이 지나갈 때까지 전화내담자가 자기 파괴행위를 하는 것을 막아 내는 것이 목적이다. 그러므로 상담자는 걸려 온 전화를 경청하는 동시에 자살 가능성을 평가할 수 있어야 하며, 필요한 경우 자살예방 관련 재원들에 대한 정보를 제공하고, 내담자가 희망을 갖고 필요한 도움을 찾아갈 수 있도록 도와야 한다. 우리나라에서 가동 중인 대표적인 자살위기 전화상담은 129 복지콜, 정신건강 핫라인 1577-0199, 생명의 전화 1588-9191 등이며, 24시간 핫라인으로 운영되는 것이 특징이다.

(8) 사이버상담

사이버상담은 전화상담과 같이 내담자의 익명성이 보장되면서도 닉네임을 통해 어느 정도 자신을 표현한다는 특징이 있다. 그뿐 아니라 사이버상담은 1:1 관계를 뛰어넘는 개방성과 시공간 초월성으로 다른 방문자들의 경험과 지식, 각자의 반응과 감정을 함께 공유할 수 있는 특징이 있다. 그러나 사이버 자살상담에서는 이러한 개방성과 정보의 공유성 그리고 시공간 초월성이 오히려 자살 공모나 자살에 대한 유해한 정보 공유로 남용될 수 있는 위험성 때문에 철저한 관리방안이 마련되어야 한다.

생명의 친구들 사이버상담실(http://www.counselling.or.kr)과 서울시자살예방센터에서 운영하는 마음이음 1080(http://www.suicide.or.kr)이 대표적인 사이버 자살상담이다. 생명의 친구들 사이버상담실은 공개상담실과 비공개상담실로 구분하여 운영되며, 마음이음 1080은 상담전화 및 인터넷 실시간 채팅상담 형태로 운영된다.

(9) 자살시도자의 추적 치료

자살위험도를 평가하는 데 반드시 물어야 할 사항은 과거 자살을 시도한 적이 있느냐이다. 자살시도 과거력은 그만큼 자살의 고위험군임을 말해 주기 때문이다.

따라서 자살시도를 했으나 사망에 이르지 않은 사람은 반드시 지속적인 추적 치료 및 상담으로 연결하여야 한다. 그 방법은 정신과 병원의 외래일 수도 있고, 정신보건센터나 기타 상담서비스기관일 수도 있다. 정신장애인의 경우는 지역 정신보건센터의 역할이 중요하다. 개입방법은 자살시도의 원인에 따라 상기한 다양한 치료 및 상담을 사용한다.

3) 사후개입과 유가족 관리

자살문제에서 사후관리란 일반적으로 자살 유가족에 대한 개입을 말한다. 포스트벤션(postvention)이라는 말로 표현되기도 한다. 한 사람이 자살하면 그와 밀접히 관련된 가족과 친지 또한 커다란 심리사회적 영향을 받기 마련이다. 특히 자살자의 유가족은 자살로 인한 충격, 부정, 분노, 죄책감, 수치심 등의 복잡한 감정과 갈등을 많이 느낀다. 이들은 사랑하는 가족의 자살에 대한 납득할 만한 이유에 대해 알고 싶어 하면서도, 이러한 이야기를 다른 사람과 나누는 것을 거부하고 고통과 슬픔을 표현할 기회를 가지지 못한다. 수치심과 자살 가족이라는 낙인에 대한 두려움 때문에 오랫동안 혹은 평생토록 이러한 문제를 비밀로 안고 살아가기도 한다. 가족 내 자살 경험은 가족체계와 의미체계의 변화를 초래하며 한 가족을 폐쇄적으로 만들며 개인적인 감정을 공유하기보다는 숨기게 한다.

그러므로 자살자의 유가족 상담 및 치료에서는 그들의 경험, 아픔을 가족 모두 함께 나누고, 충분한 애도 반응을 거치며, 자살사건으로 인한 가족 내 변화를 극복하고 성장할 수 있도록 도와야 한다. 잘 수행된 유가족 상담은 다른 가족의 전염성 자살, 죄책감으로 인한 자살, 사망자와 저세상에서 재결합하려는 자살을 예방할 수 있다.

4) 자살과 척도

우리는 신뢰도와 타당도가 높은 척도를 사용해서 자살위험성이 높은 대상자를 쉽게 찾고자 하는 오류에 빠지곤 한다. 자살에 관련된 척도들은 우울증 척도, 자살사고 척도, 자살가능성 척도 등으로 많이 나와 있는 것도 사실이다. 하지만 현재 우리나라에서 공식적으로 사용된 척도는 우울증 척도뿐이며, 그 외 자살사고 척도, 자살가능성 척도 등은 연구목적으로 개인이 번역해서 사용하는 상황이다. 자살위험성을 척도에 의존해서 찾는 것은 오류도 많고 정확하지 않은데, 미국의 유명한 자살 전문가인 폴 퀸텟(Paul Quintett)은 자살위험성을 척도로 판별해내기란 어렵다고 하였다. 특히 노인의 경우 자살충동이 낮고 방법이 치밀하다는 특성을 가진 만큼 척도의 활용은 그다지 권장할 만한 것이 못된다(전준희, 2010 재인용).

생각해 보기

최근 들어 신문이나 뉴스에서 자살 소식을 접하는 것은 이제 더 이상 낯설지 않은 일이 되었다. 유명 연예인에서 대학교수, 의사, 청소년, 초등학생에 이르기까지 그 대상과 연령도 다양하다. 이는 우리나라의 자살문제가 심각한 수준에 이르렀음을 보여 준다.

아래의 기사 내용을 읽고, 자살에 대한 당신의 생각을 정리해 보기 바란다.

6년간 11명 자살 ··· 카이스트에 무슨 일이

'내가 힘들 땐 상담센터 우리들이 힘들 땐 인권센터', '심리고민 상담은 상담센터로 권리침해 상담은 인권윤리센터로'

지난 19일부터 이틀간 찾은 대전 유성구 카이스트(한국과학기술원). 캠퍼스 안 화장실에 갈 때마다 이런 문구들과 마주했다. 칸마다 상담 · 인권센터를 홍보하는 스티커가 붙어 있었다.

하루 전인 18일 카이스트 자연과학동의 한 연구실에서 수리과학과 박사과정 학생 ㄱ씨(26)가 목을 매 숨졌다.

학부 시절부터 ㄱ씨를 알아 온 ㄴ씨는 "그를 천재로 기억한다"며 "바둑동아리에 애정을 쏟던 소영웅이기도 했다"고 말했다. ㄱ씨 동아리 후배는 페이스북에 "한 수 한 수 진행하셨던 그 치열한 수읽기를 그만두고 이제는 조금 편한 곳에서 쉬고 계시길 간절히 기도한다"고 추모글을 올렸다. ㄱ씨는 박사과정 준비로 인한 스트레스에 시달려 오다 지난해 말부터 신경과 치료를 받아 왔다고 한다.

2011년 이후 카이스트 구성원 11명(학부생 6명 · 대학원생 4명 · 교수 1명)이 스스로 목숨을 끊었다. 2011년 1월부터 4개월간 학부생 4명이 연달아 자살하는 이른바 '카이스트 사태'가 발생했다. 징벌적 등록금 제도, 전면 영어수업 등 서남표 전 총장의 학사운영 방식이 주원인으로 지목됐다.

카이스트는 이후 징벌적 등록금 기준을 3.3점에서 2.7점으로 낮추는 등 학생들의 학업 부담을 줄이고 심리상담 지원을 강화했다. 그러나 2013년 2월 강성모 현 총장 취임 이후에도 5명이 자살했다.

다른 대학과 달리 카이스트 학생들은 전원 기숙사 생활을 한다. 산업·시스템공학과 학부생 ㄷ씨는 "학기 중에는 오전 9시부터 오후 4시까지 시간표대로 수업을 듣고 저녁에는 퀴즈 공부를 하거나 보충수업을 간다"고 말했다. 화학공학과 대학원생 ㄹ씨는 "보통 오전 9시에 출근해서 오후 9~10시에 퇴근한다"고 말했다.

잇따른 자살을 두고 일각에서는 '서남표 트라우마'를 거론한다. 무한경쟁을 요구하는 학사 시스템이 학생들 심리에 부정적 영향을 미쳤다는 주장이다.

전기·전자공학과 대학원생 ㅁ씨는 "서 총장 때 입학했던 학생들이 대학원에 와서 극단적 선택을 했다"며 "학부 시절부터 공부를 압박적으로 느끼면서 대학원에 올라오다 보니 연구가 매우 큰 스트레스로 다가왔을 수도 있다"고 말했다. ㄹ씨는 "과도한 경쟁을 부추겼던 서남표 총장 시절을 우리는 '지옥'이었다고 말하기도 한다"고 했다.

카이스트에서 만난 대다수 구성원들은 이구동성으로 "굳이 자살과 카이스트를 연결 지을 필요가 있을까"라고 말했다. 이들은 자살을 카이스트의 독특한 상황으로 보는 것에 동의하지 않았다. 타 대학 학생들처럼 학업과 취업 스트레스, 권위주의적인 일부 교수와의 갈등, 대학원생 복지와 인권 미비 등의 문제를 카이스트 학생 역시 겪고 있을 뿐이란 시각이다.

수리과학과 대학원생 ㅂ씨는 "대학원생들은 자신만의 독창적인 연구결과를 내야 하는데 개인 또는 연구실 분위기에 따라 압박감을 느끼는 정도가 다르다"며 "자살 문제가 학교 제도의 문제라고 보기는 어렵다"고 말했다. ㄴ씨도 "사람들은 카이스트 졸업자들은 먹고살 고민을 안 할 거라고 생각하지만 실제로는 고민이 많다"며 "카이스트 학생들이 겪는 문제는 대한민국 청년들의 고민과 크게 다르지 않다"고 했다. ㄷ씨는 "카이스트라는 점보다 대학원생 처우 문제가 부각돼서 이를 개선해 나가야 한다고 본다"고 말했다.

카이스트 관계자는 "현재 실시되고 있는 24시간 상담 시스템, 잠재적 위기 학생들을 찾아내기 위한 정신건강 검사, 대학원생 대상 소진 증후군 예방특강 등을 더욱 강화할 예정"이라고 밝혔다.

* 출처: 경향신문(2016.07.24), http://www.khan.co.kr.

1. 자살에 대한 당신의 생각은 구체적으로 어떠한가?
2. 위와 같은 연이은 자살에는 어떠한 정신과적 원인이 있을까?
3. 도대체 어떤 환경이 학생들을 극단적 선택으로 몰아넣은 것일까?

제11장
중독과 정신건강

1. 중독의 기초적 이해

1) 중독의 개념

과거에 중독(*addiction*)이란 말은 일반적으로 마약이나 알코올, 니코틴과 같은 외부 물질적인 것에 지나치게 집착하고, 습관적으로 의존하여 자기 통제력을 상실한 상태를 표현할 때 사용하는 것이었다(김병태, 2002, p. 198). 그러나 오늘날 주식, 인터넷, 쇼핑, 섹스, 일, 거짓말하기, 강박적인 사고, 완벽주의, 분노, 고독, 스릴 찾기 등 그 중독의 형태가 대상을 가리지 않고 다양한 형태로 나타나고 있기 때문에 중독의 개념을 정의하기란 쉽지 않다(강경호, 2002, p. 8).

중독의 개념은 2000년 이후 계속 확대되는 추세이다(Capuzzi & Stauffer, 2008). 현재는 일반적으로 전문가들이 표준으로 사용하는 《DSM-5》의 물질 관련 및 중독 장애(*substance related and addictive disorder*)

를 가리킨다. 중독의 유형은 중독의 대상이나 방식에 따라 물질 중독과 행위 중독(비물질 중독)으로 구분한다. 물질 중독은 물질 관련 장애에 속하며, 어떤 물질을 사용하였느냐에 따라 ① 알코올, ② 카페인, ③ 칸나비스(마리화나 등의 대마계 제제), ④ 환각제, ⑤ 흡입제, ⑥ 아편류, ⑦ 진정제·수면제·항불안제, ⑧ 자극제(예: 히로뽕 또는 필로폰으로도 불리는 암페타민, 코카인), ⑨ 타바코, ⑩ 기타물질의 10가지로 구분된다. 행위 중독은 비물질 관련 장애의 하위범주에 속하는 도박 장애(gambling disorder)에 해당된다.

중독의 사전적 의미는 매우 일반적인 것으로, '음식이나 내용(內用)·외용(外用) 약물의 독성에 치여서 기능장애를 일으키는 일', '습관적으로 열중하거나 몰두하는 것' 등으로 정의된다. 어떤 사람의 압도적이고 반복적이며 과도한 욕구가 어떤 물질이나 대상, 느낌, 행동, 환경이나 개인적인 상호작용을 향하여 존재할 때, 그 사람은 중독되었다고 여겨질 수 있다(Hatterer, 1980). 예를 들면 어떤 어려운 일을 겪으면서 그 고통을 견뎌 내기 힘들어 무심코 어떤 일을 했다고 가정했을 때, 시간이 지나면서 이것을 또다시 하지 않고는 견딜 수 없으면 중독상태라 할 수 있다(Welch & Shogren, 1995). 중독은 일상적인 삶 속에서 무엇인가 채워지지 않는 허전함이 엄습할 때, 마음속으로 느끼는 공허감을 물질(음식, 술 등), 사람(섹스, 상호의존성 등), 사상(완벽주의, 종교 등) 등으로 채우려고 하는 강한 충동으로 통제할 수 없는 범위를 넘어서는 질병이라고 할 수 있다. 이러한 관점에서 볼 때 자신의 의지로는 절제할 수 없는 병적인 의존상태를 중독증이라고 할 수 있는 것이다(Crabb & Allender, 1996).

따라서 중독을 직접적으로 정의하자면 한 개인의 의지나 욕구를 노예의 상태로 만드는 강박충동, 강박관념 혹은 집착이라고 할 수 있다 (Gerald, 1988). 또한, 중독은 영적인 차원의 문제이기도 하다. 하트 (Hart)는 "본질적으로 모든 중독은 근본적으로 좀더 기본적인 문제, 즉 일반적으로 죄라고 불리는 기본적인 영적, 도덕적 결함을 표명하는 것이다"라고 말하면서 중독의 영적 차원을 강조하였다(고병인, 2003).

2) 중독의 특징

(1) 중독적 사고

중독과정에서 갈망이 커지면 뇌의 기능적 적응작용에 의해 이 갈망을 충족시킬 수 있는 방향으로 사고방식이 변한다. 즉, 술을 찾아 마셔서 충족되는 쪽으로 이유가 닿도록 생각하게 되고 술을 마시는 것을 합리화하는 자동사고가 지배적이다. 중독자의 '강박성'이 생기는 것도 사실은 이 때문이고 갈망이라는 생물학적 욕구에만 초점이 맞추어지는 것도 중독적 사고(addictive thinking) 때문이다.

트워스키(Twerski, 1997)는 왜곡된 생각들을 중독성 사고라 하고 이것은 중독과정에서 자동적으로 생기는 일종의 자기기만식 사고의 왜곡이라고 하였다. 그 전형적인 패턴은 부정, 합리화, 투사, 갈등, 병적 기대, 만능과 무능 등이다. 특히 트워스키는 중독자들이 자신의 취약성과 수치감을 은폐하기 위해 다른 곳에 자기의 문제를 전가시키고, 특징적으로 원인과 결과를 뒤집는 기전을 사용한다고 강조했다. 우울증이 있다든지 가정불화가 있어 고민이나 고통을 잊기 위해 술을 마실 수밖에 없다고 호소하는 알코올 중독자의 경우가 좋은 예이다. 또한 트워스키는 중독자의 진정한 회복은 중독성 사고방식의 교정이 있을 때 비로소 시작된다고 하였다. 몇 년이 걸리든 몇 번의 재발이 있건 중독성 사고가 사라져야 회복과정이 견고화된다. 물론 재발 여부도 중독성 사고가 얼마나 남아 있느냐가 좌우한다.

(2) 잘못된 지각(착각)

중독과정의 경험을 본인이 회복된 후 되돌아보면서 정확하게 설명하기란 쉽지 않다. 자신의 생각이 왜 스스로 기만하는 쪽으로 기울어졌는지 그 혼란스러웠던 세월 동안의 경험들을 객관적인 안목으로 합리적으로 기술하기가 매우 어렵다. 여러 가지 지각기능이 중독되었을 당시 정확하지 못하고 왜곡되었기 때문이다. 그중 한 예가 과민성(irritable)이다. 중독기간에는 작은 자극에도 유별나게 크게 반응한다. 전형적인 것이 쉽게 분노하는 행동이다. 어떤 중독자들은 특별히 대인관계에서 남에게 거절당하는 데 대해 예민해진다. 누가 술을 원할 때 그것을 쉽사리 거절 못하는 경우, 물론 술에 대한 갈망이 있기도 하지만 혹자는 술좌석에서 동료에게 거절되고 소외되는 데 대해 지나치게 신경을 쓰기 때문에 거절을 못 한다. 또한 중독자들은 현실에 대한 지각도 왜곡되어 있다. 그들은 뭔가 현실이 자기에게만 공평하지 않다는 생각을 가지고 있다. 그래서 자기가 부딪힌 작은 장애물이 있으면 이에 대해 과민반응을 하면서 불만을 크게 터트린다. 매사에 만족 못하는 이유는 세상이 특별히 자기를 부당하게 대우한다는 피해의식 때문이다. 반면 중독과정에서는 현실을 보는 눈도 달라져 세상만사에 낙관적이 되기도 한다. 또 '나는 괜찮다'는 일종의 예외의식이 현실의 부담을 덜어 주는 역할을 한다. 그래서 중독자들은 자신의 책임에 대해서 점점 무감각해지고 동시에 자신의 앞날에 대해서 관심도 없고, 있어도 낙관적이다.

(3) 감정의 혼란

회복기에 있는 중독자들은 종종 우울증상을 경험한다. 특징적으로 자존감이 낮아져 있고, 자신이 중독상태에 있던 과거에 겪은 여러 가지 상실을 되새기면서 우울해진다. 이와 같은 우울은 자살로 이어질 수도 있다. 중독자들이 보여 주는 보편적인 감정의 문제가 수치심과 죄책감의 처리방식이다. 스스로 중독의 강박성을 조절 못 하고 자기조정에 실패한다는 허약성에 대한 수치감 그리고 자신의 중독 때문에 주변의 사랑하는 이들에게 끼친 상처에 대한 죄책감이 원인이다. 그러나 이들은 이와 같은 감정들을 절실히 느끼고 표현하지 못한다. 그 대신에 억압, 회피 또는 외재화하는 적응방식을 쓴다. 외재화 방어기전으로 '투사'(projection)가 가장 흔하다. 중독자들은 오랜 세월 동안 자신의 희로애락의 여러 감정들을 물질이 대신 다루어 주었기 때문에 맨정신으로 감정을 다루는 것이 어렵다. 감정이 촉발되는 상황에서 중독자들은 당황해하고 어쩔 줄 몰라 한다. 중독자들은 특히 회복기에는 자기가 어떤 감점을 느끼고 그 감정들이 무엇인지를 식별하고 이해하고 표현할 줄 아는 새로운 감정 관리의 방법을 배워야 한다.

2. 중독의 종류

중독은 물질 중독과 행위 중독으로 대별된다. 물질 중독에는 알코올, 약물, 마약 중독 등이 있고 행위 중독에는 도박, 게임, 인터넷, 성 중독 등이 있다. 또한 이들 다양한 중독들은 거의 유사한 임상현상들을 보인다. 물질 중독에서 행위 중독에 이르기까지 대부분의 중독질환은 갈망, 강박적 행위, 내성, 금단증상, 중독성 인격퇴행 등 거의 동일한 임상적 증상과 징후를 나타낸다. 또한 이들 다양한 중독들이 개인에 대한 폐해뿐만 아니라 가족, 사회, 국가 전체에 폐해를 가져온다는 측면에서 동일하다.

1) 알코올 중독

(1) 알코올 문제의 현황

우리나라의 성인 인구 1인당 연간 순수 알코올 소비량은 9.0리터로 OECD 30개 나라 중 19위(OECD Health Data, 2005)에 달하며, 2013년 국민 1인당 알코올 소비량은 연간 소주 62.5병, 맥주 148.7병으로 그 수치가 지속적으로 증가하고 있다. 또한 중·고등학교 청소년의 연간 음주율 역시 37.4%로 높게 나타났으며(여성가족부, 2014), 여성의 음주율 역시 지속적으로 증가하고 있다(통계청, 2015).

특히 20세 이상 고도위험 음주율이 2014년 전인구의 15.9%를 차지하고 있다(통계청, 2014). 음주로 인한 교통사고 사망자 수는 1990년 379명, 1995년 690명, 2000년 1,217명으로 매년 증가하고 있으며, 폭행, 강간, 강도 등 강력범죄의 43.5%가 음주상태에서 발생한다고 보고됐다. 가정폭력 등의 문제도 음주상태에서 일어나는 경우가 더 심각한 결과를 초래하는 것으로 나타났다(박영일, 2002).

현재 우리나라 알코올 중독자 수는 약 220만 명으로 추정한다. 그러나 〈표 11-1〉에서 보는 것처럼 국가 차원의 체계적인 알코올 관련 서비스 전달체계가 구축돼 있지 않아 평생 유병률은 13.4%, 1년 유병률은 4.4%임에도 불구하고 치료율은 가장 낮은 1.6%를 나타냈다. 이처

⟨표 11-1⟩ 우리나라 정신장애 중 알코올의 평생 유병률 및 1년 유병률

	평생 유병률(%)	1년 유병률(%)
모든 정신질환	27.6	16.0
정신질환(니코틴 사용 장애 제외)	24.7	13.5
정신질환(니코틴/알코올 사용 장애 제외)	14.4	10.2
알코올 사용 장애	**13.4**	**4.4**
기분장애	7.5	3.6
정신병적 장애(조현병, 망상장애 등)	0.6	0.4

출처: 조맹제 외(2011).

럼 알코올 중독의 경우, 입원 위주 치료 및 입원기간의 장기화와 잦은 재발, 지역사회 자원의 절대적 부족으로 인한 고비용·저효율 구조를 나타내고 있다(윤명숙·이선영, 2008). 지역사회 중심의 알코올 관련 서비스는 2000년 이후 정부지원으로 시작된 알코올상담센터 50개소(2015년 12월 말)와 민간 차원의 사회복귀시설이 일부 운영되고 있다.

(2) 알코올 중독의 원인

① 유전적 요인(genetic factor)

알코올 중독 부모의 자녀는 알코올 중독이 아닌 부모의 자녀에 비해 알코올 중독자가 될 확률이 4배이다. 자라서 알코올 중독이 된 아이들의 생부(*biologic father*) 중 25%가 알코올 중독자이다. 또 일란성 쌍생아는 이란성 쌍생아에 비해 2배의 일치율(*concordance rate*)을 보인다. 알코올 사용 장애 환자를 생부모(*biologic parents*)로 둔 입양아는 다른 아이에 비하여 알코올 사용 장애 환자가 될 확률이 4배이다. 그러나 입양 부모가 알코올 사용 장애 환자일지라도 알코올 사용 장애의 위험률(*risk*)이 증가하지는 않는다.

② 아동기 병력(childhood history)

주의력 결핍 과다행동증(*attention deficit hyperactivity disorder*)이나 행동
장애(*conduct disorder*)의 아동기 병력이 있으면, 알코올 중독이 될 위험
성이 높다. 반사회적 인격장애(*antisocial personality disorder*)나 경계성
인격장애(*borderline personality disorder*) 역시 알코올 중독의 유발 인자
(*predisposing factor*)이다.

③ 정신분석적 요인(psychoanalytic factors)

지나치게 엄격한 초자아를 갖고 있거나, 자기징벌적인 사람들은 그들
의 무의식적 스트레스를 감소시키기 위해 알코올을 사용한다. 또 인격
발달(*development*)상 구강기(*oral stage*)에 고착되어 있는 사람은 입으로
술을 마심으로써 좌절감을 해소하려 하므로 알코올 중독이 된다.

알코올 중독성 인격은 수줍음이 많고(*shy*), 소외되었으며(*isolated*),
참을성이 없고(*impatient*), 쉽게 자극에 흥분하며(*irritable*), 지나치게
예민하고(*hypersensitive*), 불안하며(*anxious*), 성적으로 억압되어 있는
(*sexually repressed*) 특징을 갖는다.

알코올 중독자들은 강화된 권력욕구(*need for power*)를 갖고 있으나,
이를 성취하는 데 있어서는 부적절감을 가지고 있다. 그래서 알코올은
이런 사람들에게 편안한 느낌과 권력감, 성취감 등을 준다. 따라서 이
런 사람들은 알코올 중독이 될 가능성이 높다.

④ 문화적 요인(cultural factors)

술을 권하는 문화, 술에 대한 사회적·도덕적 관념, 술의 가격, 술에
대한 종교적 가치 등에 의해 알코올 중독의 유병률에 차이가 있다.

⑤ 학습 이론(learning theory)

알코올은 일시적으로 공포와 갈등을 해소하며, 불안을 가라앉히는 효과가 있는데, 이런 경험이 음주 욕구를 강화시킨다. 특히 첫 음주 이후의 경험이 다음 음주에 대한 기대를 유발해 계속 술을 마시게 한다.

⑥ 생물학적 요인(biologic factors)

1970년대에 제안한바, 알코올 대사 과정에서 발생되는 Tetrahydro-isoquinolones(TIQs)이 알코올 중독을 유발시킨다는 것이다. 이는 모르핀(morphine)과 유사한 알칼로이드(alkaloid)로서 동물에 주입될 때 알코올에 대한 기호가 증가한다는 것이다.

　종합적으로 알코올 중독은 유전적·환경적 요인이 복합적으로 작용한 결과로 본다. 즉, 환경적 스트레스가 유전적 소인이 있는 사람을 환자로 만드는 것이다.

(3) 알코올 중독의 증상과 단계

알코올 중독은 다음과 같은 질병이다.

　첫째, 일차적이다. 다른 모든 문제의 일차적인 원인이 된다. 둘째, 진행적이다. 알코올 중독 증상들은 치료받지 않으면 계속 나빠진다. 셋째, 만성적이다. 알코올 중독은 당뇨처럼 지속적이고 계속적이다. 넷째, 치명적이다. 치료받지 않으면 알코올 중독자들은 일찍 죽을 가능성이 높고 그 외 알코올과 관련된 사고(교통사고, 화상, 낙상 등)를 당할 확률이 높다. 다섯째, 가족병이다. 알코올 중독은 전체 가족체계에 영향을 미쳐 가족역할, 기능, 의사소통 등에 역기능을 가져온다. 알코올 중독의 증상과 단계를 설명하면 다음과 같다(윤명숙, 2010)

① 전구증상단계

- 기억상실이 나타남
- 음주에 몰두하게 됨
- 음주로 인한 죄책감
- 알코올로 인한 기억상실 증가
- 음주 사실을 감추게 됨
- 첫 잔을 단숨에 마심
- 술에 대한 대화를 꺼리게 됨

② 악화단계

- 음주에 대한 통제력 상실
- 사회적 압력
- 고립 및 공격적인 행동
- 금주기간이 나타남
- 술의 종류나 음주시간의 변화
- 음주 중심적인 행동
- 개인적인 인간관계의 재해석
- 가족 생활습관의 변화
- 알코올 공급로의 확보
- 알코올로 인한 첫 입원
- 경계심
- 음주행동을 합리화
- 자존감 상실, 자기과장적 행동
- 계속적인 자책감
- 가족 및 친구 회피
- 직장을 그만둠
- 외부에 대한 관심의 상실
- 자기연민, 도피
- 비이성적인 원망들
- 영양 섭취 부족
- 성욕의 감소
- 아침 해장술

③ 만성화 단계

- 중독상태가 길어짐
- 사고의 손상
- 비음료성 알코올 섭취
- 알코올에 대한 내성 상실
- 수족 떨림
- 강박적인 음주
- 합리화의 상실
- 도덕적 황폐화

- 알코올로 인한 정신병
- 사회적으로 열등한 사람들과
  음주
- 막연한 두려움
- 정신운동의 억제
- 종교적인 열망

(4) 알코올 중독의 진단

알코올 의존과 알코올 남용의 상관관계가 매우 높게 나타나 《DSM-5》에서는 과거 《DSM-IV-TR》에서의 알코올 의존과 알코올 남용을 알코올 사용 장애로 통합하고 그 심각도를 세 등급으로 구분하였다. 즉, 《DSM-5》(〈표 11-2〉 참조)에서는 앞의 진단기준 11개 가운데 2~3개

〈표 11-2〉 알코올 사용 장애에 대한 진단기준(DSM-5)

임상적으로 심각한 기능손상이나 고통을 유발하는 알코올 사용의 부적응적 패턴이 다음 중 2개 이상의 방식으로 지난 12개월 이내에 나타났어야 한다.

1. 알코올을 흔히 예상했던 것보다 더 많은 양 또는 더 오랜 기간 마신다.
2. 알코올 사용을 줄이거나 통제하려는 지속적인 노력을 기울이지만 매번 실패한다.
3. 알코올을 획득해서 사용하고 난 후 그 효과로부터 회복하는 데 많은 시간을 허비한다.
4. 알코올을 마시고 싶은 갈망이나 강렬한 욕구를 지닌다.
5. 반복적인 알코올 사용으로 인해서 직장, 학교나 가정에서의 주된 역할 의무를 수행하지 못한다.
6. 알코올의 효과에 의해서 초래되거나 악화되는 사회적 또는 대인관계적 문제가 반복됨에도 불구하고 지속적으로 알코올을 사용한다.
7. 알코올 사용으로 인해서 중요한 사회적·직업적 또는 여가활동이 포기되거나 감소된다.
8. 신체적 위험이 존재하는 상황에서도 반복적으로 알코올을 사용한다.
9. 알코올에 의해서 초래되거나 악화될 수 있는 지속적인 신체적 또는 심리적 문제가 있음을 알면서도 알코올 사용을 계속한다.
10. 내성이 다음 중 하나의 방식으로 나타난다.
    (1) 중독이 되거나 원하는 효과를 얻기 위해 현저히 증가된 양의 알코올이 요구된다.
    (2) 동일 용량의 알코올을 지속적으로 사용함에도 현저히 감소된 효과가 나타난다.
11. 금단이 다음 중 하나의 방식으로 나타난다.
    (1) 알코올의 특징적인 금단증후군이 나타난다.
    (2) 금단증상을 완화하거나 피하려고 알코올(또는 관련된 물질)을 사용한다.

에 해당되면 경도(mild), 4~5개에 해당되면 중증도(moderate), 6개 이상이면 중증도(severe)로 그 심각도를 구분하여 진단하도록 하였다.

(5) 알코올 중독의 치료적 개입

환경치료와 인지행동치료이론에 근거한 교육 및 문제해결 치료를 실시한다. 치료의 가장 핵심은 환자가 술을 완전히 끊고 단주 생활을 유지하는 것이다. 알코올 중독 환자는 절대로 술을 조절해서 마실 수 없기 때문이다.

① 환경치료(milieu therapy)

환자에게 병실은 여러 정신과적 치료모델들이 환자 개개인의 특성에 맞추어 조화 있게 적용되도록 조직화하는 장소를 의미한다. 동시에 치료환경 자체가 갖는 치료적 의미와 역동적 요소들은 알코올 환자의 치료를 더욱 극대화하는 것으로 작용된다. 치료에 관한 토의와 모든 결정에 적극적으로 환자 스스로 참여해 의존과 수동성을 감소시키고, 친근감과 신뢰감을 창출하는 동시에 자신의 행위에 대해서는 환자 자신이 스스로 책임질 수 있도록 하는 치료 원칙은 알코올 중독 환자로 하여금 인지행동치료의 근거가 된다. 또한 병실 모임은 치료과정 중 생기는 불만을 자유롭게 털어놓는 자리로, 환자가 '화' 조절을 연습할 좋은 기회이다.

② 개인치료(individual therapy)

이는 통찰력 지향 정신치료를 실시한다. 단주 상태가 이뤄지고 정체성, 분리-개별화 과정, 감정 조절, 자기 통제, 자기 돌봄에 문제가 있는 환자에게 정동(*affect*)과 대인관계 기능의 문제해결을 위해 시행한다. 또한 치료자와 솔직하고 치료적인 동맹〔환자의 단주에 대한 동기, 환자 가족과의 라포르(*rapport*) 형성, 경제적인 안정, 치료자와 환자 자신의 갈등을 토론할 수 있는 정도 등〕을 맺은 경우 정신 역동적 지향 정신치료를 실시한다.

③ 집단치료(group therapy)

집단치료는 알코올 중독 치료에 있어서 가장 효과적이다. 알코올 중독 환자들은 대개가 의존적이기 때문에 상대적으로 건강한 상호의존상태를 제공할 수 있는 집단치료적 상황은 그 자체가 치료적으로 사용된다. 집단은 재사회화, 대인관계 기술, 충동 조절 수행 기회를 제공하고 회복되는 사람(*recovery alcoholics*)의 정체성을 받아들일 수 있게 한다. 또한 알코올 중독자들의 방어기제(*defense mechanism*) 중 거짓(*lying*), 부정(*denial*), 합리화(*rationalization*) 등을 무너뜨릴 수 있는 장(*setting*)이 된다. 집단치료 중 알코올 중독에 대한 정보 교환이 자연스럽게 이루어지며 알코올 중독이 질병임을 받아들이게 되는 초기 작업이 진행된다. 또한 여러 부류의 환자를 대하면서 인간관계 기술을 습득할 뿐만 아니라 자신만이 느낀다고 생각하는 고통과 죄책감을 공유(*sharing*)하며, 치료되어 가는 알코올 중독자와 함께 자신도 치료될 수 있다는 희망을 가질 수 있다.

④ 인지행동치료(cognitive-behavioral therapy)

인지행동치료는 환자에게 다음과 같은 사실을 깨닫게 해주는 것을 목적으로 실시한다. ① 알코올 중독은 당뇨나 암, 심장병 같은 질병이다. ② 알코올 중독은 만성적·진행적·치명적 가족병이다. ③ 환자는 술에 대해 무력하며 의지력만으로는 치료가 불가능하다. ④ 술을 완전히 끊고 술로 인해 나타났던 성격과 행동의 변화를 수정할 때만이 치료가 가능하다. 또한 술을 마시지 않을 때는 자기주장을 못 하거나 사회 적응을 잘 하지 못하는 경우, 술을 거절하지 못하거나 화가 났을 때 해결할 수 있는 방법들을 모르는 경우 알코올 중독이 재발하는데, 집단치료 시간과 자조 모임(*self-help*, A. A 모임), 보호자와의 면회 과정 중 행동 교정 연습을 통해 문제해결 방법들을 습득시킨다.

⑤ 자조 모임 및 익명의 알코올 중독자들(alcoholics anonymous)
여기서 알코올 중독 치료는 치료자가 하는 것이 아니다. 환자 자신의 병을 인정하고 치료 여부를 스스로 선택할 수 있다는 생각이 중요하다. 환자 혼자서는 알코올 중독을 치료할 수 없고, 같은 문제(술)를 가진 다른 알코올 중독 환자의 도움을 받아야 됨을 치료프로그램을 통하여 깨닫게 한다. 이러한 목적에서 환자 스스로가 모든 치료의 '주인 의식'(*ownership*)을 갖도록 하는 것이 중요하다. 즉, 치료 모임에 대한 치료자의 간섭을 최소화하고, 소개나 교육도 될 수 있으면 건강한 선배 환자에 의해 자연스럽게 이루어지도록 하며, 보다 많은 환자가 모임의 지도자 역할을 통한 주인 의식을 경험할 수 있도록 유도한다. 또한 알코올 중독 환자들은 보통 강화된 권력 욕구(*need for power*)를 갖고 있으나 그 대상이 술이 되어 단주가 되지는 않는다. 따라서 건강한 욕구 대상인 A. A 모임에 참석하며 협심자 메시지 전달을 하면서 지도자 역할을 경험하게 도우면, 그들이 해방감, 지배감, 성취감 등을 맛볼 수 있어 치료에 도움이 된다.

⑥ 가족치료(family therapy)

알코올 중독은 가족체계로부터 치료과정에 들어와서 다시 가족체계로 돌아가는 가족병이므로, 가족의 질적인 기능 향상을 가족치료의 목표로 한다. 알코올 중독은 환자뿐 아니라 가족 내 다른 구성원에게 피해를 끼치며 서로 간에 문제를 일으키는 질병이다. 따라서 공동의존(co-dependency) 되어 생활하는 가족을 치료과정에 포함시켜 치료자의 알코올 중독으로 인해 변화된 가족의 생활 양상(pattern) 을 반드시 다뤄야 한다. 환자 가족에게 알코올 중독에 대한 교육과 함께 '환자를 왜 병원에 입원시켰는지' 환자에게 설명해 주도록 하고, '환자 치료에 있어 가족들이 해야 할 일이 무엇인지'에 대해 인식시킨다. 환자는 물론 가족 또한 태도 변화가 필요하다. 또 알코올 환자의 비현실적인 자신감에서 비롯된 '환자 스스로 내 병은 내가 잘 알고 내 의지로 고칠 수 있다'는 잘못된 생각을 가족에게 인식시키고, 환자와 생활하면서 겪었던 술로 인한 문제점들을 환자가 술에 취해 있지 않은 병실 생활 동안 함께 이야기할 수 있는 기회를 제공한다. 또한 가족 역시 환자의 질병을 받아들이고, 치료를 선택할 수 있는 주인 의식을 가져야 한다. 같은(배우자의 술) 문제를 가진 다른 가족들의 도움을 받아야 환자가 치료됨을 프로그램을 통하여 깨닫게 하고, 자조 모임(가족 모임, A. A 모임) 에 참석하도록 돕는 가족치료를 실시한다.

(6) 알코올 중독 가족에 대한 개입

알코올 중독은 친밀하고 밀접한 가족관계에 부정적인 영향을 미치는 가족병이다. 이 질병을 치료하기 위해서는 환자는 물론 그 가족의 역할 또한 중요하다. 가족들 역시 알코올 중독이 신체적, 정신적, 심리적,

행동적으로 어떠한 영향을 미치는 질병인지 인식하는 것이 필요하다. 또한 환자 가족이 알코올 중독이라는 가족병의 영향으로 나타나는 역기능적인 양상, 즉 알코올 중독이 가족과 자녀에게 미치는 영향이 무엇인지 알아내는 과정을 통하여 가족 내 문제점을 파악하고 가족구성원 모두가 변화를 가져오도록 돕는 것이 알코올 중독의 가족치료라 할 수 있겠다. 이는 궁극적으로 알코올 중독 환자가 자신의 중독문제를 잘 해결할 수 있도록 환자의 치료과정 속에 가족을 포함시키는 것을 말한다.

① 알코올 중독을 왜 가족병이라 하는가?

알코올 중독은 흔히 말하는 질병(암, 당뇨, 결핵, 심장병 등)과는 전혀 다르게 반응한다. 육체적인 질병에 걸리면 그 병에 대해서 알고자 노력하고 치료받기를 원하지만 불행히도 알코올 환자들은 병에 걸렸다는 명백한 증세가 나타나도 치료받기를 거부하고 부인한다. 이러한 양상은 환자 가족도 마찬가지로 나타난다. 따라서 알코올 중독은 친밀하고 밀접한 가족관계에 해를 끼치고 중독자만큼이나 가족 내 다른 구성원의 기능이나 역할에 손상을 입히기 때문에 가족병(*family disease*)이라고 한다.

알코올 중독 환자의 가족들은 알코올 중독이 환자 자신의 신체뿐 아니라 대인관계까지도 병들게 한다는 사실은 이해하면서도 정작 가족 자신들이 환자의 행동 속(대부분의 증상)에 있고 환자의 행동에 반응하게 된다는 사실은 인지하지 못한다. 이러한 증상으로 인해 가족은 환자를 조절, 보상, 숨기려 하고 자신을 비난하며 상처를 받기도 하고 그 결과 불안을 느끼는 양상이 나타난다.

② 공동의존이란?

알코올 중독 환자의 가정에서 나타나는 부부관계의 양상을 살펴보면, 환자의 부인은 대부분 "환자가 가정생활을 파괴한다"고 비난하며, 환자는 부인이 빚어내는 "문제의 가정에서 적응하기 위해 술을 마시지 않을 수 없다"고 합리화한다. 이처럼 부부가 서로 비난하고 책임을 전가하면 환자의 알코올 문제는 더욱 심화되고 배우자는 상처를 입게 되며, 문제는 해결되지 않은 채 잘못된 양상이 지속된다. 즉, 알코올 중독 환자는 단주와 폭주를 반복하게 되고, 부인은 이러한 어려운 상황을 도피하려는 노력과 함께 환자를 돌봐야 한다는 서로 다른 두 감정(양가감정)을 가지게 된다. 이러한 과정, 즉 환자와 지속적인 관계를 가지며 생활하는 가장 가까운 배우자나 자녀들이 환자의 증상에 감정적으로 반응하여 문제를 정상적으로 처리하지 못하는 상태를 공동의존(co-dependency)이라고 한다.

알코올 중독의 원인이나 책임이 가족에게 있는 것이 아니라 단지 이 질병 자체가 환자 및 가족을 와해시키고 서로 간에 감정적인 피해를 입힌다는 사실을 인식하여야 한다. 또한 알코올 중독이라는 질병을 치료하기 위해서 환자와 함께 가족이 스스로 노력해야 하고 가족구성원 각자가 자신을 잘 돌보고 스스로에게 충실해야 하며 알코올 중독은 반드시 치료될 수 있는 질병임을 인식하여야 한다.

③ 가족이 왜 환자 치료에 참여해야 하는가?

궁극적인 알코올 중독의 회복은 환자뿐 아니라 가족 또한 점진적으로 인식, 수용, 변화가 일어나는 하나의 치료과정이다. 알코올 중독의 가족치료는 알코올 중독 환자로 인하여 공동의존된 역기능적 양상을 바꾸도록 노력하는 것을 말한다. 즉, 환자와 함께 환자의 가족도 변화되어야 한다. 이는 곧 환자의 치료를 위해 병원과 환자만 모든 것을 담당하는 것이 아니라, 가족도 치료에 동참하고 보조치료자 역할을 할 수 있도록 그들을 돕는 것을 말한다. 가족은 환자치료에 관여되어 환자뿐 아니라 가족 스스로도 자기 자신의 방어와 역기능을 인식하고 수용하도록 지지되어야 한다.

알코올 중독 환자 가족의 이러한 병리적인 기능에 대한 첫 번째 치료적 접근은 환자의 음주를 중단하게 하는 것이다. 따라서 가족은 스스로를 재구조화할 수 있고 이전의 건강한 수준으로 기여할 수 있게 된다. 두 번째 치료적 접근은 가족에게 중독에 대한 교육을 실시해 환자-가족의 협력관계(치료적 동맹관계)를 발전시켜 나가는 것이다. 이에 따라 가족들은 자신의 갈등이나 혼란에서 벗어나는 기회를 가지게 된다. 이렇듯 환자와는 상관없이 가족들이 변화를 일으키기 시작할 때 알코올 중독자 자신도 스스로 단주할 수 있는 가능성을 찾게 된다. 따라서 알코올 중독의 성공적인 치료는 전체 가족을 치료체계에 개입시키는 기회를 제공할 수 있어야 하며 가족문제와 음주행위 사이의 잠재적인 연관성을 조사하고 이를 치료과정에 포함시켜야 한다.

2) 도박 중독

1) 도박 중독 문제의 현황
사행산업통합감독위원회(2016)의 연구용역보고서에 따르면, 국내 도박 중독(병적 도박: 1.3%) 유병률은 5.1%로 국내 만 20세 이상 성인 인구를 기준으로 할 때 약 197만 명에 달하는 것으로 나타났다. 이러한 유병률은 평균 4%대인 외국의 도박 중독 유병률과 비교할 때 더 높은 수준인 것으로 예측된다. 또한 문화체육관광부 산하 한국문화관광정책연구원이 2016년 만 20세 이상 국민 7천 명을 대상으로 사행사업 이용실태를 조사한 결과, 문제성 도박자와 병적 도박자가 각각 3.8%와 1.3%로 집계됐다. 정부에서는 2007년부터 '사행산업통합감독위원회법'을 만들고 위원회를 출범시켜 이 문제에 공적인 대처를 시작하였다. 또한 경찰청(2015)의 '상습도박자 검거 현황'에 따르면, 검거된 상습도박자는 2007년 1,948명, 2008년 2,081명으로 매년 증가추세를 보이다가 2011년 1,791명, 2012년 504명, 2013년 355명, 2014년 297명, 2015년 202명으로 감소추세를 보이고 있다.

합법적인 사행산업(경마, 경륜, 경정, 카지노, 복권, 체육진흥투표권)의 규모는 2000년 6조 6,977억 원에서 2015년 20조 5,042억 원으로 무려 3배나 급증한 것으로 나타났다(사행산업통합감독위원회, 2015). 불법 사행산업 시장 규모는 합법 시장의 약 5배인 80조 원으로 추정하고 있으나, 사실상 국가의 관리감독 부재상태에 놓여 있다. 사행산업의 급속한 성장은 외국의 선례와 마찬가지로 필연적으로 국민들의 접근성을 증가시켜 도박문제의 유병률을 증가시키게 된다(Shaffer et al., 1999; Jacques et al., 2000).

2015년도 사행산업의 총 이용객 수를 살펴보면, 강원랜드 313만 명, 경마 1,361만 명, 경륜 554만 명, 경정 216만 명으로 조사되었다(사행산업통합감독위원회, 2015). 복권을 제외한 경우 사행산업 이용자 수는 2,444만 명으로 20세 이상 성인 인구가 1년에 1번꼴로 사행산업을 이용한 것으로 추정된다. 또한 2015년 기준, 우리나라 국민이 가장 많이 즐기는 도박은 '복권'으로 전 국민의 51.1%가 즐기고 있었으며, 다음으로 친목 목적 게임(28.2%), 오락형 온라인게임, 체육진흥 투표권(각 5.4%)의 순으로 나타났다.

(2) 도박 중독의 개념

도박의 사전적 정의는 '여가의 맥락에서 자신에게 가치가 있는 무엇이 그보다 더 큰 가치가 있는 무엇과 교환될 것으로 기대하며, 그 결과가 불확실한 게임에 내기를 거는 것'이다. 도박 중독(*gambling addiction*)은 알코올이나 약물 중독의 의존상태와 같은 물질 의존이나 중독 개념을 도박에 적용한 것이다. 이 용어는 신체가 물질에 중독되는 것과 유사하게 도박 행동에도 중독이 된다는 의미가 들어 있다.

또 다른 개념으로는 병적 도박(*pathological gambling*)이 있다. 병적 도박자의 임상특징에 대해 커스터(Custer)는 질병의 3시기론을 주장하였다. 즉, 병적 도박자는 따는 시기, 잃는 시기, 절망의 시기 등을 거친다는 것이다. 이 시기론이 모든 환자에게 적용되는 것은 아니다. 여성일수록 도박을 더 늦게 시작하며, 따는 시기를 경험하지 못하는 경우가 많다. 여성일수록 남편이 알코올 중독이거나 구타하는 경우가 많고, 이러한 문제에 제대로 대처하지 못해 만성적이고도 어쩔 수 없는 여러 문제에서 도피하는 수단으로 도박을 하는 경우가 많았다.

(3) 도박 중독의 유형과 발전과정

사람들마다 도박에 빠지는 정도, 도박의 패턴이나 이유, 도박행위에 대한 태도나 문제인식이 다양하지만, 일반적으로 도박 중독은 도박에 빠진 정도에 따라 그 유형이 분류된다. 개입 정도에 따른 도박 행동은 3단계로 구분되며, 구체적인 유형은 〈표 11-3〉과 같다.

레지어와 로젠탈(Lesieur & Rosenthal, 1991)은 병적인 도박 중독에 이르는 발전과정을 4단계로 구분했다[이흥표, 2002 재인용(〈표 11-4〉 참조)].

〈표 11-3〉 도박의 유형

유형	내용
병적 도박 (강박적 도박)	가장 심각한 도박 행동 수준으로 흔히 강박적 도박이라고도 불리는데, 억제할 수 없는 압도적인 도박 충동에 휩쓸려 도박 행동을 하게 되며, 충동의 강도와 절박감이 점점 커지면서 더 많은 시간과 에너지, 정서적, 재정적 자원을 소비하게 되는 상태를 의미한다.
문제성 도박 (습관성 도박)	병적 도박보다는 덜 심각한 수준으로 습관성 도박이라고 불린다. 도박자 자신의 개인생활, 가족, 직업과 관련된 행위를 손상시키거나 해로운 결과를 초래하는 상태로 사교성 도박과 병적 도박 사이의 중간 수준에 해당되는 도박 행동 상태를 의미한다. 문제성 도박과 병적 도박 간의 차이는 알코올 중독의 경우 알코올 의존과 문제성 음주를 구분하는 것과 유사하다.
사교성 도박 (유희성 도박)	제한된 기간 동안 서로 받아들일 수 있는 손실액을 미리 정해 놓고 친구나 동료들 사이에서 이루어지는 활동을 말한다. 또한 돈을 따거나 승리를 추구하기 위해서가 아니라 즐거움이나 여흥 혹은 친목을 목적으로 행해지며, 도박에 대한 보상가치가 적어 대박에 대한 기대 역시 적거나 없다. 따라서 도박에 대한 통제력이 유지된다.

출처: 권진숙 외(2009).

〈표 11-4〉 도박 중독의 단계

유형	내용
승리단계	우연히 도박을 하여 승리하였을 때의 흥분을 맛보고 점차 배팅액이 증가된다. 승리하는 빈도가 높아지면서 도박에 대한 환상에 빠지게 된다.
패배단계	승리에 대해 과장하며 실패를 숨기고 거짓말을 하면서도 도박을 멈추지 못한다. 실패가 계속되면서 가정, 직장 생활 문제가 생기고 부채상환이 늦어지며 상환 능력을 상실한다. 불법적, 합법적으로 빚짐, 초조, 불안, 허탈감에 빠지면서 성격의 변화가 오고, 혼자 도박하며 오직 도박만 생각한다.
절망단계	도박에 투자하는 시간이 증가한다. 신용을 잃고 가족과 친구로부터 멀어져도 남의 탓만 한다. 법적 소송에 연루된다.
포기단계	절망, 이혼, 자살사고 → 시도 → 실패, 약물 남용, 감정 파괴, 금단현상, 법적 구속의 문제를 갖게 된다.

(4) 도박 중독의 진단

도박 장애에 대한 《DSM-5》의 진단기준은 〈표 11-5〉와 같다.

(5) 도박 중독의 개입

사행산업통합감독위원회 산하에는 도박치유상담센터가 있으며, 사행산업자로부터 부담금을 징수한 기금으로 운영되고 있다. 도박 중독의 치유, 재활을 위한 one-stop 서비스를 구축하고, 도박중독전문병원, 거주시설, 직업훈련시설, 중간집 등 전통적인 사회재활모형의 서비스 체계를 구축할 계획을 가지고 있다. 또한 도박 중독 전문가의 교육과 양성에 대한 계획도 가지고 있다. 지역사회 통합과 조기발견 및 사례관리를 위하여 전통적인 정신보건서비스 영역과의 연계가 필요하다. 특히 공동의 중독문제를 지역에서 다루는 알코올상담센터에서 도박 중독에 대한 개입을 병행하는 것도 효과적일 것으로 기대된다. 사행산업의 급속한 증가추세와 규모에 비해, 도박중독치료센터 운영은 〈표 11-6〉에서 보는 것과 같이 아직까지 매우 부족한 수준이다.

3) 인터넷 중독

(1) 인터넷 중독 문제의 현황

한국정보문화진흥원이 전국 만 3~59세 인구 중 최근 1개월 이내 1회 이상 인터넷 사용자 18,500명을 대상으로 실시한 2015년 인터넷 과의존 실태조사에 따르면, 인터넷 고위험사용자군은 1.2%, 인터넷 과의존위험군은 6.8%, 잠재적 위험사용자군은 5.6%, 일반사용자군은 93.2%로 나타나 10명 중 1명이 인터넷 위험사용자임을 추정할 수 있

〈표 11-5〉 도박 장애의 진단기준(DSM-5)

A. 다음 중 4개(또는 그 이상) 항목에 해당하는 도박 행동이 비적응적인 성격(자신의 현재 경제적, 직업적 상황 및 위치에 맞게 행동하지 못하는)을 띠고 지속적이고 반복적으로 일어난다.

1. 과거에 도박을 했던 경험을 계속 떠올리면서 돈을 걸었을 때 승산을 예상하거나 계획하고, 도박으로 돈을 벌 수 있는 방법에 집착한다.
2. 거의 도박에 몰두해서 지낸다.
3. 도박을 줄이거나 그만두려는 노력을 해도 계속 실패한다.
4. 도박을 줄이거나 그만두려 하면 안절부절못하거나 신경과민이 된다.
5. 무기력감, 죄책감, 불안, 우울감 같은 정신적 문제에서 벗어나기 위해 도박을 하거나, 불쾌한 기분을 가라앉히기 위한 수단으로 도박을 한다.
6. 도박에서 잃은 돈을 만회하기 위해 다시 도박장을 찾는다.
7. 도박에 빠진 것을 숨기기 위해 가족, 치료자, 타인들에게 거짓말을 한다.
8. 도박 때문에 중요한 대인관계가 위태로워지거나 구직, 교육, 출세 등의 기회를 놓친 적이 있다.

B. 도박 행동이 조증 삽화[일정 기간(2주 이상) 기분이 고양된 상태가 지속되며 과대망상 등의 정신병적 현상이 나타나는 것]로 인한 것이 아닌 것.

* 12개월 기간 중 10개 진단기준에서 4개가 해당되면 도박 장애로 진단한다.

〈표 11-6〉 국내사업자별 도박 중독 예방치료 관련 센터
운영 현황 비교(2007~2008년 기준)

구분		경마	카지노	경륜/경정	계
센터 명		유캔센터	한국도박중독예방센터	클리닉	
설립일		1998년	2001년	2003년	
개소 수		5개(직영)	2개(직영)	10개(위탁)	17개소
전문상담사 (사업자 직영)		9명 (상담사 외 9명)	7명 (상담사 외 8명)	10명 (상담사 외 15명)	26명 (전문상담사 외 42명)
사업비		4,714,042원(08년) 5,922,952원(09년)	1,920,000천 원(06년) (07년에 78% 증가)	1,426,464천 원(08년) 1,541,390천 원(09년)	
총 상담 건수	07년	2,709건	4,275건	4,864건	
	08년	3,493건 (전년 대비 29%↑)	5,625건 (전년 대비 32%↑)	8,665건 (전년 대비 78%↑)	
방문 상담 실적		2,340건	4,061건	7,115건	13,516건

출처: 사행산업통합감독위원회(2009).

다(미래창조과학부, 2016). 또한 연령에 따른 고위험사용자군은 청소년이 2.7%, 성인이 1.0%로 청소년이 성인의 약 2.7배 정도 높게 나타났다. 한국정보문화진흥원 인터넷 중독 예방상담센터의 상담 현황 자료에 의하면, 초등학생 및 청소년 상담은 2002년 250건에서 2005년 6,019건으로 3년 새 무려 24배가 늘어났다(〈주간동아〉, 2007.08.20). 일반인을 대상으로 한 인터넷 중독에 대한 조사는 적으나, 대략 2% 내외로 고위험사용자의 비율이 보고되고 있다(〈연합뉴스〉, 2009.06.16). 정부에서는 아동청소년의 인터넷 중독에 따른 학습 부진, 생산력 저하 등 직간접적·사회적 손실비용을 연간 2조 2천억 원으로 추정하고 있다. 성인의 경우, 게임 자체보다도 채팅이나 인터넷 도박 등으로 인한 이차적인 문제가 발생하여 법적인 문제나 정신건강상의 문제를 갖게 되는 경우도 많다.

(2) 인터넷 중독의 개념

우리는 통상적으로 인터넷 중독의 개념을, 과도한 인터넷 사용으로 현실세계에서 일상생활에 어려움이 생겨 자신이나 주변 사람들이 문제가 있다고 인식하는 경우에 사용한다(문정혜, 2000).

인터넷 중독 개념에 대해 모든 학자들이 합의한 것은 아니다. 인터넷 중독 장애(*internet addiction disorder*)라고 부르기도 하고, 컴퓨터 중독(*computer addiction*), 웹 중독(*web holism*), 넷 중독(*cyberspace addiction*), 인터넷 증후군(*internet syndrome*) 등 여러 용어가 사용되고 있다(송미화, 2001).

그중에서도 현재 주로 사용되는 인터넷 중독이라는 용어는 1995년 영국의 정신과 의사인 골드버그(Goldberg)가 과도한 인터넷 사용을 '인터넷 중독증'(IAD, Internet Addiction Disorder)이라 일컫고, '인터넷 중독자 지지그룹'(Internet Addiction Support Group)의 설립을 천명한 것에서 비롯된다. 인터넷 중독증은 2013년도에 개정된 《DSM-5》에서 공식적인 질병분류체계에 속하지 않았으나, 섹션 III(최근 대두하는 진단척도와 모델)에서 '인터넷게임장애'(Internet Gaming Disorder)라 명명하고, 공식 장애로 주 편람에 포함 여부를 고려하기 전에 좀더 임상연구와 경험이 뒷받침되어야 하는 상태로 기술하고 있다.

골드버그는 인터넷 중독증에 대해 인터넷을 더 많이 사용해야 만족을 느끼게 되는 '내성', 인터넷 사용을 중단하거나 줄이면 정신운동성 초조나 불안 혹은 인터넷에 대한 강박적 사고나 환상과 같은 증상이 일어나는 '금단', 이와 함께 인터넷 사용을 위해서 중요한 사회적·직업적 활동을 포기하는 시기가 12개월 중에 발생할 경우로 진단준거를 정의하였다(Goldberg, 1996).

영(Young)도 《DSM-IV》의 병리적 도박(*pathological*) 진단기준을 준거로 하여 인터넷 중독에 대해 '인터넷 이용자가 약물, 알코올 또는 도박에 중독되는 것과 유사한 방식으로 인터넷에 중독되는 심리적 장애로서, 인터넷에 탐닉해 의존성, 내성 및 금단증상과 같은 병리적인 증상을 보이는 중독상태'라고 정의를 내렸다.

학자들마다 인터넷 중독에 대한 정의는 다르지만 인터넷 중독자는 강박적 사용과 집착, 내성, 금단, 조절불능, 일상생활의 부적응과 같은 다양한 증상들을 나타낸다는 것에는 거의 일치된 견해를 보이고 있다(김현정, 2007).

(3) 인터넷 중독의 증상

① 강박적 집착과 사용

인터넷을 하지 않는 동안에도 인터넷을 할 생각만 하게 되고 인터넷에서 뭔가 새로운 일이 일어나고 있을 것 같은 생각에 사로잡히게 된다. 대부분의 시간을 인터넷을 사용하는 데 보낸다. 처음에 의도했던 시간보다 더 오래하게 된다.

② 내성과 금단

만족감을 위해 점점 더 오래 인터넷을 사용하며 점점 더 자극적인 것을 찾는다. 인터넷을 하지 않으면 불안, 우울, 초조감에 시달린다. 인터넷을 하게 되면 마음이 편안해진다. 수업 중에도 게임 소리가 귓전을 맴돈다. 밤에 잠자리에 들어도 잠이 오지 않으며, 누우면 천장이 컴퓨터 화면으로 보이고 그 속에 장면이 어지럽게 펼쳐진다. 컴퓨터를 하고 있지 않은 동안에 자신도 모르게 컴퓨터 자판을 두드리고 있다.

③ 일상생활 문제

인터넷에 한번 들어가면 그만두기가 어렵다. 인터넷 사용을 줄이거나 조절하려는 욕구가 지속적으로 있지만 실패한다. 인터넷을 하기 위해 다른 일을 미루거나 포기한다. 인터넷 사용으로 수면 시간이 현저하게 줄어든다. 인터넷을 하기 위해서 거짓말을 자주 한다. 인터넷 사용에 방해를 받으면 몹시 화내거나 때로는 부모에게 반항한다. 인터넷을 하느라 중요한 약속을 어기거나 공부 및 직장 일을 소홀히 한다. 업무능률이나 생산성이 현저히 떨어지고 직장을 잃기도 한다. 인터넷 사용으로 학업성적이 저조하고 학교를 그만두기도 한다. 친구를 만나지 않고 취미활동에도 관심이 없어진다. 가족과 보내는 시간이 줄어들며 가족과도 소원해진다. 부모에게 불복종하며 심하면 가출한다. 배우자와 갈등을 일으켜 별거나 이혼으로 이어지기도 한다.

④ 신체적 문제

인터넷의 과도한 사용은 일상생활 리듬의 저하, 만성피로감, 눈의 피로, 시력 저하, 근골격계 장애 등 신체적 문제를 야기시킨다. 또한 불규칙한 식사로 인한 영양실조, 운동 부족과 과식으로 체중 증가, 혈압 상승, 심장마비, 돌연사 등의 문제가 초래된다.

⑤ 정신적 문제

가. 우울증

인터넷 중독자의 54%가 우울증 경력을 가지고 있는 등 전반적으로 우울성향과 인터넷 중독성향 간에 유의한 상관관계가 있다는 결과는 여러 연구에서 반복적으로 보고되었다(Young, 2000). 우울성향이 높은 사람들은 현실공간에서의 대인관계보다는 사적인 공간에 머무를 수 있는 인터넷을 선호하는 경향이 높을 것이다.

나. 낮은 자존감

인터넷은 사회생활에 잘 적응하지 못하거나 다른 사람들의 인정을 받지 못해 자존심에 상처를 입은 사람들에게 매우 유혹적인 공간으로 여겨진다. 인터넷에서 이루어지는 사회적 관계는 신체적인 정보가 배제된 채로 이루어지고 익명성 또한 유지할 수 있기 때문이다. 실생활에서 자존감이 낮은 사람들에게 인터넷은 매력적인 것을 넘어서 중독적인 공간이 될 수 있다.

다. 고립
인터넷 사용이 많을수록 더 많은 외로움을 느낀다. 시간 활용 면에서 인터넷 활동이 사회적 활동을 대신하면서 현실세계의 끈끈한 관계를 가상공간에서의 느슨한 관계가 대신해 외로움이나 불만족을 유발할 수 있다.

라. 공격성
인터넷은 다양한 압력과 공격적 충동을 적절히 표출할 줄 모르는 청소년들에게 다양한 좌절감을 표현하는 공간으로 활용된다. 이는 익명성과 표현의 자유로 인해 내면의 공격성을 표출할 수 있는 공간이기에 청소년에게뿐 아니라 성인에게도 마찬가지로 활용된다. 인터넷상에서 언어폭력과 성폭력의 수위가 날로 높아지면서 사회문제화되고 있는 것이 이를 방증한다.

(3) 인터넷 중독의 개입
한국정보문화원은 2004년 이후 지역정신보건센터를 통하여 초·중·고등학교를 대상으로 인터넷 중독의 선별과 조기 개입을 위한 지원을 하였다. 이는 학교정신보건사업의 중요한 요소로서 기능하였으나 당사자와 가족 혹은 학교의 비협조로 선별 이후 효과적 개입으로 연결되는 데에는 제한이 많았다.

정부에서는 '아동청소년 인터넷 중독 해소정책'으로서 인터넷 중독 고위험군에 들어가는 소아·청소년에 대해서는 최대 50만 원까지 진료비를 지원한다고 한다(보건복지가족부, 2009). 2011년부터 매년 초등 4년, 중등 1년, 고등 1년 등 아동청소년을 대상으로 3차례에 걸친 정기적 진단을 실시하기 위해 첫 단계로 2009년 전국 초등학교 4학년생을 대상으로 인터넷 중독 선별검사를, 그리고 전국 16개 시·도 청소년상담지원센터를 중심으로 중독단계에 맞는 상담 및 치료지원, 예방교육 서비스를 제공하고 있다(권진숙 외, 2009). 또한 전문상담사의 사후관리, '인터넷 리스큐(RESCUE) 스쿨' 등 특화프로그램 운영, 아동청소년, 부모, 교사를 대상으로 한 맞춤형 예방교육 강화, '청소년 스스로 지킴이 프로그램' 보급 확대 등을 추진할 계획이다. 이로써 인터넷 중독을 위한 정신보건 및 상담서비스를 제공하는 기관은 정신보건센터와 청소년상담지원센터의 두 축이 되었다. 두 기관 간 지역사회 내에서의 효과적인 기능 분담과 협력적 사례관리가 필요하다.

다음은 대다수 인터넷 사용 청소년들과 소수 위험집단 인터넷 사용 청소년들을 위한 예방적 대안을 정리한 것이다(김현수, 2006).

① 대다수 인터넷 사용 청소년들을 위한 예방적 대안

가. 초기 인터넷 이용 문화를 대전환시켜야 한다

컴퓨터 사용 혹은 인터넷 사용의 첫 경험을 게임으로 하는 우리 사회의 문화가 대전환되도록 해야 한다. 컴퓨터 하면 게임, 인터넷 하면 이메일, 채팅, 게임으로 통하는 한국 웹문화의 대전환을 이룰 수 있게 하는 대대적인 교육과 캠페인이 필요하다. 달리 말해 많은 연구자들이 제시한 'good user guideline'이 시급히 강화되고 보급되어야 한다. 긍정적

전략으로 제시되는 많은 대안들이 있다(인터넷 숙제, 좋은 사이트 소개하기, 학습 도구로서의 인터넷 사용 등).

나. 인터넷 이용에 대한 교육이 시급하다

일부 국가에서처럼 인터넷 사용에 대한 규범교육은 초등학교부터 시작되어야 한다. 인터넷 사용을 안내하는 것에 초점을 맞추고 아울러 'online safety'에 관해서도 초점을 맞추어야 한다. 아이들에 대한 규범교육만큼이나 부모와 교사에 대한 연수 및 교육도 중요하다.

다. 정책과 전략이 다양하게 확립돼야 한다

초등학교 때부터 인터넷 사용과 안전에 대한 광범위한 교육과 캠페인이 실시돼야 한다. 먼저 기술적인 해결방법으로 안전한 소프트웨어의 보급이 필요하다. 또한 정치적인 해결방법으로 인터넷 사업자, 공급업자에게 안전한 내용을 공급하도록 하는 압력 및 제재가 필요하다. 마지막으로 시민적 차원의 해결방법으로 안전한 서핑(safe surfing)을 위한 각종 청소년 관련 협회들의 사이트 점검 및 중독성 사이트의 고발과 홍보 등이 있어야 한다.

라. 인터넷의 불건전한 사용을 막기 위한 조치들이 사전에 강구되어야 한다

현대인의 필수품이 되어 버린 인터넷은 바르게 사용하면 빠르고 편리하며 즐거움도 주지만, 자칫 잘못된 유혹에 빠지게 될 경우 걷잡을 수 없게 된다. 따라서 사전에 이를 막을 수 있는 조치들이 필요하다. 특히 인터넷을 통한 불법거래나 원조교제, 성인용 물품의 구입 등은 청소년들의 접속이 사전에 차단되어야 한다.

② 소수 위험집단 인터넷 사용 청소년들을 위한 예방적 대안

인터넷이 학교 부적응 청소년, 자기존중감이 낮은 청소년, 경쟁에 대한 부담이 많은 청소년, 학업성취가 낮은 청소년과 같은 위험집단 청소년들에게 일탈의 도구가 되기 쉽다는 것은 많은 연구들이 보고한 바 있다.

가. 위험집단 청소년의 인터넷의 병적 사용을 조기에 발견해야 한다. 병적 사용 징후가 나타나기 시작한 시점에 개입이 시작되어야 한다.

나. 효율적인 부모, 교사의 개입으로 청소년들의 행동을 더 악화시키지 말아야 한다. 곧 비효율적인 개입은 일시적 중독자를 더 심각한 중독자로 내모는 결과를 가져온다.

다. 위험집단의 아이들이 인터넷을 불건전하게 사용하는 촉발자가 될 수 있기 때문에 이들에 대한 개입은 더 강화되어야 한다.

라. PC방에 대한 윤리적 개입이 강화되어야 한다. 그곳은 심각한 중독자들이 모여서 더 심각한 현상을 초래하는 근거지가 될 수 있다.

마. 청소년이 인터넷을 통해 수입을 얻는 방법이 불가능해져야 한다. 청소년이 인터넷을 통해 경제적 이득을 취하는 경로가 발견되면 더 폭발적으로 중독적이고 병리적이 될 수 있다.

청소년 3명 중 1명 스마트폰 중독 위험군 … 성인의 두 배

#1. 한 고등학교에서 수업시간에 스마트폰으로 웹툰을 몰래 보다 벌을 받고 스마트폰을 압수당하자 친구의 스마트폰을 훔쳐 사용하고 부모에게 폭력을 행사했다.

#2. 인천의 한 중학생은 지난 9월 동급생이 SNS를 통해 학교폭력을 당한 자신의 과거 사실을 언급하며 "찌질하다"고 놀리자 학생부에 신고한 뒤 아파트에서 뛰어내려 스스로 목숨을 끊었다.

중·고등학생의 스마트폰 보유율이 90%에 육박하면서 스마트폰 폐해가 심각해지고 있다. 자율 조절 능력이 부족한 일부 학생들에게 게임이나 인터넷, 스마트폰 과의존(중독) 위험 비율이 높아지고, 이른바 '카카오톡 왕따' 등 사이버폭력 비중도 해마다 증가하고 있다.

미래창조과학부 조사에 따르면 청소년 스마트폰 과의존(중독) 위험군 비율은 지난해 31.6%로 성인(13.5%) 보다 2배 이상 높았다. 과의존 위험군 학생 비율 역시 2013년 25.5%에서 2014년 29.2%, 지난해 31.6%로 해마다 증가했다. 학령별 스마트폰 과의존 위험군은 중학생이 36.3%로 가장 높고, 이어 고등학생(29.9%), 초등학생(25.5%), 대학생(24.7%), 유치원(13.0%) 순이었다.

사이버폭력도 심각한 수준이다. 교육부가 지난 9월 19일부터 10월 28일까지 전국 초등학교 4학년부터 고등학교 2학년 재학생 374만 명을 대상으로 벌인 '2016년 2차 학교폭력 실태조사'에서 학교폭력 피해가 2012년 이후 5년 연속 감소하고 있지만 사이버 폭력은 오히려 증가한 것으로 나타났다. 사이버 괴롭힘이 전체 폭력유형 가운데 10%를

차지했는데 전년도 같은 기간과 비교해 0.3%포인트 증가했다. 학교
폭력자치위원회가 심의하는 사건 중 사이버폭력 관련 사안 비중은
2013년 5.4%에서 2014년 6.1%, 2015년 6.8%로 매년 증가 추세다.
앞선 사례가 벌어진 인천의 초·중·고교에서는 사이버 폭력으로 학
폭위가 열린 건수가 2013년 44건, 2014년 46건, 지난해 68건으로 늘
어났다. 특히 중학교에서 발생한 사이버 폭력은 2013년 25건, 2014년
34건, 지난해 38건으로 전체의 절반 이상을 차지한다.

스마트폰 과의존은 학업성취도에도 영향을 미치는 것으로 나타났
다. 최근 발표된 '국제학업성취도평가(PISA) 2015' 결과에서 한국은
경제협력개발기구(OECD)의 37개국 중에서 문장이나 자료 등 정보
를 읽고 논리적인 판단으로 자기 생각을 기술하는 '읽기' 능력에서 3~
8위(517점)를 기록했다.

3년 주기로 시행되는 평가에서 한국 학생들의 읽기 능력은 2006년 1
위, 2009년 1~2위, 2012년 1~2위로 세계 최고 수준이었다. 스마트
폰과 SNS의 짧은 문장에 익숙해지면서 독해 능력이 저하돼 순위가 하
락한 것으로 전문가들은 분석하고 있다. 한국과 비슷한 읽기 점수
(516점·3~8위)를 기록한 일본 역시 전회 대비 22점이나 떨어져 충
격에 빠졌다.

일본 문부과학성은 "스마트폰으로 인터넷을 이용하는 시간이 늘어
나고 긴 문장을 읽을 기회가 줄어들었기 때문"이라며 "정보를 읽고 답
할 수 있는 힘을 길러야 한다"고 강조했다.

스마트폰 폐해가 심각해지면서 교육부와 미래창조과학부, 문화체
육관광부, 여성가족부 등 정부 각 부처가 팔을 걷어붙였다. 내년부터
학년별로 10시간 이상, 학기당 2회 이상 관련 교육을 실시하는 등의
내용을 포함한 '게임·인터넷·스마트폰 과의존 및 사이버폭력 예방

교육 대책'을 마련, 학생들이 스마트폰에 지나치게 의존하는 것을 막기 위한 교육을 강화하기로 했다.

교육부 관계자는 "소프트웨어 담당교원 연수, 디지털교과서 교원 연수 등을 통해 스마트기기의 순기능을 확대해 학생들이 스마트폰에 대한 자율적 조절 능력을 함양할 수 있도록 하겠다"고 밝혔다.

* 출처: 헤럴드경제(2016.12.26), http://news.heraldcorp.com.

1. 스마트폰 중독으로 인한 청소년들의 피해가 날로 증가하고 있다. 청소년들의 스마트폰 사용이 심각한 중독으로 이어지는 원인은 무엇이라고 생각하는가?
2. 게임이나 스마트폰 중독에서 청소년들을 보호하고 예방할 수 있는 구체적인 노력들에는 어떠한 것들이 있는지 생각해 보자.

Tip. 중독 자가진단

척도 1: 한국형 알코올 중독 자가진단(NAST)

최근 6개월 동안 당신의 생활에서 해당되는 사항에 ○표 하라.

문항	체크
1. 자기연민에 잘 빠지며 술로 이를 해결하려 한다.	
2. 혼자 술 마시는 것을 좋아한다.	
3. 술 마신 다음날 해장술을 마신다.	
4. 취기가 오르면 술을 계속 마시고 싶은 생각이 지배적이다.	
5. 술을 마시고 싶은 충동이 일어나면 거의 참을 수 없다.	
6. 최근에 취중의 일을 기억하지 못하는 경우가 있다(2회/6개월).	
7. 대인관계나 사회생활에 술이 해로웠다고 느낀다.	
8. 술로 인해 직업기능에 상당한 손상이 있다.	
9. 술로 인해 배우자가 나를 떠났거나 떠난다고 위협한다.	
10. 술이 깨면 진땀, 손 떨림, 불안이나 좌절 혹은 불면을 경험한다.	
11. 술이 깨면서 공포나 몸이 심하게 떨리는 것을 경험하거나 혹은 헛것을 보거나 헛소리를 들은 적이 있다.	
12. 술로 인해 생긴 문제로 치료받은 적이 있다.	

출처: 김경빈 외(1991).

1개 이상이면 알코올 남용 가능성을 의심해 보아야 한다. 4가지 이상이 해당되면 알코올 의존 가능성을 생각해 보아야 한다. 특히, 10번과 11번 문항이 해당될 경우에는 심각하게 진단을 고려해야 한다.

척도 2: CAGE

알코올 중독증을 선별하는 검사 중 가장 간편한 CAGE 검사법이 있다.

1. 술을 끊어야겠다고 생각한 적이 있습니까? (*cut down*)
2. 음주로 인하여 주위 사람들이 당신을 비난하여 괴로웠던 적이 있습니까? (*annoy*)
3. 음주문제로 인하여 죄책감을 느낀 적이 있습니까? (*guilty*)
4. 숙취를 없애기 위해서 해장술을 마신 적이 있습니까? (*eye- opener*)

위의 질문 중에서 2개 이상 '네'라고 대답하면 알코올 중독일 가능성이 높다.

* 출처: Mayfield, D., Mcleod, G., & Hall, P.(1974). The CAGE Questionnaire: Validation of a new alcoholism screening instrument. *American Journal of Psychiatry*, 131: 1121~1123.

척도 3: GA Test 도박 중독 자가진단

문항	체크
1. 일이나 공부를 하지 않고 도박으로 시간을 보낸 적이 있습니까?	
2. 도박으로 가정생활을 불행하게 만든 적이 있습니까?	
3. 도박이 당신 평판에 나쁜 영향을 끼쳤습니까?	
4. 도박을 하고 나서 후회하거나 양심의 가책을 느낀 적이 있습니까?	
5. 빚을 갚기 위해서나 돈 문제를 해결하기 위해서 도박을 했던 적이 있습니까?	
6. 도박이 야망이나 능력을 감소시키는 원인이 됐습니까?	
7. 도박으로 잃은 돈을 가능하면 빨리, 다시 도박을 해서 찾아야 되겠다고 생각했습니까?	
8. 돈을 따고서도 또다시 도박판에 가서 돈을 더욱 많이 따야 되겠다는 강한 충동을 느껴 본 적이 있습니까?	
9. 갖고 있던 돈이 완전히 떨어질 때까지 도박을 했습니까?	
10. 도박을 하기 위해 돈을 빌린 적이 있습니까?	
11. 도박을 하려고 돈이 될 만한 것을 판 적이 있습니까?	
12. 생활비를 도박 밑천으로 쓴 적이 있습니까?	
13. 도박이 당신과 가족의 생활을 소홀하게 만들었습니까?	
14. 애초에 계획한 시간보다 더 많은 시간 동안 도박을 해본 적이 있습니까?	
15. 불안함이나 걱정거리를 피하기 위해 도박을 했던 적이 있습니까?	
16. 도박 밑천을 마련하기 위해 나쁜 일을 했거나 생각해 본 적이 있습니까?	
17. 도박이 수면을 어렵게 만든 적이 있습니까?	
18. 부부 싸움, 의견 대립, 실망, 좌절 때문에 도박을 하고 싶은 충동을 느낀 적이 있습니까?	
19. 짧은 시간 동안 도박으로 한밑천 잡아 보겠다는 강한 충동을 느낀 적이 있습니까?	
20. 도박문제 때문에 자살이나 자살행위를 하려고 생각해 본 적이 있습니까?	

20문항 중 5개 이상 해당되면 도박 중독으로 상담이 필요하다.

* 출처: "강원랜드중독관리센터(구 한국도박중독센터) 단도박모임 자가진단", 미국 GA(익명의 도박자들 모임)에서 자기인지를 위해 사용 중인 설문을 근거로 재구성함.

척도 4: 청소년용 인터넷 게임 중독 척도

문항 내용	체크
1. 게임을 하는 것이 친한 친구들과 어울리는 것보다 더 좋다.	
2. 게임공간에서의 생활이 실제생활보다 더 좋다.	
3. 게임 속의 내가 실제의 나보다 더 좋다.	
4. 게임에서 사귄 친구들이 실제친구들보다 나를 더 알아준다.	
5. 게임에서 사람을 사귀는 것이 더 편하고 자신 있다.	
6. 밤늦게까지 게임을 하느라 시간 가는 줄 모른다.	
7. 게임을 하느라 해야 할 일을 못 한다.	
8. 갈수록 게임을 하는 시간이 길어진다.	
9. 점점 더 오랜 시간 게임을 해야 만족하게 된다.	
10. 게임을 그만두어야 하는 경우에도 그만두는 것이 어렵다.	
11. 게임 하는 시간을 줄이려고 노력하지만 실패한다.	
12. 게임을 안 하겠다고 마음먹고도 다시 게임을 하게 된다.	
13. 게임 생각 때문에 공부에 집중하기 어렵다.	
14. 게임을 못 한다는 것은 견디기 힘든 일이다.	
15. 게임을 하지 않을 때에도 게임 생각을 하게 된다.	
16. 게임으로 인해 생활에 문제가 생기더라도 게임을 해야 한다.	
17. 게임을 하지 못하면 불안하고 초조하다.	
18. 다른 일 때문에 게임을 못 하게 될까 봐 걱정된다.	
19. 누가 게임을 못 하게 하면 신경질이 난다.	
20. 게임을 못 하게 되면 화가 난다.	
총점	/ 80

주1) 1 = 전혀 그렇지 않다, 2 = 때때로 그렇다, 3 = 자주 그렇다, 4 = 항상 그렇다.

주2) 총점 37점 이하는 일반 사용자, 38~48점은 잠재적 위험 사용자, 49점 이상은 고위험 사용자.

출처: 한국정보화진흥원 스마트쉼센터(http://www.iapc.or.kr).

• 청소년용 인터넷 게임 중독 척도 해석

유형	특성	비고
고위험 사용자 (49점 이상)	현실세계보다는 가상의 게임세계에 몰입해 게임공간과 현실생활을 혼돈하거나 게임으로 인하여 현실세계의 대인관계나 일상생활에 부적응 문제를 보이며, 부정적 정서를 나타낸다. 하루 2시간 30분 이상 매일 게임을 하는 경우가 많으며, 게임을 하느라 친구와 어울리지 못하는 등 게임행동을 적절하게 조절할 수 없는 상태이다. 일반적으로 자기 통제력이 낮아 일시적인 충동이나 즉각적인 만족을 추구하며 인내력과 효율적인 문제해결 능력이 부족한 경향을 보인다. 또한 공격적 성향이 높으며 자신에 대해 부정적으로 생각하는 경향이 강하다.	전문적 치료 지원 및 상담 요망
잠재적 위험 사용자 (38~48점)	고위험사용자에 비해 낮은 수준이나 가상세계에 대해 더 많은 관심을 보이며 게임에 몰입하여 게임과 현실생활을 혼동하거나 게임으로 인하여 현실세계의 대인관계, 일상생활에 문제를 나타내기도 한다. 하루 2시간 이상, 주 5~6회 정도 게임을 한다. 공격적 성향을 보이며 자기 통제력이 낮고 충동적이며 자기 위주로 생각하고 말보다는 행동이 앞서는 경향이 있다. 자신에 대해 부정적으로 생각하는 경향을 보인다.	게임 중독 행동 주의 및 예방 프로그램 요망
일반 사용자 (37점 이하)	게임 습관을 스스로 조절할 수 있으며, 게임과 현실세계에 대한 구분이 명확하고 게임으로 인한 정서적인 변화를 경험하지 않는다. 하루 1시간 30분 이하, 주 1~2회 이하 게임을 하는 등 인터넷 게임 시간을 적절하게 조절할 수 있다. 자신의 욕구를 적절히 조절할 수 있으며 효율적으로 문제를 해결하는 경향을 보인다. 일시적인 충동에 의하거나 즉각적인 만족을 주는 문제행동을 회피하고 인내할 수 있는 능력이 높다. 자신에 대해 긍정적으로 생각하는 경향이 강하다.	지속적 자기점검 요망

제 12 장
재난과 정신건강

1. 재난의 기초적 이해

우리나라에서는 1990년대 이후 대형참사나 안전사고가 끊이지 않고 있다. 1994년 성수대교 붕괴, 1995년 대구 도시가스 폭발, 1997년 KAL기 괌 추락사고, 2003년 대구 지하철 화재 참사, 2014년 세월호 침몰 참사, 2006년부터 10년이 넘게 1,200명의 사망자를 낸 가습기 살균제 참사까지 대형참사가 이어지고 있다. 또한 태풍과 지진, 홍수 등으로 인해 막대한 인명과 재산의 피해를 경험하면서도 체계적 위기관리를 위한 정부와 학계의 시스템 개발이 아직까지 미비한 실정이다.

위기상황에서의 개입은 대부분 응급구조 활동과 의료적 개입, 경제적, 물적 지원의 차원에 머물고 있으며, 외상적 사건이 미치는 심리적 영향과 이에 대한 치료적 개입 등은 큰 관심을 받지 못하였다. 다행스럽게도 최근 들어 외상 후 스트레스 장애(Post-Traumatic Stress Disorder, 이하 PTSD)에 대한 관심과 함께 이에 대한 심리적 개입과 위기개입 방법에 대한 관심이 증가하고 있다.

이번 장에서는 재난의 유형들 중에서 PTSD에 주로 초점을 맞추어 살펴보고자 한다. PTSD에 대한 인식의 증가와 활발한 연구는 위기상황 후 발생하는 정신건강 문제와 연합된 부정적 이미지를 줄이는 데 기여해 왔으며(Kokai et al., 2004), 국가적·지역적 차원에서 재난 정신건강(disaster mental health)의 영역을 개척하는 데도 기초가 될 것이다.

1) 재난의 개념

재난(disaster)은 일종의 정신적 외상으로 작용하여 많은 심리적 문제를 일으키는데, 이러한 심리적 문제들은 그 양상과 경과가 매우 다양하다. 이는 여러 다양한 요인들의 복합적인 상호작용을 통해 형성되기 때문이다(양종철, 2004, p. 281).

재난 정신건강은 1990년대 초, 미국 적십자사가 허리케인 휴고(Hurricane Hugo) 후에 생존자들이 심각한 정신건강 문제를 안고 남겨진다는 것에 주목하고, 생존자들이 쉼터에 있는 동안 또는 응급 재정보조를 얻는 동안에, 적십자사의 훈련된 정신건강 조력자들로 하여금 즉각적으로 심리적 지원을 제공하도록 하면서 주의를 끌게 되었다(이승연, 2007). 적십자사는 위기상황에서 생존자들뿐만 아니라, 자원봉사자나 다른 관련 직원들 역시 심각한 스트레스를 경험하며, 이들 모두 현장에서 정신건강 전문가들의 지원을 받는 것으로 이득을 얻을 것이라 인식하였다. 이후 1991년 미국 심리학회와 공동으로 성명을 발표하면서 재난 정신건강에 관심이 증폭되었고, 위기개입, 외상에 초점을 맞춘 단기적 위기상담 및 심리적 중재상담 등이 제공되기 시작하였다. 우리나라에서 재난 정신건강과 관련한 관심과 연구는 이제 출발선상에 있다.

재난은 사전적으로 '뜻밖에 일어난 재앙과 고난'을 뜻하며, 자연재난 (예: 태풍, 홍수, 해일, 폭설, 가뭄, 지진, 적조 등)과 인적 재난(예: 화재, 붕괴, 폭발, 교통사고, 환경오염사고 등)으로 분류할 수 있다. 최근에는 2가지 유형 외에도 재난 및 안전관리기본법 제 3조에 근거한 사회적 재난 성격의 국가 기반 재난(예: 에너지, 통신, 교통, 금융, 의료적 마비, 전염병 확산 등)이 새롭게 분류되어 정의되고 있다. 또한 재난을 경고시간의 정도에 따라 경고시간이 있는 재난과 경고시간이 없는 재난으로도 나누어 볼 수 있다(유수현 외, 2009, p. 301).

2) 재난의 문제와 현황

재난 발생의 환경은 매우 복잡하고 다양한 양상을 보이고 있으며, 예측불가능한 재난의 발생으로 인해 많은 인적·물적 피해를 입고 있다. 최근에는 기상이변 현상으로 인한 대홍수와 가뭄, 혹한, 혹서, 지진 등 대규모의 자연재난이 세계 전역에서 증가하는 추세이다. 우리나라에서도 1994년 성수대교 붕괴와 1995년 삼풍백화점 붕괴, 2002년 태풍 루사와 2003년 태풍 매미로 인한 피해가 매우 컸다. 2003년 대구 지하철 화재 참사에서는 사망자가 192명, 부상자가 148명이었으며, 이로 인한 재산피해 규모가 약 47억 원이었다. 2010년에는 아이티에서 규모 7.0의 강진이 발생하여 이로 인한 사망자 수가 20만 명에 이르고 수백만 명이 인적·물적 피해를 입었다. 이와 같이 자연재난과 인적 재난, 그리고 사회적 재난의 규모와 양상은 매우 다양하고, 그 규모와 빈도도 점차 늘어나고 있다(유수현 외, 2009 재인용).

또한 기름 유출사고가 발생한 태안 지역의 피해 주민을 대상으로 한 2008년 녹색연합 등 시민단체의 설문조사 결과, 피해 주민 325명 중 절반 이상인 57%가 PTSD를 경험한 것으로 나타났다. 또한 2010년 '천안함 침몰사건'이 발생하여 희생장병 유가족 자녀들에 대한 PTSD 예방을 위한 상담이 진행되기도 하였다.

한편 농가에서는 구제역과 조류독감 등으로 인해 소와 돼지, 닭과 오리 등 인간과 가까운 가축을 살처분하는 일이 급증하였다. 이로 인해 살처분 작업현장에 투입된 이후 PTSD에 시달리는 공무원, 축산인, 군인들도 많으나 이들에 대한 적절한 상담과 치료가 이루어지지 않는 상황이다.

가장 최근의 사고이자 현재까지 진행형으로 기억되는 사고가 있다. 바로 '세월호 침몰 참사'이다. 2014년 4월 16일, 진도군 조도면 부근 해상에서 인천발 제주행 연안 여객선 '세월호'가 침몰해 탑승자 476명 중 172명이 구조되었으나 295명이 사망했고 9명의 시신은 현재까지 수습하지 못했다. 총 304명의 희생자 중 대부분이 수학여행을 가던 고등학교 2학년생이었고, 사고 초기 '전원 구조'라는 오보와 함께 침몰 장면이 전국에 생중계되면서 '전 국민의 트라우마'라는 신조어가 생겨나기도 했다. 그러나 그로부터 1,000일이 지난 2017년 1월 9일 현재까지도 사고 원인과 구조과정에 대한 진상조사가 제대로 이뤄지지 않은 채 관련자들은 "모른다"와 "기억나지 않는다"로 일관하고 있어 피해자들과 유가족들의 마음의 상처가 아물지 않고 있다. 제대로 된 '진상규명'과 '책임자 처벌'이 선행되기 전에는 이들의 PTSD는 진행형이다. 생존자들은 친구와 자녀를 두고 혼자 살아 나왔다는 자책으로, 유가족들은 더없이 소중한 자녀와 가족을 잃은 슬픔과 지켜 주지 못했다는 자책으로, 미수습자

가족들은 차가운 바다 한가운데 있는 자녀와 가족을 찾아 주지 못했다
는 자책으로 가슴 깊이 오열한다.

한편 노동 과정에서 작업환경 등 업무상의 사유로 발생하는 산업재
해도 계속 증가하고 있다. 산업재해는 인위적 재해에 속하는데, 여기
에는 부상, 그로 인한 질병 및 사망, 작업환경의 부실로 인한 직업병 등

〈표 12-1〉 산업재해 발생 업종별 현황

단위: 명, ( )는 사망자 수

구분 연도	총계	건설	제조	광업	운수·창고	기타
총계	272,862 (5,589)	102,401 (1,546)	85,092 (1,341)	3,625 (1,198)	12,487 (385)	90,595 (1,078)
2013	91,824 (1,929)	23,600 (567)	29,432 (460)	921 (380)	4,240 (135)	30,526 (387)
2014	90,909 (1,850)	23,669 (486)	28,649 (453)	1,235 (401)	4,188 (119)	30,335 (391)
2015	90,129 (1,810)	25,132 (493)	27,011 (428)	1,469 (417)	4,059 (131)	29,734 (300)

출처: 안전보건공단(http://www.kosha.or.kr) 산업재해통계 자료실 내용 재정리.

〈표 12-2〉 산업재해 발생 유형별 현황

단위: 명, ( )는 사망자 수

구분 연도	추락	협착	낙하·비래	충돌	전도	기타	합계
총계	41,986 (1,051)	42,846 (362)	21,972 (206)	19,293 (275)	7,611 (222)	139,154 (3,473)	272,862 (5,589)
2013	13,756 (349)	14,706 (130)	7,537 (83)	5,875 (85)	2,837 (77)	47,113 (1,205)	91,824 (1,929)
2014	14,104 (363)	14,673 (111)	7,284 (64)	6,760 (94)	2,453 (76)	45,635 (1,142)	90,909 (1,850)
2015	14,126 (339)	13,467 (121)	7,151 (59)	6,658 (96)	2,321 (69)	46,406 (1,126)	90,129 (1,810)

출처: 안전보건공단(http://www.kosha.or.kr) 산업재해통계 자료실 내용 재정리.

이 포함된다. 2013년부터 2015년까지 3년간 국내 산업재해의 현황을 살펴보면, 제조업 41.5%(사망자 24.5%), 건설업 20.7%(사망자 23.5%) 등 두 분야의 산업재해가 절반 이상을 차지하며, 추락, 협착, 낙하·비래, 충돌, 전도 등 5대 재래형 반복재해가 전체 재해의 71.4%(사망자 30%)를 차지하고, 이러한 유형의 재해는 대부분 건설업과 제조업에 집중되어 있다.

3) 재난 정신건강의 중요성

재난 이후 건강문제 중에서도 특히 관심을 기울여야 하는 것이 정신적인 문제인데 재난이 외상성 사건(*traumatic event*)으로 작용하여 스트레스 증후군을 일으키기 때문이다(양종철, 2004). 어떤 사람은 재난 후에 더 나은 방향으로 적응이 될 수도 있지만, 대부분의 생존자나 그 가족들에게는 재난이 일시적으로 혹은 영원히 부적응행동을 일으키는 치명적인 시련이 될 수 있다. 김(Kim, 2005)은 PTSD 증상은 치료를 하지 않을 경우 30%는 회복되며, 40%는 경한 증상을, 20%가 중한 증상을 앓고, 10%가 변하지 않거나 악화된다고 하였다. 특히 증상이 빨리 나타났을 때, 증상을 보이는 기간이 짧을 때(6개월 이내), 발병 전 기능이 좋을 때, 사회적 지지가 강할 때, 다른 정신과적·내과적 장애가 없을 때 예후가 좋다고 하기 때문에 증상을 보이는 기간을 줄이는 조기개입이 매우 중요함을 말해 준다(권진숙 외, 2009, p. 364 재인용). 이처럼 재난과 관련하여 중요하게 지속적으로 다루어야 할 건강이슈가 정신적인 문제이다.

신(Shin, 2000)은 재해 시 정신보건서비스의 필요성에 대해서 87%

의 이재민들이 중요하다고 응답함으로써 정신건강 관리에 대한 높은 욕구를 드러낸 반면, 실제 재난이 발생하였을 때 심리상담을 충분히 받았는가에 대해서는 78%가 전혀 아니었다고 보고하였다. 이는 우리나라의 재난 복구지원 과정에서 정신건강 회복에 대한 대책이 결여되었음을 말해 준다.

즉각적인 물리적 피해 복구뿐만 아니라 장기적 안목에서 피해자들의 정신적 스트레스 장애를 예방하는 방안이 모색되어야 한다. 특히 재난 후 6개월이 지나도 자신의 문제를 재확인하고 건설적인 방식으로 삶을 재구성하고 재인식하는 단계에 이르지 못하면 심리적 문제가 크게 증가하므로(Lee et al., 2006), 가능한 한 빨리 재난 후 심리적 상태를 사정하고 이에 대한 중재를 제공해야 한다.

아시아의 자연재해와 정신건강에 대한 선행연구를 고찰한 코카이 등(Kokai et al.. 2004)에 따르면, 지진을 경험한 주민들의 지진 경험 9개월 후 PTSD 증상을 비교하였더니 놀랍게도 진앙지에 가까운 곳의 주민들이 오히려 진앙지에서 약간 떨어진 마음의 주민들보다 유병률이 낮았다고 한다. 일반적인 예상과 다른 이런 결과를 가져온 이유 중 하나는 재난 중심지역에 재난 후 지원이 집중된 결과일 것이다. 이는 초기개입의 중요성을 드러내 주는 현상이라고 하겠다.

다음 절에서는 이러한 PTSD에 대하여 살펴보고, 재난현장에서 일하는 구조대원들의 PTSD에 대해 알아보고자 한다.

2. PTSD의 이해

전쟁, 천재지변, 교통사고, 화재, 산업재해 등과 같이 생명과 신체에 대한 손상위협을 주는 극심한 사건으로 인한 정신적인 충격을 외상 (trauma)이라고 한다. 이 외상에 잇따라 나타나는 여러 가지 정신적, 신체적 증상들을 총체적으로 '외상 후 스트레스 장애'(PTSD)라고 한다.

PTSD의 진단은 《정신장애 진단 및 통계편람 제 4판》(DSM-IV-TR)을 기준으로 하며 장애의 지속 기간과 발생 시기를 근거로 급성스트레스 장애(acute stress disorder), 외상 후 스트레스 장애(post-traumatic stress disorder), 복합성 외상 후 스트레스 장애(complex PTSD)의 세 유형으로 분류할 수 있다(김준기, 2009, pp. 260~262).

1) 급성스트레스 장애

갑작스러운 외상 사고를 경험하였을 때, 수 시간에서 수일에 걸쳐 일어나는 급성스트레스 반응은 어떤 면에서는 적응적 반응이라고 할 수 있다. 사건의 충격으로 인해 멍한 상태를 보이는 환자는 감정반응의 둔화, 비현실감, 이인증, 해리성 기억상실 등과 같은 증상을 보이는 것이 특징이다. 외상 사건에 대한 기억을 재경험하게 되는 침입(intrusion) 증상도 나타나며, 각성상태가 높아져 불면증, 짜증, 신경질, 과도한 불안, 놀람 반응의 증상 등을 보인다. 이러한 증상들을 보이던 환자들 중 약 76~88%는 시간이 지나면서 서서히 증상이 약화되고 사라진다. 그러나 약 12~24%의 환자들은 증상이 수일에서 수 주간 지속되는데, 이런 경우에는 급성스트레스 장애 진단과 좀더 주의 깊은 관찰과 치료

적 접근을 요한다. 급성스트레스 장애로 진단받은 환자들 중 약 60~
80%는 PTSD로 발전되기 쉽다(권진숙 외, 2009 재인용).

2) PTSD

PTSD는 크게 3가지 증후군이 상호작용하는 것이 특징적이다. 즉, 침
습적 증상, 회피와 무감각 증상, 지나친 각성 증상이 그것이다(김정범,
2004 재인용).

(1) 침습적 증상

외상적 사건들이 개인의 생활 속에 침투하여 재경험된다. PTSD 진단
을 위해서는 다음 중 1가지가 필요하다.

- 사건에 대한 기억이 자꾸 떠올라 고통스럽다.
- 꿈에 사건이 나타나 고통스럽다.
- 외상적 사건이 다시 일어나는 것처럼 행동하고 느낀다.
- 그 사건이 회상되면 심리적으로 매우 고통스럽다.
- 사건이 회상되면 땀이 나거나 심장이 뛰는 등 생리적 반응을 보
  인다.

(2) 회피와 무감각 증상

이 증상은 불쾌한 기억과 감정을 차단하기 위해 나타난다. PTSD 진단
을 위해서 다음 중 3가지가 필요하다.

- 외상과 연관된 생각, 느낌, 대화를 피하려고 한다.
- 외상을 다시 생각나게 하는 활동, 장소, 사람들을 피하려고 한다.
- 외상의 중요한 부분을 회상할 수 없다.
- 중요한 활동에 대한 관심이 현저히 감소되거나 그 활동에의 참여가 현저히 줄어든다.
- 다른 사람과 거리감이 생긴다.
- 감정 표현과 정서적 반응이 억제된다.
- 미래에 대해 불길한 생각을 한다.

(3) 지나친 각성증상

심한 외상으로 사람들은 항상 위험에 처한 것처럼 느껴 조마조마하고 항상 경계를 하게 된다. PTSD 진단을 위해 다음 중 2가지가 필요하다.

- 잠이 들거나 잠을 유지하기가 힘들다.
- 신경이 날카로워지거나 화를 낸다.
- 집중하기가 어렵다.
- 위험하지 않을까 지나치게 살핀다.
- 아주 잘 놀란다.

(4) 기타 부수적인 문제들
- 공황(극심한 공포반응)과 다른 불안반응
- 우울증과 우울감정
- 알코올이나 다른 약물 남용: 자가치료를 하고 괴로운 기억을 둔화시키기 위해 시도

3) 복합성 PTSD

일반적으로 치료적 도움을 받으려는 많은 환자들은 전형적인 PTSD 증상보다 더 다양한 증상을 호소한다. 특히 하나 이상의 외상을 경험한 피해자들은 많은 경우 감정조절의 어려움, 자신과 타인에 대한 강한 적개심, 기억상실과 해리, 원인을 알 수 없는 다양한 신체증상, 우울감, 타인에 대한 불신, 대인관계의 어려움, 수치심, 자기비하, 자기파괴적 행동 등과 같은 다양한 증상으로 고통을 받는다.

복합성 PTSD에서 나타날 수 있는 특징적인 증상들은 다음과 같다 (Herman, 1992).

- 정서조절의 변화: 지속적으로 우울, 만성적으로 자살사고와 시도, 강한 분노감
- 의식상태의 변화: 일시적인 해리상태, 비현실감, 이인증 호소
- 지각의 변화: 자기무력감, 수치심, 죄책감, 자기비난 경향, 고립감
- 인간관계의 변화: 타인에 대한 깊은 불신감, 외로움
- 신체증상: 두통, 복통, 흉통, 소화불량, 폭식, 불면 등
- 의미체계의 변화: 부정적, 허무주의, 냉소적인 삶의 신념과 가치관, 절망감

3. 구조대원들의 PTSD

1) 구조대원들의 현황과 실태

우리나라 구조대원들의 구조 구급활동은 갈수록 많아지며 이와 연관된 순직 및 부상의 수도 증가하는 추세이다. 2014년 구조출동은 59만 8,558 건, 2015년 63만 197건으로 전년 대비 약 10% 증가 추세로 1일 평균 330 명을 구조하였다. 구급환자 이송활동은 2015년 총 170만 7,007건을 출동하여 175만 5,031명을 이송하였다. 1일 평균 약 4,808명을 병원으로 이송한 셈이다(국민안전처, 2015). 2008년부터 2012년까지 5년간 소방공무원의 순직자 및 공상자는 1,707명으로 연평균 341.4명이고, 이들의 약 5%에 해당하는 35명(연평균 7명)은 순직 처리되었으며, 나머지는 현장에서 부상을 당해 공상 처리된 통계이다(1,672명, 연평균 334.4명). 순직자 및 공상자에 대한 이러한 통계는 구조대원들이 직무상 생명에 위협을 느끼고 심리적 외상에 노출될 가능성이 많음을 시사한다. 시간이 지남에 따라 희미하게 잊히는 외상적 스트레스도 있지만 수개월, 수년이 지난 후에도 정신적 증상이 남아 있을 수 있으며 이러한 증상으로 인해 일상생활이 어려워지고 직업적 기능에도 손상이 올 경우 PTSD를 의심해 볼 수 있다(신동원, 2004, p. 158 재인용).

재난현장에 일차적으로 투입되는 구조대원들은 외상적 스트레스에 노출될 기회가 많으므로 일반인에 비해 외상적 스트레스와 연관된 정신적 후유증에 시달릴 가능성도 더 높다. 최근 소방방재청이 2010년 실시한 연구결과를 살펴보면, 소방공무원의 36.8%가 PTSD를 겪는 고위험군으로 분류되었으며, CAPS(임상가용 외상 후 스트레스 진단척도)를 통한 진단은 10.64%가 치료를 받아야 하는 것으로 나타났다. 이 보고서에 따르면, 유사 직업군인 경찰공무원과 해양경찰공무원에 비해 소방공무원의 외상 빈도가 월등히 높았으며 가장 높은 빈도를 나타내는 외상은 '처참한 시신 목격 및 수습'이다. 또 유사 공무원들에 비해 소방공무원이 고위험군에 평균적으로 2배 이상 더 노출되고 있으며 현장업무로 인한 직무스트레스 역시 가장 큰 것으로 조사됐다. 재난현장에서의 이러한 스트레스는 구조대원 개인의 정신적 건강을 위협할 뿐 아니라 업무효율성을 떨어뜨리므로 관련 정신건강프로그램 개발과 소방공무원의 정신건강 증진을 위한 정부의 제도적 장치가 필요할 것이다.

2) 재난상황에서 구조대원들의 심리적 반응

전문적인 구조대원들은 재난상황이 발생하면 응급상황에 처한 사람들을 구조하기 위해 일차적으로 투입되는데 구조활동을 펼치면서 그 자신이 생명에 위협을 느낄 수도 있고 심각하게 손상을 입은 신체 부분이나, 참혹한 파괴현장을 접하는 등 스트레스 상황에 직면하게 된다. 특히 한 명이라도 더 인명을 구조해야 하는 상황에서 육체적으로 매우 힘든 활동을 해야 하고, 심한 피로감과 대항해야 한다. 재난현장에서 구조작업을 하는 구조대원들은 이러한 스트레스로 인해 작업능률이 저하됨을 보고한다. 예를 들어 히로시마 원폭 현장에서 구조작업을 한 구조대원들은 작업 동안의 두려움, 분노, 미움, 후회와 같은 감정들로 인해 효율적인 작업 수행이 어려웠던 것을 보고하였다. 즉, 재난상황이 구조대원들의 심리상태에 영향을 미쳐서 작업능률을 저하시킬 수 있다. 따라서 사전교육 및 훈련을 통하여 재난상황이 구조대원의 심리상태에 미치는 좋지 않은 영향을 최소화하고 작업능률을 높일 필요성이 제기된다. 재난상황에서 나타날 수 있는 심리, 신체적인 반응에 대해 다음과 같이 정리할 수 있다(신동원, 2004, pp. 159~162 재인용).

(1) 동일시

구조대원들은 희생자의 시체를 보면서 자신이나 자신이 잘 아는 친지를 떠올리고 희생자와 자신을 동일시하는 경험을 보고한다.

> "화재현장에서 사체를 수습하는 과정에서 어린아이 사체를 보았다. 두 살짜리 여아였는데, 당시 나에게도 두 살짜리 딸이 있었다. 사체를 수습하면서 내 딸아이가 생각나서 힘들었다."

동일시란 다른 사람을 자신과 비슷한 사람으로 인식하면서 감정이 결부되는 과정이다. 희생자의 사체를 통해 가족이나 자신에게 느끼는 것과 비슷한 감정을 경험하고 이로 인해 고통을 느낀다.

(2) 무기력감, 죄책감

눈앞에서 죽어 가는 사람을 보면서도 구조하지 못하고 결국 희생자가 사망할 경우, 상황이 종결된 후에도 무기력감과 죄책감을 호소한다.

> "화재현장에서 전신 3도 화상을 입은 14세 정도의 학생이 출입구까지 살겠다는 일념으로 스스로 나온 사고가 기억이 난다. 살려 달라고 애원하던 학생의 눈빛, 3일 후 사망했다는 소식을 듣고 살려 내지 못한 죄책감이 들었다."

구조대원들은 구조작업이 끝난 후에도 구조현장에서 무언가 더 했어야 되었을 것 같은 느낌을 호소한다. 재난현장에서 작업 중인 구조대원들은 당장 피해자들을 살려야 한다는 느낌에 압도당한다. 피해자의 삶에 대한 간절한 희구가 구조대원들에게 전달되고 이러한 느낌이 오래도록 구조대원들에게 부담이 될 수 있다. 특히 피해자가 사망했을 경우, 이러한 느낌은 죄책감으로 남아 구조대원들에게 심적 부담으로 작용한다.

(3) 모르는 상황에서의 공포감

연기로 가득 차 있거나 깜깜한 어둠 속에서 앞에 어떤 것이 있을지 모르는 상황은 공포감 및 긴장감을 야기한다.

"연기로 가득 찬 방에 들어갔는데 앞에 무엇이 있는지 전혀 보이지 않았다. 내가 무엇을 발견할지 모른다는 이상한 느낌에 휩싸였다. 무언가를 만졌는데 그것이 개라고 생각하고 다소 안심을 했다. 그렇지만 곧 그것이 죽은 유아의 사체라는 것을 알았다."

상황이 어떻게 전개될지, 앞으로 어떤 것들과 대면할지 모르는 상황에서 벌이는 작업은 극도의 긴장감을 유발할 수 있고, 심할 경우 해리현상을 유발할 수 있다. 이러한 해리감은 이후 PTSD 같은 후유증의 위험을 높인다.

(4) 신체반응

많은 구조대원들은 잠자기가 어렵다고 하고 일부는 악몽 때문에 괴로움을 당한다. 그들은 구조작업이 끝난 후에도 사고나 재난현장의 냄새가 코끝에 남아 있고 씻어도 지워지지 않는다고 호소한다.

(5) 육체적 피로

구조현장에서 구조대원들은 심한 피로를 경험한다. 구조를 바라는 사람을 눈앞에 두고 편안히 휴식을 취한다는 것이 어려울 수 있다. 따라서 일반적으로 구조대원들은 극심한 피로와 신체적인 탈진 상태에서 작업을 진행한다. 집중력이나 판단력이 떨어질 수 있는데 이러한 이유로 작업효율성이 떨어지면 작업이 끝난 후에도 무기력감 및 죄책감을 호소할 여지가 있다.

4. 재난에 대한 정신보건 대책

1) 재난 발생 시 지역정신보건활동

재난 발생 시 지역정신보건활동을 먼저 살펴보는 이유는 급성기에는 현장과 지역사회의 구조 및 지원체계를 잘 가동하는 것이 의학적 처치보다 더 중요하기 때문이다(우종민, 2004). 재해 시에는 다수의 지역주민에게 여러 가지 정신적인 영향이 미치므로 지방자치단체, 보건소 등을 중심으로 지역정신보건 의료상의 대응이 필요하게 된다. 지진, 홍수 등의 자연재해, 화재, 사고, 환경오염, 범죄 등으로 대상이 광범위한 경우, 특정 개인에 대한 대책뿐만 아니라, 지역주민 전체에 대한 대책이 필요하다.

　재해가 발생할 경우, 예기치 않았던 상황이므로 더욱 큰 심리적 충격과 슬픔을 겪게 된다. 더불어 재해 이후 생활의 큰 변화와 장래의 불안은 현실생활상의 스트레스가 된다. 재해 시 지역정신보건활동을 할 때에는 이러한 사정을 감안해야 한다. 지역주민의 심적 스트레스의 원인과 새로운 증상 및 질환 발견을 염두에 두면서 재해 후 시간 경과에 따라 효율적으로 대처해야 한다.

재해 시 초기대응 단계에서 위기개입을 위한 지역정신보건활동이 아래와 같이 구체적으로 전개되어야 할 것이다(우종민, 2004, pp. 221~226 재인용).

(1) 초기대응(재해 1개월간)

대응에 있어서 초기대응 지침을 필요로 하는 것은 우선 초기의 4주간이다. 재해 직후의 주민은 현실적 피해의 사상이나 재산상의 손실 등 현실적인 피해로 고통 받는 한편, 이렇게 별안간 뒤죽박죽이 된 운명에 대해 말할 수 없는 고통과 불안을 느낀다. 현실의 피해 고통에 따른 불안한 감정에 대응하기 위해선 우선 생명, 신체, 생활에 대한 대응이 빨리 행해져야 한다. 그러나 그것만으로 심리적 반응으로서의 공포나 불안이 모두 해소될 수는 없으므로 정신적인 문제를 염두에 둔 대책이 필요하다.

① 최초접촉

재해 직후 가능한 한 빠른 시기에 지원자가 피해현장 또는 피난소에 가서 재난 피해자와 얼굴을 맞대고 이야기를 주고받아야 한다. 최초접촉이 늦어지면 주민은 불안, 절망, 혼란에 빠지게 된다.

② 선별검사

정신보건 의료상의 지원이 필요한 주민을 적절히 가려내는 선별검사 작업이 필요하다. 일반 지원자라도 사전에 평가표(체크리스트)를 교육받고 준비함으로써 어느 정도 선별검사 작업을 하거나 심리적 응급조치를 할 수 있다. 따라서 일반 지원자에게 이러한 대응방법을 빨리 교육해야 하며, 아울러 피해자의 프라이버시를 충분히 배려하도록 지도할 필요가 있다. 재해 직후에는 경황이 없어서 이러한 교육을 실시하기 어려우므로, 방재훈련 등을 통해 미리 전달해 두는 것이 실제적이다.

③ 심리적 응급처치(위기개입)

이 시기에는 정신적 변화가 많고 급성기 스트레스 반응 등 다채로운 반응이 빠르게 나타나므로, 정신병리 증상을 정확히 기술하거나 진단을 고려하기보다는 심한 고통을 느끼고 대화가 가능한 사람이라면 그 문제를 놓고 직접 얼굴을 맞대고 면담하여 즉각적으로 스트레스를 완화해 주는 위기개입을 하는 것이 좋다.

④ 의학적 선별검사

재해 후 3주일 이후가 되면 증상이 어느 정도 고정되므로 현장의 필요성에 응하면서 의학적 기초조사(정신의학적 진단)를 내리는 것이 바람직하다. 진단이 되지 못해도 정신적 증상이 심각한 고위험군을 정해서 필요한 지원을 중점적으로 주기 위한 정보를 얻어 내면 좋다.

⑤ 정보 제공

일관성 있는 현실정보를 주민에게 제공한다. 즉, 재해 규모, 가족 안부, 향후 지원상황이나 의료에 대한 정보를 보도기관과의 연대로 신속하고 적절하게 제공해야 한다. 재해에 따른 일반적 심리적인 변화와 대응방법, 정신적 지원체계에 관한 내용도 홍보한다.

⑥ 핫라인 상담
정보 제공을 통해 주민의 전반적인 불안을 덜어 준다 해도, 개별적으로 정신적인 고통을 겪는 주민이 존재할 수 있다. 그러한 주민들에게는 자발적인 마음의 상담 창구로서 전화 핫라인(*hot-line*)을 개설하여 상담을 하는 것이 필요하다.

2) 자연회복(환경적 · 개인적 Resilience)의 지원

재해 발생 시 재해지역 주민의 약 20%가 광의의 PTSD를 경험하지만 약 80%는 회복된다. 그러나 재해 체험 후 반년에서 1년이 지난 뒤에는 자연회복이 거의 없다. 따라서 지역 전체에 대한 정신보건 의료의 대책을 세울 때는 다수가 '자연회복'된다는 점을 전제로 해서 그 과정을 지원하는 것이 실제적이다. 그러므로 다음과 같은 '자연회복'의 조건을 촉진하는 것이 재해 피해를 최소화할 수 있는 개입이 될 것이다(우종민, 2004, pp. 229~232 재인용).

- 신체안전의 확보
- 주거환경의 보전
- 일상생활의 지속(학교, 일, 일상적인 가사 등)
- 경제적인 생활 재건의 전망(경제적 기반, 직업 확보, 가옥의 복구 등)

• 생활 스트레스로부터의 보호(피난처에서의 생활, 취재 등)

그러나 '자연회복'을 저해하는 요인은 2차적 재난의 충격을 주어 일
상생활의 안정을 위협하는 자극이다. 재해 발생 시 현장검증, 보상과
관련된 사실 확인(보험회사에 의한 설명 등) 등을 행하는 과정이 심리적
으로 상당한 부담을 주는 것에 유의해야 한다.
'자연회복'을 저해하는 요인은 다음과 같다.

• 현실적인 지원이 늦음
• 재해 약자(영유아, 고령자, 장애인, 상병자, 외국인 등)
• 사회적 자원의 협소(가족 이외에는 말할 상대가 없음)
• 본인의 욕구를 도외시한 취재활동, 경찰, 행정, 보험회사에 의한
  사정 조사

3) 외상에 대한 치료적 개입

외상에 대한 치료적 개입을 위해서는 PTSD가 어느 유형인지 구분하는
것과 외상의 특성에 대한 세심한 평가를 토대로 해야 한다. 일반적으로
외상을 경험한 생존자에 대한 치료적 개입은 다음과 같은 단계를 갖는
다(김남희, 2009).

(1) 안정화
우선 기본적인 정보 제공과 신체와 환경의 안전 확인이 중요하다. 이를
위해 다음과 같은 개입이 이루어져야 한다.

① 정신건강 교육(psycho-education)

외상의 영향에 대한 정보를 제공한다. 경험하는 증상들에 대해 '비정상적 상황에 대한 정상적인 반응'임을 알려 준다. 외상을 상기시키는 환경적 요소들을 인식하고 현실과 구별하여 대처할 수 있게 한다. 도움을 받아들이는 것은 용기 있는 행동으로, 심리적 상태의 현실을 인정하고 변화하기 위한 단계를 밟아 가는 것은 힘을 가졌다는 것임을 설명한다.

② 신체적, 생리적 편안함(physical well-being)

신체적 건강과 경험에 대한 평가는 조절력을 느끼는 첫 단계라 할 수 있다. 수면, 식사, 운동 등의 신체기능 조절을 돕는다. 생리적 각성과 감정 조절을 위한 접지(*grounding*)는 외상기억에 압도되지 않고 지금-여기를 인식하여 안정하는 데 도움이 된다.

③ 지지환경(environmental support systems)

안전한 삶의 환경과 치료, 그리고 경제적, 직업적인 기회를 제공한다. 복합성 PTSD의 경우, 규칙적이고 예측할 수 있게 생활을 구조화하는 것이 필요하다.

④ 신뢰(trust) 구축

특별히 만성적으로 대인관계에서 상처를 받은 복합성 PTSD를 겪고 있는 개인들은 대인관계와 자기-지각의 문제들로 누군가를 신뢰할 수 없게 된다. 개인이 관계 속에서 안전을 느낄 수 있고 회복으로 나아가는 중요한 발판이 되는 치료적 관계를 형성하기 위해 치료과정에서 신뢰에 대한 지속적인 관심과 평가가 필요하다.

⑤ 안전(safety) 확인

안전하다는 지각이 있어야 위험상황에서 나오는 원초적인 방어반응을 억제하고 적응적인 사회적 관계 형성으로 나아갈 수 있다. 자해행동, 자살행동, 알코올 등 물질 남용, 식이장애 등 파괴적인 행동을 멈추도록 도와야 한다. 이 시기에 과거 외상경험을 자극하는 것은 피해야 한다. 먼저 안정시키고 위험행동에 대한 대처 기술을 익히도록 해야 한다.

(2) 외상기억의 처리와 자기조절능력 강화

치료 초기에 고통스러울 때 스스로를 돌보고 위로하는 능력을 발달시키는 것이 중요하다. 외상기억의 처리를 위해 이완기법, 호흡명상기법, 심호흡기법 등을 활용하도록 돕는다. 또한 인도된 이미지를 통해 안전감을 느끼게 하고, 안전지대훈련을 병행하여 외상기억을 다룰 때 고통스러움을 견딜 수 있는 내성을 강화하도록 한다. 또한 스트레스 면역훈련, 인지행동요법 등도 활용한다. 이렇게 하여야 외상기억 처리가 가능하고 통합을 통하여 자기조절능력이 발달할 수 있다.

(3) 세상과의 재통합

지금 현재의 문제들을 다루고, 친구 및 동료들과 다시 관계를 맺고, 즐거운 활동과 영적인 종교활동 그리고 의미 있는 일을 찾도록 도우며 신체적 편안함과 건강한 관계를 통해 삶을 영위할 수 있도록 돕는다. 이 때 치료자는 외상성 환자로서가 아니라 진정한 개인으로서 자신을 구축할 수 있도록 돕는 것이 가장 중요하다.

2016년 9월 12일 경주에서 규모 5.8의 지진이 발생했다. 기상청이 1978년 본격적인 기상 관측을 실시한 이래 최대 규모이다. 이번 지진의 진앙지에서 월성 원자력발전소까지의 거리는 약 25km에 불과하다. 과연 한국의 원자력발전소는 지진에서 안전할까?

다음에 소개하는 영화를 감상하고, 재난에 대한 당신의 생각을 정리해 보기 바란다.

〈그림 12-1〉 영화 〈판도라〉(2016)

영화 〈판도라〉는 역대 최대 규모의 강진에 이어 한반도를 위협하는 원전사고까지, 예고 없이 찾아온 대한민국 초유의 재난 속에서 최악의 사태를 막기 위한 평범한 사람들의 사투를 그린 작품이다.

〈판도라〉라는 제목은 그리스 신화 속에서 열지 말았어야 할 상자를 열어 인류에게 재앙을 안겨 준 '판도라'의 이야기를 기반으로 하고 있다. 영화는 신화의 이야기처럼 사상 초유의 재난을 초래할 수 있는 원전이라는 소재에 새로운 상상력을 불어넣었다. 또한 최악의 사태를 막기 위해 고군분투하는 평범한 사람들과 가족들의 이야기를 통해 신화 속 '판도라'의 결말과 중첩되는 희망적인 메시지를 담아낸다. 특히 지난 9월, 경주 지역에서 여러 차례 발생한 지진으로 인해 잠들어 있던 안전문제와 함께 부근에 밀집한 원전 관리에 대한 국가적인 논의가 활발해진 가운데, 〈판도라〉는 우리 사회에 원전에 대한 관심을 불러일으킬 작품으로 주목 받고 있다.

연출을 맡은 박정우 감독은 "더 살기 좋은 세상을 만드는 데 우리 영화가 조금이라도 도움이 되면 좋겠다"며 기획 의도를 밝혔다.

Tip. 외상 후 성장 척도

지금까지 살면서 당신이 경험한 '가장 비극적이고 괴로웠던 경험(극심하고 충격적이며 강한 부정적 감정을 유발한 사건)'을 하나 떠올려 보자. 당신이 경험한 '인생의 위기사건'으로 인해 일어날 수 있는 결과들이 아래 문항에 들어 있다. 자기에게 해당하는 정도에 따라 평가해 보자.

(전혀 경험하지 못하였다 = 0 ~ 매우 많이 경험하였다 = 5)

문항	점수
1. 나는 내 인생에서 무엇이 중요한지에 대한 생각이 바뀌었다.	
2. 내 삶이 가치 있음에 감사하게 되었다.	
3. 나는 새로운 것에 관심을 갖게 되었다.	
4. 나 자신에 대한 신뢰감이 더 커졌다.	
5. 영적 · 정신적 세계에 대한 이해가 더 커졌다.	
6. 어려운 일이 생겼을 때 다른 사람들에게도 의지할 수 있게 되었다.	
7. 내 삶에 대한 새로운 계획이 생겼다.	
8. 나는 타인과의 관계에서 더 큰 친밀감을 느끼게 되었다.	
9. 나는 내 감정을 더 적극적으로 표현하게 되었다.	
10. 나는 어려움을 극복할 수 있다는 확신을 갖게 되었다.	
11. 나는 내 삶을 통해 더 가치 있는 일들을 할 수 있게 되었다.	
12. 내 삶에서 경험하는 것들을 더 잘 받아들일 수 있게 되었다.	
13. 나는 하루하루에 대해 더 감사하게 되었다.	
14. 이전에 생각하지 못했던 새로운 가능성을 접하게 되었다.	
15. 나는 다른 사람에 대한 정이 더 깊어지게 되었다.	
16. 나는 사람들에게 더 정성을 기울이게 되었다.	
17. 나는 변화가 필요하다고 생각하는 일은 단지 생각으로만 그치지 않고 행동으로 옮기게 되었다.	
18. 나는 종교적인 믿음이 더 깊어졌다.	
19. 나는 생각했던 것보다 내 자신이 강하다는 것을 알게 되었다.	
20. 나는 사람이 얼마나 아름다운가에 대해 알게 되었다.	
21. 나는 이웃의 필요성을 이전보다 더 인정하게 되었다.	

• 채점 및 해석

본 척도는 한국판 외상 후 성장(PTG: *post traumatic growth*) 척도이다. 테데스키(Tedeschi)와 캘훈(Calhoun)이 1996년 개발한 것을 송승훈 등 (2006; 2009)의 연구자들이 번안했다. 한국인을 대상으로 신뢰도와 타당도를 검증하는 절차를 거쳤다.

외상 후 성장 척도 21문항은 '대인관계의 깊이 증가', '새로운 가능성의 발견', '개인 내적 힘의 발견', '영적·종교적 관심의 증가', '삶에 대한 감사' 등 5가지 요소로 구성되었다. 21문항 척도는 0점에서 105점까지 평정될 수 있으며, 점수가 높을수록 외상 후 긍정적 변화를 많이 경험한 것을 의미한다.

* 출처: Tedeschi & Calhoun(1996). 김교헌 외(2010), 《젊은이를 위한 정신건강》, p. 322 재인용.

정신건강 문제에 대한
전망 및 과제

제 4부에서는 정신건강 서비스 영역에 대해 전반적으로 소개하고, 향후 정신건강 증진을 위한 정책과 과제를 제시하였다. 특히 여러 기관들을 통해서 수행되는 정신건강 서비스들을 구체적으로 구분해 설명하였으며 현대사회에서 점차 심화되는 정신건강 문제를 해결하기 위한 실제적인 개입 방향을 설정하고자 하였다.

제 13 장
정신보건서비스 영역에 대한 이해

1. 지역사회정신보건의 이론적 접근

1) 주요개념

지역사회정신건강(Community Mental Health)이란 지역사회 내에서 정신보건이라는 이름으로 행해지는 모든 활동을 의미하는 것으로 좁은 의미에서 정신장애에 개입하던 것을 좀더 넓은 의미에서 정신장애 예방, 치료, 재활 및 사회복귀의 차원까지 포함해 개입한다(양옥경, 1996).

① 치료장소의 이동: 대단위 정신병원에서 지역사회로
② 정신장애 정의와 발병이론의 변화: 정신병리에서 '상황 속의 인간'으로
③ 개입대상의 확대: 개인에서 환경, 나아가 사회 전체로
④ 개입내용의 확장: 증상치료에서 정신건강 증진, 나아가 예방으로

⑤ 치료접근의 변화: 정신역동 접근에서 체계론 접근으로

⑥ 정신장애에 대한 접근방법의 다양화: 장기입원치료에서 단기, 재활, 교육 등

⑦ 전문인력범주의 확장: 다학문적 팀 접근의 필요성

2) 역사적 배경

현대사회에서 지역사회정신건강 이념이 등장하게 된 역사적 배경을 살펴보면 다음과 같이 6가지로 정리할 수 있다(양옥경, 1996).

첫째, 제2차 세계대전 후인 1946년 미국에서 제정된 정신보건법 (National Mental Health Act)이 그 효시이다. 이 법에 의해 각 주마다 기관을 선정하여 지역사회를 기반으로 하는 정신건강 서비스를 제공할 것이 규정되었다.

둘째, 1950년대 말부터 발견되기 시작한 향정신성 약물의 효과이다. 약물의 발견으로 심한 증상들이 대부분 생리학적으로 조절되면서 격리상태로 감금되어 있을 필요가 없게 되었다.

셋째, 1960년대 미국사회 전체를 지배하던 인도주의 이념도 지역사회정신건강 치료법의 등장에 큰 영향을 미쳤다. 대단위 정신병원의 열악한 환경과 비인도적 처우에 대한 반기를 들고 나온 인도주의운동가들은 정신장애인들을 장기수용상태에서 해방시켜 지역사회로 복귀시킬 것을 주장하였다.

넷째, 인도주의운동가들의 노력이 1963년 케네디 대통령의 '지역사회정신건강센터 건립법'에 대부분 반영되었다. 그 내용을 요약하면 다음과 같다.

- 외래치료 위주의 정신건강 진료소를 건립하되 인구 5만 명당 진료소 1개를 둔다.
- 종합병원에 정신과 병상을 둔다.
- 전문정신병원의 병상 수를 1천 병상 미만으로 제한한다.
- 전문정신병원의 보호의 질을 높인다.
- 부분입원과 사후보호를 증가한다.
- 사회적 낙인을 줄이기 위해 정신건강 교육과 홍보를 한다.

다섯째, 정책적 차원에서의 탈시설화(deinstitutionalization)의 움직임이 표면화되었다. 케네디 대통령은 '지역사회정신건강센터 건립법'을 제정하여, 최소한의 규제를 보장하는 곳에서 정신장애의 치료와 보호가 이루어지도록 정책을 펼쳤다.

여섯째, 경제적인 면이다. 백여 년의 역사를 갖는 정신병원들은 낙후하여 건물 유지에만도 엄청난 비용이 들기 시작하였다. 수리 및 보수뿐 아니라 신축하는 경우까지 발생했다. 또, 입원하면 사망할 때까지 환자들을 거의 24시간 보호·감독해야 하므로 막대한 인적 자원이 증가하게 되었다. 이러한 경제적인 측면은 인도주의운동에 편승하여 지역사회 치료의 등장에 박차를 가했다.

3) 이념

(1) 최소한의 규제

지역사회정신건강의 이념은 격리와 수용을 전제로 하는 대단위 시설 중심의 입원치료에서 '최소한의 규제'(the least restrictive)를 보장하는 자유로우면서 친근한 환경에서의 치료와 재활 및 보호로의 전환을 의미한다 (양옥경, 1996). 즉, 한 개인이 치료나 서비스를 받는 데 있어 자유, 자기 결정, 존엄성, 그리고 몸과 마음과 정신의 통합이 최대한 보장되도록 하는 자유의지의 선택을 강조하는 인간주의적인 이념에 기초하고 있다.

그러나 최소한의 규제가 본래 갖고 있던 사회통합의 의미는 사장된 채 단지 장소 변경(이동)이라는 물리적 규제의 최소화로 실행되면 심각한 문제가 발생할 수 있다. '지역사회의 폐쇄병동', '회전문' 현상이 일어나는 우리나라의 현실은 '최소한의 규제'를 '신체적 구속에 대한 규제의 최소화'만을 의미하는 것으로 해석할 수 있는 여지가 있다. [1] OECD 국가 중에서 한국에서만 유일하게 나타나는 '입원병상의 증가' 현상도 다시 곱씹어 보아야 할 중요한 대목이다.

(2) 보편화

보편화의 개념이 유래한 것은 바로 1959년의 덴마크에서부터이다. 덴마크의 지적장애인법의 주된 목적은 지적장애인이 일반적인 생활조건 (*normal living condition*)에 최대한 가깝게 생존하도록 하는 것이다. 이 정의는 후에 더욱 발전하면서 '지적장애인들에게 주거, 교육, 일, 취미 활동 등을 포함하여 다른 모든 시민들이 갖는 인간의 기본권을 제공하

---

1) 의료보호 환자의 경우 2008년 국가인권위원회 조사에 따르면 한 기관에서 퇴원 후 보호의무자에 의해 바로 타 시설로 강제 입원하는 비율이 25.25%로 나타나 퇴원 환자 4명 중 1명은 사회로 복귀할 기회를 얻지 못한 채 다시 재입원되는 것으로 나타났다. 또한 서울시 정신보건심판위원회에서 퇴원명령을 받은 환자 중 퇴원명령 후 재입원한 환자의 비율이 50.9%로 나타나 퇴원명령을 받은 환자 2명 중 1명이 지역사회에서 생활하는 기회조차 얻지 못한 채 재입원하는 것으로 나타났다.

는 것'을 의미하게 되었다.

정신보건에서 사용하는 보편화(normalization)는 '정신장애인의 생활 조건이나 환경을 조성하여 장애나 사회적 불리(social handicap)로 인해 파생되는 문제를 최소화하여 삶의 질을 향상하는 것'을 의미한다(김기 태 외, 2001).

(3) 사회통합

정신장애인의 사회통합(social integration)은 정상화 개념에 기반을 두고 있다. 무엇보다도 정신장애인을 장애와 사회적 불리를 가진 인간으로 보기보다는 특수한 증상과 어려움을 지닌 사람으로서 이해해야 한다는 것이다. 사회통합은 사회적 상호작용을 의미하는 것으로 이는 정신장애인이 생활하는 데 익숙한 환경에서 행해지는 것을 전제로 한다. 따라서 지역사회에서의 물리적 통합이 전제되어야 하며, 주거지 마련이 결정적이다. 또한 지역사회자원과의 활발한 교류도 매우 중요하며, 친근한 사람들과의 지리적 개념도 있지만 심리적 개념도 역시 포함된다(양옥경, 1996).

4) 주요 대상

(1) 협의 및 광의의 대상

지역사회정신건강의 대상은 지역사회 일반 시민 전체이다. 정신건강의 증진과 정신장애의 예방에서부터 정신장애의 치료 및 재활, 그리고 사회복귀까지 포괄적으로 개념을 정의하기 때문에 그 대상은 넓다. 다만, 지역사회를 중심으로 하는 집중적인 서비스와 프로그램들이 지속적으로 제공되어야 할 대상이 누구인가를 볼 때에는 만성적이거나 중증의 정신장애를 가진 사람으로 범위가 좁혀질 것이다.

(2) 우리나라 정신보건법에서의 대상

개정된 정신보건법인 '정신건강 증진 및 정신질환자 복지서비스 지원에 관한 법률'(이하 '정신보건법') 제 13조 1항에 의하면, "국가 및 지방자치단체는 보건소를 통하여 정신보건시설 간 연계체계 구축, 정신질환의 예방, 정신질환자의 발견·상담·진료·사회복귀훈련 및 이에 관한 사례관리 등 지역사회정신보건사업을 기획·조정 및 수행할 수 있다"고 명시하고 있다. 개정 정신보건법에서도 정신질환자의 협의적 의미와 일반 시민의 광의적 의미를 함께 포함하고 있는 것을 알 수 있다.

5) 지역사회정신보건서비스 영역의 분류

개정 정신보건법 제 13조 1항에서와 같이 지역사회정신보건서비스에는 일반 시민을 대상으로 하는 '정신건강 예방사업'과 정신질환자의 '발굴', '상담', '진료', '사회복귀훈련', '사례관리' 등이 있다. 일반 시민을 대상으로 하는 '홍보'와 정신질환자 '발굴'에서 '사회복귀'와 '사회통합'적 측면을 한눈에 볼 수 있도록 정리하면 〈표 13-1〉과 같다. 1997년 정신보건법이 시행된 이후 초창기 지역정신보건의 1차적 대상과 주요 서비스는 만성정신질환자나 장애인에 초점을 뒀지만, 사업이 확장되면서 예방 및 조기 발굴 및 치료서비스를 강조하게 되었고, 짧은 시간 안에 양적 팽창을 가져오면서 정신보건센터와 사회복귀시설 간의 기능과 역할 제고를 통해 그 서비스 영역이 점차 체계화되었다.

<표 13-1> 지역사회정신보건서비스 영역의 분류

구분	예방	치료	요양	재활	사회통합
목적	정신건강 유지	정신질환의 발굴 및 치료	만성장애인 요양보호	정신장애인의 극복 및 재활	사회복귀
실천환경	보건소, 복지관, 상담센터, (광역)정신보건센터, 군, 학교(초·중)	병·의원/구·공립 정신병원, 정신보건센터	정신요양원	사회복귀시설, 알코올센터 (정신보건센터)	지역사회
인력	예방의학자, (정신보건)간호사, 사회복지사, 행정공무원	정신의료사회복지사, 정신보건간호사, 임상심리사·사회복지사	(정신보건사회복지사)	정신보건전문요원, 사회복지사, 직업재활사	정신보건가족 정신보건전문요원 사회복지사/ 일반시민
관련전문직	예방의학, 행정학, 지역사회복지	정신의학, 간호학, 심리학/정신의료사회사업학	사회복지학, 간호학	사회복지학, 간호학, 심리학	지역사회복지학, 시민단체
대상	일반시민, 군인, 학생, 위험군	정신질환자	만성질환자	정신장애인	정신장애인/가족, 시민
사회복지 개념		정신의료사회복지 영역		정신보건사회복지 영역	
주요 서비스	지역주민 교육, 정신위생운동, 정신질환자 역학조사, 정신건강상담	Assessment(개인력/가족력, 사회력, 경제력 조사), 가정방문, 가족 상담	재원환자 프로그램, 공적부조관련업무	사회기술/기능훈련, 직업재활, 가족회운영, 정신장애인 등록	사회적 낙인 제거 작업, 정신장애인복지권 운동, 대민 홍보/정책활동

2. 지역사회정신보건서비스 기관의 종류

1) 개념적 및 법적 범위

우리나라의 개정된 정신보건법에서 규정한 정신보건시설로는 '정신의
료기관', '사회복귀시설', '정신요양시설', '정신건강증진센터', '중독관
리통합지원센터'가 해당된다. 지역사회정신보건사업을 수행하는 시설
의 종류에는 '사회복귀시설', '정신요양시설', '정신건강증진센터'가 해
당되며, '정신의료기관'은 지역사회정신보건사업을 지원하는 시설로
보는 것이 타당하다. '정신의료기관'은 지역사회의 자원을 활용하여 환
자의 재활을 통한 사회복귀와 사회통합을 실시하지 않는 치료 중심의
세팅(setting) 이기 때문이다.

2) 우리나라 지역사회정신보건시설 현황

(1) 정신보건기관별 법적 근거와 사업 및 서비스 내용

① 정신건강증진센터

가. 목적
지역사회 중심의 통합적인 정신질환자 관리체계를 구축함으로써 정신
질환의 예방, 정신질환자의 조기 발견 · 상담 · 치료 · 재활 및 사회복
귀 도모

나. 법적 근거

정신건강 증진 및 복지서비스지원법 제13조 제3항(지역사회정신보건
사업 등)의 규정

다. 설치자

국가 또는 지방자치단체(시·도지사, 시장·군수·구청장)

라. 사업 내용 및 서비스 내용

ㄱ. 광역형 정신보건센터
a. 시·도지사가 광역시·도의 정신보건시스템을 구축 및 강화하고 24
   시간 자살예방 및 위기관리서비스를 제공하며 정신건강증진사업 및
   교육, 홍보사업 등을 제공할 목적으로 직영 혹은 위탁 운영
b. 자살위기관리사업 수행
 • 자살위기대응팀을 설치하여 365일 24시간 자살위기상담, 자살위기
   자 발견 및 사례관리 등
 • 자살위기개입을 위해 지역사회 자원 간 연계·협력체계 구축 등

ㄴ. 기초형 정신보건센터
a. 인구 20만 미만 시·군·구 : 1개소
b. 인구 20만 이상 시·군·구 : 2개소 이상 설치 가능하며, 추가 설치
   기준은 인구 20만 명당 1개소

마. 운영목표 및 방침

정신건강증진센터는 시·도 및 시·군·구 지역주민의 정신건강 증진
과 자살예방, 정신장애인의 사회복귀를 위해 전문적인 서비스를 제공
하며, 포괄적인 지역사회서비스 네트워크 구축을 위해 노력해야 한다.

바. 서비스 내용

정신건강증진센터의 서비스 내용은 〈표 13-2〉와 같다. 지역 여건에 따라
아동·청소년사업, 자살예방시범사업 등을 적극 추진할 수 있으며, 기타
지역특성에 따른 특화사업(예: 새터민, 결혼이민자) 수행도 가능하다.

〈표 13-2〉 정신건강증진센터의 서비스 내용

영역	광역형	기초형
기획	- 지역사회 진단 및 연구조사 - 서비스 평가체계 구축	- 지역사회 진단 - 기획 및 자원조정
중증 정신질환 관리	- 편견 해소 사업 - 24시간 위기관리 지원 - 초발정신질환관리체계 구축 - 탈원화 전달체계 구축 - 노숙정신질환 관리	- 신규 발견체계 구축 - 사례관리서비스 - 위기관리서비스 - 사회재활프로그램* - 직업재활프로그램* - 주거서비스 네트워크 구축

정신건강
증진사업
	- 인식 개선 사업
	- 24시간 상담 및 지원
	- 자살위기개입 체계 운영
	- 프로그램 개발 및 지원
	- 고위험군 조기검진 지원
	- 교육프로그램 개발 및 교육지원
		- 홍보 및 교육사업
		- 1577-0199 상담전화
		- 고위험군 조기발견과 치료연계사업
		  • 어린이 청소년
		  • 성인 우울증, 스트레스
		  • 노인 우울증 및 치매
		  • 알코올 중독

정신보건 환경 조성	- 사회안전망 구축 지원 - 언론 네트워크 구축 및 지원	- 보건복지 네트워크 구축 - 자원봉사운영체계 구축 - 지역 언론 협력체계 구축 - 경찰 및 구조구급 네트워크

* 사회재활 및 직업재활프로그램은 상황에 따라 직접 또는 네트워크 구축을 통해 제공할 수 있음.
출처: 보건복지부(2014).

사. 정신건강증진센터 운영

ㄱ. 운영형태
a. 직영형: 시·도지사 또는 시장·군수·구청장(보건소장)이 지역사회정신보건사업의 전문적 수행을 위해 보건소 또는 국·공립 정신의료기관에 정신보건센터를 직접 설치하여 운영
b. 위탁형: 개정 정신보건법 시행령 제3조의 2(지역사회정신보건사업의 위탁대상기관·단체)에 근거, 시·도지사 또는 시장·군수·구청장(보건소장)이 지역사회정신보건사업의 전문적 수행을 위해 정신보건센터 운영을 정신보건시설, 정신보건사업을 목적으로 하는 비영리법인 또는 학교법인에 위탁하여 운영

ㄴ. 기본방향: 지역사회중심의 통합적인 정신보건서비스 제공을 위한 기반 구축
a. 공적기관으로서 지역사회정신보건사업의 기획·조정 및 수행
b. 지역주민의 욕구에 적합한 예방·치료·재활서비스가 제공될 수 있도록 정신보건시설 간 연계 및 정신보건서비스 제공체계 마련
c. 시·도 정신보건사업지원단과 연계체계 구축

② 중독관리통합지원센터

가. 목적
인구 20만 이상 지역(시·구)에 중독관리통합지원센터를 설치 및 운영함으로써 지역사회 중심의 통합적인 중독관리체계 구축, 중독자 조기발견·상담·치료·재활 및 사회복귀를 지원하고 안전한 사회환경의 조성 및 국민의 정신건강 증진을 도모

나. 법적 근거

정신건강 증진 및 복지서비스지원법 제 13조 및 제 52조

다. 설치자

국가 또는 지방자치단체(직영 또는 법인에 위탁하여 운영)

라. 이용대상

a. 지역사회 내 중독(알코올, 도박, 마약, 인터넷 등)에 문제가 있는 자
   와 그 가족 등 지역주민

b. 의료기관 또는 시설 등에서 퇴원(소)하여 사회적응훈련을 필요로
   하는 알코올 및 기타 중독에 문제가 있는 자

c. 알코올 및 기타 중독 관련 상담 및 재활훈련서비스가 필요한 자

마. 사업내용

중독관리통합지원센터의 서비스 내용은 〈표 13-3〉과 같다.

〈표 13-3〉 중독관리통합지원센터의 서비스 내용

영역	서비스 내용
중독 조기발견 및 개입서비스	신규 발견 및 이용체계 구축, 고위험군 조기발견 및 단기 개입 서비스
중독질환 관리사업	사례관리서비스, 위기관리서비스, 재활프로그램, 직업재활서비스
중독질환 가족지원사업	신규가족 발견 및 이용체계 구축, 사례관리서비스, 가족교육 및 프로그램, 위기관리서비스, 가족모임 지원서비스
중독폐해 예방 및 교육사업	아동 · 청소년 예방교육사업, 직장인 중독폐해 예방지원사업, 지역주민 예방교육사업, 인식 개선 및 홍보사업
지역사회 사회안전망 조성사업	보건복지 네트워크 구축, 지역 법무 연계 · 협력체계 구축, 자원봉사 관리 · 운영체계 구축, 경찰 및 응급지원 네트워크 구축, 지역 인프라 구축

영역	서비스 내용
지역진단 및 기획	지역사회 진단 및 연구, 지역특성을 고려한 특화서비스 기획, 자원조정 및 중재

출처: 보건복지부(2015).

③ 사회복귀시설

가. 목적

정신의료기관에 입원시키거나 정신요양시설에 입소시키지 아니한 정신질환자에게 사회적응훈련, 작업훈련 등 재활훈련을 실시함으로써 사회복귀 촉진 도모

나. 법적 근거

정신건강 증진 및 복지서비스지원법 제 15조(사회복귀시설의 설치·운영) 제 1항 '국가 또는 지방자치단체는 사회복귀시설을 설치·운영할 수 있다'는 조항과, 동법 제 15조 제 2항 '제 1항에 규정된 자 외의 자가 사회복귀시설을 설치·운영하고자 하는 때에는 시설의 소재지를 관할하는 시장·군수·구청장에게 신고하여야 한다'는 조항

다. 사회복귀시설의 정의 및 종류

ㄱ. 시설의 정의

정신질환자를 정신의료기관에 입원시키거나 정신요양시설에 입소시키지 아니하고 사회복귀 촉진을 위한 훈련을 행하는 시설

ㄴ. 시설의 종류

정신건강 증진 및 복지서비스지원법 제 10조(사회복귀시설의 종류) 제 2
항은 사회복귀시설의 종류를 동법 시행규칙에 〈표 13-4〉와 같이 명시
하고 있다.

〈표 13-4〉 사회복귀시설의 종류 및 사업

종류	사업
1. 정신질환자 생활시설 (입소생활시설)	가정에서 생활하기 어려운 정신질환자에게 주거, 생활지도, 교육, 직업재 활훈련 등의 서비스를 제공하며, 가정으로의 복귀, 재활, 자립 및 사회적 응을 지원하는 시설
2. 정신질환자 지역사회 재활시설	가. 주간재활시설: 정신질환자에게 작업 · 기술지도, 직업훈련, 사회적응 훈련, 취업지원 등의 서비스를 제공하는 시설 나. 공동생활가정: 완전한 독립생활은 어려우나 어느 정도 자립능력을 갖춘 정신질환자들이 공동으로 생활하며 독립생활을 위한 자립역량을 함양하는 시설 다. 단기보호시설: 지역 내 정신질환자에게 일시보호 서비스 또는 단기 보호 서비스를 제공하고, 정신의료기관에서 퇴원한 정신질환자에게 다른 사회복귀시설로 연계하는 기능을 수행하며, 이를 위한 주거 제공, 생활훈 련, 사회적응훈련 등의 서비스를 제공하는 시설
3. 정신질환자 직업재활 시설	정신질환자가 특별히 준비된 작업환경에서 직업 적응, 직무기능 향상 등 직업재활훈련을 받거나 직업생활을 할 수 있도록 지원하며, 일정한 기간 이 지난 후 직업능력을 갖추면 고용시장에 참여할 수 있도록 지원하는 시설
4. 중독자 재활시설	알코올, 약물 등 유해약물이나 도박, 인터넷 게임 등 유해행위에 의존하 거나 그 유해약물이나 유해행위를 남용하여 중독된 정신질환자를 치유 하거나 재활을 돕는 시설
5. 정신질환자 생산품 판매시설	정신질환자가 생산한 생산품을 판매하거나 유통을 대행하고, 정신질환자 가 생산한 생산품이나 서비스에 관한 상담, 홍보, 마케팅, 판로 개척, 정 보 제공 등을 지원하는 시설
6. 정신질환자 종합시설	제1호, 제2호 가목부터 다목까지, 제3호부터 제5호까지의 사회복귀시 설 중 2개 이상의 사회복귀시설이 결합되어 정신질환자에게 생활지원, 주거지원, 재활훈련, 심신수련 등의 기능을 복합적 · 종합적으로 제공하 는 시설

출처: 정신건강 증진 및 복지서비스지원법 시행규칙(보건복지부령 제 366호, 2015. 11. 20 일부
　　개정).

라. 운영목표 및 방침

a. 운영목표: 사회복귀시설 운영의 적정성, 전문성, 투명성 및 효율성을 제고하여 입소·이용자에게 양질의 재활훈련서비스를 제공함으로써 사회복귀 촉진 도모

b. 운영방침

- 정신질환자의 사회적 기능 회복을 위하여 입소·이용 또는 주거할 수 있는 시설이어야 함.
- 사회복귀시설 설치 시 정신보건센터·사회복귀시설의 분포, 지역 내 정신질환자 수, 재정부담 능력 등을 감안하여야 함.
- 정신질환자의 지역사회 적응력을 높이기 위해 지역사회로의 접근이 용이하고 대중교통 이용이 편리한 곳에 설치하여야 함.
- 정신보건 관련 전문분야의 지식과 임상기술이 있는 전문인력 위주로 운영하여야 함.
- 자원봉사자 등 당해 지역사회의 자원을 개발·활용하고 교류를 촉진하여야 함.
- 회복된 정신질환자의 재활·사회복귀를 위하여 자원봉사 활동을 권장함.
- 정신질환자 사회복귀 촉진을 위한 예방·치료·재활프로그램을 개발·보급하고 사업수행의 적정성, 효율성 등을 평가해 발전적 개선방안을 강구하여야 함.

마. 사회복귀시설의 서비스 내용

사회복귀시설의 유형과 서비스는 〈표 13-5〉와 같다.

〈표 13-5〉 사회복귀시설의 유형과 서비스

시설유형*		정의	제공서비스	운영형태
생활훈련시설		정신질환 때문에 가정에서 일상생활을 영위하는 데 지장이 있는 정신질환자를 위하여 일상생활에 적응할 수 있도록 저렴한 요금으로 거실 기타 시설을 이용하게 하고 필요한 훈련 및 지도를 함으로써 정신질환자의 사회복귀를 촉진할 것을 목적으로 하는 시설	일상생활기술훈련, 약물 관리교육, 긴장이완훈련, 여가활동훈련, 사회기술훈련	이용, 입소
작업훈련시설		고용되기 곤란한 정신질환자가 자활할 수 있도록 저렴한 요금으로 거실 기타 시설을 이용하게 하고 필요한 훈련을 하며 직업을 알선함으로써 사회복귀 촉진을 도모하는 것을 목적으로 하는 시설	직업재활 관련 훈련	이용, 입소
기타훈련시설	종합훈련시설	정신질환자에 대하여 저렴한 비용으로 생활훈련과 작업훈련 등을 실시하는 것을 목적으로 하는 시설	일상생활기술훈련, 약물 관리교육, 긴장이완훈련, 여가활동훈련, 사회기술훈련, 직업재활 관련 훈련	이용, 입소
	주거시설	정신질환으로 가정에서 생활하기 어려운 자에게 저렴한 비용으로 주거를 제공하는 것을 목적으로 하는 시설	주거 제공, 일상생활지도	입소

* 위 표에 제시한 사회복귀시설 유형은 2008년 개정된 정신보건법 이전의 시설 종류를 표기함.

④ 정신요양시설

가. 목적

가족의 보호가 어려운 만성 정신질환자를 정신요양시설에 입소시켜 요양보호함으로써 이들의 삶의 질 향상 및 사회복귀 도모

나. 법적 근거

정신건강 증진 및 복지서비스지원법 제 10조(정신요양시설의 설치ㆍ운영 등) 제 1항 '사회복지법인 기타 비영리법인은 보건복지장관의 허가를 받아 정신요양시설을 실치ㆍ운영할 수 있다'는 조항

다. 정신요양시설의 정의

정신의료기관에서 의뢰된 정신질환자와 만성정신질환자를 입소시켜 요양과 사회복귀 촉진을 위한 훈련을 행하는 시설

라. 법설치자

시ㆍ도지사

마. 입소대상

- 정신건강의학과 전문의에 의하여 정신질환자로 진단된 자로서 본인이 당해 시설에 입소하기를 원하는 자
- 정신건강의학과 전문의에 의하여 정신요양시설에 입소가 필요하다고 진단된 정신질환자로서 개정 정신보건법 제 21조 제 1항의 규정에 의한 보호의무자가 당해 시설에 입소시키고자 하는 자
- 정신건강의학과 전문의에 의하여 정신요양시설에 입소가 필요하다고 진단된 정신질환자로서 법 제 21조 제 3항의 규정에 의하여 시장ㆍ군수ㆍ구청장이 보호의무자가 되는 자

바. 정신요양시설의 서비스 내용

정신요양시설의 운영과 서비스 내용은 〈표 13-6〉과 같다.

〈표 13-6〉 정신요양시설의 운영과 서비스 내용

사업 구분	내용
1. 요양생활에 관한 사항	가. 정신요양시설의 장은 입소자의 건강 유지와 효과적인 요양을 위하여 일정표에 따라 적절한 운동, 오락, 교양시간 등을 가질 수 있도록 하여야 한다. 나. 정신요양시설의 장은 입소자가 주 1회 이상(5월에서 8월까지의 기간 중 3월간은 주 2회 이상) 목욕을 할 수 있도록 하여야 하며, 칫솔, 세면도구 등은 위해방지를 위하여 일정한 장소에 보관하여야 한다. 다. 정신요양시설의 장은 입소자 또는 그 보호자가 입소자의 외출과 외박을 신청하는 경우에는 정신과 전문의의 동의를 받도록 하여야 한다. 이 경우 정신요양시설의 장은 이에 관한 사항을 외출·외박기록부에 기록하여야 한다. 라. 정신요양시설의 장은 입소비용, 입소자 준수사항 등을 명시한 관리규정을 정하고, 이를 입소자에게 알려 주어야 한다.
2. 급식위생에 관한 사항	가. 식단은 영양사가 작성하여야 하며, 영양사가 없는 시설은 보건소의 지도를 받아 이를 작성하여야 한다. 나. 정신요양시설의 장은 전염성 질환, 화농성 창상(化膿性 創傷) 등 조리에 부적합한 사람이 입소·이용자의 식사를 조리하게 해서는 아니 된다. 다. 수돗물 외에 먹는 물을 사용하는 경우에는 '먹는 물 수질기준 및 검사 등에 관한 규칙'에서 정하는 바에 따라 수질검사를 받아야 한다.
3. 건강진단에 관한 사항	가. 정신요양시설의 장은 입소자에 대하여 매년 1회 이상 질병의 보유 여부를 확인·판단할 수 있도록 건강진단을 실시하여야 한다. 나. 정신요양시설의 장은 진단 결과 전염병 환자는 보건소에 신고하여야 하고, 보건소장의 지시에 따라 해당 환자에 대하여 필요한 조치를 하여야 하며, 지체 없이 그 사실을 보호의무자에게 알려야 한다.
4. 진료 및 투약에 관한 사항	가. 정신요양시설의 장은 입소자에 대한 진료 및 처방은 정신과 전문의가, 투약은 정신과 전문의 또는 간호사가 실시하도록 하여야 한다. 나. 정신요양시설의 장은 입소자에 대한 진료기록부 및 투약관리대장을 갖춰 둬야 하고, 진료 및 투약에 관한 사항을 기록·관리하여야 한다.
5. 의료기관의 이용 등에 관한 사항	가. 정신요양시설의 장은 입소자가 합병증 등 다른 질병에 걸리거나 건강상태가 악화된 경우에는 일시적으로 격리된 거실에서 정신과 전문의 등에게 필요한 진료 등을 받도록 하거나 의료기관으로 이송하여 입원 또는 통원치료를 받도록 조치하여야 한다. 나. 정신요양시설의 장은 입소자가 의료기관에서 입원치료가 필요한 경우에는 그 사실을 해당 입소자의 보호의무자 및 시장·군수·구청장에게 알린 후 치료를 받을 수 있게 하여야 한다. 다만, 응급환자의 경우에는 치료를 시작한 후 3일 이내에 알릴 수 있다.

(2) 전국 정신보건기관 및 시설 현황

2015년 12월 말을 기준으로 전국의 정신보건기관 및 시설 현황을 살펴보면 다음과 같다(보건복지부, 2016).

① 전국 정신보건기관 · 시설 현황

전국의 정신보건기관 및 시설 현황을 살펴보면 〈표 13-7〉에서와 같이 정신의료기관, 사회복귀시설, 정신건강증진센터, 정신요양시설, 중독관리통합지원센터 순으로 분포하고 있음을 볼 수 있다.

② 정신건강증진센터 현황

전국의 정신건강증진센터는 크게 광역형과 기초형으로 분류할 수 있다. 현황을 살펴보면 〈표 13-8〉에서와 같이 광역형은 현재 총 15개소, 기초형은 총 209개소로 각 지역별로 운영되고 있다.

〈표 13-7〉 전국 정신보건기관 및 시설 현황

단위: 개소

구분		기관 수	주요기능
계		2,052	-
정신건강증진센터		224	정신질환 예방, 정신질환자 발견 · 상담 · 진료 · 사회복귀 훈련 및 사례관리, 정신보건시설 간 연계체계 구축 등 지역사회정신보건사업 기획 · 조정 및 수행
정신의료기관	국 · 공립	18	정신질환자 진료, 지역사회정신보건사업 지원
	민간	1,384	정신질환자 진료
정신요양시설		59	만성 정신질환자 요양 · 보호
사회복귀시설		333	병원 또는 시설에서 치료 · 요양 후 사회복귀 촉진을 위한 훈련 실시
중독관리통합지원센터		50	중독 예방, 중독자 상담 · 재활훈련

출처: 보건복지부(2016). 《2016 정신건강사업안내》, p.11 재구성.

③ 중독관리통합지원센터 현황

전국의 중독관리통합지원센터는 총 50개소로 지역별 분포 현황을 살펴보면 〈표 13-9〉와 같다.

④ 사회복귀시설 현황

전국의 사회복귀시설은 2015년 12월 말 현재, 총 333개가 운영되고 있으며, 지역별 분포 현황을 살펴보면 〈표 13-10〉과 같다.

⑤ 정신요양시설 현황

전국의 정신요양시설은 2015년 12월 말 현재, 총 59개가 운영되고 있으며, 지역별 분포 현황을 살펴보면 〈표 13-11〉과 같다.

〈표 13-8〉 지역별 정신보건센터 현황

단위: 개소

구분	계	서울	부산	대구	인천	광주	대전	울산	세종
광역	15	1	1	1	1	1	1	1	
기초	209	25	16	8	9	5	5	5	1
구분	경기	강원	충북	충남	전북	전남	경북	경남	제주
광역	1	1	1	1	1	1	1		1
기초	35	16	12	14	10	16	11	19	2

출처: 보건복지부(2016).《2016 정신건강사업안내》, p.11 재구성.

〈표 13-9〉 지역별 중독관리통합지원센터 현황

단위: 개소

계	서울	부산	대구	인천	광주	대전	울산	경기
50	4	4	2	5	5	3	3	7
	강원	충북	충남	전북	전남	경북	경남	제주
	3	1	2	2	2	2	4	2

출처: 보건복지부(2016).《2016 정신건강사업안내》, p.11 재구성.

<표 13-10> 지역별 사회복귀시설 현황

단위: 개소

구분	계	서울	부산	대구	인천	광주	대전	울산	세종
기관 수	333	120	12	16	11	10	25	2	3
구분	경기	강원	충북	충남	전북	전남	경북	경남	제주
기관 수	43	5	13	24	21	4	16	4	4

출처: 보건복지부(2016). 《2016 정신건강사업안내》, p.11 재구성.

<표 13-11> 지역별 정신요양시설 현황

단위: 개소

구분	계	서울	부산	대구	인천	광주	대전	울산	세종
기관 수	59	3	3	3	2	4	4	1	1
구분	경기	강원	충북	충남	전북	전남	경북	경남	제주
기관 수	6	0	4	10	4	4	5	4	1

출처: 보건복지부(2016). 《2016 정신건강사업안내》, p.11 재구성.

생각해 보기

1. 지역사회에서 정신보건서비스를 제공하는 기관들에는 어떠한 곳들이 있는지 살펴보고 각 기관의 역할에 대해 조별로 토의해 보자.
2. 내가 사는 곳 가장 가까이에 있는 정신보건기관을 찾아보고 직접 방문해서 봉사활동을 해보자.

제14 장

정신건강 증진을 위한 정책과 과제

1. 우리나라의 정신건강정책

1) 정신건강정책 현황과 정신보건사업의 내용

(1) 정신건강정책의 현황

우리나라의 정신건강정책은 보건복지부의 건강정책국 정신건강정책과
에서 담당하고 있으며, 주로 정신보건정책을 통해 실현돼 왔다고 할 수
있다. 따라서 우리나라 정신건강정책 수립 방향 및 진행 경과는 정신건
강정책이라는 이름으로 정리될 수 있으며 그 구체적인 내용은 다음과
같다(이현경 외, 2009).

① 제1시기(1985~1995년)

제1시기 정신보건정책의 방향은 병상 확대 정책이었다. 정신보건서비
스의 양대 전달체계인 정신병원의 병상 수 확대와 정신요양시설의 수

용인원 확대를 위해 재정을 투입하였고, 일정 부분 소정의 목표를 달성하였다. 이전까지 거의 방치되다시피 한 정신장애인에 대한 의학적 치료에 국가가 개입하였고, 무허가 정신요양시설의 대대적인 정비와 양성화를 통해 그들의 처우가 개선될 수 있었다. 이러한 긍정적 평가에도 불구하고 병상 확대 정책은 정신질환의 만성적 경과와 고비용이 요구되는 것을 간과했다. 결국 이에 대한 반성으로 이후 정책방향은 지역사회정신보건으로 전환됐다.

② 제 2시기(1995~2000년)

제 2시기 정신보건정책의 내용은 1995년에 제정된 정신보건법에 따라 지역사회정신보건으로 방향을 전환했다. 이 시기에는 지역사회정신보건의 효과적 전달을 위한 지역사회정신보건시설을 확충하고, 서비스 대상자를 확대하고, 새로운 재원을 마련하는 것까지 광범위한 발전이 진행되었다. 결과적으로 이 모든 활동은 지역사회정신보건을 위한 밑거름이 되었다. 그러나 이 시기에도 민간부분의 정신병원 병상 수는 가파른 증가세를 보임으로써 정책의 방향에 실천이 따라가지 못하는 결과가 되었다.

③ 제 3시기(2001년~현재)

제 3시기는 지역사회정신보건정책이 정착하는 모습을 보여 준다. 실질적인 변화는 전달체계에서 뚜렷이 나타났다. 국립병원의 병상 수와 정신요양시설의 수용인원이 감소추세인 데 반해, 지역사회정신보건시설과 시설의 이용·등록인원은 증가하였다. 그리고 거의 같은 시기에 시행된 정신장애의 장애범주 포함으로 정신장애가 일반적인 장애의 범주로 인식됨과 동시에 정신장애인의 복지적 수요를 충족시킬 수 있게 되었다(박이분, 2005).

특히, 1995년 정신보건법의 제정은 지역사회정신보건으로서의 정책방향 전환과 함께 국민의 정신건강에 대한 국가의 책임을 강조했다는 의미가 있다(이현경 외, 2009).

2005년에는 국민건강 증진을 위한 국가차원의 종합계획인 'Health Plan(국민건강증진 종합계획) 2010'이 새롭게 수정되어 발표되었고, 현재 'Health Plan 2020'까지 수립되어 있는 상황이다.

2016년 국가정책조정회의에서 발표된 '정신건강 종합대책'에서 국가 정신보건정책의 목표와 전략, 과제를 소개하면 〈표 14-1〉과 같다(관계부처합동, 2016).

(2) 우리나라 정신보건서비스 전달체계

〈그림 14-1〉은 정신보건서비스 전달체계를 전달한 것으로 우리나라 정신보건사업의 기반을 한눈에 파악하는 데 크게 유용할 것이다.

2) 정신건강 분야 목표 수립 현황

(1) 정신보건사업의 비전 및 기본방향

정신보건사업의 비전 및 기본방향을 살펴보면 〈그림 14-2〉와 같다.

일찍이 선진국에서는 1980년대부터 건강 증진을 목표로 건강생활 실천운동을 실시하고 있다(김명, 2008). 우리나라는 지난 1995년 국민건강증진법을 제정하면서 건강증진기금을 확보, 국민건강 증진 종합계획을 지난 2010년 이후 2020년까지 이어서 계획을 수립하고 적극적으

〈표 14-1〉 국가 정신건강정책 목표, 전략, 과제

목표	전략(12)	과제(31)
I. 국민 정신건강 증진	1. 인식 개선을 통한 정신건강 서비스 이용 제고	1-1. 정신건강 증진 서비스 접근성 제고 1-2. 정신건강에 대한 국민 관심 제고 1-3. 정신질환(자)에 대한 불합리한 차별 개선
	2. 정신건강 문제 조기발견 및 개입 강화	2-1. 우울, 불안 등에 대한 지역사회서비스 강화 2-2. 스트레스 고위험군 집중 관리지원 2-3. 재난 피해자 등 위기심리지원 강화
	3. 생애주기별 정신건강 지원체계 구축	3-1. 영유아 정신건강 지원 3-2. 아동 · 청소년 정신건강 지원 3-3. 청 · 장년 정신건강 지원 3-4. 노인 정신건강 지원
II. 중증정신 질환자 지역사회 통합	1. 조기 집중 치료로 만성화 방지	1-1. 건강보험 및 의료급여 수가체계 개선 1-2. 초발 정신질환자 관리모형 및 치료기술 개발
	2. 중증 · 만성 정신질환자 삶의 질 향상	2-1. 지역사회체계 구축 2-2. 사회복귀시설 확충 및 내실화 2-3. 정신의료기관 및 정신요양시설 기능 재정립 및 역량 강화
	3. 정신질환자 인권 강화	3-1. 정신의료기관 입 · 퇴원 제도 개선 3-2. 정신질환자의 자기결정권 강화
III. 중독으로 인한 건강 저해 및 사회적 폐해 최소화	1. 중독 예방을 위한 사회적 환경 조성	1-1. 건강보험 및 의료급여 수가체계 개선 1-2. 초발 정신질환자 관리모형 및 치료기술 개발
	2. 중독문제 조기선별 · 개입체계 구축	2-1. 대상별 중독 선별체계 강화 2-2. 중독 고위험군 대상 중재 서비스 제공
	3. 중독자 치료회복 지원 강화	3-1. 치료서비스 접근성 강화 3-2. 중독자 회복 지원을 위한 지지체계 마련
IV. 자살위험 없는 안전한 사회 구현	1. 전사회적 자살예방 환경 조성	1-1. 사회적 인식 개선 1-2. 자살예방을 위한 사회적 지지체계 마련 1-3. 자살위험환경 개선
	2. 맞춤형 자살예방 서비스 제공	2-1. 생애주기별 자살예방 대책 추진 2-2. 자살 고위험군 예방체계 강화 2-3. 자살위기 대응 및 사후관리체계 마련
	3. 자살예방정책 추진기반 강화	3-1. 자살예방 관련 교육 강화 3-2. 근거기반 자살예방 연구체계 마련

출처: 관계부처합동(2016).

〈그림 14-1〉 정신보건서비스 전달체계

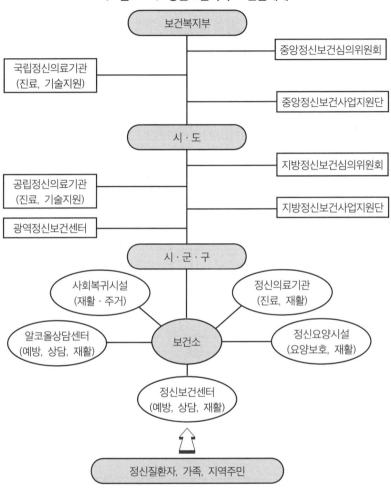

출처: 보건복지부(2014).

<図 그림 14-2> 정신보건사업의 비전 및 기본방향

비전	국민의 정신건강 문제 해결을 통한 개인의 삶의 가치 향상과 사회적 비용 절감 및 국가 경쟁력 확보

추진방향

정신질환 편견 해소와 우호적 환경 조성	다양한 대상군의 정신질환 예방과 정신건강 증진	중증 정신질환 치료 수준 향상 및 재활체계 구축	자살예방을 위한 조기개입 체계 구축
1. 인식 개선을 위한 지속적 홍보 · 교육 2. 정신건강증진시설 이용 접근성 강화	1. 정신질환 조기 발견 2. 정신건강증진센터 기능 강화 3. 학교, 직장, 사회 복지시설 연계체계 구축	1. 부적정 입원 축소 2. 사회복귀 및 직업 재활프로그램 확충 3. 알코올, 인터넷, 도박 중독 치료 · 상담 기반 구축 4. 전문인력 양성, 인권교육 강화	1. 자살 고위험군 관리체계 구축 2. 노인자살 예방 인프라 구축 3. 학생, 청소년자살 예방체계 구축 4. 자살 관련 유해 정보 차단 및 보도방식 개선

출처: 보건복지부(2015).

로 건강 증진 및 질병예방정책을 추진해 오고 있다.

'Health Plan 2020'(2011~2020)에서는 온 국민이 함께 만들고 누리는 건강세상을 비전으로 하고 있으며, 모두 5개의 중점분야와 151개의 목표, 140개의 세부사업이 선정되었다(보건복지부, 2011a).

여기에서 정신건강과 직결된 부문인 '중점과제 10. 정신보건' 정책을 중점적으로 살펴보면, 국민의 정신건강 증진과 정신질환의 치료 및 관리 강화를 통해 질환으로 인한 사회적 부담을 감소시키고 삶의 질을 향상시키는 것을 궁극적인 목적으로 하고 있다. 이에 따른 구체적 목표는 5개 분야에 총 20개가 설정되었다. 정신건강 및 정신질환에 대한 국민 인식 개선, 정신질환에 대한 조기개입을 통한 정신건강 증진 도모, 중증정신질환자의 사회통합 촉진과 삶의 질 향상, 자살위험 없는 안전한 사회구현, 알코올 중독문제 관리로 총 5가지 영역에서 구체적인 세부 목표 및 달성수치가 작성되었다.

'Health Plan 2020'에서 설정된 정신보건 관련 목표 수립 현황은 〈표 14-2〉와 같다.

〈표 14-2〉 중점과제 10. 정신보건 분야의 목표 수립 현황

목표(성과지표) 　 연도	2005년	2008년	2020년
가. 정신건강 및 정신질환에 대한 국민인식 개선			
10-1. 우울증을 치료 가능한 질환으로 인식하는 국민비율 향상	-	지표 생성 (2011년)	30.0%
10-2. 정신질환에 대한 긍정적 인식도 향상	-	65.9%	75.0%
나. 정신질환에 대한 조기개입을 통한 정신건강 증진 도모			
10-3. 정신질환 치료율			
• 중증정신질환 치료율 향상	21.0% (2006년)	-	40.0%
• 성인우울증 치료율 향상	23.0% (2006년)	-	40.0%
• 노인우울증 치료율 향상		자료 생성 (2011년)	30.0% 향상
• 아동 · 청소년 정신질환 치료율 향상		자료 생성 (2011년)	30.0% 향상
10-4. 스트레스 인지율 감소			
• 청소년 스트레스 인지율 감소(13~18세)	45.6%	43.7%	39.0%
• 스트레스 인지율 감소(19세 이상 성인)	35.1%	28.9%	25.0%
다. 중증정신질환자의 사회통합 촉진과 삶의 질 향상			
10-5. 정신의료기관의 평균 재원기간 감소	-	158일	110일
10-6. 입원(입소) 정신질환자의 재원적절성 향상			
• 정신의료기관의 재원적절성 향상 (2010년 대비 60% 이상)	76.2% (1999년)	지표 생성 (2011년)	60.0% 향상
• 정신요양시설의 재원적절성 향상 (2010년 대비 50% 이상)	16.4% (1999년)	지표 생성 (2011년)	50.0% 향상
10-7. 정신질환자 지역사회 등록 관리율 향상	-	19.2%	30.0%

〈표 14-2〉 계속

목표(성과지표) \ 연도	2005년	2008년	2020년
10-8. 광역 단위당 정신장애인 거주시설 정원 비율 증가	-	27.6%	40.0%
10-9. 정신질환자 재입원률 감소(3개월 이내) (2010년 대비 50% 이하)	-	지표 생성 (2011년)	50.0% 감소
10-10. 중증정신질환자 연간 사망자 수 감소 (심평원 자료 재분석 표준화)	-	3.5명 (2007년)	3.0명
10-11. 정신질환자의 취업률 증가	-	9.89%	20.0%
10-12. 정신보건 심판 위원회 퇴원명령률 증가	-	4.8% (2009년)	20.0%
라. 자살위험 없는 안전한 사회 구현			
10-13. 자살이 예방 가능한 문제임을 인식하는 국민비율 향상	-	지표 생성 (2011년)	50.0% 향상
10-14. 19세 이하 인구 10만 명당 자살사망률 감소	-	4.6명	4명
10-15. 노인인구 10만 명당 자살사망률 감소	72.1명 (2006년)	73.6명 (2007년)	60명
10-16. 인구 10만 명당 자살사망률 18명으로 감소	-	26명	18명
마. 알코올 중독문제 적극적으로 관리			
10-17. 고위험 음주행동 비율 감소	14.9%	19.7%	15.0%
10-18. 알코올 중독 평생 유병률 감소		16.2%	12.0%
10-19. 알코올 관련 치료율 증가	-	지표 생성 (2011년)	30.0% 향상
10-20. 알코올 중독 사례관리율 향상	-	지표 생성 (2011년)	30.0% 향상

출처: 보건복지부(2011a). 《제 3차 국민건강증진종합계획(2011~2020)》.

(2) 정신보건 분야의 질 관리(정책 및 행정)

정신보건 분야의 질을 관리하는 목적은 정신보건서비스 수준을 향상시키는 것이다(이선영·김윤, 2008 재인용).

첫째, 정신의료기관의 질 관리는 시설 및 인력, 서비스 수준을 중심으로 진행한다. 인증제도를 추진하며, 인증결과를 토대로 수가 차등화 등의 보상체계를 구축한다. 둘째, 시·도 지방자치단체의 질 관리는 정신건강에 대한 책임성을 제고시킬 수 있다. 시·도의 정신보건 관련 현황 및 인프라를 파악하고, 시·도의 정신보건 관련 문제점 진단 및 개선방안 도출, 정신보건사업에 대한 지방정부의 관심 및 적극적 태도, 노력 촉진, 시·도의 정신보건 관련 투입(input)에 대한 성과평가 근거 마련을 중심으로 평가하며, 평가결과는 인센티브 제공과 지원예산의 차등 배분 등으로 활용한다.

질 관리를 위한 추진계획은 질 관리 관련 정책 개발(중앙정신보건심의위원회 산하 정신보건 질 관리 위원회 설치, 정신보건법에 정신의료기관 인증제도와 정신보건서비스 평가와 관련된 내용 포함, 인증기관 설립과 평가도구 개발 및 시행을 위한 재정 확보)과 정신보건 표준 개발(표준영역: 정신보건정책, 정신보건의료기관, 정신질환 서비스 등), 인증제 도입 등을 통해 진행한다.

정신보건서비스 평가는 3가지 차원에서 진행한다.

첫째, 국가 정신건강정책 평가이다. 3년에 한 번 국가정신건강 10개년 계획의 성과지표와 국민 정신건강 수준, 인식을 통하여 국가 정신건강정책을 평가하고 개선사항을 도출한다. 둘째, 시·도 정신건강체계 평가이다. 매년 국립정신보건연구원에서 시·도 평가 도구를 통하여 시·도 단위의 정신건강 관련 기획, 구조, 과정, 결과 지표를 산출하여 평가하며, 평가 결과를 공개하고 결과에 따른 인센티브를 제공한다. 지방정신보건연구원이 신설되기 전까지는 중앙정신보건사업단에서 평가를 시행한다. 셋째, 지역사회정신보건서비스 평가이다. 매년 지역정신보건사업 지원단에서 시·군·구 보건소 및 정신건강증진센터의 지역사회정신보건서비스를 평가하며, 평가결과에 따라 시·도 정신보건 관련 예산을 차등 배분한다. 넷째, 의료기관 평가이다. 매년 국립정신보건원에서 정신의료기관에 대한 질 평가를 실시하며, 평가 결과에 따라 단계별 인증을 한다. 인증 단계에 따른 차등수가 및 급성기 병상 허용 여부 적용에 활용한다.

즉, 정신보건서비스 평가의 결과를 공개하고 정신보건서비스 평가 결과를 토대로 인센티브를 제공하며, 의료기관 인증 갱신 및 정신보건서비스 평가를 정례화하여 질 개선 방안을 마련한다.

(3) 정신보건 분야의 세부사업별 예산 현황

다음으로 정신보건 분야의 세부사업별 예산 현황을 살펴보면, 정신보건 모든 분야에서 계획보다 확정예산이 감소하였으며, 이와 함께 정신보건 세부사업의 80%가 축소되었다. 종합계획 전체적으로는 109개 세부사업에서 축소된 계획이 모두 62개(전체의 약 57%)였고, 33개 사업(전체의 약 31%)이 정상 및 완료로 나타났다.

이러한 결과는 타 분야의 예산 증가에 비해 정신건강이 전체 건강 증진에서 차지하는 비중을 적게 나타내는 것이라고 할 수 있다. 그러나 정신건강의 중요성, 정신질환으로 인한 사회경제적 비용 부담, 질병 부담에서 정신장애가 차지하는 비중 등을 고려하면, 정신건강증진사업은 국가에서 지속적으로 예산 및 인력지원, 조직 확대가 반드시 필요한 건강증진사업의 한 분야라 할 수 있다(이현경 외, 2009).

2. 정신건강 증진을 위한 정책과 과제

최근 정신건강 증진의 개념은 보다 긍정적, 적극적으로 바뀌고 있다. 정신건강 증진은 질병의 관리를 훨씬 넘어서며 '적극적인 관점에서 행복을 포함한 긍정적 정서상태를 함양하고 질병을 예방하며 회복력 (*resilience*) 을 증진하는 것'으로 정의되고 있다(WHO, 2001). 즉, 정신건강 증진을 위해서 지역사회는 정신건강 관리와 정신약물 이용이 가능하도록 대중교육을 하고, 지역사회와 가족, 소비자를 참여시키고, 국가적 정책과 프로그램, 법안을 마련하며, 정신장애인의 인권 보호 및 지역사회 자원들을 연계시키고, 지역사회정신건강에 대한 조사와 연구지원 등을 하도록 권고하고 있다(시민경제사회연구소, 2007).

또한 세계 정신건강을 위한 우선순위로 공중보건에 정신건강의 영역을 확장하고, 정신건강에 소요되는 자원을 증가시키며, 지역사회에 기반을 둔 서비스를 강화하기 위해 보다 효과적인 자원을 배치하여 활용할 것을 제시하였다.

정신건강 문제의 예방과 정신건강 증진활동은 상호 간에 상당한 상승작용을 일으킬 수 있다. 즉, 직장 스트레스 개입 전략은 관련 정신건강 문제를 예방함과 동시에 근로자의 건강을 증진시키고 사업장 내 생산성을 증가시키는 등 여러 가지 효과를 가져올 수 있다. 그러나 우리나라의 정신건강 증진 영역은 아직 개척단계이다. 우리나라의 정신건강 증진을 위한 정책과 과제를 제시하면 다음과 같다.

1) 국가 경쟁력 강화의 핵심요소로 발전시키기

먼저 정신건강 증진을 국가 경쟁력 강화의 핵심요소로 발전시키는 노력이 필요하다. 우리나라에서는 이미 스마트워크(smart work)[1]가 화두가 되고, 서비스업이 전체 산업을 절반을 차지한다. 아울러 연구개발(R&D) 등 지식노동의 비중이 갈수록 증가하는 시대에 정신건강의 관리는 선택이 아니라 필수이다. 즉, 첨단을 걷고 있는 오늘날의 지식정보사회에서 인적자원 개발로서의 정신건강을 제고해야 한다.

2) 권리적 가치로 승화시키기

정신건강을 국민의 권리적 가치로 승화시키는 노력이 필요하다. 이를 위해 정신건강의 개념과 정신건강사업에 대한 전 국민의 사회적 합의와 공감대가 필요하다. 우리나라에서는 사회적으로 스트레스와 웰빙에 대한 대중적 관심이 고조되고 있으나, 정신건강이 국민의 권리적 가치로서 인식되기에는 매우 미흡한 상황이다. 정신건강을 국가적 의제로 설정해 중장기적 정신건강 증진계획을 제시해야 한다(이준우, 2010).

---

1) 스마트워크란 영상회의 등 첨단 정보통신기술(ICT)를 이용해 시간과 장소의 제약 없이 업무를 수행하는 유연한 근무형태로, ① 자택에서 본사 정보통신망에 접속해 업무를 수행하는 재택근무, ② 자택 인근 원격사무실에 출근하는 스마트워크센터 근무, ③ 스마트폰 등을 이용해 현장에서 업무를 수행하는 이동근무 등이 모두 스마트워크에 속한다. 이러한 스마트워크 활성화를 위해 정부는 2010년 '스마트워크 인프라 고도화 및 민간 활성화 기반 조성(안)'을 발표했다.

3) 생애주기별 교육과정 개발하기

정신건강 교육과정이 유치원, 초·중·고등학교, 대학교 등 생애주기별로 개발되어야 한다. 학령기 전부터 이루어지는 기존교육에는 정신건강과 관련된 부분이 거의 없다. 대인관계훈련, 분노조절훈련, 스트레스 관리 등 정신건강 증진에 필요한 내용을 어려서부터 체험할 수 있는 방식으로 교육프로그램이 실시된다면, 정신건강의 예방과 증진이라는 소기의 목적을 달성할 가능성도 높아질 것이다. 의무교과과정 중 정신건강 교육을 진행할 수 있는 교과목이 편성되고, 각 교육기관의 교사 등을 위한 교육프로그램도 제시되어야 할 것이다(이준우, 2010).

4) 민간과 공공의 사례관리시스템 검토하기

기존의 정신보건서비스 체계와 관련 서비스 체계들이 잘 기능할 수 있도록 민간과 공공의 사례관리시스템이 검토되어야 한다. 즉, 정신의료기관, 사회복귀시설, 정신건강증진센터 등의 정신보건서비스 기관들과 함께 연계할 수 있는 지역아동센터, 건강가정지원센터, 학교사회복지, 근로자지원복지 등의 서비스 기관과 협력하여 서비스를 연계, 조정할 수 있는 사례관리 전달체계가 구축되어야 할 것이다. 이미 보건복지부와 경기도 등 지자체가 빈곤가구나 위기가정에 대한 사례관리서비스를 강화하기 위해 사회복지통합전산망 구축과 사례관리를 주 기능으로 하는 무한돌봄센터를 운영하고 있다(최희철 외, 2009).

5) 근로자 지원프로그램 확충하기

근로자 지원프로그램(EAP)의 확충이 필요하다. 오늘날 이 프로그램은 기업의 생산성에 영향을 미칠 수 있는 요인에 대하여 상담, 컨설팅, 코칭, 서비스 연계 등의 기술을 활용하여 근본적 해결방안을 종합적으로 지원한다. 이를 통하여 근로자에게는 직무 스트레스를 줄여 주고, 직장과 가정생활을 원만하게 영위할 수 있게 하며, 자기계발을 지원함으로써 삶의 질을 향상시키는 효과를 기대한다. 기업 입장에서는 노사(勞使) 화합에 기여하고, 이직률을 줄이며, 복리후생의 효율성을 높임으로써 궁극적으로 생산성이 향상되는 효과를 기대할 수 있다(우종민 · 최수찬, 2008).

미국의 경우, 1990년 노동부 조사에 따르면, 이 프로그램을 운영하는 데 총 7억 9,800만 달러의 경비를 들여 39억 달러의 손비(損費)를 절감하는 효과를 보았으며, 산업재해도 71%나 감소하였다. 미국의 경제지 〈포춘〉(Fortune)에 따르면, 2007년 미국 500대 기업의 약 80%, 1천 명 이상 사업장의 76%, 50명 이상 사업장의 35%가 이 프로그램을 도입하였다.

우리나라에서는 1999년 이후 대기업과 외국계 기업, 공기업을 중심으로 확산되어 2009년 약 70여 개의 기업이 이 프로그램을 도입하였고, 약 500여 개의 중소기업이 사단법인 한국 EAP협회로부터 공익형 무료 EAP 서비스를 제공받는 상황이다. 앞으로 사회복지영역에서도 지속적으로 확산될 전망이므로, 이에 대한 꾸준한 관심이 필요하다.

6) 정신보건 전문인력 확충하기

마지막으로, 정신건강 문제를 다룰 수 있는 전문가들의 인력 확보가 중요하다. 정신보건사업의 전문적 수행을 위한 국가의 법과 정책은 정신보건법과 정신보건정책의 수행으로 이루어지며, 이러한 전문적 서비스를 수행하는 사람들이 바로 정신보건 전문요원들이다. 정신보건 관련 전문인력들에는 정신건강의학과 의사, 정신보건 사회복지사, 정신보건 임상심리사, 정신보건 간호사가 포함된다.

현대 사회의 여러 가지 정신건강 문제들, 즉 자살, 폭력, 학대, 중독, PTSD, 위기개입, 스트레스 관리, 물질 및 행위 중독 등의 기본적인 지식을 갖추고 일반인들의 정신건강 문제들을 다룰 수 있는 인력들에 대한 교육과 투자가 이루어져야 할 것이다.

생각해 보기

1. 아직 개척단계에 있는 우리나라 정신건강 증진의 영역을 살펴보고 앞으로 보다 확대해 나가야 할 부분은 무엇인지 생각해 보자.
2. 정신건강 증진을 위한 정책과 과제를 적극적으로 추진해 나가기 위해서는 구체적으로 무엇이 필요한지 정리해 보자.

Tip. 사회적 안녕 척도

다음 문항들이 자신의 현재 모습과 얼마나 일치하는지를 7점 척도상에서 평정해 보자.

(전혀 그렇지 않다 = 1 ~ 매우 그렇다 = 7)

문항	점수
1. 세상은 나에게 너무 복잡하게 느껴진다.	
2. 나는 공동체라고 부르는 어떤 것에도 소속감을 느끼지 못한다.	
3. 호의를 베푸는 사람들은 대가를 기대하지 않는다.	
4. 나는 세상에 기여할 만한 가치적인 것을 갖고 있다.	
5. 세상은 모든 사람에게 더 좋은 곳으로 되어 가고 있다.	
6. 나는 공동체 안의 다른 사람들과 가깝다고 느낀다.	
7. 나의 일상 활동은 공동체를 위해 가치 있는 어떤 것을 생산하지 못한다.	
8. 나는 세상이 어떻게 돌아가는지 이해할 수 없다.	
9. 사회는 진보하는 것을 멈추었다.	
10. 사람들은 다른 사람의 문제에 대해 걱정하지 않는다.	
11. 나는 공동체 안에서 편안함을 느낀다.	
12. 사회에서 다음에 무슨 일이 일어날지 예측하는 것은 쉽다고 생각한다.	
13. 사회는 나 같은 사람을 위해서는 개선되고 있지 않다.	
14. 나는 사람들이 친절하다고 생각한다.	
15. 나는 사회에 기여할 만한 중요한 것을 갖고 있지 않다.	

• 채점

먼저 역채점 문항(1, 2, 7, 8, 9, 10, 13, 15)의 점수를 '8 - 해당문항의 점수' 방식으로 바꾼다. 그런 다음 아래 제시된 5개의 하위 영역별 문항들의 합산 점수를 구한다.

① 사회적 통합: 2, 6, 11

② 사회적 수용: 3, 10, 14

③ 사회적 기여: 4, 7, 15

④ 사회적 실현: 5, 9, 13

⑤ 사회적 일관성: 1, 8, 12

• 해석

자신의 각 영역별 점수를 비교해 보고, 자신의 점수와 다른 사람들의 점수를 비교해 본다. 이때 점수가 높을수록 해당 영역의 사회적 안녕이 높음을 의미한다.

* 출처: Keyes(1998). 김교헌 외(2010), 《젊은이를 위한 정신건강》, pp. 48~49 재인용.

에필로그

1.

정신건강이 무엇이며 정신건강을 어떻게 지켜 나가야 할지를 강점시각에서 고찰하고 사회복지실천이라는 접근방법으로 풀어내려고 노력했다. 정신장애라는 굴레를 짊어지고 살아가는 사람들이 행복했으면 좋겠다는 간절한 마음으로 각 장마다 핵심적인 주제를 선정했다. 그 주제를 독자들이 쉽게 이해할 수 있도록 일목요연하게 설명하려고 저자인 두 사람 모두 애를 많이 썼음을 밝힌다. 다만 매 장마다 지면의 한계가 있어서 하고 싶은 말들을 다 하지 못한 아쉬움이 크다. 또한 각종 통계 자료들은 시점이 중요한데, 최근의 자료들을 도무지 찾을 수 없었을 때에는 부득이하게 시간이 좀 지난 것들도 쓸 수밖에 없었던 것도 '이실직고'(以實直告) 한다. 대신 어떻게든 독자들에게 꼭 필요한 내용을 빠뜨리지 않고 전하고 싶어서 '생각해 보기'와 'Tip' 코너를 만들어 활용했다는 점은 뿌듯해하며 말씀드린다.

2.

아쉽지만 이 책에서는 정신건강의 어려움을 가져다주는 인간의 근본적인 문제에 대한 성찰은 시도하지 못했음도 고백한다. 물론 파편적으로 일정 부분 저자들의 고민과 견해를 피력하긴 했지만 보다 적극적이며 본격적인 접근을 할 수 없었다. 이는 전적으로 아직 저자들의 연구와 공부가 많이 미흡한 데에 따른 것이다. 향후 가치적이며 철학적이고 인간학적인 차원에서 인간의 정신질환과 정신장애 문제를 다루어 볼 생각이다.

우선은 정신건강 문제를 초래하는 요인으로 '인간의 관계'에 집중해 보려고 한다. 가령 학업 성적이 떨어지고 다른 친구들과 불편한 상황에 직면해서 사회복지사를 찾는 아이들을 보면 대개 부모와의 의미 있는 관계를 상실한 아이들임을 발견하게 됨을 들 수 있다. 대개 학업이라는 목표 중심의 삶이 관계를 상실케 하고 관계 상실에서 오는 무력감은 결국 학업을 더욱 어렵게 하며 친구들과의 소통도 어렵게 만든다. 악순환의 고리에 빠지게 되는 것이다.

그뿐 아니라 관계 상실에서 오는 불안과 불쾌감은 그것을 잊게 할 수 있는 무엇에 빠지게 하는데, 요즘 아이들이 게임이나 인터넷에 과도하게 몰입하거나 중독되는 것도 부모와의 관계 상실에서 오는 것일 수 있다고 본다. 이런 아이들을 돕는 방법으로 부모와 새로운 관계를 경험할 수 있도록 하는 것이 유용한 경우가 많다. 부모와의 새로운 관계 형성은 문제해결을 위해 아이들 스스로 해야 할 일들을 할 수 있는 힘과 동기가 되는 것을 본다. 부모와 자식이 나눈 사랑의 관계는 자녀들에게 힘과 용기가 된다. 때로는 좌절하고 죽을 수밖에 없는 상황에서도 용기와 희망이 된다.

3.

인간은 관계적 존재이기 때문에 관계의 불안과 상실감은 깊은 고통과 두려움을 낳는다. 관계의 단절은 곧 죽음과 비견될 수 있을 정도로 그 자체가 견딜 수 없는 고통이다. 이 땅 위에 의미 있는 관계로부터의 철저한 단절, 가는 사람도 나 홀로 가는 것이고 보내는 사람도 홀로 보낸다는 사실, 함께 갈 수 없다는 사실이 사람에게 견딜 수 없는 고통인 것을 본다.

사람들이 경험하는 많은 아픔과 고통은 표면적으로는 그렇게 보이지 않는데 깊은 통찰력으로 살펴보면 대부분 관계의 어려움에서 오는 고통이다. 일반적으로 그것들을 학업문제, 결혼문제, 직장문제, 부부문제, 영적 문제 등으로 볼지 몰라도 본질적인 문제는 관계문제이다. 이를테면 늦게 일어나 오전 내내 방에 갇혀 있다가 귀신 들린 사람처럼 저녁이나 밤이 되면 슬슬 나가 술을 마시다 밤 12시나 새벽 2시에 들어오는 30대 청년, 마치 무엇에 홀린 것처럼 어둑어둑해지면 거리로 나가서 방황하는 청년, 그들을 끌어당긴 그 무언가의 정체는 바로 '외로움'이었을 가능성이 크다. 알코올 중독으로 고통당하는 사람이 있다고 할 때, 그에게 필요한 진정한 치료는 의미 있는 인간관계와 사랑이 아닐까?

4.

의미 있는 인간관계를 향한 변화가 필요하다. 하지만 이런 변화는 혼자 힘만으로 절대 할 수 없다. 동료가 필요하고, 특히 사랑의 능력이 절대적으로 요구된다. 사회복지가 무엇일까? 인간을 향한 사랑이 제도적으로 제공되고 전달될 수 있도록 하는 것이 아닐까? 사회복지실천은 그와 같은 사랑을 창출하고 전달하는 사회제도를 실행하는 구체적인 개입활동이 아닐까?

　성 프란시스가 자기 고향에 있을 때, 하루는 자기 집 하인이 우물에서 물을 길어 오는 모습을 지켜보았다고 한다. 그런데 하인은 물을 길을 때마다 한 가지 이상한 행동을 하더라는 것이다. 큰 물통을 내려 물을 가득히 담은 후 끌어 올릴 때 항상 조그마한 나무토막 하나를 그 물통 안에 던져 넣는 것이었다. 이를 신기하게 여긴 프란시스가 하인에게 그 이유를 물었더니 하인이 이렇게 답하더란다. "물을 떠올릴 때 나무토막을 물통 안에 넣으면 물이 요동치지 않게 되어 물이 밖으로 흘러넘치는 것을 최대한 막을 수 있어요. 나무토막을 안 넣으면 물이 제 마음대로 출렁거려서 나중에 빈 통밖에 안 될 때가 많거든요." 하인의 설명을 들은 프란시스는 크게 깨달았다고 한다.

　그렇다. 사람의 마음은 흔들리는 물통과 같다. 두려움으로 흔들리는 마음, 고통으로 심하게 요동하는 마음, 절망으로 부서지는 마음, 이것이 마치 심하게 흔들리고 출렁거리는 물통과 같은 것이다. 나무토막을 넣어 주면 도움이 될 것이다. 그 나무토막이 사회복지실천 서비스가 아닐까? 나무토막을 넣을 수 있게끔 하는 제도가 있다면 그 제도가 사회복지일 것이다. 나무토막을 넣는 사람이 사회복지사인 게다.

　정신건강은 내면의 변화, 성숙한 인간관계의 능력을 함양하기 위해 지향해야 할 지표가 되고 목표상황이 된다. 풍성하고 의미 있는 관계 형성의 힘을 가진 사람들이 많아지면 그 사회가 건강해진다. 건강한 사회의 시작은 당연히 정신건강을 실현하는 한 사람일 것이다.

5.

원고를 다 마무리하고 출판사에 파일을 넘길 때, 겁이 덜컥 났다. '괜찮을까?' 하며 불안에 떨었다. 정신건강을 찬양(?) 하고 지향하는 책을 쓴 우리 두 저자가 정작 정신건강의 방해꾼인 불안과 초조함에 종속되는 경험을 했다. '에라! 모르겠다'라며 모든 염려를 떨쳐 내고, 무식하면 용감하다는 말처럼 과감하게 'Enter' 키를 치고, 메일로 모든 내용을 보냈다.

그러고는 연구실에서 두 팔을 쳐들고 외쳤다.

"끝냈다!"

추신: 참고로 우리 두 사람이 재직하는 대학에서 학생들이 붙여 준 별명이 있다. '덤 앤 더머'다. 아이들이 볼 때에는 우리 두 사람이 정말 어벙하게 보이나 보다. 그래도 좋다. 각박한 이 세상에서 손해 보고 살면서 어벙하면 어떠랴 싶다. 우리만 행복하면 되는데 말이다. 누가 뭐라고 하든 우리의 서비스이용자들도 행복하게 그리고 당당하게 살아갔으면 한다. 우리는 물론이고 우리가 가르치는 아이들이 훌륭한 사회복지사들로 성장해서 우리 사회를 좀더 행복하게 만들어 주기를 기도한다.

참고문헌

1. 국문 문헌

강경호(2002), 《중독의 위기와 상담》, 경기: 한사랑가족상담연구소.

강봉규(2000), 《인간발달》, 서울: 동문사.

고병인(2003), 《중독자 가정의 가족치료》, 서울: 학지사.

국가청소년위원회(2012), 《2012년 청소년유해환경실태조사》.

권승·김영미·조영훈(2008), 《사회문제론》, 파주: 공동체.

권육상(2005), 《사회복지실천론》, 서울: 학문사.

권진숙·김정진·전석균·성준모(2009), 《정신보건사회복지론》, 파주: 공동체.

김경빈·한광수·이정국·이민규·김유광·김철규(1991), 한국형 알코올 중독 선별검사 제작을 위한 예비연구(III) - 국립서울정신병원형 알코올 중독 선별검사(I), 〈신경정신의학〉, 30권 3호, 569~581.

김교헌·김경의·김금미·김세진·원두리·윤미라·이경순·장은영(2010), 《젊은이를 위한 정신건강》, 서울: 학지사.

김기태·황성동·최송식·박봉길·최말옥(2001), 《정신보건복지론》, 파주: 양서원.

김남희(2009), 《어떻게 상처로부터 자유로워질 것인가?》, 제 1회 수원시국제학술대회 자료집, 279~292.

김동연·임호찬(2000), 《재활심리학개론》, 서울: 동아문화사.

김명(2008), 《건강과학의 이해》, 서울: 이화여자대학교 출판부.

김병태(2002), 《부부클리닉》, 서울: 생명의 말씀사.

김승권 외(2008), 《가정폭력·성폭력 근절을 위한 중장기 방안 연구》, 여성가족부 연구보고서 2008-04, 서울: 한국보건사회연구원.

김시업·한중경(1998), 《아름다운 삶을 위하여: 우리는 왜 자살을 생각하는가》, 서울: 예솔.

김연진·한성심·서지영·김현자(2010), 《보육학개론》, 서울: 태영출판사.

김영숙·이경아(1998), 《유아·아동을 위한 정신건강: 정서적 건강과 생활지도》, 서울: 교육과학사.

김유숙·박승호·김충희·김혜련(2007), 《자기실현과 정신건강》, 서울: 학지사.

김재은(1996), 《아동의 심리치료》, 서울: 배영사.

김정범(2004), 외상 후 스트레스 장애의 평가, 《재난과 정신건강》, 대한불안장애학회 재난정신의학위원회, 지식공작소, 185~213.

김준호·박정선·김은경(1997), 《학교주변 폭력의 실태와 대책》, 서울: 한국형사정책연구원.

김지현·권오균·이정서·김정숙(2009), 《정신건강론》, 파주: 공동체.

김통원(1994), 만성정신장애와 신체장애의 동질성과 생태학적 접근, 〈정신보건과 사회사업〉, 1권, 93~107.

김현수(2006), 《청소년 인터넷 중독의 문제의식과 대처방안 I》, 인터넷중독치료센터.

김현정(2007), 《인터넷과 성폭력》, 인터넷 중독 벗어나기 심포지엄, KT 문화재단.

김혜련·신혜섭(2001), 《정신건강론》, 서울: 학지사.

남윤영(2008), 《한국사회에서의 자살: 정신의학적 측면에서의 이해와 대처》, 서강대학교 생명문화연구소 제36회 정기세미나자료집.

대한노인정신의학회 편(1998), 《노인정신의학》, 서울: 중앙문화사.

문정혜(2000), 청소년들의 인터넷 중독증에 관한 연구. 계명대학교 대학원 석사학위논문.

박미은(2010), 가정폭력과 학대. 한국정신보건사회복지사협회 편, 《정신보건사회복지사를 위한 정신보건 전문요원 이론교육교재 2》, 미발행.

박선환·박숙희·이주희·정미경·김혜숙(2008), 《정신건강론》, 파주: 양서원.

박영란(2000), 《지역사회자원연계의 문제점과 개선방안》, 가정폭력 대응전략

수립을 위한 대토론회 자료집, 보건복지부.

박영란·황정임(2000), 《여성에 대한 폭력에 관한 서비스연계방안에 관한 연구》, 서울: 한국여성개발원.

박영일(2002), 《검찰 송치 구속자 범죄별 음주현황보고서》. 의정부경찰서.

박이분(2005), 정신보건 재정분석을 통한 정신보건정책의 변화. 건국대학교 석사학위논문.

보건복지부(2000), 《가정폭력 감소를 위한 서비스연계모델 개발》.

_____(2005), 《2005년 보건복지부 자살예방대책》.

_____(2011a), 《제3차 국민건강증진종합계획(2011~2020)》.

_____(2011b), 《정신보건사업안내》.

_____(2014), 《정신건강사업안내》.

_____(2015), 《정신건강사업안내》.

_____(2016), 《Health Plan 2020 Mental Health》.

_____(2016), 《정신건강사업안내》.

보건복지부·한국자살예방협회(2006), 《생명존중 및 자살에 대한 국민태도조사》.

보건복지가족부(2009), 《정신보건사업안내》.

사행산업통합감독위원회(2016), 《사행산업 이용실태 조사》, 사행산업통합감독위원회.

서동우(1997), 정신장애자의 장애인혜택 수혜와 지역사회정신보건, 〈정신보건〉, 2권 1호, 44~52.

서울여성의전화(2000), 《상담통계》, 서울여성의전화.

설진화(2008), 《정신건강론》, 파주: 학현사.

송미화(2001), 가족기능이 청소년 인터넷 중독에 미치는 영향 연구. 이화여자대학교 대학원 석사학위논문.

송승훈·이홍석·박준호·김교헌(2006), 《한국판 외상 후 성장 척도(K-PTGI)의 신뢰도와 타당도》, 한국심리학회 학술대회 자료집, 2006(1), 252~253.

_____(2009), 한국판 외상 후 성장 척도의 타당도 및 신뢰도 연구, 〈한국심리학회지: 건강〉, 14권 1호, 193~214.

시민경제사회연구소(2007), 《정신건강 증진, 정서적 지원을 위한 사회적 서비스의 확충 방안》, 시민경제사회연구소 연구보고서.

신동원(2014), 구조대원들의 외상 후 스트레스 증후군. 대한불안장애학회 재난 정신의학위원회 편, 《재난정신건강》, 지식공작소, 157~170.

신숙경 외(2009), 《노인자살위기개입 매뉴얼》, 경기복지재단.

양옥경(1996), 《지역사회정신건강》, 서울: 나남.

_____(2006), 《정신보건과 사회복지》, 서울: 나남.

양종철(2014), 재난의 심리적 의미와 역동정신치료. 대한불안장애학회 재난정 신의학위원회 편, 《재난정신건강》, 지식공작소, 281~303.

여성가족부(2013), 《2013년도 전국가정폭력 실태조사》, 여성가족부.

_____(2014), 《2014 청소년 유해환경 접촉 종합실태조사》, 여성가족부.

_____(2017), 《2017 여성·아동권익증진사업 운영지침》, 여성가족부.

오강섭(1995), 《직장인 스트레스 어떻게 할 것인가》, 서울: 지구촌출판.

우종민(2014), "재난 발생 시 지역정신보건 활동. 대한불안장애학회 재난정신 의학위원회, 《재난과 정신건강》, 지식공작소, 215~241.

_____(2010), 《정신건강 예방관리를 위한 현황진단과 정책 제언. 행복한 사회 와 정신건강》, 보건복지부.

우종민·최수찬(2008), 《근로자지원프로그램의 이론과 실제》, 인제대학교 출 판부.

원호택(1989), 대학생의 정신건강, 〈대학교육〉, 38권, 9~11.

유수현(2000), 인간관계훈련, 《정신보건사회사를 위한 정신보건전문요원 수련 교재》, 한국정신보건사회사업학회 편, 양서원.

_____(2006), 정신보건사회복지사를 위한 스트레스 관리 훈련, 《정신보건수 련이론교육교재》, 미발행.

유수현·오수희·길귀숙·이재령·이재호(2009), 《인간관계론》, 양서원.

윤명숙(2010), 한국의 중독문제와 개입방안. 한국정신보건사회복지사협회 편, 《정신보건사회복지사를 위한 정신보건 전문요원 이론교육 교재 2》, 미 발행.

윤명숙·이선영(2008), 한국정신건강정책의 실태 및 문제점과 개선방향, 〈사 회복지정책〉, 35집, 329~354.

이광재(2005), 《의료사회사업원론》, 서울: 인간과 복지.

이선영·김윤(2008), 국가정신보건정책의 발전방안, 〈정신건강정책포럼〉, 2권

1호, 3~36.

이소영(2014), 성폭력. 대한불안장애학회 재난정신의학위원회 편, 《재난과 정신건강》, 지식공작소, 123~137.

이소현(2003), 《유아특수교육》, 서울: 학지사.

이승연(2007), 심리적 경험보고의 문제점들과 올바른 적용을 위한 제언, 〈한국심리학회지 사회문제〉, 13권 1호, 63~89.

이영실・이윤로(2008), 《정신건강론》, 서울: 창지사.

이영호(2006), 《정신건강론》, 서울: 공동체.

이영호・심경순・김태준(2010), 《정신보건사회복지의 이해》, 서울: 학지사.

이용표・강상경・김미영(2006), 《정신보건의 이해와 실천패러다임》, 서울: EM커뮤니티.

이윤로(2005), 《정신보건과 사회복지》, 서울: 창지사.

이준우(2010), 정신건강예방관리 토론. 행복한 사회와 정신건강, 국립서울병원 정신건강 정책포럼.

이준우・손덕순(2007), 《정신보건사회복지론》, 서울: 서현사.

이현경・정은기・장안기・이종일(2009), 한국과 미국의 정신건강 정책목표 비교, 〈보건교육・건강증진학회지〉, 26권 1호, 159~170.

이형득(1984), 《인간관계 훈련의 실제》, 서울: 중앙적성출판부.

이홍식 외(2007), 《자살의 이해와 예방》, 서울: 학지사.

이홍표(2002), 비합리적 도박신념, 도박동기 및 위험감수 성향과 병적 도박과의 관계. 고려대학교 대학원 박사학위논문.

임성혜・장유미・이유미(2009), 《정신건강론》, 서울: 신광문화사.

임창재(2006), 《정신건강》, 서울: 형설출판사.

장연집・박경・최순영(2001), 《현대인의 정신건강》, 서울: 학지사.

전준희(2010), 자살의 이해. 한국정신보건사회복지사협회 편, 《정신보건사회복지사를 위한 정신보건 전문요원 이론교육교재 2》, 미발행.

정옥분(2000), 《성인발달의 이해: 성인・노인심리학》, 서울: 학지사.

조남진(1998), 초등학교 아동의 스트레스 생활사건과 대처방식, 건강문제에 관한 연구. 충남대학교 교육대학원 석사학위논문.

조대경・이관용・김기중(1994), 《정신위생》, 서울: 중앙적성출판사.

조맹제 외(2006), 《2006년도 정신질환실태 역학조사》, 보건복지부.

_____(2011), 《2011년도 정신질환실태 역학조사》, 보건복지부.

조맹제·장성만·함봉진·정인원·배안·이영문·안준호·원승희·손정우·홍진표·배재남·이동우·조성진·박종익·이준영·김진영·전홍진·이해우(2006), 한국 주요정신장애의 유병률 및 관련요인: 2006 전국정신질환역학조사, 〈신경정신의학〉, 48권 2호, 143~152.

조흥식·김인숙·김혜란·김혜련·신은주(2010), 《가족복지론》, 서울: 학지사.

중앙자살예방센터(2014), 《2013년도 자살실태조사》, 중앙자살예방센터.

진교훈(2002), 《의학적 인간학: 의학철학의 기초》, 서울: 서울대학교출판부.

채규만(2000), 《성피해 심리치료》, 서울: 학지사.

청소년폭력예방재단(2012), 《2012년 학교폭력실태조사》, 청소년폭력예방재단.

_____(2014), 《2013년 학교폭력실태조사》, 청소년폭력예방재단.

최규련·유은희·홍숙자·정혜정(1999), 가정폭력 예방 및 대처 프로그램 모형 개발: 배우자 학대를 중심으로, 〈대한가정학회지〉, 37권 2호, 159~173.

최성윤(1993), 아동기 스트레스에 관한 연구: David Elkind의 성장압력요인을 중심으로. 전남대학교 교육대학원 석사학위논문.

최정윤·박경·서혜희(2006), 《이상심리학(2판)》, 서울: 학지사.

최혜림(1987), 스트레스와 그 대응책: 인지행동적 접근, 〈현대사회〉, 26집, 91~93.

최희철·김형모·문영희·홍선미·조승철·성은미(2009), 《무한돌봄센터 운영 매뉴얼》, 경기복지재단.

추정인(1998), 여성 신장이식환자의 스트레스 대처를 위한 집단프로그램 적용에 관한 연구: 인지행동모델을 중심으로. 이화여자대학교 사회복지대학원 석사학위논문.

통계청(2015), 《2014년 사망원인통계》.

하상훈(2008), 《자살 사후예방 방법: 사후예방 및 관리》, 라이프라인 자살예방센터 제12기 자살예방 상담전문가 교육자료집.

한국정보문화진흥원(2015), 《2007 인터넷 과의존 실태조사》.

한국청소년개발원 편(1995), 《정신건강활동》, 서울: 인간과복지.

함병주·이동우·오강섭·남윤영(2007), 자살과 정신과적 질환. 이홍식 편, 《자살의 이해와 예방》, 서울: 학지사, 131~153.

황정임 외(2013), 《2013년 가정폭력 실태조사》, 여성가족부.

2. 영문 문헌

Angst, F., Stassen, H. H., Clayton, P. J., & Angst, J. (2002), Mortality of patients with mood disorders: Follow-up over 34-38 years, *Journal of Affective Disorder, 68*, 167~181.

Beck, A. T. (1976), *Cognitive Therapy and the Emotional Disorders*, New York: Taylor & Francis.

Beck, A. T., Rush, A. J., Shaw, B. F., & Emery, G. (1979), *Cognitive Therapy of Depression*, Sussex, England: John Wiley & Sons.

Blair-West, G. W., Cantor, C. H., Mellsop G. W., & Eyeson-Annan, M. L. (1999), Lifetime suicide risk in major depression: Sex and age determinants. *Journal of Affective Disorders, 55*, 171~178.

Blythe, B., Tripodi, T., & Briar, S. (1994), *Direct Practice Research in Human Service Agencies*, New York: Columbia University Press.

Brent, D. A., Perper, J. A., Moritz, G., Allman, C., Friend, A., Roth, C., Schweers, J., Balach, L., & Baugher, M. (1993), Psychiatric risk factors for adolescent suicide: A case control study, *Journal of the American Academy of Child and Adolescent Psychiatry, 32*, 521~529.

Caldwell, C. B. & Gottesman, I. I. (1990), Schizophrenics kill themselves too: A review of risk factors for suicide, *Schizophrenia Bulletin, 16*(4), 571~589.

Capuzzi, D. & Stauffer, M. D. (2008), *Foundations of Addictions Counseling*, Boston, MA: Pearson Education.

Cheng, A. T. (1995), Mental illness and suicide: A case control study in east Taiwan, *Arch Gen Psychiatry, 52*(7), 594~603.

Conwell, Y. (2001), Suicide in later life: A review and recommendation for prevention, *Suicide Life-Threatening Behavior, 31*(S), 32~47.

Conwell, Y., Duberstein, P. R., Cox, C., Herrmann, J. H., Forbes, N. T., & Caine, E. D. (1996), Relationships of age and axis I diagnoses in victims of completed suicide: A psychological autopsy study, *Ameri-*

can *Journal of Psychiatry*, *153*, 1001~1008.

Crabb, L. & Allender, D. B. (1996), *Hope When You're Hurting*: *Answers to Four Questions Hurting People Ask*, Christian Life Book.

Drake, R. E. & Cotton, P. G. (1986), Depression, hopelessness and suicide in chronic schizophrenia, *British Journal of Psychiatry*, *148*, 554~559.

Egan, G. (2002), *The Skilled Helper*: *A Problem-Management and Opportunity-Development*. 제석봉 · 유계식 (역) (2005), 《유능한 상담자: 상담의 문제 대처와 기회 개발적 접근》, 서울: 시그마프레스.

Epel, E. , Lapidus, R. , McEwan, B. & Brownell, K. (2000), Stress may add bite to appetite: A laboratory study of stress induced cortisol and eating behavior, *Psychoneuroendocrinology*, *26*, 37~49.

Fenton, W. S. , McGlashan, T. H. , Victor, B. J. , & Blyler, C. R. (1997), Symptoms, subtype, and suicidality in patients with schizophrenia spectrum disorders, *American Journal of Psychiatry*, *154*(2), 199~204.

Friedman, M. & Rosenman, R. H. (1974), *Type A Behavior and Your Heart*, New York: Knopf.

Frost, R. O. , Marten, P. , Lahart, C. , & Rosenblate, R. (1990), The dimensions of perfectionism, *Cognitive Therapy and Research*, *14*(5), 449~468.

Gerald, G. M. (1988), *Addiction and Grace*. San Francisco: Harper Collins Publishers.

Ghaemi, S. N. (2003), *The Concepts of Psychiatry*: *A Pluralistic Approach to the Mind and Mental Illness*, Baltimore: Johns Hopkins University Press.

Gordon, T. (1975), *Patent Effectiveness Training*, New York: New American Library.

Greeno, C. G. & Wing, R. R. (1994), Stress-induced eating. *Psychological Bulletin*, *115*, 444~464.

Gupta, S. , Black, D. W. , Arndt, S. , Hubbard, W. C. , & Andreasen, N. C. (1998), Factors associated with suicide attempts among patients with schizophrenia, *Psychiatric Services*, *49*(10), 1353~1355.

Guze, S. B. & Robins, E. (1970), Suicide and primary affective disorders, *British Journal of Psychiatry*, 117, 437~438.

Hall, E. T. (1966), *The Hidden Dimension*, NY: Doubleday.

Harris, E. D. & Barraclough, B. (1997), Suicide as an outcome for mental disorders, *British Journal of Psychiatry*, 170, 205~228.

Hatterer, L. J. (1980), *The Pleasure Addicts: The Addictive Process — Food, Sex, Drugs, Alcohol, Work, and More*, San Diego, CA: AS Barnes.

Heeringen, K. V. (2001), *Understanding Suicidal Behaviour*, Chichester: John Wiley & Sons.

Henriksson, M. M., Aro, H. M., Marttunen, M. J., Heikkinen, M. E., Isometsa, E. T., Kuoppasalmi, K. I., & Lonnqvist, J. K. (1993), Mental disorders and comorbidity in suicide, *American Journal of Psychiatry*, 150, 935~940.

Herman, J. L. (1992), *Trauma and Recovery*. 최현정 (역) (2007), 《트라우마: 가정폭력에서 정치적 테러까지》, 플래닛.

Holmes, T. H. & Rahe, R. H. (1967), The social readjustment rating scale, *Journal of Psychosomatic Research*, 11, 213~218.

Howard, V. F., Williams, B. F., Port, P. D., & Lepper, C. (1997), *Very Young Children with Special Needs: A Formative Approach for the Twenty-First Century* (2nd ed.), Upper Saddle River, NJ: Merrill.

Inskip, H. M., Harris, E. C., & Barraclough, B. (1998), Lifetime risk of suicide for affective disorder, alcoholism, and schizophrenia, *British Journal of Psychiatry*, 172, 35~37.

Jacques, C., Ladouceur, R., & Ferland, F. (2000), Impact of availability on gambling: A longitudinal study, *Canadian Journal of Psychiatry*, 45, 810 ~815.

Keyes, C. L. M. (1998), Social well-being, *Social Psychology Quarterly*, 61 (2), 121~140.

Kokai, M., Fujii, S., Shinfuku, N., & Edwards, G. (2004), Natural disaster and mental health in Asia, *Psychiatry Clinical Neurosciences*, 58, 110~116.

Kurz, D. (1992), Social science perspectives on wife abuse: Current debates and future directions, In P. B. Bart and E. G. Moran (Eds.), *Violence Against Women: The Bloody Footprints*, pp. 252~269, New York: Sage.

Lazarus, R. S. (1977), *Stress and Coping: An Anthology*, New York: Columbia University Press.

Lee, K. J., Yu, S. J., Lee, S. W., Kim, S., Kim, Y. H., & Won, J. S. (2006), *Introduction to Psychiatric Nursing*, Seoul: SooMoonSa Publishing.

Lesieur, H. R. & Rosenthal, R. J. (1991), Pathological gambling: A review of the literature, *Journal of Gambling Studies*, 7, 5~39.

Luft, J. (1969), *Of Human Interaction*, Palo Alto, CA: National Press.

Mental Health Foundation (2000), *Strategies for Living: A Report of User-led Research into People's Strategies for Living with Mental Distress*, London: Mental Health Foundation.

Murphy, G. E., Wetzel, R. D., Robins E., & McEvoy, L. (1992), Multiple risk factors predict suicide in alcoholism, *Arch Gen Psychiatry*, 49 (6), 459~463.

Myers, D. (2008), *What Would Happen if Women Ruled the World?*, New York: Harper.

Nam, Y. Y., Kim, C. H., & Lee, H. S. (2006), Suicide and mental disorder: Evidence of an increased risk of suicide in mental disorder and the risk factors associated with suicide, *Psychiatry Invest*, 3 (2), 36 ~50.

O'Carroll, P. W., Berman, A. L., Maris, R. W., Moscicki, E. K., Tanney, B. L., & Silverman, M. M. (1996), Beyond the tower of Babel: A nomenclature for suicidology, *Suicide and Life-Threatening Behavior*, 26, 237~252.

Petersen, I. (1999), Training for transformation: Reorienting primary health care nurses for the provision of mental health care in South Africa, *Journal of Psychiatric and Mental Health Nursing*, 16, 285~292.

Rivera, T. (1996), *Y No Se Lo Trago la Tierra*. 임성현 (역) (2005), 《어느 꼬마의 마루 밑 이야기》, 서울: 도서출판 정음.

Rosenman, R. H., Brand, R. J., Jenkins, C. D., Friedman, M., Straus,

R. , & Wurm, M. (1975), Coronary heart disease in the western collaborative group study, *JAMA*, *233*, 872~877.

Ross, G. & O'Carroll, P. (2004), Cognitive behavioural psychotherapy intervention in childhood sexual abuse: Identifying new direction from the literature, *Child Abuse Review*, *13*(1), 51~64.

Rossow, I. & Amundsen, A. (1995), Alcohol abuse and suicide: A 40-year prospective study of Norwegian conscripts, *Addiction*, *90*(5), 685~691.

Rowe, J. W. & Kahn, R. L. (1998), Successful aging, *The Gerontologist*, *37*, 443~440.

Ruthus, S. A. & Nevid, J. S. (1995), *Adjustment and Growth: Psychology and the Challenges of Life* (6th ed.), Fort Worth: Harcourt Brace College Publishers.

Seligman, M. (1975), *Helplessness: On Depression Development and Death*, San Francisco, CA: W. H. Freeman.

Selye, H. (1975), *Stress Without Distress*, New York: Signet.

Shaffer, H. J., Hall, M. N., & Vander, B. J. (1999), Estimating the prevalence of disordered gambling behavior in the United States and Canada: A research synthesis, *American Journal of Public Health*, *89*, 1369~1376.

Shin, S. I. (1976), *The Stress of Life*, New York: McGraw-Hill Book.

_____ (2000), A study on disaster mental health social work in Korea, *Mental Health Social Work*, *10*, 61~83.

Sothmann, M. , Horn, T. , Hart, B. , & Gustafson, A. (1987), Comparison of discrete cardiovascular fitness groups on plasma catecholamine and selected behavioral responses to psychological stress, *Psychophysiology*, *24*, 47~53.

Tedeschi, R. G. & Calhoun, L. G. (1996), The Post Traumatic Growth Inventory: Measuring the positive legacy of trauma, *Journal of Traumatic Stress*, *9*(3), 455~471.

Turner, H. (1997), *Adult Psychopathlogy and Diagnosis*, New York: John Wiley & Sons Inc.

Twerski, A. J. (1997), *Addictive Thinking*, Center City, MN: Hazelden.

Wakefield, J. C. (1992), The concept of mental disorder: On the boundary between biological facts and social values, *American Psychologist*, 47(3), 373~388.

Welch, E. T. & Shogren, G. S. (1995), *Addictive Behavior: Resources for Strategic Pastoral Counseling*, Baker Pub Group.

WHO(2001), *World Health Report 2001, Mental Health: New Understanding, New Hope*.

Winter, R. E. (1983), *Coping with Executive Stress: Executive Health Examiners*. New York: McGraw-Hill.

Young, K. S. (1998), *Caught in the Net: How to Recognize the Signs of Internet Addiction and a Winning Strategy for Recovery*. 김현수(역)(2000), 《인터넷 중독증》, 서울: 나눔의 집.

3. 기사 및 사이트

〈매일경제〉(2017. 01. 19), 경찰 신고 2시간 만에 반복된 데이트폭력, 결국 살인으로 … 지난해 8,367건 입건.

〈스포츠경향〉(2007. 05. 08), 〔자살도 질병이다〕 (3) 국민은 어떻게 생각하나.

〈연합뉴스〉(2009. 06. 17), 확실한 인터넷 중독 처방을 기대한다.

〈주간동아〉(2007. 08. 21), 한글보다 게임 먼저 배워요: 3~5세 유아 두 명 중 한 명꼴 인터넷 접속 … 학습효과 '긍정론' 속 '중독 위험' 경계론.

국가인권위원회. http://www. humanrights. go. kr

보건복지부. http://www. mohw. go. kr

산업재해예방 안전보건공단. http://www. kosha. or. kr

생명의 친구들 자살예방상담. http://www. counselling. or. kr

서울시자살예방센터 마음이음. 1080. http://www. suicide. or. kr

여성가족부. http://www. mogef. go. kr

중앙자살예방센터. http://www. spckorea. or. kr

중앙정신보건사업지원단. http://www.nmhc.or.kr
통계청 국가통계포털. http://kosis.kr
통계청 e-나라지표. http://www.index.go.kr
한국보건사회연구원. https://www.kihasa.re.kr
한국성폭력상담소. http://www.sisters.or.kr
한국여성인권진흥원. http://www.womenhotline.or.kr
한국자살예방협회. http://www.suicideprevention.or.kr
한국정보화진흥원 스마트쉼센터. http://www.iapc.or.kr
한국정신보건사회복지사협회. http://www.kamhsw.or.kr
한국정신보건사회복지학회. https://www.kamhsw.org
OECD. https://www.oecd.org

ㄱ

가정폭력 ································ 236
간헐적 폭발성 장애 ············· 67
강박장애 ···························· 60
과다수면 장애 ····················· 64
과잉일반화 ························· 119
급성스트레스(장애) ······ 60, 112, 362
급식 및 섭식장애 ················· 62

ㄴ ~ ㅁ

나-전달법 ···························· 99
노년기 ······························ 215
노년기 우울증 ···················· 227
도박 중독 ·························· 332
독심술적 사고 ···················· 118
디스트레스 ························· 112
만성스트레스 ······················ 112
만성정신장애 ························ 50
물질 관련 장애 ··················· 67

ㅂ

반사회적 성격장애 ··············· 67
반영적 경청 ························· 99
배변훈련 ··························· 157
배설장애 ···························· 64
배아기 ······························ 141
배포기 ······························ 141
보편화 ······························ 386
복합성 PTSD ······················ 365
불면장애 ···························· 64
불안장애 ···························· 59
비물질 관련 장애 ················· 67
비언어적 의사소통 기술 ········· 100
비정상 ······························ 29
비합리적 신념 ···················· 116
빈 둥지 증후군 ···················· 210

ㅅ

사고 중지 기법 ··················· 131

사회복귀시설 ·················· 395
사회생활기술훈련 ·············· 133
사회통합 ····················· 387
성 불편증 ····················· 66
성격 ························· 85
성격장애 ····················· 69
성기능 장애 ···················· 65
성도착 장애 ···················· 71
성인기 ······················ 195
성폭력 ······················ 266
소극적 경청 ···················· 98
수면-각성 장애 ················· 64
스트레스 ····················· 109
스트레스 관리 ················· 125
스트레스 관리전략 ·············· 125
스트레스원 ···················· 113
신경발달장애 ··················· 55
신경인지장애 ··················· 68
신생아기 ····················· 148
신체증상장애 ··················· 62
심상훈련 ····················· 129

ㅇ

아노미적 자살 ················· 291
아동기 ······················ 168
알코올 중독 ···················· 320
애착 ························· 155
양극성 장애 ···················· 58
언어적 의사소통 기술 ············ 98
에니어그램 ···················· 93

영아기 ······················ 151
영·유아기 ···················· 146
외상 및 스트레스 사건 관련 장애
···························· 60
외상 후 스트레스 장애 ······· 60, 362
우울장애 ····················· 58
유스트레스 ···················· 112
유아기 ······················ 157
의미 확대·의미 축소 ············ 118
의사소통 ····················· 96
이기적 자살 ···················· 290
이타적 자살 ···················· 290
인간관계 ····················· 78
인지재구조화 ·················· 130
인지치료 ····················· 131
인터넷 중독 ···················· 336

ㅈ

자살 ···················· 281, 282
자살사고 ····················· 282
자살시도 ····················· 282
자살위협 ····················· 282
자아의식 모델 ·················· 82
재난 ························· 355
적대적 반항장애 ················ 66
점진적 근육이완기법 ············ 128
정상 ························· 26
정신건강 ····················· 19
정신건강정책 ·················· 405
정신건강증진센터 ··············· 390

정신병 ································ 22
정신분열 스펙트럼 장애 ············ 57
정신요양시설 ························ 398
정신장애 ···························· 23
정신질환 ···························· 22
조기은퇴 ···························· 209
죽음 ······························· 226
죽음불안 ···························· 211
중년기 ····························· 203
중독 ······························· 315
중독관리통합지원센터 ·············· 393
지역사회정신건강 ·················· 383
지역사회정신보건시설 ·············· 390

태내기 ····························· 141
태아기 ····························· 143
폭력 ······························· 235
품행장애 ···························· 66
풍토성스트레스 ····················· 112
학교폭력 ···························· 259
합리적 정서행동치료 ··············· 131
해리장애 ···························· 61
호흡조절기법 ······················ 127
흑백논리적 사고 ··················· 117

ㅊ ~ ㅎ

청소년기 ···························· 178
청소년기 물질 남용 ················ 187
청소년기 품행장애 ················· 186
청소년기 행동장애 ················· 186
치매 ······························· 228

A ~ Z

A군 성격장애 ······················ 69
A유형 성격 ························· 119
B군 성격장애 ······················ 70
C군 성격장애 ······················ 70
MBTI ······························ 88
PTSD ······························ 363
《DSM-5》 ·························· 54
《ICD-10》 ························· 53